가족복지학 5판

| 조흥식 · 김인숙 · 김혜란 · 김혜련 · 신은주 공저 |

학지사

5판 머리말

가족복지학 초판이 출간된 지 20년 만이다. 1997년에 첫 출간한 후 세 번의 개정을 거치고 이번에 네 번째 개정을 하여 5판이 나오니 평균 5년마다 수정과 보완이 이루어진 셈이다. 강산이 두 번 바뀌는 사이 대한민국 가족도 상당히 바뀌었고, 또한 바뀌고 있다.

한국사회에서 저출산 고령화 진전은 너무나 빠르다. 당연히 1인 가구도 증가하고 있다. 아이들은 점차 줄어들고 있어 저출산 현상이 심각하다. 2015년 유소년(0~14세) 인구는 5년 전 조사 때보다 97만 명 줄어들었고, 전체 인구에서 차지하는 비중도 16.1%에서 13.9%로 감소했다. 반면, 65세 이상 고령인구는 2010년보다 121만 명이 늘었다. 이는 전체 인구 가운데 13.2%로, 2010년 조사(11.0%) 때보다도 상당히 늘어난 수치다. 유엔 기준에 따르면 65세 이상 인구 비율이 전체의 14%를 넘으면 고령사회, 20% 이상이면 초고령사회로 분류하는데, 한국이 고령사회로 진입하는 코앞에 있는 것이다. 그러다 보니 전체 인구의 정중앙 나이인 중위연령은 2005년 35.0세, 2010년 38.2세로 가파르게 오르며 지난해 41.2세로 처음으로 40세를 넘어서 이제 늙은 사회로 치닫고 있다.

그리고 점점 '혼밥, 혼술, 혼영' 등 혼자서 보내는 시간들이 어색하지 않은 사

회가 되고 있다. 20년 동안 눈에 크게 띄는 것은 1인 가구의 증가다. 2015년 1인 가구 수는 520만 가구로 전체 1,911만 가구에서 27.2%로 가장 높은 비중을 차지했다. 뒤를 이어, 2인 가구(26.1%), 3인 가구(21.5%), 4인 가구(18.8%), 5인 이상 가구(6.4%)의 순이다. 1인 가구가 대세로 떠오른 건 사상 처음인데, 5년 전 조사에서는 2인 가구 비중이 가장 높았다.

이처럼 이제 가족을 부부와 자녀가 오소도손 살아가는 변함없는 스위트홈으로 보거나 이를 건강가족으로 정형화하는 것은 무리다. 가족을 '변화하는 실체'로 간주하면서 가족유형의 다양성을 받아들여야 한다. 1인 가구를 포함하여 다양한 유형의 가족들을 가족유형의 하나로 받아들이면서 가족정책과 서비스 지원을 고민해야 하는 것이다. 또한 전지구적으로 양극화현상, 불평등현상이 심화되고 있는 가운데, 빈곤과 가족 간 갈등, 돌봄과 양육의 과부하 등 역기능 문제가 한국 사회에서도 빈번히 생겨남으로써 결국 가족복지의 필요성과 중요성이 더 높아지고 있음도 분명하다.

이번 5판도 4판의 내용을 대폭 개정한 것으로서 최근 한국사회 내 가족의 변화와 국제적인 가족복지 관련 연구와 정책의 흐름을 반영하였다.

5판은 전체 3부 14개의 장으로 되어 있다. 제1부는 전반적인 가족과 가족 문제, 가족과 사회복지의 관계, 가족복지의 개념, 접근방법, 그리고 복지국가에서의 가족복지 내용, 새로운 가족복지 패러다임 등을 파악하도록 하였다.

'제1장 현대 가족의 성격' 부분에서는 가족이 무엇이며, 가족에 대한 연구 분야는 어떻게 이루어지고 있고, 오늘날 현대 가족이 갖는 성격은 무엇인지, 그리고 새로운 가족 유형을 살펴본 후 가족변화에 대한 대립적인 두 가지 쟁점에 대한 이해를 돕고자 하였다.

'제2장 현대의 가족 문제' 부분에서는 가족 문제를 보는 여러 관점을 살펴보며, 현대 가족이 안고 있는 문제에 대한 이해를 돕고자 하였다. 아울러 한국의 가족 문제를 고찰하는 데 필요한 가족의 파악 요소가 무엇이며, 그러한 요소에 따라 여러 측면에서 고찰함으로써 현재 한국에서 가족이 안고 있는 문제 및 성격에 대해 파악하고자 하였다.

'제3장 가족복지의 이해' 부분에서는 가족과 사회복지의 관계를 살펴보고, 가

족복지의 개념과 대상 영역, 그리고 가족복지의 접근방법을 거시적 · 미시적으로 나누어 살펴보았다. 그리고 오늘날 여러 선진 복지국가에서 이루어지고 있는 가족복지의 내용을 심층적으로 상호 비교 · 분석하였다. 이상 3개의 장은 조홍식 교수가 집필하였다.

제2부는 가족복지의 접근방법을 미시적 · 거시적 접근방법 등으로 양분하여 살펴보았다. 제4장 가족사정, 제5장 가족치료, 제6장 가족옹호 등은 미시적 접근방법에 관한 것이고, 제7장 한국의 가족정책, 제8장 가족과 사회복지법 등은 거시적 접근방법에 관한 것이다.

'제4장 가족사정' 부분에서는 가족복지실천에서 가족을 사정하는 데 필요한 기본 지식으로서 가족사정의 개념과 가족사정의 구체적인 틀, 그리고 가족을 사정하기 위한 방법으로 인터뷰, 그림 그리기, 관찰, 검사지 및 질문지 사용을 어떻게 할 것인지가 소개되어 있다. 이 장은 김인숙 교수가 집필하였다.

'제5장 가족치료' 부분에서는 가족치료는 주로 가족 내 역동에 개입하기 위한 접근으로서 다양한 이론적 배경에 따라 가족 사정과 개입 내용이 서로 다른 여러 모델들을 포함하여 다양하게 살펴보았다. 가족체계론적 관점을 살펴본 후, 가족치료의 대표적인 모델인 구조적 모델, 전략적 모델, 해결중심 모델, 인지행동주의 모델, 정신분석 모델, 보웬(Bowen) 모델, 경험적 모델 등의 특성에 대해 사례와 함께 자세히 살펴보았다. 이 장은 김혜란 교수가 집필하였다.

'제6장 가족옹호' 부분에서는 가족옹호의 개념을 정의하고, 가족옹호실천에서 중요하게 고려해야 할 이슈와 가족옹호 계획과 지침 등을 살펴보았다. 그리고 정신장애인과 그 가족을 대상으로 한 외국의 가족옹호 사례를 살펴보았다. 그리고 한국의 정신보건가족협회의 활동을 자기옹호 맥락에서 소개하였다. 이 장은 김혜련 교수가 집필하였다.

'제7장 한국의 가족정책' 부분에서는 가족정책의 필요성과 개념 정의, 가족정책의 다양한 패러다임과 시각 등을 살펴본 후 한국과 외국의 가족정책 현황과 문제점 그리고 과제 등을 살펴보았다. 이 장은 신은주 교수가 집필하였다.

'제8장 가족과 사회복지법' 부분에서는 「건강가정기본법」 외에 사회복지와 관련된 다양한 법률 안에서 가족이 어떻게 규정되어 있고 어떤 역할을 하고 있는지 그리고 이들이 가족복지에 어떤 의미를 갖는지를 살펴보았다. 또한 이들 법들이 제정된 배경과 과정, 법의 주요 내용 그리고 이들 법들을 가족정책의 관점에서 어떻게 바라볼 수 있는지에 대해 살펴보았다. 이 장은 김인숙 교수가 집필하였다.

제3부는 제1부와 제2부의 이론적 접근을 기반으로 하여 현재 한국의 가족복지 실제 현장에서 이루어지고 있는 대표적인 여섯 가지 가족복지실천 분야의 내용을 다루었다.

'제9장 한부모가족' 부분에서는 한부모가족에 대한 정의와 유형, 한부모가족이 직면하고 있는 중요한 문제와 현재의 서비스 내용, 그리고 향후 바람직한 지원 대책에 대해 소개하였다. 또한 다양한 기준에 따라 한부모가족에 대한 정의와 유형이 어떻게 달라지는지, 한부모가족의 대표적 유형인 모자가족과 부자가족이 직면하고 있는 문제들을 살펴보았다. 이 장은 김인숙 교수가 집필하였다.

'제10장 아내학대 가족' 부분에서는 아내학대의 전제가 되는 가정폭력에 대한 정의와 실태 등을 살펴본 후 아내학대에 대한 대표적인 이론적 접근을 고찰하였다. 그리고 한국에서의 아내학대 가족에 대한 서비스 현황과 향후 바람직한 대책 등에 대해 살펴보았다. 이 장은 신은주 교수가 집필하였다.

'제11장 조손가족' 부분에서는 일반적인 조손가족의 개념과 형성 원인을 살펴본 후 한국 조손가족의 실태와 조손가족이 갖고 있는 일반적인 특성을 살펴보았다. 그리고 한국에서의 조손가족에 대한 정책과 서비스 현황, 조손가족에 대한 사회복지 정책과 실천 대책 등을 살펴보았다. 이 장은 김혜란 교수가 집필하였다.

'제12장 알코올 중독자 가족' 부분에서는 알코올 중독자 가족의 정의와 알코올 중독자 가족이 겪는 여러 어려움에 대해 살펴본 후 우리나라 알코올 중독자 가족에 대한 서비스 현황과 대책 등에 대해 살펴보았다. 이 장은 김혜련 교수가 집필하였다.

'제13장 다문화가족' 부분에서는 한국 사회에서 다문화가족이 갖는 성격과 함께 다문화가족의 현황과 문제점을 살펴보았다. 그리고 한국 다문화가족정책의 특성, 결혼이민자족과 관련된 법과 제도 등을 살펴본 후 다문화가족정책의 과제와 발전방향 등을 살펴보았다. 이 장은 신은주 교수가 집필하였다.

'제14장 1인 가구' 부분에서는 그동안 사회복지계에서 1인 가구에 대한 관심이 노인 1인 가구, 즉 독거노인에 초점이 맞추어져 온 데 대한 비판과 함께, 이제 세계적 추세인 1인 가구를 정의하고, 1인 가구의 인구사회학적 · 환경적 특성을 살펴본 후에 서울시 1인 가구의 특성을 소개하였다. 또한 성별, 연령별로 볼 때에 1인 가구 증가추세가 가장 눈에 띄는 중년 남성 1인 가구의 정신건강에 대하여 살펴보았다. 이 장은 김혜련 교수가 집필하였다.

이번 5판은 지난 4판 때까지의 개정에 비해 현 가족의 변화된 내용을 잘 담으려고 했다. 그리고 공저의 이점을 최대한 살려 좀 더 연계적이고 체계적이며, 보다 쉽게 저술하려고 노력했지만 부족한 면이 있음을 고백하지 않을 수 없다. 그리고 한국 고유의 가족 문화에 걸맞은 토착화된 가족복지의 이론적 작업과 접근방법을 아직도 제대로 담지 못한 아쉬움이 크다. 이러한 부분은 앞으로 계속 보완하고 다듬어 나갈 생각이다. 독자 여러분의 지속적인 비판과 조언을 기대한다.

마지막으로, 늘 함께하시는 하나님께 감사드리며 이 책의 집필로 많은 시간을 함께하지 못한 아내에게 미안한 마음을 전한다. 그리고 이 책을 개정하는 데 큰 도움을 주신 학지사의 김진환 사장님, 오희승 선생님을 비롯한 직원들께 감사드리며, 가족복지학에 관심을 갖고서 가족복지의 발전에 애쓰시는 이 땅의 모든 분들에게 이 책을 바치고자 한다.

2017년 3월 관악에서

집필진을 대표하여 조홍식

1판 머리말

현대사회의 급속한 변화에 따라 오늘날의 가족은 기본적으로는 전통적인 안정성을 유지하고 있으면서도 놀라울 정도로 빠르게 변화하고 있다. 그러나 현대 산업사회의 이러한 급격한 변동에도 불구하고 가족은 우리 사회의 기본 단위이며, 가족생활은 한 개인의 생활주기를 통하여 다른 곳에서 발견할 수 없는 중요한 가치를 지니고 있다.

가족연구만큼 다양한 분야를 포함하는 학문 영역도 드물다. 심리학, 사회학, 인류학, 경제학, 사회복지학, 가정학, 교육학 등 많은 학문 영역이 가족 분야와 관련되어 있다. 그러나 가장 강조되는 것은 역시 가족체계와 그 안에서의 친밀한 관계가 어떻게 작용하는가 하는 점과 이러한 가족 관계 및 기능, 구조상에 나타나는 가족 문제, 그리고 이러한 가족 문제에 대한 대책 등에 관한 것을 체계론적 관점에서 연구하는 일이다.

사회복지학에서는 전통적으로 가족과 가족 문제가 주요 학문적 관심의 대상이 되어 왔다. 특히 현대 사회복지제도의 역사는 비인격적인 상품시장과 대립되는 전통적인 가족기능의 보완과 대체, 강화의 역사라고 할 수 있다. 20세기를 통하여 선진국의 사회복지제도는 본질적으로 가족의 전통적인 보호기능을 대행해 주는 대체물로서 성장하여 온 것이다. 이러한 가족의 중요성과 가족이 안고 있는 심각한 문제 때문에 사회복지는 초창기부터 가족을 사회복지사업의 주 대상으로 하였고, 사회복지학에서도 가족에 관한 연구가 중시되었던 것이다.

이 책은 가족에 대한 체계론적 관점에서 가족의 건전한 삶의 질을 보장하는 것에 초점을 둠으로써 가족 구성원 개개인의 복지뿐만 아니라 가족 전체의 복지에 대해서 관심을 갖는 모든 사람을 위해 기획된 것이다. 따라서 대학에서 가족의 삶의 질에 대해 학문적 관심을 갖는 여러 학문 분야 사람들뿐만 아니라 현장에서 가족을 상대하는 다양한 실무자에게도 도움을 줄 수 있도록 하였다.

이 책은 모두 3부로 구성되어 있다. 제1부는 전반적인 가족복지에 관한 이해를 돕고자 하는 것으로 제1장 현대 가족의 성격과 가족 문제, 제2장 가족복지의 이해로 구성되어 있다. 구체적으로 여기에서는 가족이 무엇이며, 가족에 대한 연구 분야는 어떻게 이루어지고 있고, 오늘날 현대 가족이 갖는 성격과 가족 문제는 무엇인지 제시하며, 그리고 가족과 사회복지의 관계 및 가족복지가 무엇인지에 대한 개념 및 대상 영역을 소개하며, 아울러 가족복지의 접근방법을 거시적 · 미시적으로 나누어 제시하고, 오늘날 여러 선진 복지국가에서 이루어지고 있는 가족복지의 내용을 비교하여 개괄하고 있다.

제2부는 본격적인 가족복지의 여러 접근방법에 대해 소개하는 것으로 미시적인 접근방법으로서 제3장 가족사정, 제4장 가족치료, 제5장 부모역할 훈련, 그리고 거시적인 접근방법으로서 제6장 가족정책으로 구성되어 있다. 구체적으로 제3장에서는 가족과 관련하여 사정이란 무엇이고, 무엇을 사정해야 하며, 또 어떻게 사정해야 하는가와 관련하여 가족사정 시 필요한 사정의 틀과 방법에 대해 제시하였다. 제4장에서는 가족체계 관점에 대해 알아보고 각각의 가족치료 모델의 특성에 대해 소개하였으며, 제5장에서는 부모역할에 대한 소개 및 효과적인 부모역할에 도움이 되는 여러 접근방법을 제시하였다. 제6장에서는 가족정책의 필요성 및 개념을 규정하고, 가족정책에 대한 시각과 쟁점을 소개하며, 한국 가족정책의 현황을 분석함으로써 한국 가족정책의 과제를 제시하였다.

제3부는 제1부와 제2부의 이론적 접근을 기반으로 하여 실제 가족복지 실천 분야를 살펴보는 것으로, 특히 현재 우리나라 가족복지의 중요한 실천 분야들

을 제시하여 각각 개념, 문제, 서비스 현황, 서비스 대책 등을 중심으로 소개하였다. 제7장 한부모가족, 제8장 가정폭력 가족, 제9장 장애인 가족, 제10장 비행청소년 가족, 제11장 알코올 중독자 가족, 제12장 치매노인 가족 등이 그것이다. 이에 대해 구체적으로 보면 제7장에서는 한부모가족이 처한 문제와 그에 대한 서비스 현황 그리고 그들을 위한 정책적 · 실천적 대안을 소개하였다. 제8장에서는 아내학대를 중심으로 가정폭력의 개념, 학대가족의 발생 원인을 분석하여 가정폭력 가족을 위한 서비스 현황 및 가정폭력 방지를 위한 법적 대안 및 실천적 대안을 제시하였다. 제9장에서는 장애인 가족의 개념을 알아보고, 신체장애인 가족 중에서는 척추장애인 가족을, 정신장애인 가족에서는 조현병 가족을 중심으로 문제를 파악하였으며, 현재 이루어지고 있는 장애인 가족 서비스의 현황과 대책을 소개하였다. 제10장에서는 비행청소년 가족이 처한 문제와 그에 대한 서비스 현황, 그리고 그들을 위한 정책적 · 실천적 대안을 소개하였다. 제11장에서는 남편의 알코올중독 문제로 인해 배우자가 겪는 어려움이나 자녀가 변해 가는 과정을 소개하고, 이에 대한 기존 서비스 현황 및 대책을 제시하였다. 제12장에서는 치매노인 가족에 초점을 맞추어 우리나라 치매노인 가족의 부양부담 및 서비스 욕구를 파악하고 실천적 · 정책적 대책을 소개하였다.

이 책은 가족복지에 관한 이론과 실제를 결합함으로써 실질적인 우리나라 가족의 문제, 가족복지의 현황, 가족복지를 위한 서비스 대책에 대해 임상 실천적인 대안 마련은 물론 정책적인 대안에 대해서도 폭넓은 이해를 돕기 위해 여러 대학에서 가족복지를 가르치고 있는 우리 교수들이 과감히 집필하였지만 아직도 부족한 점이 많다. 독자들의 적극적이고도 지속적인 비판과 아울러 애정 어린 조언을 기대한다.

끝으로 늘 함께하시는 하나님과 이 책이 나오기까지 도움을 주신 학지사 김진환 사장님을 비롯한 직원들께 감사를 드리면서, 이 땅의 가족에 관심을 갖고서 가족복지 발전에 애쓰시는 모든 분들에게 이 책을 바친다.

1997년 1월 관악에서

집필진을 대표하여 조홍식

차 례

제3부 가족복지의 실천 분야

제 1 부

가족복지의 개관

현대 가족의 성격

이 장에서는 가족이 무엇이며, 가족에 대한 연구 분야는 어떻게 이루어지고 있고, 오늘날 현대 가족이 갖는 성격은 무엇인지, 그리고 가족 변화에 대한 대립적인 쟁점을 이해하도록 돕고자 한다. 우선 가족에 대한 이해를 하기 위하여 가족에 대한 여러 관점들을 살펴보며, 이를 토대로 가족에 대한 정의와 기능을 정리해 본다. 그리고 다학문적인 가족연구 분야를 살펴보고, 현대 가족의 여러 다양한 특성들을 제시하고자 한다. 아울러 새로운 가족 유형을 살펴본 후, 현대 가족에 대한 두 가지 대립적인 쟁점에 대해 알아보고자 한다.

1. 가족에 대한 이해

1) 가족에 대한 관점

우리가 잘 알고 있는 코끼리의 비유를 보면, 장님은 코끼리가 어떻게 생겼는가에 대한 나름대로의 관점을 형성하기 위해 자기가 가지고 있는 정보를 최대한 사용하였음을 알 수 있다. 일반적으로 관점이라는 용어는 사람들이 현실에 대해 가지는 사고방식이나 기본적인 가정을 말한다. 관점이라는 용어와 유사한 몇 가지 용어가 있는데, 때때로 학자들은 '준거틀'이나 '패러다임' 혹은 '패러다임적 관점'이라는 용어를 사용하기도 한다(Kuhn, 1970).

이와 마찬가지로 현대사회의 가족을 연구하는 데에도 많은 관점이 사용된다. 현대의 몇몇 관점의 기원은 고대의 지적 전통으로 거슬러 올라간다. 예를 들어, 소크라테스나 플라톤과 같은 그리스 철학자는 추론이 지식을 발견하는 좋은 수단이라고 가정했다. 플라톤은 이데아가 현실을 바라보는 우리의 관점을 결정짓는다고 주장했다. 그는 직관, 전통 혹은 신비주의에 대비시켜 이성의 힘을 강조하였다.

그러므로 고대 그리스로부터 연유된 현대의 과학적 관점이 갖는 중요한 속성은 첫 번째, 지성과 이성의 강조다. 예를 들어, 가족을 더 잘 이해하기 위해 가족학자는 시나 문학, 직관, 예술에 관심을 기울이기보다는 대부분 과학적인 조사연구를 토대로 한다. 두 번째 속성은 경험적 관찰에 몰입하는 것 혹은 우리의 경험과 관찰에서 아이디어를 얻는 것이다. 아리스토텔레스는 지식을 얻기 위해서는 관찰이 필수적이라고 하였다. 따라서 현대의 과학적 방법은 플라톤식의 이성과 아리스토텔레스식의 경험적 관찰이 결합한 것이라 하겠다.

또한 현대적 관점에서 만들어진 일부 가족에 대한 기본 가정도 이들 고전철학자에게서 빌려 온 것이다. 『공화국(The Republic)』에서 플라톤은 이상사회에 대한 그의 관점을 피력하였는데, 그 과정에서 그는 가족과 국가의 관계에 대해 다음과 같은 몇 가지 질문을 하였다. 가족은 얼마나 필연적인가? 현재사회와 미래사회에서 가족의 역할은 어떠해야 하는가? 이상사회란 어떤 것일까? 건강한 인간을 만들어 내기 위해서 가족보다 더 좋은 방법이 있을 것인가?

이러한 질문에 대해서 플라톤은 독립성, 이성적 사고, 자율성, 개별성을 강조하였으며, 이러한 이념들은 이후 개인주의로 알려진 철학적 관점의 지적인 기반을 제공해 왔다. 이러한 관점에 따르면 가족은 단지 개인 생활의 한 부분일 뿐이고, 인생의 주요한 관심사는 개인이라는 것과 사생활, 자율성, 개인적 관심사, 개별화 과정, 독립성과 개인적 자유가 중요함을 강조했다.

이에 반해, 아리스토텔레스는 인간, 가족, 환경에 대한 더욱 통합적이고 연관된 관점을 주장했다. 그는 사람들이 생물학적 · 지적 · 사회적 · 환경적 맥락에서 맺는 연관성을 강조했다. 이러한 가정을 사용하는 현대적 관점 중의 하나는 체계론적 관점이라고 불린다.

플라톤과 아리스토텔레스는 2,000여 년 전에 그들 나름대로 자신의 관점을 개발했지만, 그러한 관점은 오늘날의 세계에서도 두 가지 구분되는 관점으로 여전히 남아 있다. 이러한 플라톤과 아리스토텔레스 두 사람의 관점 간의 차이에 주목하는 것은 매우 중요하다. 왜냐하면 오늘날의 가족을 이해하는 데 어떤 사람은 플라톤식의 개인주의 관점을 중심으로 하려는 데 비하여, 또 다른 사람은 아리스토텔레스식의 체계론적 관점을 가지고 이해하기 때문이다. 아주 오래전부터 존재했던 이러한 차이점은 우리가 문제를 해결하는 방식과 방법에 커다란 영향을 미친다(Burr, Day, & Bahr, 1993).

그럼 이제부터 가족 현상에 대하여 학자마다 서로 다른 관점을 가지고 언급하고 있는데, 이러한 서로 다른 여러 관점에 대하여 간략히 살펴보고자 한다.

(1) 구조기능론자의 낙관적 관점

이 관점의 대표적인 학자는 파슨스(T. Parsons)다. 그는 가족을 사회체제 유지를 위한 중요한 기능 중 유형 유지의 기능을 담당하는 제도로 본다. 이는 개인으로 하여금 기존 체제에 적응하는 동기를 조성해 주는 사회화의 메커니즘을 가족이 담당한다는 데에 의의를 둔다. 즉, 부모는 사회질서를 도모하여 체제의 안정을 유지하는 데 기본적인 가치관을 자녀에게 내면화시킴으로써 사회체제가 개인에게 요구하는 인성을 형성하며 그들이 수행해야 할 사회역할을 교육시킨다는 것이다(Parsons, 1951).

구조기능론자는 산업사회에서 기능을 가장 잘할 수 있는 가족의 형태는 핵가족이고, 성별분업화에 의해 역할을 수행하는 가족임을 강조한다.

(2) 갈등론자의 비판적 관점

이 관점은 주로 마르크스주의자에 의해 주장되고 있다. 특히 마르크스(K. Marx)와 엥겔스(F. Engels)의 가족에 대한 비판은 가족이 부르주아적 제도의 표상이라는 데 기초한다. 즉, 이들은 자본주의 경제체제와 함께 등장한 가족제도는 그 체제의 붕괴와 함께 소멸될 것으로 본다. 호르크하이머(M. Horkheimer)도 부르주아 가족은 부르주아적 질서를 떠받치는 특정 권위 지향적 행위에 적응하도록 독려하는 것, 여성을 경제적으로 의존케 하여 전통적 성향을 키우는 것 등으로 인한 보수화 기능을 수행하고 있다고 비판하였고, 마르크스주의 이론에서는 부부가족의 애정적 기능, 안식처로서의 기능을 자본주의 사회라는 구조에 기인한 것으로 간주한다. 자르스키(E. Zaresky)는 자본주의 산업화가 임금노동을 창출하고 가족생활에서 일을 분리시켜 결과적으로 개인을 고립시켰다고 본다(이효재, 1988).

따라서 마르크스주의 이론에 따르면 자본주의의 착취적 속성이 개인으로 하여금 사적 생활과 친밀감 등의 주관적 세계를 가족에 더욱 의존케 하였다고 분석하며, 이러한 안식처로서의 기능의 강조는 핵가족에게 긍정적 효과보다는 부정적 결과를 초래하였다고 언급한다.

(3) 여권론자의 비판적 관점

여권론(여성해방론)자는 현재의 가족체계는 남편과 아내가 상이한 계급에 놓여 있고 이익과 권력에서 불평등이 존재하므로, 가부장적 체계는 권력을 가진 남성의 이익에만 기여하고 기능적이며, 여성은 억압되어 있다고 본다. 따라서 여성해방이 되기 위해서는 여성과 남성이 평등성을 성취하도록 하는 범위 내에

서 가족구조를 수정해 나가야 한다는 온건한 관점과 전통적 가족의 질서와 구조를 전복시키고 다양한 형태의 결혼양식으로 대체하며, 자녀출산 및 양육과정까지 사회기관으로 이전시켜야 한다는 급진적인 관점이 대두되고 있다(Elliot, 1988).

여권론적 관점은 가족이 단일체가 아니라 권력단체의 구조임을 상기시킨다. 여권론자의 강조점이나 지향은 각각 다르지만 현대 가족의 다음 세 가지 면이 여성을 억압한다고 주장한다. 즉, 첫째, 주부역할을 우선적으로 취하게 함으로써 여성노동을 규제한다는 점, 둘째, 여성의 성과 출산에 대해 남성이 통제를 가한다는 점, 셋째, 성 정체감을 구조화시켜 전통적인 남성우위의 성역할 사회화를 유지시킨다는 점이다.

이상으로 볼 때, 가족에 대하여 기능론적 모델은 사회구성원을 재생산하고 전반적으로 공유된 가치를 재생산하는 단위로 본다. 반면, 마르크스주의자는 가족을 자본주의를 위한 노동력과 자본주의적 가치와 관계를 재생산하는 단위로 파악하며, 여권론자는 가족을 가부장적 사회질서를 재생산하는 단위로 언급한다. 마르크스주의자는 갈등과 착취에, 여권론자는 성의 갈등과 착취에 초점을 둔다. 이와 대조적으로 기능론자는 갈등과 억압보다는 협동과 합의를 사회에 내재된 것으로 고려하고 가족생활의 긍정적인 면에 초점을 둔다고 하겠다(유영주, 1993).

(4) 체계론적 관점

가족에 대한 체계론적 관점은 개인에 초점을 맞추기보다는 오히려 전체로서의 가족에 강조를 두는 방식인데, 특히 가족에 대한 체계론적 관점을 적용한 이론을 가족체계이론이라고 한다. 이러한 가족체계이론은 어떻게 가족체계가 전체적으로 기능하는가, 어떻게 가족체계의 부분들이 상호 연관되는가를 밝히려고 한다. 체계론적 관점은 우리가 전체성, 상호의존성, 하위체계, 투입, 산출과 경계, 변형과정, 선택, 정보처리와 피드백 등을 보도록 돕는다.

한편, 가족체계이론은 원인과 결과를 보는 관점에서 여타 많은 과학적 이론과 구별된다. 그것은 결정론적인 과정보다 비결정론적인 과정에 더 많은 주의를 기울인다. 주기(cycle)와 동결과성(同結果性, equifinality)의 개념은 우리에게 원인과 결과 관계의 복잡성을 가족체계 관점으로 보게 한다. 원인과 결과 간의 직접적인 직선적 관계를 밝히려는 이론과는 반대로, 가족체계이론은 일어날 수 있는 다양한 결과를 강조한다.

가족체계이론은 비교적 새로운 접근방법으로 가족을 상호 관련된 부분이나 하위체계의 조직으로 본다. 즉, 가족을 배우자 하위체계, 부모-자녀 하위체계, 부모 하위체계, 그리고 개인적 하위체계 등으로 구분하여 본다. 가족이 바람직하게 기능하기 위해서는 이러한 하위체계가 서로 분리되어 있어야 한다. 분리된 하위체계의 경계가 희미해질 때 배우자 하위체계의 갈등이 부모-자녀 하위체계로 넘쳐 들어가거나, 근친상간과 같은 역기능적 가족을 만들어 낼 수 있다고 본다.

가족체계이론은 가족에 대한 다음과 같은 네 가지의 가정을 전제로 한다(장휘숙, 1995).

첫째, 가족체계의 맥락 내에서 상호작용이 중시된다. 4인 가족을 A, B, C, D라고 할 때, A-B의 관계는 A-C, B-C, A-D, 그리고 B-D의 관계에 영향을 주고, 또한 다른 관계로부터 동일한 영향을 받기 때문에 맥락을 고려해야 한다.

둘째, 가족은 독특한 상호작용 패턴을 갖는다. 가족구성원 사이에 형성된 상호작용 패턴은 상당한 기간에 걸쳐 형성된 습관이므로 변화되기 어렵다.

셋째, 대부분의 가족은 가족체계가 손상되는 일이 없이 지속될 수 있도록 안정성을 추구한다.

넷째, 가족체계는 시간 경과에 따라 변화한다. 가족체계의 속성은 변화에 저항적인데도 부부가 나이를 먹고 자녀가 성장함에 따라 가족체계는 변화하지 않을 수 없게 된다.

이러한 가족체계이론은 역기능적 가족의 역동을 설명하려고 노력하는 과정에서 도출된 이론이다. 따라서 알코올중독과 같은 약물남용이나 근친상간은 가족체계이론으로 잘 설명될 수 있다.

그러나 가족체계이론이 정상적인 가족에 대해서도 적용될 수 있는가는 의문점으로 남는다. 동시에 가족체계이론이 무엇인가에 대해 연구자마다 일치된 견

해를 제시하고 있지 못한 형편에 놓여 있다. 어떤 연구자는 가족체계이론이 하나의 이론이라기보다는 오히려 하나의 접근방법으로 인식되어야 한다고 주장하기도 한다.

그렇지만 이러한 한계가 있음에도 불구하고 가족체계이론에서 나온 아이디어들은 여러 가지 방식으로 생활의 질을 향상시키는 데 이용될 수 있다. 따라서 이 책에서는 이러한 가족체계이론적 관점을 중심으로 전개하고자 한다.

2) 가족의 정의와 기능

(1) 가족의 정의

가족에 대한 여러 관점으로 미루어 보아 현대의 가족에 대한 정의는 한마디로 규정하기 어렵다. 그러나 현실적으로 가족은 인간이 가져온 제도 중에서 가장 오래된 것으로 사회의 변천에 따라 여러 가지 영향을 받으며 꾸준히 지속되어 온 기본적인 사회제도다. 그런데 개인이 경험하는 가족은 역사와 민족, 시대적 변천에 따라 다양하므로 한마디로 정의하기는 어려운 일이다. 그러나 가족에 대한 보편적 정의를 내리는 것은 필요하다.

기본적으로 가족의 실체에 관해서는 두 개의 상이한 시각에 기초하고 있다고 볼 수 있다(이혜경, 1995).

첫 번째 시각은 20세기의 많은 인류학자가 주장해 온 바와 같이 가족이란 인류사회 보편적인 제도로서 '자녀양육의 기능을 중심으로 특정한 공간(가정)과 특정한 애정의 유대(사랑)로 연결된 특정한 사람들의 집합체(핵가족)'로 개념화될 수 있다는 시각이다. 이러한 가족의 개념은 가족이 여성의 영구불변한 역할, 즉 양육, 결합, 재생산 역할에 의해 규정된다는 신념을 전제하고 있다. 이러한 의미에서 가족은 인간 양육과 교육을 담당하는 가장 강력한 제도체계인 것이다.

이 시각에서 양육자로서의 가족의 개념과 가족성원에 대한 실제 행위 사이의 불일치, 다시 말해서 다양한 현대 가족 문제는, 불완전한 인간의 능력 부족 탓으로 설명되며, 이러한 가족개념에 기초한 가족정책의 목표는 보편적인 가족의 특징을 현실 가족에게 회복시키는 일에 초점이 맞춰진다.

두 번째 시각은 가족을 편재하는 생물학적 욕구에 대한 보편적인 반응이라기보다는 특정한 사회질서 안에서 나타나는 도덕적 · 철학적 · 이념적 구성단위로 파악한다. 예컨대, 가족은 혈연관계로 이루어진 자연적 집단이 아니라 가정 내부에서 인간관계를 조직하고 고려하는 방식으로 인식되며, 개인이 재산을 소유하고 보호와 복지를 제공하고 특히 자녀양육을 하는 단위로서 국가에 의해 형성된 영역, 즉 현대 정치와 경제를 지배하는 비인격적 규범과 대립되는 사랑과 친밀의 범주로 개념화된 영역으로 본다.

이 시각에 따르면, 가족이란 보편적인 생물학적 욕구를 충족시키기 위한 구체적인 사물이 아니고, 사회변동과 함께 의도적인 정치적 개입에 의해 변화하는 실체다. 따라서 산업화, 도시화 등 사회적 조건의 변화에 대하여 역동적으로 적응할 수 있는 것이다.

한편, 사전적 정의에 따르면, 가족이란 일반적으로 어버이와 자식, 형제자매, 부부 등 혈연과 혼인관계 등으로 한 집안을 이룬 사람들의 집단을 말한다. 그리고 사회통계에서는 주로 가구(household)라는 개념을 사용하는데, 1인 또는 2인 이상이 모여서 취사, 취침 등 생계를 같이하는 생활 단위를 말하고 있다.

그리고 이러한 가족에 대한 개념은 특히 법의 수용과 관련하여 오늘날 쟁점이 되고 있다. 가족과 친족의 공동생활과 공동생활에 기초한 재산의 승계관계를 규율하는 법인 가족법에서 특히 부부간의 법적 신분은 부부역할을 중시하는 관계에서 개인적 권리를 인정하는 계약관계로 변하고 있다. 그 예로 부부간의 관계가 파탄에 이르면 당연히 이혼을 인정해 주는 것은 부부간의 계약관계를 잘 보여 준다고 할 수 있다.

그러나 한국의 가족법에서는 다른 나라에 비해, 아직도 가족관계와 친족관계를 중시하고 있다. 한국에서는 민법이 광범위한 친족범위를 법률적으로 인정하고, 가족의 범위를 규정하고 있기 때문이다. 그럼에도 한국의 가족법에서 광범위한 영향을 미치던 호주제도가 2005년 2월 3일 헌법재판소에 의해 헌법불합치 결정을 받고, 호주제 폐지를 주요 내용으로 하는 '민법 일부개정법률'이 2008년 1월 1일부터 시행됨으로써 개인보다는 가족관계와 친족관계를 중시하던 경향은 상당히 완화되었다.

그러나 현재 한국의 가족법에서는 동거가족, 재혼가족, 동성애가족 등과 같은 사회적 관계로 이루어지는 가족에 대해서는 명확하게 인정해 주고 있지 않다. 이러한 우리나라의 경우와는 달리 스웨덴, 노르웨이, 프랑스는 현재 동성애가족까지도 가족으로서 합법적인 보호를 받고 있으며, 미국의 일부 주에서도 법적인 인정을 받고 있다.

이상에서 살펴본 바를 정리해 보면, 가족이란 부부와 그들의 자녀로 구성되는 기본적인 사회집단으로서 이익관계를 초월한 애정적인 혈연집단이 기본이 되며, 같은 장소에서 기거하고 취사하는 동거동재 집단이고, 그 가족만의 고유한 가풍을 갖는 문화집단이며, 양육과 사회화를 통하여 인격형성이 이루어지는 인간발달의 근원적 집단(유영주, 1993)이라는 전통적 개념과 함께, 혈연관계가 아닌 2인 이상의 친밀한 관계를 갖는 다양한 집단을 구성하여 살아가는 대안적 형태를 가지면서 사회의 정치적 개입에 의해 변화하며, 그러한 변화에 대하여 역동적으로 적응할 수 있는 중요한 사회제도의 하나로 정의 내릴 수 있다.

(2) 가족의 기능

전통적으로 가족은 성이 다른 두 사람의 성인과 그들이 출산한 자녀들이 물리적 거주지를 공유하고 상호 간에 동의한 목표를 지니는 사회적 체계다. 따라서 가족의 기초는 두 사람의 성인 사이의 헌신적 관계로 시작된다. 만약 두 사람이 동성이거나 자녀가 없거나 성인 중 어느 한편이 부재하는 경우에는 전통적 의미에서 가족으로 인정할 수 없다.

그러나 최근에 서구 여러 나라에서 일어나고 있는 급변하는 사회현상은 가족에 대해 우리가 지니고 있는 이러한 전통적 개념을 수정하도록 요구한다. 높은 이혼율은 한부모가족과 복합가족을 양산하고, 빈번해진 입양은 부부가 출산하지 않은 아동도 가족의 일원으로 포함한다. 또한 자녀 없는 부부, 동성애가족도 하나의 가족으로 수용하는 추세에 있다. 실제로 오늘날 거의 모든 가족학자는 더 이상 보편적이고 전형적인 가족 현상을 규정하려 들지 않고 있다(Adams, 1980). 오히려 존재하는 그대로의 생활양식 중심으로 가족 현상에 관심을 갖는다. 곧, 가족은 '무엇인가'보다는 '무엇을' 가족으로 볼 수 있는가에 연구의 초점을 둔다.

실제로 우리 사회는 고전적 의미의 핵가족의 비율이 감소하고 있는 반면에 부자가족 또는 모자가족 등의 한부모가족, 노인가족, 일인가족, 무자녀가족, 동거가족, 비동거가족, 공동체가족, 동성가족 등의 비전통적 가족형태가 조금씩이나마 계속 증가하는 추세에 있고, 특히 이혼과 재혼으로 인한 '의부모 가족'이 늘어 가는 경향이다.

그러므로 현대사회에서의 가족을 이해하기 위해서는 가족의 구조적 측면에 초점을 맞춘 전통적 개념보다는 가족구성원 사이의 상호작용을 중요시하는 기능적 측면에 초점을 맞추어야 한다. 다시 말해, 가족을 상호 작용하는 인격체의 통일체로 간주하여 가족의 기능적 측면에 관심을 집중시킬 필요가 있는 것이다.

사실상 가족은 그들의 구성원을 위해 그리고 가족이 포함되어 있는 더 큰 사회를 위해 고유한 기능을 수행한다. 학자에 따라 서로 조금씩 다른 기능을 제시하고 있다. 스트롱(Strong)과 디볼트(DeVault)는 가족이 담당하는 기능을 다음과 같이 네 가지로 요약하였다(Strong & DeVault, 1992).

첫째, 친밀한 관계의 근원을 제공한다. 사회가 산업화되고 복잡해질수록 사람들은 가족 내에서 친밀성을 발견하려고 노력한다. 직업세계에서나 우리 주위의 더 큰 사회 내에서 개인은 대부분 역할로서 지각되기 때문에, 타인과 개인적 수준에서 친밀성을 공유하는 것은 쉬운 일이 아니다. 가족체계 내에서 우리는 서로를 완전히 노출한 상태에서 파트너와 희망을 공유하고 함께 자녀를 양육하면서 나이를 먹어 간다.

둘째, 경제적 협조의 단위로서 기능한다. 전통적으로 가족은 성별에 따라 일을 나누어 맡는 경제적 협조의 단위다. 가족은 보통 하나의 소비단위로 생각되기 쉬우나 그것은 또한 중요한 생산단위다. 가정 내에서 이루어지는 가족구성원의 역할 수행은 임금으로 지불되지 않으므로 생산단위로서의 그것의 기능이 무시되기 쉽다. 아내의 자녀양육이나 가사노동은 말할 것도 없고 때때로 이루어지는 남편의 목공일이나 아내를 돕는 일, 자녀의 요리활동이나 동생 돌보기,

청소하기 등은 모두 생산적 활동이다.

셋째, 자녀를 출산하고 그들을 사회화시킨다. 전통적으로 자녀출산은 가족의 주된 기능이었다. 가족은 그 사회를 구성하는 노인세대가 사망할 때 그들을 대치할 아동을 출산하고 양육하여 사회가 계속적으로 유지될 수 있도록 하는 기능을 수행한다. 더욱이 아동은 대단히 무기력한 상태로 출생하고 한 사람의 책임감 있는 성인으로 성장하기 위해서는 여러 해 동안의 양육을 필요로 한다. 가족은 그들에게 걷고 말하고 자신을 돌보는 방법을 가르치며, 특정 문화에 맞게 인간답게 살아갈 수 있는 각종 기술을 습득시키는 사회화를 담당한다. 가족의 사회화 기능은 인간을 인간답게 만드는 중요한 역할을 한다.

넷째, 가족구성원에게 지위와 사회적 역할을 할당한다. 결혼에 의해 새로운 가족이 형성되면, 남편이나 아내의 새로운 가족역할이 부과되고, 그것은 사회로부터 진정한 성인의 지위를 획득하도록 돕는다. 부모나 형제자매에 대한 일차적 헌신이나 애정은 배우자에게로 이동되고 자녀출산은 아버지와 어머니로서의 새로운 역할을 개인에게 부여한다. 또한 가족은 개인의 인종과 사회경제적 수준 및 종교를 결정하기 때문에 우리가 사회 내에서 특정한 지위와 위치를 획득하도록 한다. 우리는 가족과의 동일시를 통하여 우리가 소속한 계층의 생활방식을 학습하고, 문화적 가치와 기대를 형성한다. 가족구성원으로서의 다양한 역할 수행을 통하여 우리의 개인적 및 사회적 정체감의 많은 부분이 형성되는 것이다.

한편, 패터슨(Patterson, 2002)은 가족의 기능을 재생산과 가족집단 형성 기능, 경제지지 기능, 양육, 교육과 사회화 기능, 노약자 보호 기능 등 네 가지로 구분하고 있다.

첫째, 재생산과 가족집단 형성 기능은 가족구성원을 재생산하여 사회가 유지되도록 해 주고 가족구성원에 대해서는 가족이라는 친밀한 집단에의 소속감과 개인의 정체성을 확보하게 해 주는 기능을 말한다.

둘째, 경제지지 기능은 가족이 가족구성원 개개인에게 필요한 경제적 자원과 물질을 제공함으로써 사회구성원으로서의 건강한 성장을 지원하는 기능을 말한다.

셋째, 양육, 교육과 사회화의 기능은 개인의 신체적 · 정신적 · 심리적 · 사회적 발달과 사회의 가치관과 규범을 교육하는 역할을 수행하는 것을 말한다.

넷째, 노약자 보호 기능은 가족이 노인과 아동, 장애인 등 가족 내의 노약자에 대한 보호 및 돌봄 기능을 함으로써 사회적 부담을 경감하는 기능을 말한다.

이렇게 볼 때, 가족의 기능으로 가족구성원을 재생산하여 사회가 유지되도록 해 주는 '가족 재생산 기능', 가족구성원 개개인에게 필요한 경제적 자원과 물질을 제공하는 '경제지지 기능', 가족구성원에게 지위와 사회적 역할을 할당하는 '사회화 기능', 가족구성원에게 친밀한 관계의 근원을 제공하는 '정서적 기능', 노약자를 보호하는 '돌봄과 복지 기능' 등 다섯 가지 기능으로 요약할 수 있다.

2. 가족 연구 분야

가족 연구만큼 다양한 분야를 포함하는 학문 영역도 드물다. 심리학, 사회학, 인류학, 경제학, 사회복지학, 가정학, 교육학 등 많은 학문 영역이 가족 분야와 관련되어 있다.

가족에 관한 초기 연구는 주로 사회학, 가정학, 그리고 사회복지학 영역에서 수행되었다. 사회학자는 사회 내에서의 가족의 본질, 구조, 기능에 대해 연구해 오고 있다. 동시에 그들은 하나의 소집단으로 기능하는 가족에 대해 관심을 갖는다. 그리고 가정학에서는 가족생활의 질을 개선시키는 데 기여할 수 있는 실용적 정보를 발견하기 위하여 가족 연구를 수행한다. 그들은 연구결과를 바탕으로 실제의 가정생활에 적용할 수 있는 방안을 모색한다.

한편, 사회복지학자는 초기에 도시지역에 거주하는 빈곤가족의 생활 조건을 개선시키려는 목적으로 가족을 연구하였다. 그러나 최근에는 산업화 사회에서 모든 가족이 복잡하고 다양한 삶의 질 문제에 대처할 수 있도록 돕는 데 관심을 두고서 정책적(거시적) · 임상적(미시적) 접근을 하고 있다.

여하튼 1970년대까지 이론가 및 연구자는 전통적인 가족 연구 분야가 아니었

던 가설, 변수와 연구 맥락에 주의를 기울이기 시작했고, 그중 몇몇 집단은 새로운 학문이 등장하고 있다고 주장하기 시작하였다. 이는 소위 새로운 학문이라고 부르는 것에 관한 일련의 논쟁을 이끌었는데, 즉 어떤 학자는 이 분야를 가족과학(family science)으로 명명해야 한다고 주장하였고(Doherty & Campbell, 1988), 또 다른 학자는 가족학(famology)으로 부르기도 하였다(Burr & Leigh, 1983).

이렇게 볼 때, 가족 연구는 가족의 독특한 영역을 종합적으로 연구하는 분야로 이루어지고 있음을 알 수 있다. 그 주된 관심은 가족행동의 내적 작용에 맞추어지며, 가족 내에서의 감정, 사랑, 경계, 의식, 패러다임, 규칙, 일상생활, 의사결정, 그리고 자원관리와 같은 가족과정에 중심을 두고서 환경과의 관련성을 항상 고려한다. 가족의 이러한 관점에서 연구될 때 연구자, 임상가는 다른 중요한 배경 정보로 사회학, 심리학, 인류학, 사회복지학 등 관련 분야에서 밝혀진 정보를 다룰 수밖에 없으며, 체계론적 관점에서 연구하게 된다. 그러나 가장 뚜렷하게 강조되는 것은 역시 가족체계와 그 안에서의 친밀한 관계가 어떻게 작용하는가 하는 점과 이러한 가족 관계와 기능, 그리고 구조상에 나타나는 가족 문제에 관한 것이다.

3. 현대 가족의 성격

사회의 산업화, 도시화에 따라 현대의 가족은 기본적으로는 전통적인 일체성, 연대성, 안정성을 유지하고 있으면서도 눈에 띄게 변화하는 과정에 있다. 가족구조, 가족관계, 윤리관의 면에 걸쳐 많은 연구결과가 이를 입증하고 있는데, 이를 한마디로 요약하면 가족의 핵화 현상 또는 개인주의화라고 할 수 있으며 그 주요 동향을 열거하면 다음과 같다.

첫째, 전통적인 가족관과의 단절이란 의식이 확산되고 있다. 가족은 질풍노도와 같은 변화에도 가장 늦게 후발로 따라가는 것이 일반적인 경향인데, 이제

가족의 변화가 오히려 사회를 변화시켜 가는 경향을 가진다. 전통적 가족은 가부장제 가족이고 불평등, 부자유의 지배-복종의 이념원리에 의하여 지배되는 봉건적 가족이라고 매도됨으로써 전통적 가족의 긍정적 요소마저도 송두리째 부정하는 경향이 많아지고 있다. 전통과의 단절만이 이른바 근대화, 현대화를 위한 최선의 길이라고 생각하게 된다. 따라서 현대적인 것은 선진적이라 하여 추종하며 거기에는 전통과의 조화, 전통의 재음미를 기대하기 어려워짐으로써 이제 전통적 가족가치관으로 가족을 길들이려는 처방은 약효가 없는 경우가 많아졌다. 가족 변화의 정치 · 경제 · 사회적인 요인과 관계없이 이념적으로 전통적 유교 가족제도의 가치관을 부정하는 의식이 가족의 일체성, 연대성을 약화시키고 있는 것이다.

둘째, 아버지의 가장으로서의 권위, 남자로서의 권위가 저하함에 따라 부부관계와 친자관계가 대등화되고 있다. 전통적 가부장제 가족제도 아래에서는 가부장인 아버지, 남편에게 지배적 권위가 부여되었다. 따라서 가족원은 권위에 대한 복종의 질서에 순종해야 했으며, 권위가 불가항적 힘을 가진 것으로 보고 마음속으로부터 복종할 수 밖에 없었다. 오늘날은 가장이라는 명목이 근대성의 소용돌이 속에서 무수한 단층이 여러 형태로 형성되고 가치관의 차이 때문에 권위에 의한 통일적 행동을 기대하기 어렵게 되어 있다.

셋째, 가족의 보호기능, 부양기능이 감퇴되어 가고 있다. 전통적 가족에서는 가장이 보호자이며 정신의 구원자이며 위안자로서 가정은 물질적 · 정신적 피난처였으나, 오늘날은 가정이나 가족 상호 간 외에 국가나 사회단체, 기업체가 가족에 대신하여 보호, 부양의 기능을 하는 등 여러 가지 원조를 하고 있다. 그만큼 가정과 가족에 대한 귀속감이 감퇴되고 있다.

넷째, 부부가족이 일반화되고 있다. 혼인 자유의 법적 보장과 욕구에 따라 연애결혼이 증가하고, 부부애정을 중시하여 부부가족의 행복을 지향하는 경향이 커짐으로써 부자, 조부모-손자로 구성되는 직계가족이나 형제, 숙질 등으로 구성되는 복합가족 혹은 대가족이 감소되고 부부가족이 일반화되고 있다. 이것을 흔히 핵가족화라고 일컫는데, 가족 수가 적은 소가족화라고 하는 것이 타당할지도 모른다.

다섯째, 가족 규모가 축소되고 있다. 그 원인은 ① 산업화 과정에서 나타난 가족분화와 핵가족화 현상, ② 인위적인 출산조절정책으로 인한 출생인 수의 감소, ③ 가족으로부터의 독립 증가를 들 수 있다. 특히 가족결손이나 가족해체로 인한 단독가구의 증가도 가구당 가족구성원 수를 감소시켰다.

여섯째, 가족주기상의 변화가 현저히 일어나고 있다. ① 가족주기에 진입하기 이전 기간이 길어지고 있다. 즉, 결혼연령이 높아지는 만혼의 경향이 있다. ② 가족주기 제1단계인 결혼을 하여 첫 자녀출산까지인 '형성기'와 제2단계인 첫 자녀출산에서부터 막내 자녀출산 완료까지의 '확대기'는 초혼연령의 상승과 출산율 저하로 인하여 매우 단축되고 있다. ③ 제3단계인 자녀출산 완료 이후 자녀결혼이 시작될 때까지의 자녀 양육과 교육기에 해당하는 '확대 완료기'는 근년에 올수록 길어지는 양상을 띠고 있다. ④ 제4단계인 자녀결혼 시작부터 자녀결혼 완료까지인 '축소기'는 출산 자녀수의 감소로 짧아지고 있다. ⑤ 제5단계인 자녀결혼 완료 이후 남편의 사망까지인 '축소 완료기'는 길어지고 있는데, 즉 자녀 모두를 떠나보내고 부부만이 생활하게 되는 소위 '빈 둥지(empty nest)' 기간이 길어지고 있다. ⑥ 가족주기 최종단계인 제6단계, 즉 남편 사망으로부터 부인의 사망에 이르기까지의 '해체기'는 평균수명의 연장과 남성 과로사의 영향으로 길어지고 있다.

이러한 가족주기상의 변화는 우리의 가족관계에도 영향을 미쳐 부자중심에서 부부중심으로 가족의 핵은 변화되었으며, 사람들은 원만하고 행복한 부부생활의 중요성을 인식하게 되어 부부단위로 가족활동, 여가활동, 사회활동에 참가하는 경우가 증대되었다. 자녀관도 변화하여 과거의 집과 부모를 위한 자녀의 필요성보다는 사회와 자녀 자신을 위한 자녀 양육과 교육의 필요성을 지니게 되었다. 그리고 노후생활에 대한 인식과 준비가 증대하였으며, 특히 노인의 대부분을 차지하는 여성노인에 대한 문제와 남성노인의 은퇴 뒤 가정생활에 적응하는 문제가 강조되고 있다.

일곱째, 기혼여성의 사회활동 참여가 늘어나고 있다. 점차 탈산업화 사회로 진전되어 감으로써 주부의 가사노동이 경감되고 여가시간이 증가하게 되며, 생산과 고용이 전통적인 산업보다는 문화나 서비스 분야에서 더 많이 이루어지게 되는데, 이러한 변화는 여성의 노동과 사회참여 활동을 증가시키게 된다. 또 한편으로 지구화(globalization)된 경제는 경쟁을 심화시킴으로써 가족구성원 중 가장의 역할을 하는 남성노동자의 임금소득을 어렵게 만들게 되어 여성의 취업에 인한 가계소득으로 보충하게 한다.

여덟째, 이혼율이 차츰 증가하는 경향에 있다. 이혼에 이르는 선행과정에서의 부부간의 갈등 내지 폭력, 폭언으로 말미암은 자녀에 대한 보호 · 교육 기능의 저하와 자녀의 비행화는 사회복지서비스 정책이 심각하게 대처해야 할 과제다. 이러한 가족 변화의 동향이 바로 가족의 위기 혹은 해체에 대한 우려로 받아들여지는 것도 부인할 수 없다. 즉, 가족의 기반에 있는 가족기능이 축소됨에 따라 협동적 행동이 저하되고 생활관심이 개별화되며, 집단의 중추가 상실되기 때문에 가족의 연대의식과 결합력이 약화되며, 개인주의적인 이해관계만으로 결부되기 쉽기 때문에 가족해체의 계기가 잠재해 있음은 부인할 수 없다. 더욱이 그러한 변화에 부수해서 노인문제, 이혼이나 사망에 따른 한부모가족 문제도 적극적인 고려의 대상이 되고 있다.

아홉째, 다양한 가족생활양식을 바탕으로 하는 다양한 가족 유형이 증가하고 있다. 탈산업화, 정보화, 세계화 등은 개인으로 하여금 자유와 다양성을 더욱 추구하게 함으로써 전통적인 제도화된 가족틀에 묶이기보다 다양한 가족생활양식을 추구하게 한다. 공식적으로 결혼식이나 혼인신고를 하지 않고 사는 동거부부, 실험 또는 계약결혼(experimental or committment marriage), 무자녀가족, 재혼에 의한 재결합가족, 독신자가족, 동성애가족, 주말가족 등 비동거가족, 공동체거주가족, 장소의 초월성을 갖는 원격가족 등 다양한 가족 유형이 생겨나고 있다.

끝으로, 이러한 가족의 변화는 또한 불가피하게 많은 가족 문제를 발생시키고 있다. 여성취업의 증가에 따른 자녀양육과 가사노동분담의 문제가 그것이다. 자녀양육과 가사노동의 분담화, 합리적인 사회화가 이루어지지 않아 결국에는 가족 내 다른 누군가가 전통적 여성의 몫을 떠맡게 되어 또 다른 지배-종속의 인간관계가 만들어지고 있다든지, 또는 부부중심의 생활방식이 결과적으로 아이들을 소외시키게 되어 자녀 과보호에 못지않게 자녀의 정서 불안정이 생

긴다든지 등이 핵가족의 문제점으로 지적되고 있다.

4. 가족 변화와 가족 변화에 대한 쟁점

1) 가족 변화와 새로운 가족 유형

(1) 가족 변화

흔히들 사람들의 생각 속에 존재하는 가족은 '변함없이 늘 포근한 휴식처(sweet home)'로 정형화됨으로써 변화하는 실체로 보지 않는 경향이 있다. 그러나 가족은 사회 환경과 역동적인 상호작용 관계를 끊임없이 가짐으로써 지속적으로 변화할 뿐만 아니라 때로는 급격한 변동을 하기도 한다.

따라서 사회가 급격한 변동을 겪는 시기에는 기존 가족가치가 강조되고 가족의 변화에 대한 거부감이 동시에 증가하는 현상이 발생(함인희, 2005)함으로써 사회 전체적으로 가족위기론이 등장하게 된다. 물론 가족의 중요성에 대한 강조는 아무리 해도 지나침이 없지만, 가족의 변화 양상을 단순히 개인적 차원의 가치관이나 의식 문제에만 국한시킬 수 없음도 당연하다. 서구에서는 이미 1980년대부터 이혼율 증가, 한부모가족 증가, 독신가구 증가, 출산율 하락, 동성애가족 출현 등과 같은 가족과 관련된 사회적 변화 양상들을 겪어 오고 있다.

특히 산업화 과정에서 나타난 가족의 변화는 다양한 조건이 상호 복합적으로 작용하여 형성되었다. 그러므로 이에 대한 원인을 규명하기 위해서는 사회경제적, 문화적, 그리고 가족 내적인 조건 등 거시적 차원과 미시적 차원에서 동시적으로 접근해야 한다(이진숙, 2003).

우선, 사회경제적 측면에서는 사회와 노동시장의 구조가 변화됨으로써 남성뿐 아니라 여성들도 사회진출에 따른 노동시장 중심적으로의 변천이 가족 변화의 원인으로 볼 수 있다. 남성과 여성은 이제 양육자이면서 노동자라는 이중적 역할을 수행하게 되었고, 그로 인해 사회 영역과 가족 영역 간의 조화에 대한 요구는 증대되었다. 하지만 이러한 요구가 실현될 수 있는 제반 조건의 형성은 지체됨으로 인해 가족 내에서의 역할분담과 권력배분을 둘러싼 갈등은 표면화되기 시작하였다.

그리고 문화적으로는 사회 내에서뿐만 아니라 가족 내에서도 개인주의적·자유주의적 가치관이 확산되어 기존의 가부장적 위계질서가 민주성, 자율성, 평등을 기반으로 하는 새로운 질서로 전환되기 시작하였다. 이로 인해 가부장적 가족제도의 의미는 쇠퇴되고, 가족 내 관계에 대한 새로운 인식이 확산되어 가족구성원 간의 관계는 수직적 질서에서 수평적인 동반자 관계로 변화되었다. 그 과정에서 자연스런 이혼을 비롯한 가족의 불안정성이 나타나게 되었다.

이러한 사회경제적 그리고 문화적 조건의 변화는 가족 내적인 조건에서 특히 기혼여성의 삶을 크게 바꾸어 놓았다. 여성은 산업화 과정 속에서 사회참여의 기회 확대와 교육 여건의 개선을 기반으로 하여 가족 보호 및 부양 수행자라는 전통적인 역할 규범에서 벗어나 노동시장으로의 진입을 적극적으로 하게 되었으며, 그 결과 취업은 이들의 생애주기에 새로운 중요한 부분이 되었다. 물론 이러한 제반 사회조건의 변화는 여성에게서 양육과 간병수발을 둘러싼 평등한 성별 역할분담과 이로부터 발생하는 기능적 과부하와 역할갈등을 완화하기 위한 가족 보호와 부양에 대한 사회화 요구가 증대하게 되었다.

이와 같이 산업화 속에서의 가족 변화는 가족구성원의 개인화와 가족의 탈제도화, 그리고 여성의 탈가족화 현상을 동시에 내포하고 있는 '다양한 새로운 가족'의 등장으로 나타나고 있다. 그런데 이러한 가족의 다양성은 가족 내 배우자 관계에서는 대체로 동양에서는 수용되고 있지 않은 편이지만 서구에서는 '변화'로 인정되고 있다. 그러나 이러한 다양한 가족의 등장은 가족 전체에 빈곤과 갈등, 보호와 양육의 과부하 등의 역기능적인 문제를 자주 야기함으로써 사회복지정책에 대한 관심을 지속적으로 촉구하고 있다.

(2) 새로운 가족 유형

① 1960년대의 히피족

히피(Hippie 또는 Hippy)는 1960년대 미국 샌프란시스코, LA 등지의 청년층에서부터 시작된, 기성의 사회 통념, 제도, 가치관을 부정하고 인간성의 회복, 자연에의 귀의 등을 주장하며 일상적이 아닌 반사회적인 행동을 하는 젊은이들을 가리키는 말이다. 어원으로는 happy(행복한), hipped(열중한, 화가 단단히 난), hip(재즈 용어로 가락을 맞추다), hip(엉덩이), "hip, hip"(갈채를 보낼 때의 소리) 등에서 나왔다는 설이 있다.

② 1970~1980년대의 여피족

고등교육을 받고, 도시 근교에 살며, 전문직에 종사하여 고소득을 올리는 젊은이들로서 1980년대 젊은 부자를 상징한다. 여피(Yuppie)란 '젊은(young)' '도시(urban)' '전문직(professional)' 등에서 각각의 머리글자를 딴 'YUP'에서 유래했다.

③ 1990년대의 더피족

'우울한(depressed)' '도시(urban)' '전문직(professional)' 등에서 각각의 머리글자 'DUP'에서 유래했다. 1980~1990년대에 고등교육을 받고, 전문직에 종사하면서 연 3만 달러 이상의 고소득을 올리던 도시 전문직인 여피(yuppies)족에서 앞의 'y'만 'd'로 바꾼 것이다.

④ 1990년대의 딩크족

딩크(Double Income, No Kids)족은 여피족에 이어 베이비붐 세대의 생활양식과 가치관을 대변하는 용어로서 넓고 깊은 사회적 관심과 국제 감각을 지니고 상대방의 자유와 자립을 존중하며 일하는 삶에서 보람을 추구하는 가족형태다.

⑤ 2000년대의 통크족

통크(Two Only No Kids: TONK)족은 자녀를 염두에 두지 않고 자신만의 인생을 즐기려는 고령층을 지칭하는 말이다.

⑥ 21세기 새로운 가족형태

첫째, 보보(BOBO)족을 들 수 있다. 이는 부르주아(Bourgeois)의 물질적 실리와 보헤미안(Bohemian)의 정신적 풍요를 동시에 누리는 미국의 새로운 상류계급을 가리키는 용어다. 미국의 저널리스트 브룩스(David Brooks)가 저서 『BOBOS in Paradise』에서 처음 제시한 신조어로, 히피족, 여피족 등에 이어 디지털 시대의 새로운 엘리트로 부상한 계층을 말한다. 이들은 경제적으로 많은 소득을 올리면서도 과거의 여피들처럼 자신을 드러내기 위해 사치를 부리지 않고, 오히려 1960년대의 히피나 보헤미안처럼 자유로운 정신을 유지하면서 예술적 고상함을 향유한다.

둘째, 웹시(Websy)족을 들 수 있다. 웹과 미시의 합성어로서 인터넷을 활용해 생활 정보를 얻거나 여가를 즐기는 주부들로 정보 지향적인 특징을 소유하고 있다.

셋째, 체인지(Change)족을 들 수 있다. 남편과 아내의 역할을 바꾼 가족으로서 경제적 이유나 적성에 따라 아내가 직장을 다니고, 남편은 집에서 가사에 전념하는 부부를 의미한다.

넷째, 싱크(Single Income No Kid: SINK)족을 들 수 있다. 결혼 적령기를 넘겼으나 의도적으로 결혼을 미루는 사람을 의미한다.

다섯째, 파파부메랑(Papa-Boomerang)족을 들 수 있다. 35~45세 남성들 중 중년이기를 거부하고 젊은 모습을 유지하는 신세대 부부의 새로운 생활방식을 갖는 가족으로서 중년이기를 거부하며 젊은 아빠로 살아가려는 경향을 가진 사람들을 말한다.

2) 가족 변화에 대한 쟁점

다양한 차원에서 제기되는 복잡한 가족의 변화에 대해 바라보는 입장은 가족형태의 다양화를 위기나 부정적으로 인식하는 입장과, 그리고 이와 같은 변화를

긍정적으로나 혹은 필연적으로 일어날 수밖에 없다고 바라보는 입장으로 대별해 볼 수 있다. 즉, 전자는 새로운 형태의 급격한 가족 출현을 가족위기로 보는 반면, 후자는 가족의 진화 또는 진보로 보는 경향이 강하다. 아울러 이들은 각각 가족 변화의 원인, 이상적 가족형태, 중심적인 가족가치, 이상적인 부부관계, 그리고 사회적 대안 등 각 쟁점을 둘러싸고 상이한 내용을 제시하고 있다. 편의상 전자를 가족위기론으로, 그리고 후자를 가족진보론으로 부르기로 한다.

(1) 가족위기론

가족위기론자가 말하는 가족의 위기는 단순한 표면적 변화를 말하는 것이 아니라 근본적인 구조 및 기능상의 쇠퇴와 그에 따른 삶의 방식에서의 혼란과 갈등을 의미한다(Popenoe, 1988).

이들 가족위기론자가 갖는 특성을 보면 다음과 같다.

첫째, 이들은 가족 변화의 원인을 극단적인 개인주의와 이기주의 및 인간의 쾌락주의에서 찾는다. 즉, 현대사회에서 개인들은 점차 집단보다는 개인을 중시하고, 공동체로서의 가족유대보다는 개별체로서의 자아실현에 더 가치를 두는 사회적 풍조가 확산되고 있다고 보는 것이다. 이에 따라 가족 내에서 희생과 배려의 가치가 상실되어 가고 있고 이것이 가족해체 현상으로 이어진다고 본다. 구체적 증거로는 성인 자신들의 자유와 독립, 그리고 직업세계에서의 성공에 일차적인 가치를 부여하면서 독신가구가 증가하고, 결혼을 하더라도 자녀양육의 번거로움을 피하기 위하여 자발적인 무자녀 부부가 증가하고, 자녀의 복리보다는 스스로의 행복을 중시하는 경향으로 자녀를 둔 부부의 이혼이 급증하고 있다는 점을 들고 있다(임인숙, 1999; Popenoe, 1988).

둘째, 가족위기론은 아동의 빈곤을 가장 심각한 문제 중의 하나로 제기하고 있다. 즉, 아동은 가족해체 이후 극심한 빈곤층을 형성하게 되었으며 일상적 부양단위가 파괴됨으로써 전통적으로 부모가 자녀에게 투자하는 물질, 시간 및 애정이 현저히 감소하고 이에 따라 정서적으로 심각한 갈등을 경험하는 등 여러 가지 어려움을 겪고 있다고 주장한다.

셋째, 중심적인 가족가치로 전통적 가족구조에 기초한 정서적 유대와 상호

의존성에 의한 가족안정성을 꼽고 있다. 따라서 가족만이 제공할 수 있다고 생각하는 특별한 정서적 유대가 흔들리고 그것을 대체할 수 있는 다른 인간관계나 사회제도가 등장하지 않는 상황 아래에서 새롭게 등장하고 있는 한부모가족, 동거부부 및 동성애부부와 같은 새로운 가족형태는 극단적인 일탈 혹은 병리적 현상으로 간주한다. 결혼에 대한 전통적 의미와 규범적 성격은 퇴색하고 결혼마저 개인적 행복과 자아실현을 위한 수단적 성격이 강조되어 자유로운 선택과 계약에 입각한 하나의 생활양식에 불과한 것이 되었다고 보는 것이다(Bellah, Madsen, Sullivan, Swidler, & Tipton, 1985).

넷째, 가족위기론자는 이혼 후 형성된 한부모 여성가장가구의 빈곤 문제를 해결하기 위한 국가의 짐이 늘어남으로써 국가 재정이 낭비되고 있다는 비판도 함께 제기하고 있다.

다섯째, 가족위기론자는 전형적 가족을 강조하려는 경향이 강하고 정상가족에 대한 신화를 바탕으로 한다. 이들이 보는 정상가족이란 '남성=생계부양, 여성=가족보호'의 성별 역할분업에 기초하여 아동을 양육하는 핵가족 형태다. 이들은 핵가족이야말로 '천부적으로' 주어진 성별 역할에 기초하여 사회구조를 원활하게 유지하기 위한 수단이 되며, 아동 양육과 부양, 그리고 가족구성원의 사회화, 노동력 재생산 기능을 가장 잘 수행해 낼 수 있는 기본 단위로 가장 이상적인 가족형태가 된다고 강조한다. 그러므로 이상적인 부부관계도 남성중심적인 '남성=생계부양, 여성=가족보호'라는 성별 역할분업에 기초한 동반자 관계를 제일로 간주한다.

여섯째, 정상가족으로서 핵가족을 고수하려는 이러한 가족위기론의 입장에서는 가족 변화의 위기에 대한 대책으로 주로 여성의 권한을 제한하고 종래의 성별 역할을 지속시켜 나갈 수 있는 방안을 강력하게 주장한다. 특히 구조기능론자의 대표적인 학자인 파슨스는 남성의 도구적 역할과 여성의 정서적 역할을 가장 인간적이고 자연에 순응하는 가족의 이상향으로 제시하여 이를 기반으로 사회가 구조화되는 것을 강조하였으며, 이러한 주장은 2000년에 이르기까지 다소 변형의 과정을 거치면서도 이와 유사한 이론으로 재생산되고 있다. 구체적인 방안으로는 여성이 능력을 발전시킴으로써 부인과 어머니의 역할을 소홀히

하지 않도록 고등교육을 없애거나 저임금을 꾸준히 유지시켜야 한다는 주장에서부터, 여성중심의 모계가족 전통으로 혼외출산, 이혼이 늘어남으로써 이를 정상적인 부계중심 가족가치로 전환해야 한다는 주장, 그리고 피임기술이 발달하여 아이를 적게 낳으면 여성 이기심이 증대되므로 이를 막기 위해 피임금지법을 제정할 필요가 있다는 주장에 이르기까지 무척 다양하다.

(2) 가족진보론

가족 변화를 위기보다는 당연하고 자연스러운 변화로 수용하면서 다양한 가족 유형을 인정하는 가족진보론의 입장이 갖는 특성을 살펴보면 다음과 같다.

첫째, 가족진보론은 현대사회의 가족은 민주적이고 평등한 가치를 중시하는 전체 사회의 변화 속에서 점차 전통적 가족의 위계를 거부하고 민주적인 가족관계를 형성시키고자 하는 의지를 성숙시켜 나가고 있으며, 이에 따라 가족구조는 변화하고 다양화되어 간다고 주장한다.

둘째, 가족을 둘러싼 변화를 긍정적으로 바라보는 가족진보론자는 현대사회의 가족 변화를 야기한 근본적 요인으로 종래의 가부장제적 가족구조와 경제구조의 불안정성을 강조한다(Scanzoni, 1987). 우선, 가부장제적 가족구조의 변화를 들 수 있는데, 이는 급진적 여권론자의 입장과 궤를 같이한다. 즉, 가족은 성과 연령에 의한 불평등과 역할 및 기능 수행을 의무로 했던 가부장제적 가족으로부터 부부간 평등과 아동 및 개별 구성원의 개인적 권리가 존중되는 가족으로 변화되어 가고 있다는 것이다. 따라서 이혼과 한부모가족, 동거부부 및 동성애부부와 같은 비전형적 가족은 정상(혹은 건강)가족에서 일탈한 비정상가족이 아니라 자율성과 평등성을 기본 가치로 하는 현대사회의 대안가족이 될 수 있다고 본다. 또한 이혼이나 출산율 문제의 근본적 원인은 전통적인 성역할을 거부하려는 여성의 이기심에 있는 것이 아니라 자녀 양육 및 출산의 모든 책임이 여성에게 과부하된 성별 분업체계, 가정과 직장 양립을 지원하기 위한 보육정책 및 사회적 지원체계 부족, 여성의 가족보호 역할에 대한 사회적 경시 등에서 비롯된다고 간주한다(이동원 외, 2001).

다음으로 이들은 가족이 변화되어 갈 수밖에 없는 이유 중의 하나로 경제구조의 다원화와 불안정성을 지적한다(Furstenberg & Cherlin, 1991). 이는 갈등론적 시각과 일치하는데, 구조기능론자에 의해서 강력히 옹호되는 남성 생계부양자 모델은 중산층 이상의 가족에만 적용되는 한계를 지니고 있다고 강력히 비판한다. 즉, 이들은 가족 변화의 또 다른 주요 원인 중의 하나로 남성 가장의 수입만으로는 가족을 부양할 수 없는 경제구조와 고용형태의 변화를 강조한다. 실제로 남성가장의 수입과 전업주부 여성의 역할을 기본으로 가족을 꾸려 나가는 가족의 수적 비율은 후기 산업사회로 가면서 지속적으로 감소하고 있음이 이를 반영한다. 또한 가족은 사회 내에서 경제적 위기에 의해 가장 직접적으로 영향을 받는 제도 중의 하나로 경제위기가 가족을 해체시킬 수 있는 주요한 영향력이 있음을 강조한다. 실제로 경제위기 및 불황의 지속은 가족관계 악화는 물론 이의 결과로서 이혼율 증가, 가족구성원에 대한 신체적 학대 및 자녀유기의 증가로 이어지고 있다는 연구결과가 많다.

셋째, 이들은 가족구조 변화로 인해 가장 커다란 사회 문제로 지적되는 아동의 빈곤 문제에 대해서도 성차별적인 사회구조적 환경을 주요한 요인으로 들고 있다. 비전형적 가족의 하나인 이혼 후 여성가구주 가족을 중심으로 나타나는 아동의 빈곤 문제는 기본적으로 가족 자체의 문제라기보다는 노동시장 내 여성 불평등과 저임금체계, 사회복지정책 및 사회안전망 체계의 부재에서 비롯된다고 주장한다(Gauthier, 1996). 하나의 예로 가족구조 자체가 아동 빈곤의 주요한 요인이라면 이와 같은 문제 양상이 부자가족에서도 동일하게 나타나야 함에도 전혀 다르게 나타난다는 것이다. 실증적 자료를 보면, 미국의 1985년 부자가족과 모자가족의 평균소득을 비교해 볼 때, 모자가족의 60.2%가 연소득 1만 달러 미만이었던 반면, 부자가족은 전체의 25.8%에 불과하였던 것이다. 따라서 모자가족을 중심으로 나타나는 빈곤 문제는 여성이 노동시장에서 직면하는 임금과 고용에서의 불평등이 이들 가족의 빈곤을 야기하는 주요 원인이라는 점을 규명하였다(Whitehead, 1993: 임인숙, 1999에서 재인용). 또한 서구 및 유럽국가 간 노동시장정책과 사회보장정책 비교를 통하여 이들 가족의 빈곤이 절대적인 문제가 아니라 사회적 대처방식에 따라 해결될 수 있는 사안임을 가족진보론자는 강조하였다(Gauthier, 1996).

넷째, 가족의 해체 위기를 강조하는 가족위기론자의 입장에서 볼 때, 이혼가정 아동은 극복할 수 없을 정도의 정서적 · 심리적 갈등을 겪고 있다는 주장은 상당히 과장된 것이라고 가족진보론자는 반박한다. 부모가 이혼했다 하더라도 부모의 충분한 사랑과 보살핌이 있으면 아동은 대부분 변화된 환경에 성공적으로 잘 적응한다는 것이다. 실제로 아동이 겪는 심리적 어려움은 부모의 이혼 그 자체에서 비롯된다기보다는 이혼 후에 지속되는 부부간 갈등양상이나 경제적 어려움에 주로 기인한다는 점에 이들은 주목한다(Furstenberg & Cherlin, 1991). 그리고 한부모가정의 빈곤 문제는 사회적 불평등이라고 하는 다른 각도에서 접근할 문제이고, 이혼 및 재혼 가정에서 발생하는 아동의 적응 문제는 부모의 이혼 및 재혼 그 자체에 기인하는 문제라기보다 근본적으로 부모와 자녀 간의 관계, 그리고 가족 내의 갈등구조에 기초해 접근할 문제라고 본다. 즉, 불행한 가정생활의 지속보다 차라리 이혼하는 편이 자녀의 복지를 개선하는 것이 되며, 부모가 이혼하더라도 부모와 자녀 간의 지속적인 심리 · 정서적 유대를 통하여 자녀의 새로운 환경에의 적응은 별 문제가 없고 일부 발생하는 문제는 사회복지실천 개입을 통해 해소될 수 있다고 본다(Furstenberg & Cherlin, 1991).

다섯째, 가족진보론자는 이상적 가족형태로서 갖는 정상가족 이데올로기 신화에 대하여 전면적으로 반박한다. 이들에 따르면 초역사적으로 정상적이고 이상적인 가족에 대한 집착은 신념으로만 존재했을 뿐 가족은 늘 다양한 방식의 문제와 이를 해결해 가는 과정의 연속선상에 놓여 왔다는 것이다. 특히 사람들은 이념형으로서의 '이상가족'에 항상 긍정적이고 밝은 면만을 그림으로써 그 모델이 가지고 있는 또 다른 면을 보려 하지 않는다는 점을 비판한다. 더구나 그들은 100년 전에도 아동학대, 성적방종, 폭력, 이혼과 독신의 증가 등 변화하는 사회적 가치와 가족의 쇠퇴에 대한 우려는 지금과 동일하게 존재하고 있었다고 지적한다.

여섯째, 이들은 중심적인 가족가치를 개인의 만족과 자기발전, 그리고 자율과 독립성에 두고 있다. 따라서 가족위기론자에 의해 가족쇠퇴의 증후로 제시되는 이혼율의 증가나 결혼율의 감소를 가족진보론자는 다르게 해석한다. 이와 같은 변화는 가족이나 결혼에 대한 근본적인 가치의 변화를 의미한다기보다는 불행한 가족과 결혼 생활을 굳이 지속할 필요가 없다는 인식의 전환, 그리고 가족 내의 좀 더 개방적이고 민주적인 의사소통과 생활방식을 통해 개별 성원의 삶의 질을 향상시켜야 한다는 보다 적극적인 생활방식을 반영한 것으로서, 이와 같은 변화는 오히려 가족과 결혼제도를 존속할 수 있게 하고 더욱 성숙한 가족관계를 가능하게 하는 것으로 간주한다. 대부분의 현대인에게 이혼은 불행한 결혼을 청산하고 새로운 삶의 기회를 모색하는 적극적인 삶의 방식일 뿐 반드시 가족가치가 흔들리는 것을 의미하는 것으로 볼 수 없다는 것이다.

일곱째, 이들은 이상적인 부부관계를 성별 분업에 기초한 남성중심적 동반자 관계가 아닌, 남녀평등의 동업자 관계를 강조한다. 아울러 한부모, 독신, 동거, 동성애 가족 등 새롭게 등장하고 있는 가족 유형을 가족제도의 위기 증후로 보는 것이 아니라 새로운 대안적 가족형태로 간주한다. 따라서 가족진보론자에 따르면 가족 변화는 당연하며, 오히려 국가 정책은 종래의 가부장제적 가족구조와 경제구조의 불안정성을 타파하는 방향으로 나아가야 하는데, 특히 적극적 사회복지정책을 통한 전통적 가족기능을 사회화해야 함을 강조한다. 예를 들어, 한부모, 독신, 동거, 동성애 가족 등 새로운 가족 유형을 대안적 가족형태로 인정하고 오히려 그 가족의 적응과 적절한 사회적 기능 수행을 위해 국가 차원에서 적극적으로 사회복지정책을 펼치는 스웨덴을 비롯한 스칸디나비아 국가에 비해, 전통적 가족가치를 강조하면서 가족 변화를 사회병리 현상으로 간주하여 이를 저지하기 위해 사회복지정책을 소극적으로 펼치는 미국에서 오히려 가족문제가 더 심각하게 나타나고 있음은 이를 반증한다고 하겠다(송다영, 2004).

지금까지 살펴본 가족 변화에 대한 대립적인 입장인 가족위기론과 가족진보론의 성격을 각각 가족 변화의 원인, 이상적 가족형태, 중심적인 가족가치, 이상적 부부관계, 그리고 사회적 대안 등 쟁점별로 정리하면 다음 〈표 1-1〉과 같다.

표 1-1 가족위기론과 가족진보론의 쟁점별 비교

쟁점 \ 대립적 관점	가족위기론	가족진보론
가족 변화의 원인	극단적인 개인주의, 이기주의, 쾌락주의	가부장제의 모순과 자본주의 경제구조의 불안정성
이상적 가족형태	'남성=생계부양, 여성=가족보호'라는 성별 분업에 기초한 핵가족	존재하지 않음
중심적 가족가치	가족공동체, 특별한 정서적 유대, 상호의존	개인적 만족, 자기발전, 자율성과 독립성
이상적 부부관계	'남성=생계부양, 여성=가족보호'라는 성별 분업에 기초한 남성중심적 동반자 관계	가족보호와 노동에 대한 남녀평등 중심의 동업자 관계
새로운 가족 유형(한부모, 독신, 동거, 동성애 가족 등)에 대한 입장	가족제도의 위기 증후	대안적 가족형태
대안	전통적 가족가치의 회복 분명한 성역할 정립	적극적 사회복지정책을 통한 가족기능의 사회화

출처: 이혁구(1999), p. 227에서 발췌 수정.

|중|점|토|론|

1. 가족에 대한 여러 관점을 제시하고, 각각의 특성을 비교해 보시오.
2. 가족이 무엇인가에 대한 여러 가지 정의를 정리해 본 후, 가족의 다양한 기능에 대해 토론해 보시오.
3. 다학문적인 가족 연구 분야에 대해 정리해 보시오.
4. 현대 가족의 여러 다양한 특성과 유형에 대해 논해 보시오.
5. 가족 변화에 대한 대립적인 입장인 가족위기론과 가족진보론의 성격을 쟁점별로 비교해 보시오.

참고문헌

송다영(2004). 가족위기에 대한 비판적 재고찰. 대한예수교장로회 총회사회부 가족복지선교 토론회 자료집.

유영주(1993). 가족학. 서울: 하우.

이동원 외(2001). 변화하는 사회, 다양한 가족. 파주: 양서원.

이진숙(2003). 가족복지정책의 패러다임 검토. 2003년 한국가족사회복지학회 추계공동학술대회 자료집.

이혁구(1999). 탈근대사회의 가족 변화와 가족윤리: 21세기 가족복지의 실천방향. 한국가족복지학, 4, 11-17.

이혜경(1995). 한국의 가족정책: 대안의 선택과 정부 민간의 연계. 가족정책토론회 자료집: 삶의 질 선진화와 가족정책.

이효재 편(1988). 가족 연구의 관점과 쟁점. 서울: 까치.

임인숙(1999). 미국 학계의 가족 변화 논쟁. 가족과 문화, 11(1), 23-46.

장휘숙(1995). 가족심리학. 서울: 다우.

함인희(2005). 가족 · 여성정책의 비전과 과제. 여성정책의 새 패러다임으로서 가족 · 여성정책의 비전과 과제. 서울: 한국여성학회.

Adams, B. N. (1980). *The family* (3rd ed.). Chicago: Rand McNally.

Bellah, R. N., Madsen, R., Sullivan, W. M., Swidler, A., & Tipton, S. M. (1985). *Habits of the heart: Individualism and commitment in American life*. New York: Harper & Row.

Burr, W., & Leigh, G. (1983). Famology: A new discipline. *Journal of Marriage and the Family, 45*, 467-480.

Burr, W. R., Day, R. D., & Bahr, K. S. (1993). *Family science*. Pacific Grove, CA: Brooks/Cole.

Doherty, W. J., & Campbell, T. (1988). *Families and health*. Newbury Park, CA: Sage Publications.

Elliot, G. (1988). *Middlemarch*. Ed. David Carroll. Oxford: Oxford UP.

Furstenberg, F., & Cherlin, A. (1991). *Divided families*. Cambridge: Harvard University Press.

Gauthier, A. H. (1996). *The state and the family: A comparative analysis of family policies in industrialized countries.* Oxford: Clarendon Press.

Kuhn, T. S. (1970). *The structure of scientific revolution* (2nd ed.). Chicago: University of Chicago Press.

Parsons, T. (1951). *The social system.* Glencoe, Ill.: Free Press.

Patterson, J. M. (2002). Integrating family resilience and family stress theory. *Journal of Marriage and the Family, 64*, 349 - 360.

Popenoe, D. (1988). *Disturbing the nest: Family change and decline in modern societies.* New York: Aldine de Gruyter.

Scanzoni, J. (1987). Families in the 1980s: Time to refocus our thinking. *Journal of Family Issues, 8*, 394–421.

Strong, B., & DeVault, C. (1992). *The marriage and family experiences* (5th ed.). St. Paul, MN: West.

제2장 현대의 가족 문제

이 장에서는 우선 가족 문제를 보는 여러 관점들을 살펴보며, 현대 가족 문제의 기본이 되고 있는 불완전가족 문제에 대한 이해를 중심으로 하여 현대 가족이 안고 있는 일반적인 가족 문제가 무엇인가에 대한 이해를 돕고자 한다. 아울러 한국의 가족 문제를 고찰하는 데 필요한 가족 문제의 파악 요소가 무엇이며, 그러한 요소에 따라 여러 측면에서 고찰함으로써 현재 한국에서 가족이 안고 있는 문제가 무엇이며, 어떠한 성격을 갖고 있는지에 대해 살펴보고자 한다.

1. 현대 가족 문제의 이해

1) 가족 문제를 보는 관점

가족 문제는 가족에 대한 이론적 관점에 따라서 달라질 수 있다. 앞에서 살펴본 바와 같이 기능주의 관점에서는 가족의 기능이 통합되어 있지 않을 때를 가족 문제로 본다. 예컨대, 자녀부양을 위한 환경이 되어 있지 못하거나 가족성원들에게 정서적 지원이 제공되지 못할 때 가족 문제가 존재한다고 보는 것이다. 기능주의 관점에서의 가족 문제는 가족을 상호 관련된 제도의 체계로 보기 때문에 부부간이나 부모와 자녀 간의 규범과 역할기대에서 찾아볼 수 있다는 것이다.

반면에, 갈등주의 관점에서는 사회질서가 권력의 차이가 있는 이익집단의 충돌로 형성되므로 어떤 가족이 많은 권력을 가진 집단에서 충분한 보상과 만족을 획득하지 못한다고 느낄 때 문제가 될 수 있다고 한다. 즉, 마르크스주의자들은 사회의 갈등과 착취 구조에 의해 가족 문제가 발생한다고 보는 것이다.

여권론자들은 성의 갈등과 착취에 초점을 두어 성 정체성의 문제로 야기된 가부장적 가족가치에 따른 가족구성원의 역할 수행 문제를, 특히 가족 문제의 중요한 문제로 취급한다. 즉, 가족 문제를 성차별 문제로 보는 것이다.

그리고 가족에 대한 체계론적 관점은 급속한 사회변화로 전통적 가족기능이 약화되고 가족연대성이 파괴되거나 축소된 것을 주요한 가족 문제로 보는데, 이것은 가족해체론에 근거하고 있다.

이렇게 가족 문제를 가족의 기능통합의 문제로 보든, 사회갈등과 착취구조 문제로 보든, 성차별에 의한 가족구성원의 역할 수행 문제로 보든, 아니면 가족해체 문제로 보든 간에 현대사회의 공통적인 가족 문제는 일반적으로 부부간의 불충실, 정신이상, 자살, 사생아, 마약, 알코올중독, 부양의 책임을 수행하지 않는 것 등 가족 내적인 요인에 의해 발생하기도 하고 때로는 전쟁, 정치적 탄압, 경제적 불경기, 종교적 박해, 홍수, 폭풍 등 사회적 · 자연적 사건들인 가족 외적

요인에 의해 발생하기도 한다. 하지만 이러한 가족 외적 요인과 관련하여 가족은 오히려 단결하여 그러한 위기를 극복하려고 노력하는 반면, 가족 내적 요인에 의해서 가족은 쉽게 무너지는 경향이 있다.

한편, 문제를 가진 가족을 단위개념으로 지칭할 때에는 문제가족이란 용어를 일반적으로 사용한다. 즉, 집단으로서의 가족의 조직화가 약화되고 기능상의 문제를 일으키고 있는 가족을 말하는데 병리가족, 이상가족, 부적응가족, 일탈가족, 가족아노미라고도 불린다. 이러한 문제가족 또는 부적응가족의 개념은 바로 가족 내적 요인인 가족구성원의 의식, 태도, 가치관, 이해관계가 서로 대립되거나 갈등을 일으킴으로써 상호관계가 결여되거나 완전히 분리된 상태의 가족이라는 것이다. 일반적으로 이러한 문제가족이 갖고 있는 여러 문제들이 악화되어 잘 해결되지 못할 때 가족의 붕괴가 쉽게 일어나며 가족해체 현상이 나타나는 것으로 본다.

따라서 사회복지학에서는 일반적으로 이러한 가족 내적 요인인 가족구성원의 의식, 태도, 가치관, 이해관계가 서로 대립되거나 갈등을 일으킴으로써 가족구성원 개개인의 상호관계가 결여되거나 완전히 분리된 상태가 되는 불완전가족 문제를 중요한 이슈로 간주하여 정책 대안을 찾고자 노력한다.

2) 불완전가족 문제

불완전가족이란 넓은 의미로 보면 구조적 · 기능적 분리가족뿐만 아니라 가족성원 간의 애정이 결여된 '빈껍데기 가족(empty shell family)'의 성격을 드러내는 심리적 결핍을 가진 가족까지 포함한다. 여기서 심리적 결핍은 구조적 결손과 양상이 다를 뿐만 아니라 그 변화를 정확히 측정한다는 것은 어렵기 때문에 일반적으로는 구조적 · 기능적 불완전가족을 중심으로 논의하게 된다. 일반적으로 불완전가족을 종전에는 결손가족으로 불렀지만 요즘에는 낙인(stigma) 문제와 관련하여 결손가족이라는 말을 사용하지 않기 때문에 이러한 속성을 가진 가족을 불완전가족이라고 명하고자 한다.

구조적 · 기능적 불완전가족도 전통사회에서와 같이 직계가족의 비중이 상당히 큰 사회에서는 양친이 건재하더라도 조부모의 일방이 결여된 가족까지도 불완전가족의 범위에 넣고 있으나, 오늘날은 양친의 역할이 더욱 중요하므로 조부모에 상관하지 않고 양친 중 한 사람이 사망, 이혼, 별거, 유기 등의 원인에 의하여 물질적 · 정신적 안정에 문제를 갖고 있는 가족과 양친이 모두 부재한 가족을 불완전가족이라고 한다.

불완전가족은 항상 존재하지만 농업사회에서는 배우자의 사망이 주 발생 원인이었고 전통적인 확대가족하에서 친족의 보호와 부양으로 불완전가족의 문제는 그리 심각한 것이 아니었다. 그러나 산업화, 도시화로 인한 사회구조와 가족구조의 변화로 말미암아 불완전가족은 사망 이외에 이혼, 별거, 유기 등에 의해서도 발생되고 친족과 이웃의 지원이 축소된 고립된 핵가족하에서 불완전가족이 갖는 제반 문제는 커다란 관심의 대상이 되고 있다. 불완전가족의 주요한 문제는 생계, 자녀교육, 정신적 지지, 역할 수행과 같은 가족의 기능, 특히 복지기능이 상실되는 것에 있다.

3) 가족 문제의 이해

(1) 가족 문제의 정의

전통적으로 가족 관련 연구 분야에서 사용되는 가족 문제는 가족갈등이나 가족해체 등의 개념과 상당부분 혼용되거나 중첩적으로 사용되어 왔다. 일반적으로 가족 문제는 가족이 구조적 · 기능적으로 붕괴된다는 것을 의미하는 가족에 대한 기능주의적 개념이다. 기능주의적 관점에서 가족 문제가 중요한 것은 가족을 사회를 구성하는 가장 핵심적인 단위로 보기 때문에 가족 문제는 곧 사회의 문제를 가져올 수 있다는 위험성 때문이다. 실제 가족의 문제는 사회를 해체시킬지도 모른다는 암묵적 동의와 해체로 인한 이들 가족의 불행이 사회의 순기능과 통합을 저해할지 모른다는 위기감 때문에 관심을 받고 있다(원석조, 2002).

그리고 가족 문제를 생각할 때, 중요한 것은 가족 개인에 대한 기능이 가족 내의 제반 관계 속에서만 수행되는 것은 아니라는 점이다. 개인에게 가족이란 가족구성원 개개인을 대표하는 하나의 전체가 됨으로써 개인과 전체 사회를 연결하는 매개체의 역할을 가족이 하고 있다는 것이다. 즉, 가족은 개인과 사회 사이에 위치하는 중간집단임을 인식해야 한다는 것이다.

역동적인 사회체계로서 가족은 사회가 보유한 가족에 대한 고정관념으로 인하여 혼인제도, 자녀출산, 자녀양육, 어르신 공양, 교육제도 등 다각적인 측면에서 개인에게 끊임없이 영향을 주거나 강요하는 반면에, 또 한편으로는 지역사회와 국가 등 보다 큰 사회에 영향을 주는 요소로서 작용하기 때문에 '가족의 사회화'와 '사회의 가족화'를 동시에 이루어 감을 알 수 있다. 따라서 가족 문제는 중간집단으로서의 가족이 사회변동에 대응할 수 없게 되었기 때문에 발생한 제반 문제로 볼 수 있다.

이렇게 볼 때, 중요한 문제는 무엇이 가족의 기능을 감소시켰는가 하는 점인데, 우리들은 가족 문제를 고찰할 때 가족원에 대한 가족기능의 문제 및 가족의 사회에 대한 기능 문제에 대하여 관심을 갖지 않으면 안 된다는 사실을 알 수 있다. 동시에 사회가, 즉 가족을 둘러싼 지역과 조직집단 또는 이익집단 등이 가족에게 영향을 미치는 요인에 대한 고찰이 없으면 안 된다는 점을 알 수 있는데, 특히 전체 사회가 가족에게 영향을 미치는 여러 가지 요인에 대하여 면밀히 검토해 보지 않을 수 없다.

가족은 인간 생활의 모든 요소를 포함하여 사회구조의 거의 모든 요소와 어떤 형태로든 서로 관계되는 존재이기 때문에 가족을 이들과의 관계 속에서 상대적으로 파악해야 한다. 또 가족의 내적 측면도 통일해서 파악할 필요가 있다. 다시 말해, 가족 문제를 검토할 때 전체로서의 가족에 대한 문제를 사회 문제와 관련하여 검토해야 한다는 점이다. 즉, 가족 문제는 포괄적으로 볼 때 사회 문제의 하나로 간주해야 한다는 것이다.

사회 문제란 대체로 영향력 있는 집단이 특정한 사회현상을 두고서 그것이 사회가치관을 저해한다고 규정할 때 존재하며, 그런 현상은 다수의 사람에게 영향을 미치며 따라서 공동의 노력에 의해서만 해결될 수 있는 것(Sullivan & Thompson, 1988)으로 간주된다. 따라서 가족 문제란 한마디로 영향력 있는 사람들에 의해 사회가치관을 저해하고 있다고 판단되고, 그것이 다수의 사람에게 영향을 미치며, 가족 자신뿐만 아니라 사회의 공동 노력에 의해서만 해결될 수 있는 가족들의 사회현상이라고 정의 내릴 수 있다. 여기서 영향력 있는 사람들에는 가족구성원뿐만 아니라 가족 외부 사람들도 포함된다. 그리고 사회의 공동 노력의 대표적인 주체로는 국가 및 민간조직을 들 수 있는데, 대표적인 민간조직으로는 각종 사회복지 기관과 단체, 봉사단체 및 종교기관을 들 수 있다.

종합하면, 가족 문제란 가족원 간, 혹은 가족과 사회와의 갈등 상황을 말하고 있을 뿐만 아니라 그러한 갈등이 원인이 되어 가족이 붕괴되거나 해체되는 결과를 초래하는 상황으로 정의할 수 있으며, 가족생활에 관계되는 여러 가지 사회문제와 연관되어 있는 문제까지 포함하여 이해해야 한다. 다시 말해, 첫째, 가족 내부의 가족관계에서 발생하는 개별 문제와 함께, 둘째, 결혼문제, 보육문제, 교육문제, 의료건강문제, 주택문제, 빈곤문제, 맞벌이문제, 노후문제 등과 같이 다양한 사회 문제와 연계되는 광범위한 개념의 가족 문제까지 포함하여 정의 내릴 수 있다.

(2) 가족 갈등

가족 갈등은 공개적으로 나타나는 가족구성원들 간에 표현하는 분노, 공격성, 의견충돌을 말한다(Moos & Moss, 1994). 그러나 일반적으로 가족은 서로 다른 욕구, 기대, 목표를 가진 구성원이 일상생활과 자원을 공유하고 공동의 목표와 미래를 추구하는 동시에 자신의 욕구, 기대, 목표를 충족하고자 하는 사회집단이다. 따라서 가족 갈등이 발생하는 것은 불가피하고 자연스럽다고 보는 견해가 지배적이다.

그리고 가족 갈등은 가족 관계상의 갈등과 가족기능상의 갈등 등 두 가지로 나누어 볼 수 있다. 가족 관계상의 갈등이란 가족 내 두 사람 이상의 구성원들이 자신의 욕구가 상대방과 상충된다고 생각하는 과정(Galvin, 1996)이라고 정의하면서 가족의 하위체계에 따라, ① 부부 두 사람 사이의 갈등인 '부부 갈등', ② 부모와 청소년, 청년, 성인기 자녀, 조부모와 손자녀 등 윗세대와 아랫세대 사이의 갈등인 '가족 내 세대 갈등', ③ 형제와 자매, 배우자의 형제와 자매 간의 갈등인 '형제자매 갈등'으로 분류한다.

반면에, 가족기능상의 갈등이란 가족구성원이 가족 돌봄이나 경제적 부양과 같이 가족 기능을 수행하는 과정에서 욕구, 목표, 역할이 주위 환경과 상충할 때 발생하는 갈등을 말한다. 따라서 가족기능상의 갈등은 ① 성인자녀가 노부모를 부양하거나, 반대로 부모가 성인자녀를 돌보는 기능과 관련된 갈등인 '부모-성인자녀 부양 갈등', ② 가족에 대한 경제적 부양과 자녀 돌봄 등 가족 내 역할을 동시에 수행하면서 경험하는 '일-가족 갈등'으로 분류할 수 있다.

(3) 가족 해체

가족구조가 변화되면서 가족의 해체 문제가 심각하게 대두되고 있다. 가족 해체란 별거, 이혼, 가출, 유기 등에 의해 가족구성원을 상실함으로써 가족구조가 붕괴되는 것을 말한다. 더 넓게는 결속감이나 소속감 등 가족 단위의 정서적 기능이 파괴되는 것을 의미한다. 이혼율이 급증함에 따라 한부모가정이 늘고 있고, 세대 간의 단절로 부모와 자녀 사이는 점점 멀어지고 있다. 개인주의와 고령화 및 저출산 현상, 만혼(晩婚) 증가도 심각해지고 있다.

일찍이 구드(Goode, 1964)는 가족 해체를 "가족 중의 누가 자기의 역할의무를 다하지 못할 때 생기는 가족단위의 파탄, 즉 사회적 역할을 수행하는 하나의 구조체의 붕괴"라고 정의함으로써 역시 가족의 기능 수행 여부가 가족 해체를 판별하는 데 중요한 역할을 함을 보여 주고 있다. 그가 제시한 가족 해체의 다섯 가지 유형을 살펴보면 다음과 같다.

- 비합법성(illegitimacy): 서출, 비적출, 법적인 가족 이외의 관계에서 생성된 가족
- 혼인무효(annulment): 부부의 별거 또는 이혼, 배우자의 가출
- 빈껍데기 가족: 가족원이 함께 살기는 하지만 서로 대화가 잘 안 되고 상호작용이 없으며, 특히 정신적으로 상호 협조를 못하는 가정. 무관심, 애정결핍, 방임 등의 심리적 결손상태가 특징임
- 배우자의 부재(absence of a spouse): 남편이나 아내가 사별하거나 감옥에 가거나 전쟁, 경제공황, 기타 어떤 큰 재앙으로 인하여 격리됨으로써 가족의

역기능적 역동관계 초래

• 역할 수행상의 괴리(role discrepancy): 가족 내의 정신적 · 정서적 · 신체적 결함에 의해서 주요 역할 수행을 못하는 경우

여기서 비합법성, 혼인무효 및 배우자의 부재는 가족구조의 결손으로 비롯된 가족기능상의 문제로 특징지어지는 해체가정을 보여 주고 있고, 빈껍데기 가족과 역할 수행상의 괴리는 구조상의 문제는 없으나 기능상의 문제로 인해 해체가정이 됨을 보여 주고 있다.

그리고 공세권 등(1995)은 가족 와해와 가족 해체를 구분해서 정의했는데, 가족 와해는 가족 간의 결속이 느슨해지는 것을, 가족 해체는 관계의 단절 또는 가족분화로 생활자립이 어려워도 의존할 곳이 없는 경우를 의미하고 있어, 가족관계 또는 가족구조상의 문제로 인한 경제적 문제에 초점을 두어 가족 해체를 정의하고 있다. 그러나 분명한 것은, 가족 해체를 구분할 때 중요한 역할을 하는 것은 가족의 외적 형태보다는 내적 기능 상태라는 점이다.

4) 가족 문제의 원인과 유형

가족 문제 발생의 주요인은 대체로 가족원의 기대격차와 의견대립 등에 기인하는 역할 긴장과 스트레스, 나아가 물리적 폭력행위로부터 급격한 가족 변화나 사회변동과 잘 조응하지 못함으로써 발생하는 가족 내 · 외적 환경, 또는 가족을 둘러싼 사회제도의 기능적 결함까지를 포괄하는 것으로 볼 수 있다. 다시 말해, 가족 문제의 발생 원인과 그 파급효과에 의해 크게 두 가지 차원으로 구분할 수 있다.

첫 번째 차원은 결혼생활과 부부 및 부모-자녀관계에서 비롯되는 가족 내적 문제들에 의한 미시적 차원의 가족 문제를 들 수 있다. 이는 주로 가족 내적 동학이나 가족 관계 및 가족주기와 연관되어 가족구성원의 역할을 둘러싼 긴장 및 갈등 등을 발생시킨다는 점에서, 그리고 문제의 발현형태가 주로 개인이나 가족 내적 범주로 제한되어 나타난다는 특징을 갖는 것이다.

여기에는 우선 가족 문제를 가족 관계나 구조, 기능 그리고 가족생활주기에 기인하는 것으로 설명할 수 있다. 우선, 가족 관계의 측면에서 가족 문제를 유형화할 수 있는데, 가족구성원들의 관계적 특징에 따라 다음과 같은 여섯 가지 유형으로 분류할 수 있다(김양희, 박정윤, 2004). 즉, ① 부부관계에서 발생하는 문제(배우자 부정, 성격이나 정체성 차이, 배우자 폭력, 주벽 · 도박, 성생활 문제, 유기 · 별거, 가출, 경제적 무능력, 신체장애 · 정신건강), ② 자녀 문제(교육문제, 비행문제), ③ 가정폭력의 문제, ④ 가사노동 분담의 불평등에 따른 기혼여성 스트레스 문제, ⑤ 노인부양 문제, ⑥ 가족 해체와 한부모가정 문제 등이 그것이다.

그리고 가족 문제로 표출되는 다양한 특징들을 면밀히 검토해 보면, 가족 문제를 평가할 수 있는 몇 가지의 핵심 요소를 발견할 수 있다는 점에 착안하여 가족 문제를 유형화하고, 가족 문제가 나타나는 특징적 양상을 평가하는 요소들을 다음 〈표 2-1〉과 같이 제시할 수 있다(고기홍, 2005).

표 2-1 가족 문제의 유형

요소	가족 문제
구조	부모결손, 편부, 편모, 재혼문제, 무자녀, 외도, 정신질환자, 신체적 병자, 별거, 부모부양문제, 이혼
의사소통	대화 부족, 표현 부족, 불일치 및 이중적 태도, 무시, 불신태도
역할	경제문제, 실업문제, 경제적 무능력, 주거문제, 자녀 교육, 양육 및 훈육문제, 가사문제, 건강문제, 성문제, 불임문제, 흡연문제, 효도 부족, 모범 보이지 못함, 역할회피, 무책임함, 능력 부족, 자기관리 부족
위계	부모의 방임적 태도, 권위적 태도, 가부장적 태도, 신체 및 언어 폭력, 동맹과 소외, 말다툼, 비난, 싸움, 경쟁, 갈등, 관계갈등, 부부갈등, 고부갈등, 무시, 버릇없음
경계	가족공동행사 부족, 여가활동 부족, 정서유대 및 지지부족, 책임회피, 과잉보호, 간섭, 통제, 억압, 강요, 개인 미성숙
규칙	원칙 부족, 버릇없음, 양보 부족, 간섭, 통제, 억압, 강요, 종교문제(부모 종교 강요, 형식적 생활)
생활주기	문제 해결 및 개선 부족, 학업 및 진로, 결혼문제, 이성문제, 노후문제

출처: 고기홍(2005)에서 재인용.

따라서 미시적 차원의 가족 문제는 주로 가족 내적 요인에 의해 가족 관계의 긴장과 갈등 및 나아가 별거와 이혼과 같은 가족 구조 및 기능의 변형을 초래하는 것으로 볼 수 있다. 이 경우 주로 언급되는 가족 문제는 가족을 구성하는 핵심적인 2자 관계의 축인 부부관계와 부모-자녀관계 및 기타 관계를 포함하여 가족기능이 와해되거나 가족이 해체되는 경우로 정의할 수 있다. 부부 문제는 곧 배우자의 부정, 유기별거, 이혼문제, 성격 차이, 가치관 차이, 성적불만, 주벽 · 폭행 · 학대, 가출 등의 문제를 포괄하는 것이며, 가족 문제는 자녀문제, 고부갈등, 부모갈등, 형제갈등, 경제문제, 친척갈등, 정신건강 문제, 신체장애 등이 포함되어 있다.

두 번째 차원인 거시적 차원의 가족 문제는 가족의 공동체적 생활과 직간접적인 관련이 있는 여타의 사회제도나 환경의 변화 혹은 그러한 환경과의 마찰에 의해 발생되는 문제라는 점을 지적할 수 있다. 이 경우는 전자와 달리 구조적인 가족 문제로 볼 수 있다. 즉, 경제적 불평등, 고용기회 제한, 보건의료 기회의 제한, 주택문제, 교육기회 제한, 인구억제정책, 기타 사회자원의 제한 등과 같은 가족 외적 등 요인에 의해 가족 문제가 발생되는 것으로 구분할 수 있다.

따라서 거시적 차원의 가족 문제는 가족체계 내 부부와 아동 · 청소년, 노인등 각각의 유기체가 기능적으로 작용하지 못할 때 나타나는 관계상의 문제와 사회환경과의 상호작용에서 수반되는 빈곤, 제도와의 괴리, 변화에의 지체 등 가족이 사회환경과 유기적으로 상호작용을 이루는 데 있어서의 결손이나 부적응의 의미로 사용할 수 있다(이인수, 2003).

이렇게 볼 때, 전자, 즉 가족체계 내 부부와 아동 등 가족성원들이 기능적이지 못함으로써 발생하는 문제는 가족 내적 문제로 정의할 수 있다. 반면에, 가족을 둘러싼 환경의 부적응이나 결손은 곧 가족 외적 또는 가족의 구조적 문제로 볼 수 있다.

한편, 가족 문제를 사회변동이라는 거시구조적인 변화 속에서 규정하기도 한다(함인희, 1993). 가족 문제를 가족과 사회의 변화 속도 간의 지체 현상에서 파생되는 문제로 규정하고, 따라서 '일탈적 현상'이 아니라 '규범적 현상'으로 규정하고 있다. 뿐만 아니라 가족 문제는 상호 배타적인 범주이기보다는 상호 교환

이 가능한 범주로 이해된다. 하지만 그러한 가족 문제가 나타나는 현상은 개별 가족의 사회경제적 지위 및 가족주기에 따라 각기 상이하게 나타나는 것으로 평가할 수 있다.

2. 가족 문제의 파악 요소

오늘날 가족이 당면하고 있는 문제에 대해 접근하여 파악해 보기 위해서는 우선 가족이 경험하고 있는 변화를 가족관, 인구구조의 변화와 가족규모, 가족형태, 가족 관계, 가족기능, 그리고 사회환경의 변화에 따른 가족 변화 등과 관련하여 살펴보아야 한다.

1) 가족 문제의 파악 요소

(1) 가족관

가족이 주는 의미는 무엇인가와 관련된 가족가치관은 일반적으로 한국에서는 유교적 · 도구주의적 · 서정주의적 · 개인주의적 가족가치관들이 혼재해 있다. 즉, 유교적 가족가치관은 전통적 가족가치관과 규범이 잔존하거나 재해석된 것이고, 도구주의적 가족가치관은 일제강점기, 전쟁, 절대빈곤 기간, 산업화 등의 급속한 사회변동기에 가족에 의존적 삶의 과정에서 형성된 '생존형 가치관'이며, 서정주의적 가족가치관은 서구의 산업화 과정에서 근로자인 가장 중심의 가족생활에서 나타나는 정서적 보호기능이 강조된 가족상이며, 개인주의적 가족가치관은 여성권익 신장, 청소년의 자율성 신장 등 개인성의 강화 추세와 함께 상업적 소비 공간으로서 가족을 보는 등 가족의 존재 이유를 개인의 안녕과 발전에 두는 가치관을 말하는데(김승권 외, 2000), 이들은 혼재되어 있다.

이에 더하여 최근에는 이들 가치관이 상호작용하여 새롭게 독특한 혼합적 · 변종적 가족가치관이 형성되고 있다. 세대 간, 남녀 간, 학력 간, 지역 간 가치관의 변화는 있겠지만 전반적으로 가족가치관이 실제 삶에 얼마나, 어떻게 나타나는 지는 사회경제적 환경에 따라 차이가 있을 수 있기 때문이다.

(2) 인구구조의 변화와 가족규모

인구구조의 변화와 관련해서는 일반적으로 첫째, 총인구 및 인구성장률 추이, 둘째, 연령계층별 인구 및 구성비의 변화 추이, 셋째, 가족 규모 및 다문화 가족 추이, 넷째, 부양비 및 노령화 지수 추이, 다섯째, 남녀별 인구 및 성비 추이, 여섯째, 모의 연령별 합계출산율(여자 1명이 15~49세 가임기간 동안 출산할 평균 자녀 수) 추이, 일곱째, 평균수명 추이, 여덟째, 여성의 경제활동 참가율 추이, 아홉째, 결혼연령, 이혼 추이 등을 살펴봐야 한다.

(3) 가족형태

보편적으로 나타나는 가족형태는 부부와 자녀로 이루어진 2세대 가족, 부부, 자녀, 양친으로 이루어진 3세대 가족, 그리고 최근에 급속히 늘고 있는 노인, 여성 단독가구 등 1인 가구로 나타나는 독신가족 등을 들 수 있다.

(4) 가족관계

가족은 각자 다른 특성을 가지는 개인들의 집합체이며, 내부적인 이해관계가 서로 상충될 수 있을 뿐 아니라, 가족 외부와의 관계 역시 매우 상이한 역동적인 조직체다. 가족관계에서 문제를 야기할 가능성이 높으며 따라서 외부의 개입이 요청되고 있는 중요한 측면은 부부관계와 부모-자녀 관계(학부모-자녀 관계, 노부모-성인자녀 관계)다. 부부관계는 남녀의 성 관계를 기초로 하고 있으며, 부모-자녀 관계는 세대 간의 관계라는 특성을 갖는다.

(5) 가족기능

가족기능상의 변화를 본질적인 측면에서 본다면 전통적 가족기능의 분화라고 할 수 있다. 직장과 지역사회가 가족공동체로부터 분화되어 감으로써 가족은 본래 가지고 있던 기능의 많은 부분을 다양한 사회제도들에게 이전하게 되었다. 예를 들어, 가족의 가장 중요한 기능의 하나인 자녀의 양육과 사회화가 교육

제도의 발달로 보육시설, 학교 등으로 이전되고 있으며, 경제적 기능은 생산이 이루어지는 일터와 교환이 이루어지는 시장으로 이전되고 있다. 아동, 노인, 병약자 등 의존적 가족구성원은 가족 내부에서 보살핌을 받는 것이 당연했으나 사회복지서비스의 발달로 사회복지영역으로 이전되고 있다.

이렇게 가족기능의 대부분이 사회제도로 분화되어 버린다면 가족은 존재할 필요가 없게 되는 것일까? 가족이 사회제도와 그 기능을 공유하거나 양도한 이후에도 가족의 고유 기능으로 남는 것은 과연 무엇일까? 우리는 가족의 어떤 기능을 어떻게 보강하여야 하는 것일까? 이런 의문들에 대한 견해에 따라 가족복지정책의 범주와 주체, 서비스의 수준 등이 결정된다고 하겠다. 그러나 자녀의 사회화가 아무리 공적 교육제도의 책임으로 이전되고 있다고 하여도 한 인간에게 가정교육의 중요성은 아무리 강조하여도 여전히 지나치지 않으며, 생존을 위한 소비생활 역시 가족을 단위로 이루어질 때 가장 효율적임이 증명되고 있다. 정서적 갈등의 처리도 역시 개인적 차원 혹은 어떤 다른 집단적 접근보다도 가족차원에서 접근할 때 가장 효율적임이 강조되고 있다(권영자, 1996).

이렇게 볼 때 사회의 변화에도 불구하고 가족의 존재는 쉽게 사라지지 않을 것이며, 가족기능 중 어떤 측면은 예전보다 오히려 강조될 것이다. 그러므로 가족기능과 관련하여 가장 큰 문제는 가족이 실제로 수행하고 있으며 수행할 수 있는 기능과, 사회가 가족에게 기대하고 있는 기능상에 커다란 괴리가 존재하고 있는 것이라 할 수 있다. 따라서 가족복지는 이러한 괴리를 메워 주고 가족이 보다 안정된 상태에서 사회변화를 수용 혹은 주도해 가면서 구성원의 복지를 보장해 주도록 지원하는 것이 될 수밖에 없다.

(6) 사회환경의 변화에 따른 가족 변화

가족은 일반적 기대와는 달리 사회환경의 변화에 직접적인 영향을 받는다. 가족에 영향을 주는 주요 사회환경 요소로는 인구환경, 경제환경, 정치환경, 과학기술환경 등을 들 수 있다.

한국에서의 사회환경 변화의 양상을 구체적으로 살펴보면 다음과 같다. 첫째, 인구환경 차원에서 변화 양상은, ① 저출산의 지속으로 인구의 고령화 · 가

속화, ② 비혼, 만혼, 이혼, 국제결혼 등 혼인관계의 다양화, ③ 가구규모 축소, 가구연령 증가 등을 들 수 있다. 둘째, 경제환경 차원에서 변화 양상은, ① 신자유주의 확산 및 세계화의 영향으로 경제적 양극화 진행, ② 여성의 경제활동 참여 증가, 일자리 질 저하, ③ 평균수명 증가 등으로 고령자 근로 증가, 생애 노동기간 장기화 등을 들 수 있다. 셋째, 정치환경 차원에서 변화 양상은, ① 여성의 정치참여 확대와 가족돌봄의 사회화 및 양성평등적 정책 확대, ② 소규모 지역공동체 활성화 및 생활복지정책을 추구하는 시민단체의 증가로 생활밀착형 정책과 지역사회연대정책의 활성화 등을 들 수 있다. 넷째, 과학기술환경 차원에서 변화 양상은, ① 맞춤형 의료기술 발전과 U-health care 상용화, ② 보조생식기술의 상용화, ③ 유비쿼터스 스마트홈의 확산, 지식환경의 변화, ④ 그린 시티, 저에너지 생활환경 구축 등을 들 수 있다(장혜경 외, 2013).

이 중에서도 특히 개인 당사자의 의사나 가족 내부의 상황이나 관계에 의해 발생될 것 같은 혼인, 이혼, 자녀출산의 과정이 상당히 많은 부분 사회경제적 조건에 의해 규정받고 있다. 실제 가족이 경제불황기에 위기적 양상을 보인다는 것은 이미 국내외 문헌에 의하여 제기된 바 있다(은기수, 2002).

특히 청년층과 중장년층의 높은 실업률은 가족형성과 가족유지에 부정적으로 작용한다. 즉, 결혼시기에 들어서는 청년층은 대개 직장을 갖고 결혼준비를 한다는 사실과 여전히 남성가장 중심적 생계유지를 기본으로 하고 있는 현재의 가족구조하에서 생계부양자 가장의 실업은 가족구조의 형성과 유지에 직접적인 영향을 미칠 수밖에 없다. 다시 말해, 경제위기 이후 청년층의 높은 실업률은 안정된 직장을 갖고 결혼을 할 수 있는 남성의 풀(pool)이 줄어들었다는 것을 의미한다. 이로 인해 청년층은 결혼에 진입하는 것을 미루게 되고 이것은 혼인연령의 증가, 출산율의 저하로 연결된다. 또한 남성가장을 중심으로 생계를 꾸리던 가족들은 가장의 갑작스런 실직이나 장기실업 상태 등으로 인하여 경제적 어려움을 겪다가 가출, 유기, 이혼 등으로 가족구조가 와해되는 결과가 초래되었을 것으로 보인다(송다영, 2004).

2) 한국 가족 문제의 성향

한국의 주요 사회환경의 변화를 고려하면서 전체 가족 문제와 가족구성원의 문제에 대한 다양한 통계자료를 근거로 하여 현재 한국이 안고 있는 가족 문제의 성향을 정리하면 다음과 같다.

첫째, 한국인의 가족가치관에는 유교적 · 도구주의적 · 서정주의적 · 개인주의적 가족가치관이 혼재해 있으며, 이에 더하여 최근에는 이들 가치관이 상호작용하여 새롭게 독특한 혼합 · 변종적 가족가치관이 형성되고 있어 사회 전체적으로 볼 때 국가의 가족정책을 수립하는 데 힘이 든다는 점이다. 유교적 가족가치관은 전통적 가족가치관과 규범이 잔존하거나 재해석된 것이고, 도구주의적 가족가치관은 일제강점기, 전쟁, 절대빈곤 기간, 산업화 등의 급속한 사회변동기에 가족에 의존적인 삶의 과정에서 형성된 '생존형 가치관'이다. 그리고 서정주의적 가족가치관은 서구의 산업화 과정에서 근로자인 가장 중심의 가족생활에서 나타나는 정서적 보호기능이 강조된 가족상이며, 개인주의적 가족가치관은 여권 신장, 청소년의 자율성 신장 등 개인성의 강화 추세와 함께 상업적 소비공간으로서 가족을 보는 등 가족의 존재 이유를 개인의 안녕과 발전에 두는 가치관이다(김승권 외, 2000). 그런데 한국인의 가족가치관에는 이들이 상당히 많이 혼재되어 있으며, 그 반면에 개인주의적 가치관이 확산되면서 개인의 자아실현과 삶의 질을 중요하게 여기는 경향이 확대되고 결혼을 기피하거나 연기하는 현상은 증가하고 있어 평균 초혼연령의 상승과 미혼율 증대를 불러오고 있다.

둘째, 경제적 부양의 문제, 즉 가족소득 문제가 많이 나타나고 있다는 점이다. 가정의 빈곤 문제, 가족구조상 취업여성의 증가, 가족 간의 빈부 차이에 의한 상대적 박탈감 등은 가족의 경제적 부양 문제와 직결되고 있다.

셋째, 핵가족화와 1인가족의 증가, 주말부부의 증가, 자녀 수 감소, 주거생활 변화에 따라 가족구성원들에 대한 가족의 돌봄(보호) 기능이 약화되는 데서 오는 문제가 증가하고 있다는 점이다. 여성취업 증가에 의한 맞벌이가족의 증가가 계속되고 있어 가족의 돌봄 기능이 약화되고 있다. 고학력화, 여성의 자아욕구 증대, 가구경제의 어려움, 노동시장의 유연성 제고 등 많은 긍정적 및 부정적 요인에 의하여 여성의 경제활동참가율이 증가하고 있다. 따라서 향후 전통적으로 가족이 수행하던 기능이 사회로 이전되는 경향은 더욱 심화될 것으로 판단된다. 가족의 경제적 기능은 농경사회를 벗어나면서 가장 먼저 약화되었고, 최근에는 가족원의 정서적 · 신체적 부양기능과 자녀양육 기능도 약화되어 돌봄 서비스의 사회화가 빠른 속도로 진행되고 있다. 현대 가족기능으로 가장 중요시되고 있는 가족의 여가 및 휴식 기능은 다른 어떤 유형의 가족기능보다도 약화됨으로써 가족의 본질적 기능 및 역할이 와해되고 있음이 문제로 지적되고 있다. 특히 이들 모든 기능은 해체가족에서 매우 약한 양상을 보여 줌으로써 한국가족이 흔들리고 있음을 여실히 보여 준다(김승권 외, 2001). 더군다나 가족생활의 어려움 극복 또는 보다 나은 삶을 위한 맞벌이가족의 증가는 지속될 것으로 전망되며, 이와 맞물려 가족원에 대한 돌봄 기능은 더욱 약화될 것으로 판단된다. 그 결과, 가족의 보호업무를 주로 여성에게 의존해 오던 상황에서 여성의 경제활동 참여는 가족 내에서 아동, 노인, 장애인, 병약자 등을 양육하고 보호하는 기능의 동공화 현상을 초래할 가능성이 있다.

넷째, 가족의 통제능력과 통제기능이 약화되며, 가족공동체로서의 사회화, 정서적 지지의 기능 수행이 약화되어 가고 있다는 점이다. 도시에서의 잦은 이사로 인한 가족생활의 불안정성, 세대차이 문제, 부부불화, 부모역할 모델의 부족, 대화의 부족 등이 원활한 가족기능 수행에 문제를 일으킴으로써 가족 문제를 발생케 하는 중요한 요소가 되고 있다. 그 예로 부부불화, 고부 문제, 배우자 부정, 아내학대와 아동학대 등의 가정폭력 문제를 들 수 있다.

다섯째, 결손가정의 증가에 따른 문제가 많이 발생하고 있다는 점이다. 자녀유기, 별거, 이혼의 증가, 배우자 부정, 향락산업의 발달 등으로 결손가정이 많이 생겨나고 그 속에서 정신적 장애아동, 가출 및 비행청소년 등 문제를 지닌 자녀가 많이 배출되고 있을 뿐만 아니라 결손가정의 증가에 따른 가족구성원의 각종 심리적 · 경제적 소외 문제 등이 많이 나타나고 있다. 여성 한부모가족(모자가족), 여성 노인가족 그리고 재혼가족 등 사별, 이혼, 유기, 별거에 의하여 남편이 없거나 존재해도 사실상 부재한 경우인 미혼모 및 노령, 기타 사유에 의해 여성이 실질적인 가장의 역할을 할 수밖에 없는 다양한 가족형태의 출현은 전통적

인 가족성원의 역할, 가족기능의 전형을 벗어난 다양한 가족의 기능을 하게 한다. 아울러 이에 따른 가족가치관의 변화는 전통적인 가족뿐만 아니라 여러 다양한 형태의 가족이 갖는 욕구와 문제에 국가적인 관심을 갖게 하고 있다. 따라서 이러한 가족 문제의 성향을 볼 때, 가족복지의 주 대상이 될 수 있는 대표적인 가족은 한부모가족, 아내학대가족, 장애인가족, 비행청소년가족, 알코올 중독자 가족, 노인가구가족 등이라 하겠다.

여섯째, 1인가구 유형의 독신자가족, 동거부부, 실험 또는 계약결혼, 무자녀가족, 재혼에 의한 재결합가족, 비동거가족, 공동체거주가족, 원격가족, 동성애가족 등 다양한 가족 유형이 한국에서도 조금씩 확산되고 있다는 점이다. 사실상 단일한 가족 경험은 이데올로기적으로만 존재할 뿐 실재하지는 않는다. 자신이 속한 범주에 준해서 가족성원일지라도 각기 다른 경험을 하게 된다. 이제는 다양한 가족 형태나 가치관의 다양성을 인정하며, 다름과 차이의 인정에 기초한 상호 존중의 태도를 형성할 필요가 있다. 한 걸음 더 나아가, 가족관계의 평등성을 추구하면서 가족의 의미를 읽어 내는 방향으로 나아갈 필요(Doherty, 1999)가 있다.

3) 한국의 가족 문제 관련법

한국 국내의 가족 문제와 관련하여 현재 지원되고 있는 법을, 첫째, 이혼가정 관련, 둘째, 가정폭력 관련, 셋째, 청소년 관련, 넷째, 경제 구조적 변화로 인한 가정의 위기지원 관련 등 네 가지로 나누어 볼 수 있다(조선주 외, 2010). 그러나 「건강가정기본법」은 건강한 가정생활의 영위와 가족의 유지 및 발전을 위한 국민의 권리 · 의무와 국가 및 지방자치단체 등의 책임을 명백히 하는 것을 목적으로 하지만, 가정 문제의 적절한 해결방안을 강구하며 가족구성원의 복지증진에 이바지할 수 있는 지원정책을 강화함으로써 건강가정 구현에 기여하는 것을 목적으로 하기도 한다. 특히 가족 문제에 대한 예방의 내용이 담겨 있는 특징이 있다.

먼저, 이혼가정지원 관련하여서는 현재 「민법」, 「한부모가족지원법」, 「건강가정기본법」, 「아동복지법」 등이 있다. 가정폭력과 관련하여서는 「민법」, 「건강가

정기본법」, 「가정폭력방지 및 피해자보호 등에 관한 법률」, 「가정폭력범죄의 처벌 등에 관한 특례법」, 「아동복지법」이 있다. 또한 청소년과 관련하여서는 「청소년기본법」, 「청소년보호법」, 「아동 · 청소년의 성보호에 관한 법률」이 국내에서 지원되고 있다(〈표 2-2〉 참조).

이 외에도 경제 구조적 변화로 인한 가정의 위기와 관련하여서는 「건강가정기본법」, 「긴급복지지원법」, 「사회복지사업법」, 「국민기초생활보장법」, 「청년고용촉진특별법」(「청년실업해소특별법」에서 개칭) 등이 국내에서 지원되고 있다.

표 2-2 한국의 가족 문제 관련법

	관련법
가족해체 예방	「건강가정기본법」
이혼가정지원	「민법」
	「한부모가족지원법」
	「건강가정기본법」
	「아동복지법」
가정폭력	「민법」
	「건강가정기본법」
	「가정폭력방지 및 피해자보호 등에 관한 법률」
	「가정폭력범죄의 처벌 등에 관한 특례법」
	「아동복지법」
청소년	「청소년기본법」
	「청소년보호법」
	「아동 · 청소년의 성보호에 관한 법률」

출처: 조선주 외(2010)에서 재인용.

3. 가족 문제해결의 접근틀

여러 다양한 가족 문제를 해결하기 위해서는 여러 가지 문제해결의 접근방법을 이해해야만 한다.

1) 건강 가족과 질병 가족

'건강 가족'의 개념은 최근 가족 연구에서 중요한 쟁점으로 부각되고 있다. 건강한 사회를 유지하고 개인의 성장을 도모하는 데 가족의 중요성을 간과했다는 인식과 함께, 전통적인 가족 개념의 부활로 나타나고 있는 개념이기 때문이다.

건강 가족이란 개념은 건강과 가정의 합성어에서 찾아볼 수 있다. 건강이란 용어는 세계보건기구의 정의에도 있듯이, 단순히 질병이 없거나 허약하지 않은 상태만이 아니라 신체적 · 정신적 · 사회적 · 영적 안녕의 완전한 상태를 이른다. 이런 의미에서 건강 가족은 건강한 사회의 지표로서 중요한 역할뿐만 아니라 개인의 삶의 질 향상과, 가정의 대 사회 기능의 수행을 위해서도 필수적이다. 따라서 건강 가족이란 가족원 개개인의 신체적 · 심리적 · 사회적 · 도덕적 면의 건강한 발달을 도모하고, 규칙적이고 다양한 상호작용이 올바르고 적합하여 집단으로서의 가족체계를 잘 유지하고 있는 가족이라고 할 수 있다.

그러므로 이러한 건강 가족을 구성하려면 기본 토대로 가정의 경제적인 안정과 안정적인 의식주생활이 이루어져야 하고, 가족관계가 민주적이고, 휴식과 여가를 공유할 수 있어야 함은 당연하다. 즉, 가정의 역할은 자녀의 성장발달을 지원하고 합리적인 자원관리와 가족의 역할을 공유하며 사회와의 관계가 잘 이루어지도록 해야 하는 것이다. 이러한 요소를 토대로 가정생활 만족도 혹은 행복감을 연구하는 학자들은 건강 가족의 특성으로 첫째, 가족구성원들이 항상 서로 격려하고 지지하는 점, 둘째, 가족원들이 함께 지내는 시간을 자주 가지며 그 시간을 즐거워하는 점, 셋째, 가족원들이 서로의 행복감과 복지의 향상에 관심을 가지고 있는 점, 넷째, 바람직한 의사소통 유형을 지니고 있는 점, 다섯째, 부부관계가 안정적인 점 등을 들고 있다.

이렇게 제시된 특성에 대해 우리 가정은 정말 그런 가정이라고 생각하는 사람은 건강 가족에 속해 있는 사람으로 간주한다. 그렇지 않더라도 노력하면 더욱 행복하고 생활만족도가 높은 가정을 만들 수 있으며 그러한 가정에서 자라난 자녀들이라면 살아가면서 무엇보다 소중한 사랑을 배우고 그 사랑을 나누는 사람이 될 것이라는 점을 강조함으로써 가족 문제를 사회구조에서 찾기보다는 개인에게서 찾는 성향이 있음을 알 수 있다.

한국에서도 이러한 영향 아래 2005년「건강가정기본법」이 만들어졌다. 이러한「건강가정기본법」에 따라 보건복지부는 가족정책의 전달체계로서 정부의 가족정책 추진방향에 부응하여 건강가정사업을 실시하도록 중앙, 시 · 도 및 시 · 군 · 구에 건강가정지원센터의 설치와 운영을 의무화하였다. 즉, 국가 및 지방자치단체는 가정 문제의 예방 · 상담 및 치료, 건강가정의 유지를 위한 프로그램의 개발, 가족문화운동의 전개, 가정 관련 정보 및 자료제공 등을 위하여 중앙, 시 · 도 및 시 · 군 · 구에 건강가정지원센터(이하 '센터'라 한다)를 두어야 하며, 센터에는 건강가정사업을 수행하기 위하여 관련분야에 대한 학식과 경험을 가진 전문가(이하 '건강가정사'라 한다)를 두도록 했다. 그리고 건강가정사는 대학 또는 이와 동등 이상의 학교에서 사회복지학, 가정학, 여성학 등 보건복지가족부령이 정하는 관련교과목을 이수하고 졸업한 자가 되도록 했다.

그러나 이러한 건강 가족이 갖는 개념에는 병든 질병 가족이라는 개념과 상치되는 의미를 갖고 있어 다분히 의료적 패러다임을 갖는 한계가 있다. 다시 말해, 건강 가족의 대치점에는 질병 가족이라는 개념이 도사리고 있어 현대 가족이 처한 문제를 사회구조적인 원인에서 찾기보다는 가족구성원 개인이나 개개 가족단위의 책임이나 의무에서 가족 문제를 찾는 경향이 큰 것이다. 특히 이러한 건강 가족의 개념하에서는 불완전가족이나 동거가족, 이혼가족, 동성애가족, 기러기가족 등 새로운 현대 가족 유형은 대부분 '문제 가족'으로 낙인 받을 가능성이 높다.

2) 가족 문제해결의 접근틀

(1) 가족체계이론

가족체계이론(family systems theory)은 사회체계이론을 가족에 적용한 것으로서 가족 상담이나 가족 문제해결에 많이 활용된다. 가족체계이론은 가족구성원 개개인의 모든 것, 그리고 어떤 것도 가족 모두에게 영향을 미친다고 보는 관점이다. 따라서 한 개인은 그들의 가족이 변하면 가장 효율적으로 변화할 수 있다고 보며, 반대로 한 개인이 좋든 나쁘든, 변화하게 되면 그 변화는 가족 전체에 영향을 미치게 된다고 강조한다.

(2) 가족탄력성 관점

가족탄력성(family resilience) 관점은 가족강점 관점에 기초하여 가족의 부적응이 아닌 고위험 가족의 성공적인 적응을 탐색하는 관점이다. 탄력성에 대한 초기 연구들은 탄력성 관련 요인을 개인적 특성에서 탈피하여 부모와 가족의 특성 측면으로 관심을 확대함에 따라 시작되었다. 그 후 지속적으로 고위험 상황에서도 적응하는 가족에 초점을 둠으로써 가족의 스트레스와 강점을 기반으로 한 연구들이 결과적으로 가족탄력성 연구의 기반을 이루게 되었다.

가족탄력성 관점의 장점은 전통적인 결핍모델 시각에 큰 변화를 가져와, 손상당한 심각한 위험에 처한 가족(distressed family)이라는 시각으로부터, 성장과 재생의 잠재력을 가진 도전받고 있는 가족(challenged family)이라는 방향으로 시각을 전환시켰다는 점이다. 따라서 가족탄력성 관점은 위기상황에서 취약한 부부와 가족을 강화하는 목적을 가진 연구와 개입, 예방적 접근의 개념적 길잡이로서의 가치를 지니고 있다.

특히 월시(Walsh, 1996, 2003)는 위기상황, 스트레스에도 불구하고 가족들이 잘 적응하거나 오히려 성공적인 적응을 하는 원리라고 하였다. 그 후 그는 단순히 스트레스 사건을 다루고 생존할 수 있게 되는 것에서 머무는 것뿐만 아니라 인격이 변화되고 관계적인 성장을 이루는 것과 관련되는 것이라고 개념을 확장하였다. 따라서 가족탄력성이란 가족이 위기상황이나 역경에 직면하면 더 인내

하고 다시 일어나 강해지려는 원상복귀적 적응에 대한 유연성이라 할 수 있다(Walsh, 2003).

(3) 가족발달의 틀

가족발달의 틀(family development framework)은 시간이 경과함에 따라 부부와 가족이 어떻게 변화하는지에 관심을 두고 있어 이들의 변화 과정을 설명하고 기술하도록 설계되어 있다. 개별 가족들은 각각의 가족주기에 따라 가족원으로서의 지위나 역할을 부여받게 되며, 가족 외적인 사회 제도 및 환경과의 상호작용 내용 역시 상당히 다른 특성을 가지게 된다. 따라서 가족 문제 역시 그들 가족이 처한 가족주기 특성에 따라 일정한 변화를 갖게 된다고 볼 수 있다. 다시 말해, 생활주기의 다양한 단계를 진행함에 따라 결혼과 가족 내에서의 스트레스를 주고, 도전적인 발달과업과 다양한 역할을 부모와 가족구성원들이 어떻게 관계하는지에 주로 관심을 가진다.

대표적인 듀발(Duvall)과 밀러(Miller)의 가족생활주기 8단계를 참조하여 가족생활주기에 따른 가족의 발달과업과, 발달과업에 따른 구체적 적응들의 내용을 살펴보면 다음과 같다(Duvall & Miller, 1985).

첫째, 신혼부부기로, 결혼이라는 새로운 삶의 형태에 적응하는 시기로서 남편과 아내로서의 역할과 앞으로 출산하게 될 자녀들에 대한 부모로서의 심리적 체계와 가족체계를 갖추어야 된다. 일반적으로 첫 자녀를 출산하기 전인 이 시기의 부부들은 부부관계 만족도가 대체로 높은 경향이 있다.

둘째, 자녀출산기로, 이 시기는 첫 아이의 출생부터 생후 약 36개월까지에 해당되는 기간으로서 일반적으로 두 명의 자녀를 낳는다. 단둘만의 부부생활은 자녀출산을 계기로 크게 변한다.

셋째, 학령전기 자녀기로, 첫 아이가 유치원에 입학하는 6세 정도에 해당되는 시기다. 이 시기는 아동들이 신체적 · 지능적 · 사회적으로 현저하게 발달이 이루어지는 시기이므로 부모의 심신 에너지가 아이들에게만 집중되기 쉽다. 따라서 부부 둘만의 상호작용이 적어지고 배우자에 대한 관심과 배려가 급격히 감소된다.

넷째, 초등학교 자녀기로, 자녀가 초등학교에 입학하여 졸업하는 13세까지에 해당되는 시기다. 아동들이 많은 시간을 학교에서 보내기 때문에 부부 중 자녀양육자는 심신의 여유를 갖게 된다.

다섯째, 중·고등학교 자녀기로, 첫 아이가 13세부터 20세까지에 해당되는 시기로서 청소년을 가족으로 갖는다. 아이들이 성장함에 따라 부모 역시 중년기를 맞이할 시기여서 부모와 자녀 모두 큰 변화를 맞는 시기이기 때문에 부모-자녀 간의 두 세대 간 갈등이 발생된다.

여섯째, 성인자녀기로, 자녀들이 20세가 넘어 각자 본격적인 성인으로서 사회로 진출하는 시기다. 자녀들이 대학 입학과 졸업, 군 입대, 배우자를 탐색하는 활발한 이성교제 등에 에너지를 투입하는 시기로서 자녀들 스스로도 인생의 큰 도전을 맞는다.

일곱째, 중년기로, 이 시기는 막내 자녀가 집을 떠나서부터 부부의 은퇴기까지 계속된다. 빈 둥지 시기(empty nest period)라고 부르는 이 시기는 각 가정의 부부의 결혼연령, 자녀의 수, 자녀들의 교육기간, 자녀의 결혼유무와 결혼시기 등과 같은 여러 요인에 따라 그 기간이 결정된다.

여덟째, 노년기로, 이 시기는 직업을 가진 부부들의 은퇴에서부터 두 배우자의 사망까지 계속된다. 부부가 맞벌이를 하는 경우, 일반적으로 남편의 연령이 더 많기 때문에 남편은 아내보다 먼저 은퇴하여 가정에 홀로 남으므로 자연히 잡다한 집안 일을 많이 해야 되고, 여유로운 시간을 효과적으로 보내는 데 어려움을 갖게 된다. 만성적으로 신체적 질병이 나타나고 자녀들에 의해서 보살핌을 받게 된다. 이시기의 부부들은 자신들의 노화와 배우자의 죽음에 적응해야 하고 자녀들에 대한 독립과 의존을 균형 있게 적절히 조정해야 하며, 자녀와 함께 사는 경우 손자녀와의 안정적인 상호작용 패턴을 형성해야 하고 죽음을 맞이할 심리적·경제적 준비를 해야 한다.

(4) 상징적 상호작용의 틀

상징적 상호작용의 틀(symbolic interaction framework)은 의미를 나누고 상호작용을 하는 것에 근간을 두는 것으로서 상징에 초점을 두며 이것은 언어적·비언어적 커뮤니케이션에 기초하고 있다.

상징적 상호작용의 틀에서 중요한 개념은 역할(role) 개념이다. 역할은 주어진 사회적 범주 내에서의 집단이나 개인에게 기대되는 행동을 말한다. 예컨대, 남편, 아내, 선생, 슈퍼바이저 등으로 가족은 누구나 때에 따라 다양한 역할을 하게 된다. 이렇게 새로운 역할을 만들어 내거나 기존의 역할을 수정하는 것을 역할취득(role taking)이라 한다. 역할취득 과정은 역할을 수행하고 타인으로부터 피드백을 받음으로써 역할을 정확하게 취득하는 방법을 배우게 된다. 예컨대, 부부관계가 남편의 주도하에 이루어지기보다 평등한 관계로 변화한다면, 배우자들은 서로 상호작용하는 방법의 변화를 필요로 하게 된다.

타인과 상호작용하는 것이 근간이 되어 개인의 자아개념이 발달되어 자신들에 대해서 배우게 되는 개념인 '거울 자기(looking glass self)'란 아이디어도 상징적 상호작용의 틀에서 대단히 중요하다. 예로서, 소꿉놀이의 하나인 역할놀이에서는 아이들이 어떤 역할을 부여받고 놀이를 하는데, 여기서 일반화된 타인의 역할을 취득하는 것을 배우고 심지어 타인의 감정을 예측하는 것을 배우게 된다.

(5) 사회구성주의 틀

사회구성주의 틀(social construction framework)은 지식이란 임시적이며, 발달적이고, 비객관적인 것으로서 내적으로 구성되고 사회와 문화에 의해 중재된다는 점을 강조한다(Elder-Vass, 2012; Lock & Strong, 2010). 즉, 과학의 이론 대상(entity)과 이론 사실(fact)은 사회구성물(social construct)이며 이러한 사회구성물은 주어진 것이 아니라 만들어진다는 데서 출발한다는 것이다(홍형옥, 2014). 따라서 사회적으로 구성된다는 것은 인간의 목적달성을 위해 만들어지는 것이며, 사물이 있는 그대로 확정되는 것이 아니라 시간과 공간의 제약 속에서 행위자들의 편향적인 관점에 따라 만들어지는 것이라 할 수 있다.

사회구성주의 틀에 의하면 가족 문제란 문제로 발생하는 '실재'가 있으나 이러한 '실재'를 하나의 관념으로 형상화하고 개념의 경계를 확정하는 것은 이를 정의하는 주체들의 관점에 따라서 달라진다는 것이다. 즉, 가족 문제는 객관적

으로 존재하는 실재이면서도 사회문화적으로 사람들이 구성한 가공현실일 수 있다. 동일한 가족 문제에 대해서도 국가나 사회별로 상이한 판단을 할 수 있으며, 문제 발생 상황에 따라서 그 판단도 달라질 수 있다.

따라서 가족 문제를 어떻게 이해하는가에 따라서 하나의 사실도 여러 가지의 개념으로 존재할 수 있으며, 이러한 행위들이 결국 사회적으로 구성된다. 결국 가족 문제란 이데올로기로서의 가족과 현실적 가족 간의 간극에 대한 다른 표현일 뿐이므로 가족이 문제에 처해 있다는 것은 사실로서 중요한 것이 아니라 누가 어떤 목적에서 문제 제기를 하고 있는가가 더 중요하다. 즉, 가족은 특수한 역사적 · 문화적 맥락 속에서 다양한 형태를 취했기 때문에, 단지 서로 다른 형태를 가졌다는 이유나 오늘날 어떤 형태가 더 바람직하다는 이유로 판단해서는 안되는 것이다.

이렇게 볼 때, 사회구성주의 틀에서 가족은 객관적인 사회적 실재(social reality)가 아니라 가족을 정의하는 언어와 의미와 과정이 중요함을 강조한다. 즉, 사람들이 가족을 어떻게 개념화하여 지칭하는지 파악하기 위해서는 먼저 그들이 사용하는 언어와 사회적 관계를 묘사하는 방식을 경청하고, 그러한 관계 묘사에 상당한 영향을 끼치는 요인이 무엇인지에 대해 세심한 관찰이 요구됨을 강조하고 있다.

따라서 사회구성주의 틀은 가족을 재개념화, 재해석하기 위해 가족담론을 잘 파악하고, 이를 위해 경청하고, 영향 요인을 관찰하는 기술적 방식을 주로 활용한다. 그러므로 무엇보다 실제적인 이해당사자의 이야기로부터 출발하는 철저하게 현장중심적인 접근을 해야 하며, 끊임없이 역사적 · 사회적 맥락에서 가족 문제의 연관성을 규명하여 재해석하도록 해야 한다. 그 후 사람 사이의 관계성의 중요성, 풀뿌리 지역의 유대관계와 근본적인 세상 변화를 위한 의미 있는 활동을 조직하는 일을 해야만 가족 문제를 풀 수 있음을 강조한다.

|중|점|토|론|

1. 가족 문제를 보는 여러 관점들을 비교해 보시오.
2. 불완전가족은 무엇을 말하며, 현대 가족이 안고 있는 가족문제가 무엇인가에 대해 설명하시오.
3. 가족 문제의 여러 파악 요소를 설명하시오.
4. 한국이 당면하고 있는 여러 가지 가족 문제의 성향에 대해 토론해 보시오.
5. 한국의 가족 문제 관련법에 대해 토론해 보시오.
6. 건강 가족 개념의 장단점에 대해 논하시오.
7. 가족 문제해결의 다양한 접근틀을 비교 설명해 보시오.

참고문헌

고기홍(2005). 가족문제 사례개념화 모형 개발. 청소년상담연구, 13(1), 3-15.

권영자(1996). 한국가족의 당면문제와 정책과제. 한국가족복지학회. 창립총회 및 학술대회 자료집.

공세권, 조애저, 허남영(1995). 가족결손의 유형별 특징과 가족정책의 접근방안. 한국보건사회연구원. 서울: 대명문화사.

김승권 외(2000). 한국 가족의 변화와 대응방안. 한국보건사회연구원.

김승권 외(2001). 최근 가족해체의 실태와 정책방안에 관한 연구. 서울: 한국보건사회연구원.

김양희, 박정윤(2004). 한국 가족의 위기 개입을 위한 전문가의 역할. 생활과학논집, 20, 1-13.

송다영(2004). 가족위기에 대한 비판적 재고찰. 대한예수교장로회 총회사회부 가족복지선교 토론회 자료집.

원석조(2002). 사회문제론. 경기: 양서원.

은기수(2002). 출산율 추이와 그 변화의 원인: 출산율 1.30 진단과 대안. 10차 여성정책 포럼 자료집. 서울: 한국여성개발원.

이인수(2003). 한국 가족문제의 유형과 특성(1940-1980년대 신문 기사를 중심으로). 한

국가정관리학회지, 21(3), 171-180.

이재경(2004). 가족은 '위기'인가: '건강가정' 담론에 대한 비판. 한국여성학, 20(1).

장혜경, 김은지, 김영란, 김소영, 선보영, 김수완(2013). 가족의 미래와 여성 · 가족정책전망(III). 서울: 한국여성정책연구원.

조선주 외(2010). 가족문제 예방의 사회적 비용 절감효과 측정 연구. 서울: 한국여성정책연구원.

함인희(1993). 변화하는 가족과 여성의 지위. 여성연구, 제11권, 제2호.

홍형옥(2014). 사회구성주의와 비판적 사회구성주의 관점으로 본 다문화가정 주거의 실재. Family and Environment Research, 52(6), 573-586.

Doherty, W. (1999). Post-modernism and Family Theory. M. Sussman, S. Steinmetz, G. Peterson (Ed.). *Handbook of marriage and the family.* New York: Plenum Press.

Duvall, E. M., & Miller, B. C. (1985). *Marriage and family development.* N.Y.: Harper & Row.

Elder-Vass, D. (2012). *The reality of social construction*. Cambridge: Cambridge University Press.

Elliot, F. R. (1988). *The family: Change or continuity?* N.Y.: Macmillan Education Ltd.

Galvin, K. M. (1996). *Family communication: Cohesion and change.* NY: Harper Collins College.

Goode, W. J. (1964). *The family*. Englewood Cliffs, NJ: Prentice-Hall.

Lock, A., & Strong, T. (2010). *Social constructionism: Sources and stirrings in theory and practice*. Cambridge: Cambridge University Press.

Moos, R. H., & Moss, B. S. (1994). *Family environment scale manual* (3rd). Palo Alto, CA: Consulting Psychologies.

Sullivan, T., & Thompson, K. (1988). *Introduction to social problems*. N.Y.: Macmillan.

Walsh, F. (1996). The Concept of Family Resilience: Crisis and Challenge. *Family process, 35*, 261-281.

Walsh, F. (2003). Family Resilience: A Framework for Clinical Practice. *Family process, 42*(1), 1-18.

제3장 가족복지의 이해

이 장에서는 가족과 사회복지의 관계를 살펴보고, 가족복지가 무엇인지에 대한 개념 및 대상영역을 살펴보며, 아울러 가족복지의 접근방법을 거시적 · 미시적으로 나누어 살펴보고자 한다. 그리고 오늘날 여러 선진 복지국가에서 이루어지고 있는 가족복지의 내용을 상호 비교하여 살펴본다.

1. 가족과 사회복지

가족은 사회의 유지와 발전을 위해 필수 불가결한 제도이며, 건전한 가족생활을 보장하는 것이 바로 사회의 중요한 의무가 되고 있다. 특히 도시가족의 급격한 핵가족화, 맞벌이, 농촌지역의 해체현상, 여성 취업인구의 증대 등 산업화 과정에서 가족은 사상 유래가 없는 중대한 변동을 일으키고 있다.

사회복지에서는 전통적으로 가족과 가족 문제가 주요 관심 대상이 되어 왔다. 특히 현대 사회복지제도의 역사는 비인격적인 상품시장과 대립되는 전통적인 가족기능의 보완과 대체, 강화의 역사라고 할 수 있다.

인간의 상품화를 전제하는 시장영역이 커질수록 전통적인 가족구성원의 보호기능이 약화되었으며, 개개인의 감정적인 지원과 만족감을 얻을 수 있는 안식처로서의 가족의 중요성은 더해 갔으나 이러한 안식처로서의 가족은 사라지고 있다는 것이다. 이러한 상품시장의 왜곡을 해독하는 사회적 기제로서 사회복지 제도화의 필요성을 증대시켰다고 할 수 있다.

20세기를 통하여 선진국의 사회복지제도는 본질적으로 가족의 전통적인 보호기능을 대행해 주는 대체물로서 성장하여 온 것이다. 이런 의미에서 한 국가의 사회복지정책과 가족정책은 동전의 양면이라 할 수 있다. 국가가 실제적인 가족 변화를 인정하고 새로운 변화의 방향을 적극적으로 주도했느냐 아니면 낭만적인 가족 개념을 포기하지 못하고 가족구조의 변화를 병리적인 것으로 인식하여 그 변화를 저지하고 역기능가족을 원조하는 데 주력하였느냐 하는 기본적인 태도의 차이가 20세기 복지국가 유형의 차이를 설명하는 가장 중요한 변수 중의 하나로 자리하고 있다(이혜경, 1995).

이런 점에서 캐머만과 칸(Kamerman & Kahn, 1978)은 일찍이 현대의 여러 가지 가족 문제를 가족병리현상으로 간주하였다. 예를 들어, 가족 해체, 아동의 인권침해, 한부모가족 급증, 사생아 증가 등 지금까지는 그렇게 많이 볼 수 없었던 사회병리현상의 급증에 직면하여 가족이라는 것을 재발견하기 위해서는 가족에 대하여 일관된 사회적 중요성을 갖춘 사회복지 대응에 관한 국민의 합의와, 가족에 대한 더욱 통합되고 체계화된 사회복지 접근이 필요하다고 보았다. 즉, 가족 및 아동의 양육을 위해서는 어떠한 접근이 이루어져야 할 것인가, 그러한 접근을 어떻게 적용해 나가면 좋을 것인가 그리고 사회보장제도와 어떻게 관련지어 가면 좋을 것인가 등의 과제가 제기되는데, 이와 같은 가족에 대한 사회복지 접근은 가족이 더욱 건강하고, 자녀들이 좀 더 나은 환경에서 생활할 수 있도록 하기 위한 접근이 되지 않으면 안 되며, 그러기 위해서는 단지 아동에게만 초점을 둔 사회복지정책도 필요하지만 더 중요한 것은 더욱 넓은 범위에 관점을 둔 '가족에 대한' '가족을 위한' 사회적 시책을 모색해야 한다는 것이다.

이렇게 사회복지에서 가족이 중시되는 이유는 가족이 사회의 기본 단위이기 때문에 일차적으로 가족의 구성원을 보호, 보장하여 주고 복지서비스를 제공하는 대상으로 기능하였기 때문이다. 근대적인 사회복지제도는 과거에 가족이 맡았던 상부상조의 복지기능이 약화됨으로써 이를 보완하기 위해 태동한 것이라 할 수 있다.

현대사회에서 가족은 상부상조의 복지기능을 많이 상실했으나 사회의 기본 제도이자 정서적 욕구를 충족시켜 주는 장소로서의 기능을 가족이 하고 있다는 점은 여전히 중시되고 있고, 사회문제의 해결을 일차적으로 가족이 담당할 수밖에 없기 때문에 가족에게 기대되는 복지의 책임은 매우 크다. 그러나 현대 가족은 자본주의의 구조적 모순, 산업화, 가족규모와 기능의 축소와 약화, 가족형태의 다양화, 가부장주의 가치와 양성평등주의 가치의 혼재 등의 요인들로 인해 결손가족 문제, 가족폭력 문제, 비행청소년가족 문제, 노인가구가족 문제, 장애인가족 문제, 알코올 중독자 가족 문제 등의 사회문제를 어느 때보다도 심각하게 경험하고 있다.

이러한 가족의 중요성과 가족이 안고 있는 심각한 문제 때문에 사회복지는 초창기부터 가족을 사회복지사업의 주 대상으로 하였고, 사회복지학에서도 가족에 관한 연구가 중시되었다. 초창기 사회복지사업의 전문가이자 학자인 리치먼드(Richmond)가 1917년 그의 저서 『사회진단』에서 사회사업의 과제로 개인의 생활 배경으로서의 가족환경을 사회사업의 영역에서 중요하게 취급한 이래, 사회복지에서 가족에 대한 연구는 가족 문제를 해결하고자 하는 가족복지(사업),

가족(복지)정책, 가족사회사업, 가족치료 등의 명칭으로 나뉘어져 발달하여 왔다(김성천, 1993).

한편, 가족에 대해 사회복지적으로 접근한다는 것은 가족 문제를 해결하기 위한 사회복지적 대책을 강구하는 것을 의미하는데, 여기서 사회복지적 대책은 가족 문제를 해결하기 위해 사회복지 방법이 활용된다는 것이다. 따라서 가족에 대한 사회복지적 접근은 가족 문제를 해결하기 위한 사회복지 방법에 대한 접근을 의미한다고 하겠다. 이런 점에서 이념으로서의 가족에 대한 사회복지 접근은 산업혁명 이후 영국을 비롯하여 프랑스, 독일 및 스칸디나비아에서 시작되었으며, 실천으로서의 가족에 대한 사회복지적 접근은 다양한 형태의 서비스 내지 프로그램을 중심으로 미국에서 발달되었다(Munson, 1980).

오늘날 가족에 대한 사회복지의 책임 논의는 두 가지 상반된 차원을 갖는다. 하나는 과거에 가족의 사적 영역이었던 부분이 점점 공공 영역화하는 것이다. 예를 들면, 건강이나 성과 관련된 정보나 교육 등을 들 수 있다. 가족의 사적인 생활과 공적인 책임 사이의 경계는 과거에는 가족이 실패할 때에만 드러났으나 최근에는 가정생활교육, 가족폭력, 청소년 임신, 학대, AIDS 예방교육 등 예방적 프로그램으로 전환되면서 재평가되고 있는 것이다.

또 다른 한 가지는 과거에는 공적인 책임으로 간주되었던 부분들이 다시 사적 영역인 가족의 책임으로 돌아가는 것이다. 예를 들면, 미국과 같이 소극적인 가족정책을 수행하는 국가에서 일을 통한 복지(workfare)를 내세운 복지개혁을 통해 개인 책임을 강조하면서 미혼모나 그 아동 또는 빈곤가족에 대한 경제적 지원을 줄이고 이에 대해 노동과의 교환을 강요하는 등 가족구성원인 개인의 책임을 강조하는 일련의 정책적인 시도를 들 수 있다.

이렇게 볼 때 가족에 대한 사회복지의 상반된 책임 논의가 있지만 사회복지의 출발은 일단 가족에서부터 이루어지고 있음을 알 수 있는데, 오늘날에도 가족이 사회복지의 중심적인 활동 분야가 되고 있음은 사실이다.

2. 가족복지의 의미

1) 가족복지의 개념

가족은 우리 사회의 기본 단위며, 현대 산업사회의 급격한 변동에도 불구하고 가족생활은 한 개인의 생활주기를 통하여 다른 곳에서 발견할 수 없는 중요한 가치를 지니고 있다. 그러나 그 내용은 가족규모의 축소, 가족기능의 다른 각종 사회제도로의 이양, 대체에 의해서 급속히 변화하고 있는 게 사실이다.

이러한 상황에 대응하여 사회복지 행정, 사회복지 시설 속에서 전개되는 가족에 대한 사회복지의 기능은 가족구성원 개개인에게 초점이 맞추어지는 것이 아니라 캐머만과 칸(1978)이 지적한 대로 '한 단위(unit)로서의 가족 전체'에 주목하면서 가족의 보호, 보장, 강화를 도모하는 데 그 목적이 있다. 이런 점에서 볼 때, 가족에 대한 사회복지는 가족생활을 보호, 보장, 강화하고 가족구성원 개개인의 사회적 기능 수행을 높이기 위하여 시행되는 제반 서비스 활동을 의미한다고 하겠는데, 이러한 서비스는 공적 · 사적 기관이 제공하게 되며, 이들 기관을 가족복지기관이라 부른다.

일반적으로 가족복지기관의 목적은 조화로운 가족관계를 활성화하고, 가족생활이 지닌 적극적인 가치를 강화하며, 가족구성원 개개인의 건전한 인격발달과 사회인으로서의 기능을 수행할 수 없는 개인과 가족을 원조의 대상으로 한다. 그러나 이때도 가족복지기관은 가족 전체를 문제로 삼기 때문에 가족조사 및 가족진단도 개인단위가 아닌 가족단위로 시행한다.

한편, 개인이 가족구성원으로서의 의무를 실행하느냐 못하느냐의 여부는 사회와 개인 모두에게 중요한 과제가 된다. 이러한 점이 가족복지가 사회복지의 한 분야로서 성립하지 않으면 안 될 근거가 된다. 즉, 자본주의적 생산방식의 성립, 거기에 수반되는 여성 노동인구의 증가와 그 가족을 원조하는 사회보장제도로 대표되는 근대 가족체제로의 준비는 가족을 구성하는 개인과 그 가족을 '전체로서의 가족'이라는 맥락 속에서 사회적으로 원조해 나가는 것이 가족에 대한 사회복지의 중요한 목적이 된다고 하겠다.

가족이라는 복합성 혹은 포괄성 그리고 사회복지라는 고도의 다양성 내지 복합성 때문에 가족복지를 개념적으로 고정화시키기는 대단히 어렵다. 왜냐하면 가족이 사회의 기본제도로서 모든 문제와 정책에 직간접적으로 영향을 받을 수밖에 없고, 사회복지의 다른 분야인 아동문제, 노인문제, 장애인문제, 여성문제 등의 분야와 중첩이 되고 구분이 곤란한 면이 많다는 점과, 또 하나의 이유는 가족 문제를 규정할 때 가족구성원 간의 상호작용이나 역할관계가 고려된 가족의 전체성을 고려하지 않고, 가족복지의 대상을 실용적이고 편의적으로 개인단위로 규정하는 경우가 많기 때문이다.

가족복지의 개념은 문화적 양상에 따라 다양하게 의미를 가질 수 있음을 전제하면서, 여러 학자들의 정의를 살펴보고자 한다.

펠드먼과 슈어츠(Feldman & Scherz, 1967)는 가족복지란 전체로서의 가족은 물론 그 구성원들의 사회적 기능 수행을 효과적으로 증진시킴으로써 가족구성원들 모두에게 행복을 도모하도록 하기 위한 사회복지의 한 분야라고 하였다.

김만두(1982)는 가족복지란 가족의 집단성을 확립하도록 하고, 개개 가족구성원의 인격의 성장과 발달을 원조하며, 항상 변화하는 사회에 대응하여 적극적인 적응능력을 가질 수 있는 가족, 즉 대 사회적으로 적응하는 가족으로서의 확립이라고 하는 세 가지 목표를 가지고 전개하는 활동이라고 하였다.

김상규 외(1983)는 가족복지란 한마디로 가족의 행복을 유지시키는 것을 말하는데, 국민의 생활권의 기본 이념에 입각하여 가족생활을 보장하는 사회적 제반 노력(제도적 · 정책적 · 기술적 서비스)을 총칭하는 것이라 하였다.

전준우(1988)는 가족복지란 가족이 안고 있는 여러 가지 문제 상황에서 가족을 통합시키고 적응하도록 서비스를 제공하기 위한 사회집단의 노력으로 수행되는 조직적 활동을 의미한다고 하였다.

『일본 현대복지학총람』(신섭중 외 역, 1995)에서는 가족복지란 개인생활상의 모든 욕구충족이 그 사람의 가족생활 양태에 의하여 규정됨에 착안하여 가족원으로서의 개인의 가족집단에의 적응이나 가족생활 그 자체의 유지 및 질적 향상을 도모함을 목적으로 하는 사회복지의 한 분야라고 하였다.

이상으로 볼 때, 가족복지란 ① 목적 면에서 국민의 생활권의 기본 이념에 입각하여 가족의 행복을 유지시키고자 하는 것이며, ② 주체 면에서 가족을 포함한 사회구성원 전체가 된다. ③ 대상 면에서 가족구성원 개개인을 포함한 '한 단위로서의 가족 전체'가 되며, ④ 수단 면에서 제도적 · 정책적 · 기술적 서비스 등 조직적인 제반 활동이 된다. 그리고 ⑤ 범위 면에서 사회복지의 한 분야가 되고 있음을 알 수 있다.

여기서 사회복지 개념은 추상적인 목적 개념이 아니라 복지라는 목적달성을 위한 현실적인 수단으로서 실체 개념을 갖는다고 할 수 있다. 윌런스키와 르보(Wilensky & Lebeaux, 1979)는 사회복지의 특성으로 다음 다섯 가지를 들고 있다. 첫째, 사회적 공공적인 목적을 위하여 사회적 책임을 갖고 행해진다. 둘째, 공식적인 조직에 기초한 활동이다. 셋째, 인간의 소비욕구에 직접 관계된다. 넷째, 충족되지 않은 욕구가 있는 곳에 항상 활용하는 기능적 보완성을 갖는다. 다섯째, 프로그램 목적으로서 이윤동기가 없어야 한다.

이렇게 볼 때 가족복지의 개념을 한마디로 규정한다면 가족의 복지를 추구하기 위한 사회구성원들의 공동체적 노력을 의미한다고 하겠다. 좀 더 구체적으로 말해서, 가족복지는 가족 문제의 해결과 예방, 인간의 사회적 기능 수행의 활성화, 생활의 질적 향상 등에 직접적으로 관심을 갖는 사회복지 서비스나 과정을 포함한다. 즉, 가족복지는 가족구성원 개인이나 가족에 대한 서비스뿐만 아니라 가족제도의 강화나 수정 및 변화에 대한 노력까지 포괄한다.

그러나 이러한 복지를 추구하는 인간의 공동체적 노력, 즉 사회적 노력도 여러 가지가 있을 수 있는데 전통적 사회에서는 사회적 노력이 개인의 자발성과 가족, 종교 등에 의존하였지만 현대사회에 올수록 사회가 복잡다단해지기 때문에 사회적 연대와 국가에 의존하는 경향이 있다. 이러한 경향은 가족복지가 인간의 권리이고 사회적 국가적 책임이라는 가치를 지니고 있기 때문이다.

요컨대, 가족복지란 가족의 전 생애에 걸쳐서 행복하고 안정된 바람직한 삶을 추구하는 사회구성원 전체의 집단적 노력을 말한다. 이를테면 가족복지는 가족해체, 가족붕괴, 가족구성원의 사회적 역기능 수행 등의 문제에 의도적으로 개입하는 것을 의미하고 있다.

2) 가족복지의 대상영역

가족에 대해서 생각할 경우 그것을 구성하고 있는 것은 가족구성원 각 개인이다. 그것은 남편, 처, 자녀 또는 다른 친척들이 되기도 한다. 이러한 개개의 성원이 '한 단위로서의 가족집단', 즉 소집단을 형성하고 독자적인 역할구조를 지니고 있는 것이다.

인간에게 가족생활은 다른 사회제도에서 발견할 수 없는 하나의 사회적 가치를 지니고 있는 사회적 집단이다. 그러나 가족은 사회경제적 체계에 직접 연계되어 있는 사회집단이므로 이 외적인 사회경제적 체계는 또한 가족 내부에 중요한 영향을 주게 된다. 즉, 가족은 내적인 고유한 기능과 함께 외적인 영향을 받으면서 기능하는 복잡한 체계라 할 수 있다. 이런 점에서 가족복지의 대상영역을 분명하게 함으로써 가족복지의 의미를 더욱 분명히 할 수 있을 것이다.

1970년대까지만 하더라도 미국에서는 가족복지의 대상영역으로, 첫째, 가족의 스트레스 상황, 즉 정상적인 능력을 가진 가족일지라도 가족구성원의 갑작스러운 사망, 이혼, 가장의 전근, 낯선 지역으로의 이사, 생계 유지자의 실직 등으로 인한 스트레스 상황에 놓여 있는 경우, 둘째, 경제적 곤궁 및 사회자원 도입의 곤란 등 경제적 · 사회적 요구를 충족할 수 없는 상황인 경우, 셋째, 가족관계, 가족구성원의 개인적 기능의 장애 상황, 즉 가족구성원 중 누군가의 이상성격으로 곤란한 문제가 발생해 가족의 사회적 제 기능을 수행하는 데 제한이 생기는 경우 등 세 가지를 일반적으로 지적하였다(NASW, 1970). 그러나 오늘날 가족의 여러 형태는 좋고 나쁨을 떠나서 동성애적 결합에서 코뮌에 이르기까지 현실적으로 다양하게 존재하고 있고, 그 속에서 어쩔 수 없이 생활하고 있는 아동의 인권을 지키기 위해서는 그들 가족의 편익을 도모하는 정책이 필요하지만, 실제는 전통적인 단위로서의 핵가족을 육성하고 지지하는 수단으로서의 가족정책만이 존재하고 있는 실정이다(NASW, 1995).

그리고 펠드먼과 슈어츠(1967)는 가족의 생활주기를 중시하고 가족주기 각 단계의 일반적 상황을 명확하게 하여 가족주기를 결혼의 성립기, 육아기, 노후기의 3기로 나누어 각 시점에 해당하는 가족복지 대상영역을 설정하고 있다.

첫째, 부부 결혼의 성립기에서는 건전하지 않은 결혼형태가 가족의 성립을 곤란하게 하고, 가족구성원 상호 간의 불균형 상황을 낳게 되어, 당연히 가족복지의 대상영역으로 설정된다고 말하고 있다. 일반적인 결혼의 유형으로는 ① 부모-자녀 관계와 비슷한 결혼, ② 투영적 동일화의 결혼, ③ 부부간에 거리가 있는 결혼, ④ 미성숙한 결혼, ⑤ 상호 의존이 강한 결혼, ⑥ 지배적 · 굴복적 결혼, ⑦ 공생적 결혼 등이 있다.

둘째, 육아기에서의 가족복지의 대상영역은 건전한 육아기능 수행과 관련된다. 육아기능의 주된 목표는 건전한 신뢰감의 육성, 자기통제, 사랑하고 사랑받는 능력의 조장, 훈련, 학습능력의 습득 등을 도와주는 것이다.

셋째, 노후기에서의 가족복지의 대상영역은 노후 문제를 중심으로 하고 있다. 즉, 인생 생활주기 속에서 가족주기의 최후 단계인 노년기를 60세 이상으로 규정하고, 노후 문제에 초점을 맞추면서, 노인 단독의 문제가 아닌 가족 문제로서 노인문제가 주요 대상영역이 된다.

이상의 논의는 주로 가족 내부와 관련되어 있다. 가족에 대하여 국가가 어떻게 대응해야 하는가에 대한 논의가 또한 이루어져야 하는데, 이는 주로 가족정책의 형태로 제기된다.

그러나 가족정책을 입안하는 국가의 개입은 원조수단으로서, 제도로서 가족의 요구를 충족할 수 있도록 하는 것이지만 현실적으로는 모순된 결과를 초래할 수 있음을 직시하지 않으면 안 된다. 즉, 가족기능이 충분히 기능하지 못하고 긴급한 요구에 대하여 원조할 경우에는 당연히 국가의 공적 개입이 필요하게 되고 이에 대한 직접적인 성과는 나타나지만, 그러한 지속적인 도움의 장기적 성과는 가족 상호부조의 의무나 책임을 약화시키고, 가족생활의 기본적 유대를 약화시킬 우려가 있으므로 공적 개입의 적절하고 신중한 접근에 의해서만 가족정책은 도움이 될 수 있다(김성천, 서윤 역, 1995). 요컨대, 가족기능이 충분하지 못하고, 가족의 긴급한 요구 등 기본적인 국민생활권에 대한 국가의 공적 개입은 당연한 현대 국가의 의무임을 잊지 말아야 한다.

3. 가족복지의 접근방법

가족복지는 여러 다양한 가족 문제에 의도적 · 직간접적으로 개입하는 것을 의미하고 있으므로 가족복지의 접근방법에는 간접적(거시적) 방법과 직접적(미시적) 방법이 있다. 전자는 가족 문제를 사회 전체의 문제로서, 즉 가족이 전체 사회의 제도적 구조와의 관계에서 더욱 잘 존속할 수 있는 조건 혹은 환경을 조성해 가는 접근방법으로서 직접적으로 가족과의 만남 속에서 이루어지기보다는 간접적인 정책의 차원에서 논의될 수 있고, 후자는 문제 혹은 장애로 고통을 당하고 있는 가족에게 직접적으로 접근하는 방법으로서 서비스의 차원에서 논의될 수 있다.

그러나 위의 접근방법들을 종합해 볼 때, 양자는 어떤 수준에서 출발하느냐 하는 시각상의 차이일 뿐 가족의 사회적 기능 수행의 향상 및 행복을 도모하고자 한다는 점에서는 상호 보완적 관계에 있다고 하겠다.

1) 가족정책적 접근방법

가족복지의 접근방법 중에서 가족복지 서비스 접근방법이 문제가족에 대하여 개별적 · 심리적 · 미시적으로 처리 및 치료하는 서비스인 데 비해, 가족정책은 문제가족에 대하여 사후복귀적 처우라기보다는 예방적 처우라는 관점을 갖고서 사회의 구조적인 문제에 대하여 제도적 · 환경적 · 거시적으로 접근하는 것이다. 그러므로 가족정책은 정부가 가족을 위해 시행하는 모든 활동을 의미한다고 하겠다(Kamerman & Kahn, 1978).

이러한 가족정책의 용어 사용은 다음과 같이 역사적으로 변해 왔다(Kamerman & Kahn, 1978).

첫째, 처음에 유럽에서는 포괄적으로 가족에 대한 가족수당, 보편 가족급여 소득세제 등과 같은 가족을 조장하는 소득재분배의 의미로 주로 사용되었다. 현재에도 이러한 맥락은 남아 있다.

둘째, 인구정책과 장기간에 걸친 인구계획의 맥락에서 사용되었다.

셋째, 부적응가족으로 불리는 가족, 즉 결손가족, 장애가족, 노인가족, 빈곤가족, 무주택가족 등을 중심 대상으로 하는 맥락에서 사용되었다.

넷째, 최근의 개념으로 아동의 인권옹호 및 주부를 위한 사회적 제 정책의 맥락 속에서 가족정책이 강조되었고, 특히 취업모를 위한 시책으로서 가족정책을 다시 보게 되었다.

그리고 가족정책의 영역은 일반적으로 명시적인 가족정책과 묵시적인 가족정책으로 분류된다(NASW, 1995). 전자는 정부가 특정한 기획과 정책을 행할 때, 그것이 가족에게 분명하게 관여하는 것이며 가족정책의 목표라고 하는 승인을 얻을 수 있는 것으로서 탁아 서비스, 아동복지 서비스, 가족상담, 생활부조, 가족계획, 각종 조세혜택, 주택정책 등을 들 수 있다. 반면에, 후자는 여러 목표 모두가 승인되지 않더라도 적어도 가족에 대해 관여하고 있는 기획 또는 정책으로서 성립되는 것으로 직접 가족에 특정적이고 1차적으로 관여하는 것이 아니라, 정부나 행정기관이 행하는 활동이 간접적으로 가족을 위해 사회적 중요성을 가지는 것이다. 이것의 예로는 공장 설치를 어디에 하는가, 도로와 건물의 배치를 어떻게 해야 하는가, 관세조정, 이민정책 등을 들 수 있다.

현재 가족정책이 강하게 요구하는 데는 다음과 같은 장점을 갖고 있기 때문이다. 첫째, 전통적으로 유지되어 온 핵가족의 붕괴에 즈음하여 가족정책이 그것을 방지하는 하나의 잠재적인 전략이 될 수 있다. 둘째, 가족정책은 사회복지의 전개와 분석에 유용한 틀을 제공할 수 있으며 변화하는 가족의 복지요구에 즉각적으로 대응할 수 있다. 셋째, 모든 영역에서 종래의 제반 사회정책과 공공정책을 평가하는 데 가족정책은 하나의 기준이 될 수 있다(Kamerman & Kahn, 1978).

또한 가족정책이 가족복지의 발전을 위한 하나의 수단으로서 그 합리성을 갖는 것이기 때문에 가족정책을 평가할 때는 다음과 같은 몇 가지 대상영역을 중심으로 해야 하는데, 이 중에서도 특히 대인복지 서비스가 종래의 개별사회복지, 집단사회복지, 지역사회조직사업 등의 여러 사회복지 실천기법 통합 위에서 비로소 성립되는 것이기 때문에, 대인복지 서비스를 사회정책의 중요한 과제로 해야 한다. 즉, 복지국가를 형성하기 위해서는 정책목표를 고려해야만 하고, 그 정책목표의 하나로 대인복지 서비스가 중요한 것이 된다(Kamerman & Kahn, 1978).

- 소득유지정책에 관한 것: 사회보장, 금전부조, 물품부조, 각종 세금공제혜택 등
- 인구정책에 관한 것: 가족계획 등
- 고용 및 노동시장의 촉진정책에 관한 것
- 주택정책에 관한 것
- 아동양육 프로그램 및 서비스에 관한 것: 가정탁아, 각종 탁아센터 등
- 보건 및 의료보호정책에 관한 것
- 대인복지 서비스에 관한 것: 카운슬링, 가정원조 서비스, 급식 서비스, 보육서비스 등

그러나 각국의 가족정책에 대한 평가를 하기 위해서는 그 나라의 사회제도 및 역사적 배경을 충분히 검토해야 한다. 그것은 여러 나라의 사회제도와 역사적 배경에 따라 그 나라의 가족에 대한 사회복지적 대응정책의 구조와 기능이 복잡하게 나타나기 때문이다. 캐머만과 칸(Kamerman & Kahn, 1978)은 "각국의 가족정책을 단순히 나열하는 것만으로는 의미가 없고, 여러 정책의 관련 속에서 선택 기준의 유형을 명확히 할 필요가 있다. 가족정책을 선택할 때 그 기준 유형에 관련된다고 생각되는 가장 중요한 요인으로는, ① 아동과 가족을 단위로 한 정책의 유효성에 관한 요인, ② 재정적 비용에 관한 요인, ③ 가족의 집단으로서의 우선성, ④ 역사적 전통성과 국가 이데올로기 등이 있다."라고 주장했다. 특히 이들은 가족정책의 발달을 '여성과 노동' 또는 '유아보호 및 탁아'라고 하는 문제를 중심으로 분석했다.

한편, 가족정책의 전체적인 모습은 그 사회가 추구하는 사회적 비전, 사회적 목표를 바탕으로 결정되며, 전체 가족복지 서비스 체계를 구성하는 적합한 요소들은 가족정책에 의해 반영된다. 이러한 가족정책적 고려에 포함되어야 할 몇

가지 중요한 요소들을 제시하면 다음과 같다(Pecora, Whittaker, Maluccio, Barth, & Plotnick, 1992: 3-5; Zimmerman, 1983: 460-461).

첫째, 가족정책의 목표가 갖는 가족구성원 개개인의 보호 측면과 전체 가족의 유지 측면의 균형 문제다. 즉, 가족과의 관련 속에서 그 목표가 가족구성원 개인 중심적인가 아니면 가족단위 중심적인가에 대한 균형 문제다.

둘째, 가족정책의 대상이나 중점 프로그램을 선정하는 과정에서 보편주의와 선정주의의 균형 문제다. 누구에게나 서비스를 이용하도록 할 것인가, 아니면 절박한 문제와 욕구를 가진 사람만을 대상으로 하는 서비스를 가질 것인가에 대하여 어떤 결정 요소가 제시되어야 한다. 여기서 보편주의란 정책의 모든 대상이 자신의 요구와 관계없이 무차별적으로 주어지는 것으로 보편 복지의 성격을 갖는다. 반면에, 선정주의란 도움을 요청하는 경우에 한하여 가장 조속한 시일 내에 자립할 수 있게 하는 방향으로 시행하는 것을 목적으로 하는데 그 성격은 시정적 · 종별적(categorical)이며, 열등처우(less eligibility)의 원칙을 바탕으로 한다.

셋째, 재가(in-home)가족 중심 프로그램과 가족 외부(out-of-home)의 가족대체 프로그램과의 균형 문제다.

넷째, 전문주의(professional) 개입 대 일반주의(lay contributions) 개입의 균형 문제다.

다섯째, 예방 대 치료의 균형 문제다.

여섯째, 가족정책 주관기관에 대한 관심이다. 주관기관은 정부기관, 민간기관, 영리기관으로 구분되는데, 이 주관기관 중 어느 것에 의해서 또는 어떤 혼합에 의해서 가족정책이 실시되는 것이 바람직한가 하는 것이다.

일곱째, 단기 비용과 장기 수익의 균형 문제다. 가족에 대한 투자는 즉시 그 결과가 나타나기보다 시간이 어느 정도 흐른 후에야 나타나는 게 대부분이기 때문에 예산을 확보할 때 이런 점이 고려되어야 한다.

그러나 가족정책을 하나의 정책을 하나의 정책목표 과제로 정부가 실시해 나가기 위해서는 가족의 일상생활의 복지 문제에 대해 직접적이고 광범위하게 다룰 수 있는 가족정책을 위한 관리운영체제가 충분히 조직되어야 하는 등 실제로 가족정책을 실시하고자 할 때 다음과 같은 여러 가지 장애요소가 존재한다(NASW, 1995).

첫째, 비용 문제다. 많은 명시적인 가족정책은 고비용을 전제로 하고 있다는 것이다.

둘째, 가치 차이 문제다. 계급, 인종, 종교, 성차별, 연령, 소수민족 등에 따라 가족관이 상이하다는 것이다.

셋째, 정부(지방정부 포함)의 역할에 대한 다양한 견해 차이 문제다. 가족과 정부 간의 상호 역할에 대해 많은 상이한 견해가 존재한다는 것이다.

넷째, 가족 정책과 프로그램이 가족에게 오히려 악영향을 준다는 견해 문제다. 가족정책이 지역사회 보호사업이나 부모의 자녀양육 책임을 감소시키며, 전문가에 의한 가족정책이 오히려 소수민족의 자조성을 저해하기도 한다는 것이다.

다섯째, 가족정책 발달에 대한 과학적인 예측이 가능하지 않는 데서 오는 문제다. 가족정책에 관한 지식 기반과 결과 예측이 용이하지 않다는 것이다.

따라서 가족정책은 상당히 힘든 과제를 안고 있다고 하겠으며, 동시에 오늘날 중요한 사회복지정책의 하나로서 부각되고 있음을 알 수 있다.

2) 가족복지 서비스적 접근방법

가족복지 서비스와 관련하여 가족에 대한 연구의 역사는 오래되었다. 리치먼드로 대표되는 개별사회복지(social casework)에 대한 연구가 나온 이래, 가족은 사회복지사업의 중요한 대상영역으로 파악되어 왔다. 개별사회복지의 어머니라고 불리는 리치먼드는 1917년 그의 저서 『사회진단』에서 사회복지사업의 과제로 개인의 생활 배경으로서의 가족환경을 사회복지사업의 영역에서 중요하게 취급하였다.

1960년대를 기점으로, 가족을 전체로 보고 하나의 유기체로 접근하는 방법은 가족복지 서비스의 분야에서 사회복지 전문가들의 관심을 끌었다. 대체로 가족복지 서비스와 관련된 것으로 다음의 다섯 가지 내용을 들었다. 즉, 가족진단과

가족치료에 관한 것, 자아심리학의 응용, 역할개념에 관한 것, 다문제가족에 대한 치료방법, 위기이론에 입각한 치료방법 등이며, 이 다섯 가지를 기반으로 하여 서비스의 내용을 다양하게 제시하였다(NASW, 1990).

먼슨(Munson, 1980)은 가족복지 서비스와 관련하여 로저스(Rogers)의 가족역동성 이론의 틀을 이용하여 정리하고 있다. 그 틀은 가족행동의 세 가지 국면을 나타낸 것으로, 사회제도적 측면, 집단 상호작용적 측면, 개인 심리적 측면이 그것이다. 이 세 가지 측면들은 각기 상호 연관되어 있고 그것들이 복잡하게 가족행동을 형성한다고 보며, 이것이 가족복지 서비스의 주요 대상이 된다는 것이다.

일반적으로 가족복지 서비스는 특수한 욕구를 가진 가족구성원들의 특별한 문제를 취급하는 가족복지 기관의 서비스 활동으로 다분히 가족복지의 제도적 개념을 보완하는 잔여적 성격을 띠고 있다. 가족복지 기관의 목표는 가족 내의 개인 및 그 구성원들이 가족생활에서 원만한 인간관계를 맺게 하는 데 있다.

가족복지 서비스의 대표적인 프로그램을 보면 다음과 같다(이정숙, 1983; NASW, 1995).

(1) 가족에 대한 직접적 개입

가족에 대한 직접적 개입으로서 대표적인 것은 가족 소셜워크(family social work)다. 가족 소셜워크는 가족복지 기관이 주로 부부불화, 부모-자녀 관계의 문제, 세대 간의 갈등과 같은 문제에 관련하여 특별히 전문가가 개입하게 되는 방법이다.

가족 소셜워크는 상황에 따라서 단기 혹은 장기로 나누어지며, 그 방법은 직접적 면접을 통한 상담으로서 경우에 따라서는 가족구성원 개인, 집단, 가족 전체에게 적용될 수 있다. 따라서 가족사정 - 초기 만남 - 계약 - 개입방법의 선택 - 개입 - 평가 등 일련의 과정을 거치게 된다.

(2) 가족 돌봄

가족 돌봄(family caregiving)은 가정 내에서 발생하는 각종 장애 문제에 대해 보호를 제공해 줌으로써 가족의 역할 수행과 능력 고취를 향상시키는 기능을 수행하는 것이다. 예를 들면, 발달장애아동을 가진 가족, 치매노인가족, 만성질환자를 가진 가족 등에 대한 각종 서비스를 말한다.

(3) 가정생활교육

최근 가족복지 기관에서는 가족구성원들의 관계, 그들의 상호 간 애정 및 협동심을 강화시키기 위한 과정으로 교육적 성격을 강조하고 있다. 가정생활교육(family life education)은 집단역학의 학습과정을 통해서 가족 및 개인들의 사회적 기능을 앙양, 향상시키기 위한 서비스다. 이 서비스의 목적은 가족구성원들이 집단 및 지역사회 생활의 정상적 형태 및 긴장요소를 이해하도록 하여 대인관계를 향상시키고 상황적 위기를 예방 혹은 완화시키도록 하는 데 있다. 대표적인 서비스는 부모역할 훈련 프로그램이다.

일반적인 이 서비스의 교육방법은 집단 참여자들의 지적 · 정서적 경험과 가족의 문제해결 및 치료를 병행시킨다.

(4) 가족계획사업

가족계획사업은 재생산적 건강보호 서비스의 일종으로 임신 전 위험 사정, 임신중절, 성병에 대한 보호, 영양, 자녀 수에 대한 계획, 임신을 위한 서비스 등을 제공함으로써 건강한 가족생활을 하도록 한다. 또한 예방성과 치료성을 띤 혼전, 혼후 상담서비스가 있는데, 이는 훈련을 받은 전문가가 혼전, 혼후에 파생되는 여러 가지 문제를 해결하고자 하는 과정에 참여하여 행복한 결혼에 대비케 하고 만족한 부부관계를 유지토록 하기 위한 일종의 치료적 상담이다.

(5) 가족 보존과 가정 기반 서비스

가족복지 기관들은 다양한 가족의 욕구충족과 가족 보존을 위하여 여러 가지 가족 보존과 가정 기반 서비스(family preservation and home-based services)

를 개발하고 있다. 그런 서비스들 중에는, ① 가정부 서비스, ② 형제자매결연(big brother-big sister) 서비스, ③ 가정법률 상담, ④ 가정우애 방문, ⑤ 여행자 보조, ⑥ 학령 전 아동, 노인 및 정신질환자를 위한 주간보호, ⑦ 집단가정(group home) 서비스, ⑧ 재정상담, ⑨ 캠핑, ⑩ 청소년, 노인, 장애인을 위한 상황적 보호 프로그램, ⑪ 빈민을 위한 치과진료 및 보건유지 프로그램, ⑫ 개별학습(tutoring), ⑬ 직업안내, ⑭ 학령 전 아동의 인지기술과 사회성 및 정서적 발달을 도모하기 위한 모자 프로그램, ⑮ 공공부조 기준에 해당되지 않는 가족의 특수한 욕구 및 공공부조의 수혜 대상이 되지 못하면서 빈곤한 가족을 위한 경제적 원조 제공 등이 있다. 이 외에도 가정위탁보호, 입양, 한계 인구층, 즉 소수인종집단, 빈민, 노인, 알코올중독자, 미혼모 가족을 위한 각종 프로그램이 있다.

이러한 가족 보존과 가정 기반 서비스들은 다양한 접근 및 치료방법, 상호 보완적인 서비스의 결합 형태로 행해지기 때문에 여러 다양한 전달체계에 의해 수행된다.

(6) 가족치료

가족을 단위로 하는 사회복지사업, 치료 및 상담 등의 방법을 절충하는 다양한 모델의 가족치료(family therapy)가 가족복지 기관 및 사회복지 관련 분야에서 활발하게 행해지고 있다.

(7) 가족옹호

가족옹호(family advocacy)는 지역사회에 필요한 변화를 일으키기 위하여 사람들이 기술의 적용 및 사회행동의 사명을 가지고 가족욕구에 대한 직접적이고 전문적인 지식을 이용케 함으로써 가족의 생활조건을 향상시키도록 계획된 전문적 서비스다. 그 목표는 비단 현존의 공적 및 민간 서비스와 그 전달체계의 향상뿐 아니라 더 나아가 새롭고 변화된 형태의 서비스를 개발하는 데 있다.

또한 가족옹호는 지역사회 내의 많은 가족들에게 영향을 미치는 약물과 알코올 중독, 정신지체 및 인권의 남용과 같은 공통의 문제해결을 위해 협동적 사회

행동을 하도록 하는 데 목표를 두고 있다. 가족옹호 서비스의 우선순위는 인종차별, 인간차별, 빈곤, 불의, 기회의 불평등에서 파격적인 악영향을 받고 있는 가장 위험한 상태의 가족들, 이웃들 및 지역사회에 주어져야만 한다. 이것은 일종의 프로그램 전략으로 여러 가족서비스 기관들이 협력하여 어떤 이유로 필요한 경제사회적 서비스의 수혜를 받지 못하는 가족들을 대신하여 직접적 개입을 통하여 서비스를 확보하거나 또는 그런 서비스를 개발하도록 상호 유도하는 데 그 의의가 있다.

이와 같이 오늘날의 가족복지 기관들은 특수집단이나 지역사회의 응급 욕구를 충족시키기 위한 특수 프로그램, 이미 언급한 가족사회복지, 가정생활교육, 가족옹호와 같이 다양한 서비스들을 제공하고 있는데, 그 모두는 인간사회의 기본 제도가 되는 가족을 강화시키는 것에 의하여 체계보다는 오히려 체계 내의 사람들을 돕기 위한 가족서비스라는 공통분모적인 사명감에 의거하고 있다. 따라서 모든 가족서비스 기관들은 인간의 존엄성과 가치에 입각해서 개인의 인권 및 가족의 권익을 옹호할 수 있어야 한다.

4. 가족과 복지국가

가족은 국가사회가 생존하기 위해 필수 불가결한 여러 가지 기능을 수행하고 있기 때문에 국가는 가족을 잘 보호, 보장, 유지할 수 있도록 함으로써 사회의 안정과 발전을 도모할 수 있다. 국가는 개인과 가족의 정상적인 기능 수행을 지원, 보충 또는 대리하는 기능을 수행해야 하는데, 현대국가가 이러한 기능을 활발히 수행하도록 제도화한 것이 사회복지제도이며, 이러한 사회복지제도가 잘 발달한 국가들을 흔히 복지국가라 칭한다.

1) 복지국가의 가족과 국가의 역할

복지국가(welfare state)란 역사적인 발전 맥락, 이론적 시각, 국가의 정치적 ·

사회적 · 경제적 체제에 따라 다양하게 정의되고 있어서 합의된 하나의 정의를 내리기는 대단히 어렵다. 그러나 OECD 회원국과 같은 선진 산업국가를 흔히 복지국가라 칭하고 있다. 왜냐하면 이들 국가들은 사회복지비용으로 그들의 GDP의 10% 이상을 투입하고 있으며, 국민의 대다수가 보편적으로 국가사회복지의 혜택을 받고 있고, 제도적 복지모형을 토대로 하여 사회복지가 이루어지고 있기 때문이다.

그러나 오늘날 복지국가들의 형태는 매우 다양하다. 우선, 복지국가 프로그램에 사용되는 자원이 국가들 사이에 많은 차이를 보인다. 어떤 국가들은 그들 국민총생산의 약 30% 이상을 사회복지에 사용하는 반면, 어떤 국가들은 약 10% 정도를 사용한다. 어떤 국가들은 주요 사회복지 프로그램들을 19세기 말부터 시작한 반면, 어떤 국가들은 이러한 프로그램들을 이보다 한 세대 이상 늦게 도입하였고, 혹은 아예 오늘날까지도 주요 사회복지 프로그램들을 도입하지 않은 나라도 있다.

이러한 외형적인 차이보다 더 중요한 것은 국가들마다 복지국가 프로그램을 채택하는 이유에 차이가 있다는 점이다. 어떤 국가들은 자본주의 사회의 시장기제를 유지하기 위하여 사회복지 프로그램을 택하는 반면, 어떤 국가들은 불이익집단의 진정한 복지를 위하여 복지국가를 택한다. 또한 복지국가정책이 결정되는 방법에서도 차이가 있어 어떤 국가들은 노 · 사 · 정의 협동으로 촉진되는 반면, 어떤 국가들은 다양한 이익집단들의 경쟁과정에서 이루어진다. 무엇보다 중요한 점은 복지국가들이 갖고 있는 복지국가 프로그램 내용의 차이에 있다. 즉, 어떤 국가들의 복지국가 프로그램은 복지급여를 하나의 사회권으로 인정하여 국민들이 자본주의 시장기제에 예속되는 것을 가능한 탈피시키는 것을 목표로 하는 반면, 어떤 국가들의 복지국가 프로그램은 시장과 가족에서의 소득에 일차적인 책임이 있는 것을 강조하고, 이것에서 해결이 안 된 잔여적 집단만을 대상으로 하는 것을 목표로 한다(김태성, 성경륭, 1993: 163-164).

여하튼 공통적인 특성을 찾아서 한마디로 복지국가를 정의하면 다음과 같다. 즉, 복지국가는 자본주의 경제체제와 민주주의적 정치체제하에서 국민에 대하여 최소한의 국민생활 최저선(national minimum)의 삶의 안전과 기본적 욕구를 보장하는 국가라 하겠다.

이러한 복지국가는 시민 개인의 복지를 보장해 주는 정도와 범위에 따라 여러 가지 유형으로 나눌 수 있는데, 에스핑-앤더슨(Esping-Andersen, 1990)은 탈상품화의 정도와 복지국가정책에 따른 사회계층체제의 형태를 기준으로 세 가지 유형으로 분류하였다. 즉, '자유주의' 복지국가(liberal welfare state), '조합주의' 복지국가(corporatist welfare state), 그리고 '사회민주주의' 복지국가(social democratic welfare state)가 그것인데, 이러한 분류에 따라 국가와 가족과의 역할이 어떤가를 아울러 설명하고 있다.

그리고 여기서 탈상품화(de-commodification)란 개인의 복지가 시장에 의존하지 않고도 이루어질 수 있는 것으로, 즉 인간(노동)의 상품화를 전제하는 자기조절적 시장경제체제의 허구에서 사회 자체를 보호하는 사회복지 기제를 말한다. 그는 탈상품화 지수를 만들기 위하여 다음 다섯 가지의 변수들을 측정하였다. 즉, 최저 급여액의 평균 노동자임금에 대한 비율, 평균 급여액의 평균 노동자임금에 대한 비율(replacement rate), 급여를 받을 수 있는 자격조건(기여 연수), 전체 프로그램 재원에서 수급자가 지불하는 비율, 실제 수급을 받는 사람들의 비율 등이다.

이제부터 국가와 가족과의 관계를 살펴보는데, 에스핑-앤더슨이 고찰한 세 가지 복지국가 유형을 간략히 도표로 제시하고, 각 복지국가의 특성과 복지국가의 경험에서 나타난 가족과 국가의 역할이 어떠한가를 살펴보고자 한다(김태성, 성경륭, 1993; 최성재, 1995; Esping-Andersen, 1990).

(1) 자유주의 복지국가

자유주의 복지국가는 소득조사에 의한 공공부조 프로그램이 상대적으로 중시된다. 따라서 급여의 대상은 저소득층에 초점을 맞추는 경향이 있다. 이러한 상황에서 사회복지의 확대는 전통적인 자유주의적 노동윤리(work-ethics)에 의해 크게 제약을 받는다. 따라서 이러한 국가에서의 복지가 갖는 한계는 일 대신에 복지를 택하는 한계 성향과 일치한다. 즉, 일을 안 하면 벌을 받는 것으로서 극히 제한적인 복지를 국가에서 받게 된다. 따라서 자격기준은 까다롭고 엄격하고 결과적으로 치욕과 밀접한 관계를 갖는다.

국가는 사회복지에서 민간부문(시장)의 영향을 민간부문에 대한 보조의 방법으로 장려한다. 이러한 결과로 이들 국가에서는 탈상품화의 효과는 최소화되고 따라서 사회권의 영역은 제한되고 다차원의 사회계층체제가 발생한다. 즉, 국가에서 복지를 받는 소수의 복지수혜자들은 최소한의 복지를 받음으로써 빈곤의 평등을 경험하게 되고, 다수의 사람들은 시장에서의 역할에 따라 소득별로 차이가 나는 복지를 받게 되며 이러한 두 계층은 대립적인 관계가 되는 이중 구도가 형성된다.

이러한 복지국가에서는 전통적인 가족의 기능과 역할이 강조되고 따라서 가족의 개인에 대한 책임이 강조되고 있다. 그러므로 개인에 대한 복지의 1차적인 책임은 가족이고, 국가는 가족구성원 개인의 복지 문제를 해결하려는 가족의 노력이 실패한 후에 2차적으로 개입하는 것이 일반적이다.

특히 미국의 경우를 보면, 가족을 개인의 복지를 위한 수단으로 보려는 경향이 강하다. 따라서 개인에 대한 가족의 책임을 강조하면서 가족이 가족원 개인의 복지 문제를 해결할 수 없는 정도에 이른 후에 가족을 원조하는 경우가 많고 그러한 원조는 결국 가족이 실패하거나 와해된 후에 가족을 대리하는 원조가 되고 있다. 또한 미국의 가족정책은 개인을 가족구성원의 일원으로 보지 않고 가족과 완전히 분리된 개개인에게 원조해 주는 정책을 시행하여 왔기 때문에 국가가 가족의 기능을 강화, 보완하거나 일시적으로 대리하여 가족의 기능을 회복시키는 역할을 거의 하지 못하고 있다는 비판을 받고 있다(Romanyshyn, 1971).

이러한 유형에 적합한 국가로는 미국, 캐나다, 호주를 꼽는다.

(2) 조합주의 복지국가

조합주의 복지국가에서는 자유주의 복지국가의 주된 관심인 시장의 효율성과 노동력의 상품화 문제가 중요하지 않다. 따라서 사회복지의 제공을 하나의 사회권으로 보느냐 안 하느냐가 중요한 쟁점이 아니다. 이러한 복지국가에서는 사회복지의 제공이 사회적 지위의 차이를 유지하는 역할을 한다. 따라서 사회복지 급여는 사회적 지위, 더 엄격하게 말하여 소득의 차이에 밀접한 관계가 있다. 이러한 유형에서는 국가가 주된 사회복지 제공자의 역할을 하므로 자유주의 복지국가와 달리 민간보험이나 기업복지의 역할이 상대적으로 덜 강조된다. 그러나 국가에 의한 사회적 지위 차이 유지에 대한 강조, 즉 소득 차이에 의한 기여와 급여가 결정되기 때문에 국가복지의 재분배 효과는 거의 없다. 따라서 이러한 국가들은 보험원칙을 강조하는 사회보험에 크게 의존한다. 이러한 사회보험에 의한 혜택은 시장에서의 지위 차이, 궁극적으로는 소득 차이에 따라 크게 차이가 난다. 즉, 탈상품화 효과에는 한계가 있다.

조합주의 복지국가에서도 개인에 대한 복지의 1차적인 책임을 가족에게 두고, 국가는 2차적인 책임자로 보고 있다. 자유주의 복지국가에서만큼 강력한 가족 책임을 강조하는 것은 아니지만 역시 전통적인 가족역할을 중시하고 있다는 면에서는 큰 차이가 없는 것 같다.

영국의 경우를 보면 대부분의 사회복지정책이 개인의 복지 증진을 목표로 하고 있으며 이에 따라 가족을 위한 사회복지 서비스도 가족과의 관계나 개인을 가족의 일원으로 보려는 관점은 거의 나타나지 않고 있다. 공공부조와 노령연금을 보더라도 원조를 가족에게 주는 것이 아니라 수급권자 개인에게 주고 있고, 원조를 제공하는 시기도 대부분의 경우 가족이 실패한 후가 아니면 이미 가족이 와해되어 가족이 없어진 후가 되고 있다.

따라서 조합주의 복지국가의 가족에 대한 급여는 결국 복지국가의 출발점에서 생각한 가족기능 보강, 특히 가족의 복지기능 보강이라는 목표의 달성에는 실패하고 있다고 할 수 있다.

이러한 유형에 속하는 국가들은 오스트리아, 프랑스, 독일, 이탈리아, 영국 등이다.

(3) 사회민주주의 복지국가

사회민주주의 복지국가는 보편주의 원칙과 사회권을 통한 탈상품화의 효과가 가장 크고, 또한 신중간층까지 확대되는 국가들이 이에 속한다. 이러한 복지국가들의 이름을 사회민주주의라고 한 것은 이러한 국가들에서는 사회민주주의 세력이 복지국가 확대에 중추적인 역할을 하였기 때문이다. 이러한 국가에서는 국가 대 시장, 노동계급 대 중간계급 사이의 이중성을 피하고 최소한의 평등을 추구한다. 따라서 이러한 유형에서는 복지국가의 급여수준을 신중간층이 원하는 수준까지 높인다. 이러한 국가에서는 사회의 모든 계층이 하나의 보편적이고 포괄적인 복지체계에 통합된다. 즉, 이러한 유형에서는 시장의 복지기능을 최대한으로 약화시키고, 복지국가 추구를 위한 사회공동체적 결속을 강조한다. 즉, 사회의 모든 사람이 급여를 받고, 국가에 의존하고, 모든 사람이 지불해야 할 의무가 있음을 강조한다.

이러한 복지국가모형에서는 복지를 가족의 복지능력이 약화될 시점까지 기다리지 않고, 미리 가족생활의 비용을 사회화한다. 즉, 개인의 복지가 가족에 의존하는 것을 기대하기보다는 미리 개인의 독립능력을 확대한다. 그 결과로 국가가 아동, 노인 등에 대한 직접적인 책임을 갖는다.

그러나 여기서도 가족의 기능이 약화되거나 가족이 와해되기 전에 국가가 가족에 개입하여 사전에 방지하려는 노력이 크게 나타나고는 있지만 가족에 대한 서비스가 가족 속의 개인이라는 면을 크게 고려하지 못하고 있는 것 같고, 또한 가족을 통합적으로 보려는 관점도 상당히 부족한 것 같다. 예를 들면, 노르웨이에서는 개인 중심의 직접적인 지원이 일반적인 지원 양태가 되고 있는데, 이는 개인을 가족에 대한 의존에서 벗어나게 하여 결국은 사회의 한 제도로서의 가족을 약화시키게 할 위험성도 크다는 우려가 제기되고 있다. 그럼에도 불구하고 사회민주주의 복지국가들은 가족에 대한 물질적 서비스와 함께 사회적 서비스를 같이 제공하여야 가족을 제도적으로 유지하고 또한 가족의 기능을 통합적으로 유지할 수 있다는 원칙하에 가족정책의 방향을 제시하고 그런 방향으로 나가려고 노력하고 있음을 알 수 있다.

이러한 모형에 가까운 나라들은 스웨덴을 비롯한 스칸디나비아 반도의 국가들이다. 이상의 세 가지 복지국가 유형을 정리하면 다음 〈표 3-1〉과 같다.

표 3-1 에스핑-앤더슨의 세 가지 복지국가 유형

특성 \ 유형	자유주의 복지국가	조합주의 복지국가	사회민주주의 복지국가
사회복지 대상	저소득층 및 요구호자 중심	피용자 중심	전 국민 대상
급여의 종류 및 범위	공공부조 및 제한적 사회보험: 극소화	공공부조 및 확대된 사회보험: 필요시 확대 기능	욕구에 따른 생활수준
급여의 수준	국민적 최저수준	국민적 최저수준 그 이상은 계층과 지위에 따른 차이	중간계급의 생활수준
사회복지 급여에 대한 사회권으로의 인정 정도	인정되고 있으나 빈자로서의 낙인이 따르는 경우가 많음	인정되고 있으나 이를 중요시 하지 않음: 빈자로서의 낙인의식은 약함	사회권으로 인식되는 정도가 높고 중요시함
사회복지 급여로 인한 사회의 계층화	빈자와 부자로 계층화됨	빈자와 부자로 계층화됨	계층화가 특별히 나타나지 않음
가족과 국가의 역할	가족의 개인에 대한 책임을 강조하고 가족의 실패 후에 국가가 최소한으로 개입함	개인에 대한 가족의 전통적 역할을 강조하고 가족이 실패한 후에 국가가 개입함	가족적 역할의 비용을 크게 사회화하고 가족이 실패하기 전에 국가가 개입함
해당 국가	미국, 캐나다, 호주	오스트리아, 프랑스, 독일, 이탈리아, 영국	스칸디나비아 반도의 국가들

출처: 최성재(1995); Esping-Andersen(1990).

2) 복지국가의 가족과 국가와의 관계에 대한 쟁점

일반적으로 여러 다양한 유형의 복지국가들은 가족의 기능과 역할에 관련하여 각각 어떠한 정책적 태도를 취했고, 어떤 경향을 보였으며, 어떠한 것을 정책의 주요 쟁점으로 삼아 왔는지를 개괄적으로 살펴보기로 한다(최성재, 1995: 28-33).

(1) 국가의 가족에 대한 개입방법: 대체적 서비스의 경향

국가의 가족에 대한 개입방법은 크게 세 가지 차원으로 나타났다. 즉, 대체적 서비스 대 보완적 서비스, 영구적 서비스 대 일시적 서비스, 완전 서비스 대 부분 서비스다.

대체적 서비스는 어떤 역할이나 기능 수행의 주체를 대리하거나 대치하는 것이고 보완적 서비스는 가족의 역할이나 기능 수행을 보조하거나 일시적으로 대리해 주는 것을 말한다. 영구적 서비스는 특별한 기한 없이 또는 1년 이상 계속적으로 수행하는 것을 말한다. 그리고 완전 서비스는 어떤 가족의 모든 역할이나 기능을 다 수행하는 것을 말하고 부분 서비스는 그 일부를 수행하는 것을 말한다. 여기서 가장 문제가 되는 것은 대체적 서비스 대 보완적 서비스다.

지금까지의 선진 복지국가에서 국가가 제공한 대부분의 서비스의 경우는 가족을 대신하는 대체적 서비스였다는 것이다. 대체적 서비스는 결국 가족이 정상적으로 회복하는 능력을 약화시키거나 회복 불능으로 만들 우려가 크고, 이는 가족을 사회의 기본적 구성단위 또는 제도로 삼으려는 의도에 어긋나게 함으로써 개인의 기능까지 약화 또는 와해시키게 될 가능성이 높다. 반면에, 보완적 서비스는 가족의 자율성을 최대한으로 두고 국가는 보조적으로 가족의 기능을 회복하게 함으로써 결국은 개인의 기능도 회복시켜 주기 때문에 바람직한 것이 될 수 있다. 물론 가족이 존재하지 않는 경우는 국가가 장기적 또는 영구적으로 가족을 대체할 수밖에 없지만 대부분의 경우는 가족 속에서의 개인을 전제로 하기 때문에 가능하면 보완적 서비스가 바람직하다고 할 수 있다.

(2) 국가의 가족에 대한 개입시기: 가족의 실패 후에 개입하려는 경향

국가가 가족에게 개입하는 시기는 개인이나 가족이 문제가 생겨 해결하려고 노력할 때와 정상적인 생활 가운데 더 발전적인 욕구를 충족하려는 때에 개입하는 경우 그리고 문제가 심각해져 더 이상 가족이 문제를 해결할 수 없게 되었을 때 개입하는 경우가 있다.

그러나 지금까지 복지국가의 경험에서 보면 국가는 대부분의 경우 가족의 힘으로는 가족원 개인의 복지 문제를 더 이상 해결할 수 없다고 판단했을 때 개입한다. 이러한 때는 가족의 정상적인 기능이 크게 손상되거나 약화되고, 심지어는 가족이 와해되어 버린 후다. 이러한 개입은 더 많은 비용이 들게 하고 가족이 회생 불가능하게 하므로 가족을 사회의 기본 단위로 삼으려는 의도에 어긋나게 된다. 선진 복지국가에서는 많은 경우 가족의 실패 후에 개인을 원조함으로써 시설보호의 수요를 증대시키는 결과까지 초래하였다.

(3) 국가의 가족에 대한 개입대상의 문제와 책임: 금전적 서비스의 국가책임 대 비금전적 서비스의 국가 및 가족 공동책임을 지는 경향

개인의 문제는 크게 소득 문제, 건강보호 문제, 생활상 구체적 도움을 받는 문제, 심리적 · 사회적 적응 문제로 대별할 수 있는데, 이 중 소득 문제와 건강보호 문제는 주로 금전적 서비스로 대응할 문제다.

복지국가의 일반적 경향은 금전적 서비스의 문제는 사회가 궁극적으로 책임을 지는 방향으로 발전하고, 비금전적 서비스의 문제는 국가와 가족 또는 국가, 지역사회, 가족이 책임을 분담하는 방향으로 발전하고 있다. 이러한 문제는 사고, 실업, 질병 등의 예측 못할 일과 노령에 대비하는 것이므로 산업사회의 임금생활로는 개인이나 가족이 대비하기는 대단히 어려워지고 있기 때문에 국가의 사회보장제도에 의해 보장하는 것이 바람직하다. 그리고 생활상 구체적 도움을 받는 문제와 심리적 · 사회적 적응 문제는 금전과도 결부되지만 더 많은 경우 사람에 의한 서비스가 되므로 가족과 지역사회 그리고 국가가 상호 보완적으로 책임을 수행하여 나가는 것이 바람직하다.

(4) 국가의 가족에 대한 책임대상자: 개인을 가족과 분리하여 지원하는 경향

선진 복지국가에서는 개인이 가족 속에 있고 개인의 복지에 대한 1차적인 책임자는 가족이므로 가족을 강화하여 개인의 복지 문제를 해결하는 것이 바람직한데도, 대부분의 국가에서는 가족에 대한 원조는 등한히 하고 개인 중심으로 그리고 개인에게 직접 원조함으로써 가족의 복지기능을 약화시키거나 와해시켰고 결국 개인에 대한 원조도 그 목표를 달성할 수 없었다. 또한 국가는 많은 경우 개인을 가족에서 분리하여 원조함으로써 가족체계 속에 속한 개인들과 문제들의 상호 연계성을 생각하지 못하여 문제해결에 실패하거나 서비스의 비효율성을 초래하였다.

(5) 가족의 성격: 가족을 사적인 영역으로 간주하는 경향

가족을 사적인 영역으로 보며 개인의 복지를 위한 수단으로 간주하는 경향이 있는데, 특히 가족의 경제 및 보건 의료 문제를 제외한 문제에 대해서는 공적인 영역이 개입하는 것을 원치 않는 사고방식 때문에 가족정책의 형성과 발전에 지장이 초래되는 경우가 많이 있다. 이러한 인식으로 인하여 가족이, 특히 여성이 더욱 많은 어려움을 당하게 하고 있다. 또한 개인을 위한 수단으로 가족을 보려는 경향이 강하여 서구 복지국가 대부분의 사회복지서비스 정책과는 동떨어질 뿐만 아니라 국가 가족정책의 올바른 방향이라고 할 수 없다는 일치된 비판을 받고 있다.

(6) 가족정책의 범위: 범위와 연계성이 다양하게 되는 경향

서구 복지국가에서의 가족정책은 가족에 대한 단순한 복지서비스의 제공으로 국한되는 경우도 있지만 가족원으로서의 개인의 복지 증진을 위하여 가족의 기능, 구조 및 역할과 이와 관계되는 주택, 교육, 고용 및 근로, 세제, 여성정책, 가족법 등을 포함하거나 이들과 연계한 정책으로 시행하는 국가도 많다. 가족은 국가사회의 한 체계로서 체계 간에 상호 연계 및 교환적인 관계를 갖고 있으므로 가족원의 복지 증진을 위해서는 사회의 관련 체계와 연계되는 정책을 계획하고 수행하는 것이 바람직하다.

(7) 가족정책 서비스가 가족의 돌봄기능을 약화시킨다는 이슈

가족정책 서비스는 대부분의 경우 사회복지서비스가 맡게 되는데, 많은 경우 특히 돌봄 서비스는 가족의 돌봄기능을 약화시키거나 포기하게 만들 것이라는 생각을 하게 된다. 그러나 서구 복지국가의 경험에서 나타난 바로는 이를 입증할 만한 자료가 없다는 것이다. 즉, 국가 제공 서비스의 증가는 가족의 돌봄기능을 국가에 넘기도록 부추겼고 그리하여 가족의 돌봄기능을 포기하게 되었다는 주장은 별로 근거가 없다.

이와 같은 결론은 1960년대 이후의 신뢰성 있는 연구들 중 상당수의 결론이다. 가족주의 전통이 아직도 많이 유지되고 있는 한국사회에서도 사회복지서비스가 발전된다고 해도 가족의 전통적 돌봄기능의 유지에는 별로 영향을 미치지 않을 것으로 본다.

5. 새로운 가족정책 패러다임

1) 탈상품화, 탈가족화, 탈젠더화와 복지국가 가족정책

가족과 가족구성원의 복지라는 관점에서 보았을 때 오늘날 가족정책은 탈상품화, 탈가족화, 탈젠더화와 깊은 연관을 갖지 않을 수 없다.

첫째, 가족정책을 아동이 있는 가족의 문제로 정의했을 때, 가족정책의 탈상품화 차원은 아동이 있는 가족의 소득보장의 문제로 한정될 수 있다. 아동이 있는 가족의 경우 추가소득의 필요성은 증가하는 반면, 아동의 돌봄 필요성으로 인해 유급노동을 통한 소득 발생의 가능성은 줄어든다. 사회정책의 역사를 살펴보았을 때, 아동을 양육하는 것과 관련된 추가비용을 사회가 부담함으로써 아동이 있는 가족과 그렇지 않은 가족들 간의 수평적 연대를 모색하는 대표적인 복지프로그램은 아동수당이다.

둘째, 가족정책의 탈가족화 차원은 아동보육서비스, 육아휴직과 연관될 수 있다. 즉, 탈가족화 차원은 아동이 있는 가족에서 아동을 양육하기 위해 여성들이 부담해야 할 기회비용을 줄이고, 전통적으로 여성들이 전담해 왔던 돌봄 노동을 가족이 아닌, 국가가 분담하는 정책을 의미하는 것으로 정의될 수 있다.

셋째, 가족정책의 탈젠더화(degendering) 차원은 가족 내 불평등한 성별 분업구조를 해소하기 위한 정책적 개입을 의미한다. 오랫동안 가사노동과 돌봄 노동을 둘러싼 사적 영역의 불평등한 성별 분업구조는 공공정책영역의 개입대상이기보다는 사적 영역의 타협과 협상의 산물로 간주되어 왔다. 1970년대 이후

가족정책은 생물학적인 여성(대부분 어머니)이 아동의 일차적 양육자라는 가정을 수정하여, 성과 상관없이 실질적으로 아동을 돌보는 일차적 양육자를 가족정책의 수급자로 변경하고 있으며, 육아휴직 등의 제도를 통해 남성의 육아참여의 기회를 확대하는 방향으로 변화하고 있다.

가족과 가족구성원의 복지라는 관점에서 보았을 때 가족(노동자)의 임금의존, 시장의존으로부터의 보호를 의미하는 탈상품화는 가족구성원들 간의 불평등한 성별 분업, 자율성 제약이라는 비판을 받아 왔으며, 탈가족화, 탈젠더화의 차원을 충족시킬 수 없다. 또 최근 가족정책의 주요 이념으로서 탈가족화가 주요하게 거론되고 있지만 탈상품화와 탈젠더화가 병행되지 않는 탈가족화는 가족과 개인생활의 시장의존도를 높이거나 성별 분업구조를 해소하는 데 기여하지 못할 수 있다(김수정, 2006; 류연규, 2007).

2) 새로운 통합적 가족정책 패러다임의 등장

새로운 과학기술과 사회 구조와 환경의 변화는 새로운 가족정책 패러다임을 요구하고 있다(Bogenschneider, 2008). 전통적 가족정책 패러다임 하에서는 기존 가족기능을 유지하기 위한 가족정책과 시장의 기능 강화에 초점을 둔 사회정책이 상호 연계되어 작동하기보다는 분리되는 경향이 강했다. 즉, 가족정책은 성별 분업에 기반을 둔 핵가족을 정상가족으로 전제하고 이를 지지하고 유지하는 데 초점을 두었다. 따라서 가족정책은 (정상)가족의 해체를 예방하고, 문제가 생긴 가족에게만 최소한도로 개입하여 지원을 하는 것만으로도 충분했다([그림 3-1] 참조).

그러나 신자유주의 경제구조 속에서 노동시장 내 고용유연화 및 고용불안정이 높아지면서 여성의 노동참여는 가족의 경제적 안정을 도모하는 대신에 가족돌봄에 필요한 시간을 절대적으로 줄여 주었다. 이에 따른 가족구조의 유동성 강화와 가족결속의 시계열적 단절은 가족을 통해 가족복지를 자체적으로 해결하려는 전통적 가족정책의 물적 토대를 결정적으로 약화시키고 있다. 그 결과, 공사영역 분리에 기반을 둔 전통적 가족정책 패러다임 속에서 여성의 노동권과 모성권은 양립될 수 없으며, 둘 중의 하나는 포기해야 하는 배타적 권리가 되었다. 그러다 보니 저출산과 M자형 커브는 노동권과 모성권이 배타적으로 구분되는 전통적 가족정책 패러다임의 사회적 결과물로 나타나게 되었다(송다영, 정선영, 2013).

또한 여성의 노동시장 참여가 늘어나는 상황에서 가족을 위한 시간과 경제적 급여 간 갈등은 여성의 이중부담(double burden)을 통해 해결될 수 있는 한계를 넘어서고 있다. 이것은 새로운 패러다임의 가족정책을 요구하는 또 하나의 중요한 요인이 되고 있다(Hantrais, 2004). 따라서 새로운 가족정책의 패러다임은 여성의 노동화에 상응하는 남성의 가족화, 가족 전담에서 가족+사회 분담을 수반하는 방향으로의 전환을 받아들이지 않을 수 없게 되었다.

그리고 가족 다변화 시대에 실재하는 다차원적인 위험에 처한 가족은 전통적 (핵)가족을 넘어서는 패러다임의 전환을 요구하고 있다. 가족부양 책임이라는 근대적 이념 속에서 강제되어 왔던 부양행위자의 중심축이 사라졌기 때문이다. 자발적 부양과 책임을 전제하지 않은 가족연대는 아동, 노인, 장애인 등 가족구성원을 이중으로 소외시키고 배제시킬 수밖에 없다. 이와 같은 사회변화와 이에 따른 위기는 부양/돌봄의 책임을 가족에서 가족+사회로 분담하는 '탈가족화', 돌봄을 여성에서 남녀가 함께 돌보는 '탈젠더화' 지향성을 갖는 새로운 통합적 가족정책 패러다임으로의 전환을 요구하며, 이러한 새로운 패러다임의 전환이 전제될 때 비로소 가족 문제는 해결될 수 있을 것이다. 이제 가족정책과 사회정책은 각각 공·사 영역으로 분리되었던 전통적 패러다임을 뛰어넘어([그림 3-1] 참조), 동전의 양면처럼 상호 연결되었을 때 사회의 지속가능성을 담보하는 새로운 패러다임으로의 전환([그림 3-2] 참조)을 맞고 있다(송다영, 정선영, 2013).

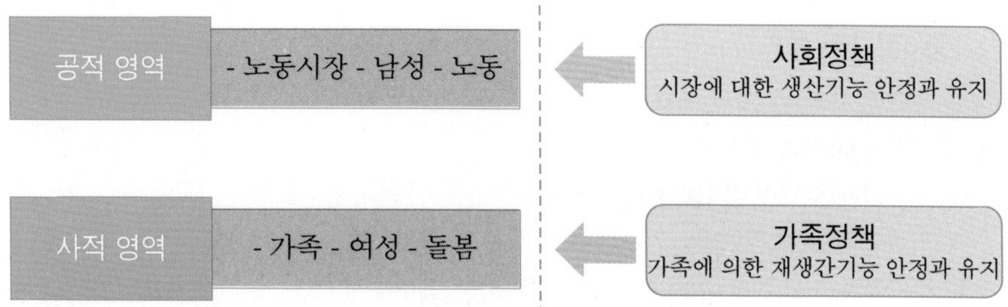

[그림 3-1] 전통적 가족정책 패러다임

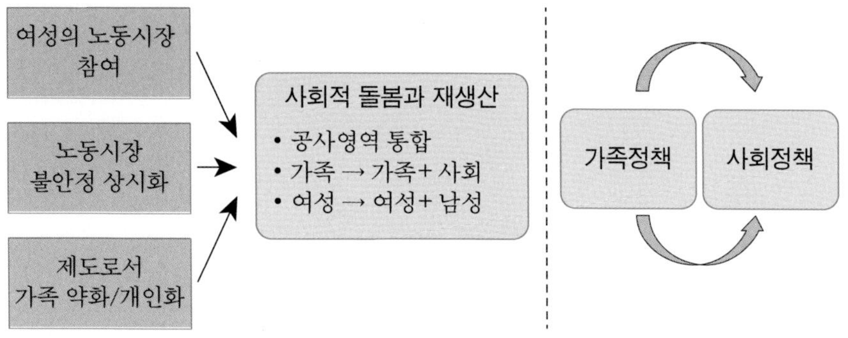

[그림 3-2] 새로운 통합적 기족정책 패러다임

출처: 송다영, 정선영(2013), p. 153에서 인용

|중|점|토|론|

1. 가족과 사회복지의 관계를 설명하시오.
2. 가족복지의 개념을 정리해 보시오.
3. 가족복지의 대상영역을 정리해 보시오.
4. 가족복지의 접근방법을 거시적, 미시적으로 양분하여 살펴보시오.
5. 복지국가의 유형에 따른 가족복지의 내용을 살펴보시오.
6. 복지국가의 경험에서 나타난 가족과 국가와의 관계에서 나타나는 경향과 이슈를 정리해 보시오.
7. 전통적 가족정책 패러다임과 새로운 통합적 가족정책 패러다임을 비교하여 설명해 보시오.

참고문헌

김만두(1982). 현대사회복지총론. 서울: 홍익재.

김상규 외(1983). 사회복지론. 서울: 형설출판사.

김성천(1993). 사회복지학에서의 가족연구 접근방법. 한국가족학회. 가족학논집, 5, 201-229.

김성천, 서윤 역(1995). 현대 가족복지론. 서울: 이론과 실천.

김수정(2006). 스웨덴 가족정책의 삼중 동학: 탈상품화, 탈가족화, 탈젠더화. 한국가족학회. 가족과 문화, 18(4), 1-33.

김태성, 성경륭(1993). 복지국가론. 서울: 나남.

류연규(2007). 복지국가의 탈가족화에 대한 이론적 논의와 탈가족화 수준 비교. 한국가족사회복지학회. 한국가족복지학, 20, 259-286.

송다영, 정선영(2013). 통합적 가족정책으로의 패러다임 전환을 위한 과제. 비판사회정책, 39, 145-189.

신섭중 외 역(1995). 일본 현대복지학총람. 서울: 대학출판사.

이정숙(1993). 가족복지에 관한 탐색적 고찰. 한국사회사업학회. 사회사업학회지, 5, 15-33.

이혜경(1996). 한국의 가족정책 대안의 선택과 정부 민간의 연계. 박병호 외. 한국가족정

책의 이해. 서울: 학지사.

전준우(1988). 가족복지론. 서울: 홍익출판사.

최성재(1995). 복지국가와 가족. 한국가족학회 편. 복지국가와 가족. 서울: 하우.

한국여성개발원(1990). 한국가족정책에 관한 연구. 서울: 한국여성개발원.

Bogenschneider, K. (2008). What family policy issues are likely to be debated in the New Millenium? In K. Bogenschneider, *Family policy matters: How policymaking affects families and what professionals can do.* New Jersey: Lawrence Erlbaum Associate.

Esping-Andersen, G. (1990). *The three worlds of welfare capitalism.* Cambridge: Polity Press.

Feldman, F. L., & Scherz, F. H. (1967). *Family Social Welfare: Helping Troubled Families.* N.Y.: Atherton Press.

Hantrais, L. (2004). *Family policy matters: Responding to family change in Europe.* Bristol, UK: The Polity Press.

Kamerman, S. B., & Kahn, A. J. (Ed.) (1978). *Family Policy: Gouernmint and Families in Fouteen Countries.* N.Y.: Columbia University Press.

Munson, C. E. (1980). *Social Work with Families: Theory and Practice.* N.Y.: The Free Press.

NASW. (1990). *Encyclopedia of Social Work* (12th ed.).

NASW. (1995). *Encyclopedia of Social Work* (19th ed.).

Pecora, P. J., Whittaker, J. K., Maluccio, A. N., Barth, R. P., & Plotnick, R. D. (1992). *The Child Welfare Challenge: Policy, Practice, and Research.* N.Y.: Aldine De Grayter.

Romanyshyn, J. M. (1971). Social welfare: Charity to justice. Lincoln, U.K.: Random House.

Wilensky, H. L., & Lebeaux, C. (1979). 산업사회와 사회복지(*Industrial society and social welfare*). (장인협 역). 대한교과서주식회사. (원저는 1965년 출간).

Zimmerman, S. L. (1983). The Reconstructed Welfare State and the Fate of Family Policy. *Social Casework.* (*Oct.*).

제 2 부

가족복지의 접근방법

제4장 가족사정

이 장은 가족복지실천에서 가족을 사정하는 데 필요한 기본 지식으로 구성되어 있다. 가족사정의 개념과 가족사정의 구체적인 틀을 제시한다. 여기서 가족사정은 가족을 하나의 '단위' 로 보는 것을 강조하였다. 가족에 대한 사정을 위해 우선 가족 내 역동에 대한 이해가 필요한데, 이를 위해 경계, 가족규칙, 권력구조, 의사소통, 생활주기 개념으로, 그리고 가족과 가족 외부와의 상호작용에 대한 접근을 소개하였다. 마지막으로 가족을 사정하기 위한 방법으로 인터뷰, 그림 그리기, 관찰, 검사지 및 질문지 사용을 어떻게 할 것인지를 소개하였다.

1. 가족사정의 개념

사회복지실천에서 '사정'은 대단히 중요하다. 왜냐하면 사정을 얼마나 정확히 했느냐에 따라 개입결과가 달라질 수 있기 때문이다. 그러나 사회복지실천에서 현재 사용하는 사정이라는 용어는 처음부터 사용된 것이 아니라 '진단(diagnosis)'이라는 용어를 대체한 것이다. '진단' 대신에 '사정'이라는 용어를 사용하게 된 배경은 다음과 같다.

첫째, 기존의 사회복지사는 내담자의 문제를 너무 병리적으로만 보기 때문에 내담자의 강점을 개발하지 못한다는 지적이 많았다. 아울러 내담자의 병리에 초점을 두는 것은 내담자의 강점에 초점을 두는 것보다 개입효과가 낮다는 연구들이 발표되면서 내담자와 그의 환경이 가진 강점, 자원, 잠재능력에 초점을 두어야 한다는 점이 지적되었기 때문이다(Hepworth & Larsen, 1993: 194).

둘째, 병리를 강조하는 접근은 인간은 누구나 성장할 수 있는 잠재능력과 가능성을 갖고 있다는 사회복지의 가장 중요한 가치 실현을 어렵게 한다는 많은 지적이 있었다. 그리고 자존감을 향상시키기 원하는 대다수 내담자의 욕구충족을 위해서는 내담자를 좀 더 긍정적으로 바라보는 시각이 필요하였기 때문이다(Hepworth & Larsen, 1993: 195-196).

일반적으로 사정은 다음의 다섯 가지 사항을 파악하기 위해 자료를 수집하고, 분석하고, 종합하는 일련의 과정을 말한다(Hepworth & Larsen, 1993).

- 내담자 문제의 본질
- 내담자 및 중요한 타인의 대처능력
- 내담자 문제와 관련된 체계 및 이들 체계와 내담자 간의 상호작용
- 내담자의 문제해결을 위해 이용 가능한 자원
- 문제를 해결하려는 내담자의 동기

초기사정은 이상의 내용을 중심으로 하여 개입의 전 단계에서 개입계획을 위

한 근거를 제공하기 위해 이루어진다. 그러나 더 넓은 의미에서 사정은 특정 시기에 국한되는 초기사정뿐만 아니라, 내담자에게 제공되는 서비스의 전 과정을 통해 이루어진다. 예를 들면, 개입과정에서 내담자가 새롭게 직면하는 문제를 사정하고 이에 근거해 개입계획을 수정한다든가, 종결 단계에서 내담자가 보이는 정서 반응을 확인하고 재사정하는 것이 그것이다.

사정은 직관이나 느낌보다는 내담자에 대한 관찰이나 기록, 관련 연구문헌 등 경험적 자료에 근거해 이루어져야 한다. 그렇게 해야만 내담자를 더욱 객관적으로 볼 수 있으며, 사회복지실천의 결과 또한 과학적으로 측정하고 평가할 수 있게 된다. 또한 내담자의 다양한 반응체계에 관심을 갖고, 내담자의 약점보다는 긍정적 행동에 초점을 두어야 한다(Jordan & Franklin, 1995: 4-5).

가족사정(family assessment)이란 가족을 하나의 '단위'로 보고 가족 내부 및 가족 외부 요인 그리고 이들 양자 간의 상호작용 등을 파악하기 위해 자료를 수집, 분석하고 종합하여 그 가족에 대한 개입을 계획하는 일련의 과정을 말한다. 여기서의 가족은 하나의 생태체계다. 가족을 하나의 생태체계로 본다는 것은 가족원의 문제를 그 가족의 기능이나 역동과 관련하여 이해하는 것뿐만 아니라, 가족에게 영향을 미치는 환경체계와 관련하여 그 상호작용 양상을 이해하려는 관점을 의미한다. 예를 들면, 분리불안을 갖고 있는 아동의 경우, 이 아동의 행동을 부모의 이혼과 같은 최근에 경험한 생활위기의 결과로 이해한다든가, 모(母)의 우울이나 불안에 대한 아동의 반응으로 이해한다든가 하는 것 등이다.

가족사정에는 '객관적 자료(objective data)'뿐만 아니라 '주관적 자료(subjective data)'에 대한 파악이 필요하다. 여기서 객관적 자료란 가족구성원이나 가족역할, 가족의 물리적 환경, 가족규칙 등과 같은 가족의 객관적 상황에 관한 자료를 말하고, 주관적 자료란 사건이나 과정에 대한 내담자 개인의 반응과 의미, 그리고 사람과 사건에 대한 가족원의 느낌을 말한다(Holman, 1983: 16). 다시 말해, 가족사정은 가족을 관찰하고 사정하는 전문가의 입장에서 주로 이루어지는 객관적 상황에 대한 사정뿐만 아니라, 그 객관적 상황에 대해 내담자와 내담자 가족의 입장에서 이들이 그러한 상황을 어떻게 인지하고 받아들이고 있으며 또 어떻게 느끼고 있는지의 주관적 측면에 대한 사정이 함께 이루어져야 한다는

것이다.

이 장에서는 가족에 대한 생태체계적 시각과 사정에 필요한 자료의 포괄성을 염두에 두면서 가족사정을 구성하는 주된 내용과 이러한 내용을 사정하기 위해 사용되는 주요 방법에 대해 소개하기로 한다.

2. 가족사정의 틀

구체적인 가족사정에 들어가기 전에 사회복지사는 내담자가 호소하는 문제에 대해 사정을 해야 한다. 즉, 내담자 문제의 지속기간과 복잡성, 문제의 과거기록, 문제에 대해 가족원이 갖는 관점, 문제해결을 위해 기울였던 노력의 종류와 정도, 상황을 변화시키려는 의지의 정도(Holman, 1983: 21-22) 등이다. 이러한 내담자 문제에 대한 전반적 파악은 가족을 사정하는 데 있어 중요한 자료가 될 수 있다.

다음에 설명하는 가족사정의 틀은 내담자가 처한 상황이나 문제에 따라 다소 차이가 있을 수 있지만, 생태체계적 관점에서 가족을 사정할 때 일반적으로 포함되는 요소를 정리한 것이다. 여기서는 가족사정을 크게 가족 내 역동에 대한 사정과 가족 외부체계, 즉 환경과의 상호작용에 대한 사정의 두 가지로 분류하였다.

1) 가족 내 역동에 대한 사정

가족의 하위체계론적 관점에서 보면, 가족은 복잡하게 얽혀 있는 가족성원 간의 관계망으로 이루어진 하나의 역동적 체계라고 할 수 있다. 이러한 역동적 체계인 가족은 성(gender), 이해관계, 세대(generation), 그리고 가족의 생존에 필요한 기능을 기반으로 하여 하위체계를 발전시킨다(Hepworth & Larsen, 1993: 295). 가족에 존재하는 하위체계는 지속적으로 형성되기도 하지만 필요에 따라서는 일시적으로 형성되었다 사라지기도 한다. 예를 들면, 생일잔치 후에 설거

지를 누가 하느냐는 문제를 놓고 아버지와 아들이 일시적으로 연합을 형성하여 집안일은 여자가 해야 한다고 주장하면서 어머니와 딸에게 책임을 부과하는 것과 같이 일시적으로 하위체계를 형성하는 경우도 있고, 자녀를 지도하고 훈육하기 위해 부부 혹은 부모가 지속적으로 연합을 형성하여 자녀에게 영향력을 행사하는 경우도 있다.

일반적으로 시간의 흐름에 따라 하위체계의 구성도 변화된다. 어떤 하위체계는 너무나 긴밀하고 결속이 강해서 다른 가족원이 무기력감이나 소외감을 느낀다. 이처럼 가족성원이 어떤 특정한 성원하고만 관계를 맺을 때는 '동맹'이 맺어진다. 동맹관계는 가족 내에서 긍정적 효과를 가져오기도 하고 부정적 효과를 가져오기도 한다. 예를 들어, 형과 동생 사이의 동맹은 형이 보이는 모델에 따라 동생이 깡패집단에 들어갈 수도 있고 동생의 성적을 높이는 결과를 가져올 수도 있다. 문제는 이러한 동맹관계가 항상 같은 방식으로 이루지게 되면 문제가 발생한다는 것이다(Galvin & Brommel, 1990).

가족 내에서 지속적인 연합 혹은 동맹을 이루면서 가족의 기능에 중요한 역할을 하는 하위체계는 다음의 네 가지다.

- 부부 하위체계(spouse subsystem): 상호 지지와 협동이 있어야 하고, 동시에 서로 독립적으로 행동할 수 있는 능력이 있어야 한다. 상호 협동하면서 독립적 경계를 가진 부부는 자아가 확립되어 있고 개인의 행동에 책임을 질 수 있다. 이 체계에 갈등이 발생하면 가족 전체에 부정적인 영향을 미치게 된다.
- 부모 하위체계(parental subsystem): 자녀에 초점을 두고 전체 가족을 이끌어 가는 책임을 가진다. 자녀의 출생 및 성장과 더불어 통제와 허용을 적절히 조절하면서 자녀가 독립성을 갖도록 이끌어야 한다.
- 부모-자녀 하위체계(parent-child subsystem): 세대가 서로 다른 가족원으로 구성되므로 다른 어떤 하위체계보다도 역기능적이 되기 쉽다. 부모 하위체계에서와 마찬가지로 자녀에게 엄격함과 허용을 적절히 하는 것이 중요하며, 특히 부모 중 한쪽이 다른 쪽을 배제시키는 방식으로 자녀와 관계를 맺

는 경우 역기능적이 되기 쉽다.

- 형제자매 하위체계(sibling subsystem): 같은 세대로 이루어지는 경우가 대부분이므로 자신들 나름의 관심과 생각을 갖게 된다. 이들은 어른들에게서 자신들을 보호할 필요가 있을 때 서로 쉽게 연합을 형성한다. 무조적인 캠핑 참여 반대나 동년배집단에의 참여 반대와 같이 부모가 이 체계를 엄격히 다루면 자녀의 독립성이 방해를 받아 가족 기능이 역기능적으로 될 수 있다.

앞서 살펴본 가족 내 주요 하위체계 및 그에 따른 규범적 역할을 그림으로 나타내면 [그림 4-1]과 같다.

사회복지사는 이들 하위체계의 역기능을 주의 깊게 관찰하여 사정해야 한다. 사회복지실천 현장에서는 흔히 잘못 형성된 하위체계를 가진 가족을 만나기가 쉬운데, 그 예는 다음과 같다(Jordan & Franklin, 1995: 204-205).

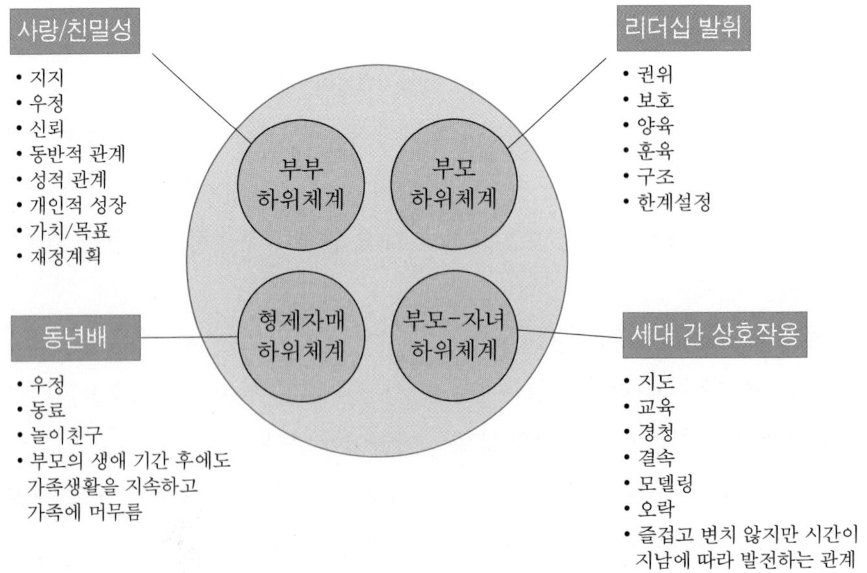

[그림 4-1] 가족 내 주요 하위체계와 규범적 역할

출처:Jordan & Franklin(1995), p. 206.

㉠ 한쪽 부모에 대해서는 저항하고 다른 한쪽 부모를 편드는 자녀가 있는 가족
㉡ 부모를 보호하고 정서적으로 지지하는 등의 부모에 대해 부모역할을 수행하는 자녀가 있는 가족
㉢ 자녀의 개인적 삶에 지나치게 관여하는 부모가 있는 가족
㉣ 불화 중에 있는 부모가 자녀에게 부모 중 한쪽을 편들도록 요구하는 가족
㉤ 세대가 다른 가족원이 연합을 이루어 특정 가족원에 대항하는 가족
㉥ 자녀와의 협상과 상호작용을 거부하는 부모가 있는 가족
㉦ 부모와의 상호작용이나 관계 및 지도 등을 받지 않으려는 자녀가 있는 가족
㉧ 자녀에 대항하여 지속적인 연합을 이루고 있는 부모나 혹은 부모에 대항하여 지속적인 연합을 이루고 있는 자녀가 있는 가족

(1) 가족의 경계

경계(boundary)란 한 체계와 다른 체계를 규정하는 구획 혹은 선이다. 가족의 경계는 명확하면서도 융통성이 있는 것이 바람직하며, 경계가 지나치게 경직되거나 또는 복잡한 경우는 가족 내 문제가 발생할 가능성이 높다. 가족의 경계가 '명확'하다는 것은 가족원 간이나 가족 하위체계 간 혹은 가족과 외부체계 간에 독립성과 자율성이 인정되면서도 동시에 상호 융통성 있는 의사소통이 이루어질 수 있음을 말한다. 가족의 경계가 '경직'되었다는 것은 체계들이 상호 분리 · 고립되어 있어 융통성 있는 의사소통이 어렵고 다른 체계에 대한 관심과 지지가 이루어지지 못하는 경우를 말한다. 그리고 가족의 경계가 '혼돈'되었다는 것은 가족원 및 가족의 하위체계 간에 독립성과 자율성이 결핍되어 지나친 밀착 상태를 이루게 됨으로써 체계 간 경계를 구분하기 어려운 경우를 말한다.

이와 같은 가족의 경계는 가족구성원 간의 경계, 가족 내 하위체계 간의 경계, 가족 외부와의 경계 등으로 구분하여 설명할 수 있는데, 이를 좀 더 구체적으로 설명하면 다음과 같다.

① 가족구성원 간의 경계

가족구성원 간의 경계를 특징짓는 주요 개념으로는 밀착가족(enmeshmed family)과 유리가족(disengaged family)이 있다. 밀착가족과 유리가족은 가족원 간의 연계 및 분리 연속선상의 양극에 위치한 가족형태다. 모든 가족은 이 연속선의 어딘가에 위치해 있다고 말할 수 있다.

'밀착가족'은 가족원이 서로 지나치게 관여하고 간섭하기 때문에 적절한 경계가 결여된 경우다. 이러한 가족은 응집력이 높고 가족원 상호 간에 충성도 또한 높으나 피차간에 일치를 요구하고 다른 의견을 용납하지 못한다. 때로 한 가족원의 이견이 가족 전체에 대한 배신행위로 간주되기도 한다. 따라서 가족원 개인의 자율성과 성장이 잘 이루어지지 못할 뿐만 아니라 가족에 몰두하게 되어 외부 세계에 자신을 개방하지 못한다.

이들 가족은 가족원 간에 일치와 연합을 중시하고 이를 계속 유지하려 하기 때문에 가족 내에 엄연히 존재하는 갈등을 인정하지 못하고 차이를 거부한다. 이런 가족의 부모는 학교에서 보내는 여행이나 캠프 등에 자녀를 가지 못하게 하고, 방과 후에 자녀가 친구들과 어울리는 것을 막는다. 그 결과, 자녀는 외부 세계와 접촉을 하지 못하게 되어 자주적이고 독립적이며 융통성 있는 성숙한 인간으로 성장하지 못하게 된다.

이와는 달리 '유리가족'은 가족원 서로 간에 관심이 없고 서로 관여도 하지 않으며 몰두도 하지 않는다. 가족원 간의 응집력과 결속력이 대단히 낮기 때문에 가족원의 정서적 욕구를 잘 알아차리지도 못하고 그에 반응하지도 못한다. 가족 내에 심각한 사건이나 위기가 있어야만 서로에게 도움을 줄 뿐 평상시에는 한 가족원이 다른 가족원에게 무엇인가를 요구할 때 분노한다. 이들 가족은 개인적 자유와 자율성을 중요하게 여기며, 밀착가족과는 대조적으로 가족원 간의 차이에 관대하고 가족 밖의 사람과 관계를 더 잘 맺는다. 이런 가족의 자녀는 존중감, 소속감 등의 대인관계 능력이 결여될 수 있다.

② 가족 내 하위체계 간의 경계

일반적으로 경계가 경직된 가족은 하위체계 간의 의사소통이 어렵고, 그 결과 앞서 언급한 잘못 형성된 하위체계를 가진 가족 중 ⓑ~ⓞ의 문제를 갖는 경향이 있다. 그리고 경계가 느슨하거나 혼돈된 가족의 하위체계는 그 상호작용이 부적절하여 ㉠~㉤의 문제를 갖는 경향이 있다(Jordan & Franklin, 1995: 207).

가족 내 하위체계 간의 경계에서 관심을 두어야 할 것은 부모와 자녀 간의 세대 간 경계에는 어느 정도의 위계구조를 갖는 것이 필요하다는 것이다. 그래야만 부모가 자녀를 이끌면서 융통성과 침투성이 있는 가족을 형성할 수 있기 때문이다. 일반적으로 정상적인 가족에서의 부부는 거의 비슷한 정도의 권력을 갖고 있어 자녀가 모보다 낮은 위치를 차지하므로 세대에 따른 적당한 위계구조가 분명히 나타난다. 그러나 가족 내 하위체계 간에 문제가 있거나 한부모가족과 같이 가족구조가 결손되어 있는 가족에서는 맏이가 부모의 역할을 대신한다든가, 부모의 권력투쟁이나 갈등에 자녀가 개입되는 경우가 종종 있다. 이때 부모 하위체계와 자녀 하위체계 간의 세대 간 경계가 깨지면서 한 부모와 자녀가 결탁하는 경우가 종종 발생한다. 이러한 가족 유형에서는 자녀가 정서장애를 갖기 쉽다.

③ 가족 외부와의 경계

가족은 가족 내 구성원 간의 관계 외에도 가족 외부세계와 상호작용하면서 존재한다. 즉, 모든 가족은 외부세계와 어떤 유형이든 간에 경계를 형성하면서 살아가게 된다. 이처럼 가족 외부와의 경계란 가족이 하나의 단위로서 그 가족이 존재하는 지역사회나 이웃과 어느 정도 그리고 어떠한 교류를 가지면서 지내는가를 말한다. 일반적으로 가족 외부와의 경계는 그 경계의 침투성 정도에 따라 개방형 가족, 폐쇄형 가족, 방임형 가족으로 구분된다.

개방형 가족은 가족 외부와의 경계가 분명하면서도 침투력이 있는 가족이다. 이런 가족은 이웃과의 접촉이 활발하고 정보 교환이 자유롭게 일어난다. 이런 가족에서는 자녀가 지역사회나 이웃과 자유롭게 정보 교환하는 것을 부모가 통제하거나 방해하지 않는다. 반면, 폐쇄형 가족은 외부와의 경계가 모호하고 침투력이 없는 가족이다. 이런 가족은 지역사회나 이웃과의 접촉이 거의 없고, 모든 정보나 매체가 부모의 통제하에 있다. 이러한 유형의 가족에서는 자녀가 정서장애를 갖기 쉽다. 방임형 가족은 가족 외부와의 구분이 거의 없는 가족을 말한다. 이런 가족의 경우 지역사회나 이웃과의 관계나 접촉과 관련하여 가족원 각자가 자기 멋대로 행동하는 경향이 있다. 이와 같은 방임형 가족에서는 자녀가 비행행위를 할 가능성이 많다.

(2) 가족규칙과 가족신화

가족규칙(family rule)은 가족원이 서로의 행동을 규정하고 제한하는 관계상의 합의를 말한다(Galvin & Brommel, 1990). 어떤 가족이든지 시간의 흐름에 따라 일련의 규칙체계를 갖게 되기 마련이다. 어떤 행위의 의미를 공유한다든가, 일정한 행동 패턴이나 의사소통 패턴을 발전시킨다든가 하는 것 모두가 가족규칙의 한 표현이다. 가족 내에 규칙이 없다면 그 가족은 혼돈 상황에 있는 것이나 마찬가지다. 따라서 가족규칙은 그 가족의 언어 및 시간과 공간의 사용 패턴은 물론 가족 내 의사소통의 흐름과 본질, 가족원에 따른 지위와 권력의 부여, 가족의례(family rituals) 등을 규정짓는 역할을 한다(Hartman & Laird, 1983: 96, 297). 이러한 가족규칙은 가족원의 경험이나 그 가족의 전통 혹은 문화, 가족의 적응 노력 등 여러 가지 많은 요인에 의해 형성되기 때문에 가족마다 서로 다르다. 예를 들어, 어떤 가족은 식사 때 말을 해서는 안 된다는 불문의 규칙을 가지는 반면, 어떤 가족은 식사 때는 가족원 모두가 서로 담소하면서 식사하는 것이 바람직하다는 규칙을 가질 수 있다. 이처럼 가족규칙은 은연중에 만들어진 불문율을 통해서 알 수도 있지만 가족 간의 관계에서 이루어지는 반복적인 유형을 통해서도 파악될 수 있다. 예를 들면, 문제가 있으면 엄마와 의논하는 것이 좋다든가, 설거지는 딸이 해야 한다든가, 화나 분노는 노골적으로 표현하는 것이 아니라든가 하는 것 등이다(Goldenberg & Goldenberg, 1988: 48-49). 가족생활의 응집력이나 안정성 등은 바로 이러한 가족규칙을 통해 유지된다. 특히 가족규칙의 한 표현인 가족의 의례나 기념식 등은 가족의 응집력과 지속감은 물론 개인의 정체감 형성에도 대단히 중요한 역할을 한다.

가족규칙에서 중요한 또 하나는 규칙에 관한 규칙이라 할 수 있는 메타룰(meta-rule)이다. 이것은 가족원이 그들이 갖고 있는 규칙을 어떻게 유지하고 변화시킬 것인가에 관한 규칙을 말한다. 가족의 규칙이 분명치 않은 역기능적 가족은 자기 가족의 규칙을 어떻게 변화시킬 것인가에 관한 아무런 체계도 갖고 있지 않다. 또한 아주 경직되고 현상 유지적인 가족은 그들의 규칙이 언급되거나 변화될 수 없는 것이라는 강력한 메타룰을 갖고 있다(Hartman & Laird, 1983: 97, 299-300).

이러한 가족규칙에는 명시적 규칙(explicit rules)도 있고 암시적 규칙(implicit rules)도 있다. 명시적 규칙이란 '우리 가족은 매주 일요일이면 언제나 교회에 간다'와 같이 명시적이고 분명하게 얘기할 수 있는 규칙을 말한다. 암시적 규칙이란 '우리 가족은 남자는 여자 앞에서, 여자는 남자 앞에서 성(性)에 관한 얘기를 하지 않는다'와 같이 암시적이거나 겉으로 드러나지 않아서 분명히 얘기할 수 없는 규칙을 말한다(Jordan & Franklin, 1995: 210).

이상에서와 같이, 사회복지사가 가족역동을 파악하기 위해서는 가족규칙에 관한 사정을 해야 한다. 가족원의 행동과 관계, 신념 등을 지배하는 규칙이 무엇인지, 그것이 명시적인 것인지 암시적인 것인지, 그 가족의 의례와 기념식이 가족원에게는 어떻게 인식되고 있는지, 메타룰은 어떠한지, 가족원의 병리적 행동 뒤에 숨어 있는 가족규칙은 무엇이며 가족은 그것을 어떻게 받아들이고 있는지, 가족 문제의 해결을 위해 변화되어야 할 규칙은 무엇인지 등을 확인해야 한다. 이에 관한 정확한 사정이 있은 후에라야 이들을 변화시킬 수 있는 개입전략이 가능하다.

체계론적 관점에서 가족규칙과 관련하여 한 가지 알아야 할 것은 가족규칙이 다양한 긍정적(혹은 적극적) 피드백을 통하여 변화되고 재조정될 수 있다는 점이다. 예를 들어, 자녀가 병에 걸리면 자녀에게 병명을 알려 주지 않는 불문율을 가진 가족의 경우, 자녀가 자신의 병명을 눈치 챈다든가 병명을 알려 주어야 한다는 의사의 제안이 있을 때 이 가족의 불문율은 변화될 수 있다. 이 경우 자녀에게는 병명을 얘기하지 않는다는 가족규칙이 가족 내부 혹은 외부의 자극에 의해 도전을 받게 되고, 가족은 이에 적극적 피드백을 보냄으로써 기존의 규칙을 변화시킬 수 있게 된다.

이러한 원리를 통해 가족 내 의사소통 규칙은 일방적으로 이루어지는 것이 아니라 상호 피드백을 주고받는 과정을 통해 정립되고 변화될 수 있음을 알 수 있다. 즉, 가족규칙을 형성하는 가족 내 의사소통이나 행동의 패턴은 일련의 상호작용과 피드백을 통해 이루어진다는 것이다. 따라서 가족 내 의사소통이나 행동은 이러한 일련의 상호작용을 단락 지어 구분해 보는 것이 필요하다. 이는 가족 내에서의 연속적 행동은 단선론적 인과론으로 설명될 수 없고 순환적 인과론으로 설명되어야 함을 말해 준다.

예를 들어, 아들은 어머니가 우울증에 걸리면서 가족 문제가 시작되었다고 말하는 데 반해, 어머니는 아들이 집을 나가면서부터 가족 문제가 시작되었다고 말할 수 있다. 아들의 말에 따라 행동을 규정하면 어머니를 비난하게 되고, 어머니의 말에 따라 행동을 규정하면 아들이 비난을 받게 되는 등 악순환의 고리가 이어진다. 따라서 '시작은 여기다' '문제의 원인은 여기에 있다'라고 원인의 시발점을 찾는 것이 중요한 것이 아니라 행위를 연속된 것으로 보고 계속되는 과정으로 보는 것이 중요하다. [그림 4-2]는 가족체계 내에서의 인과관계의 순환성을 보여 주고 있다. 이 그림에서 순환과정이 어떻게 규정되는가에 따라 가족문제에 대한 해석이 달라질 수 있다(Galvin & Brommel, 1990: 64-65). 가족신화(family myth)란 가족원 모두가 공유하고 있는 가족 혹은 가족원에 대한 잘못된 신념과 기대다. 가족신화는 일반적으로 현실에 대한 왜곡이나 부정은 물론 현실을 위장하는 요소를 가지고 있다. 그러나 이러한 가족신화는 가족 내에서 가족원의 행동은 물론 가족원 간의 관계에 영향을 미친다. 문제가 있는 가족의 경우 이러한 잘못된 가족신화를 갖고 있는 경우가 많다. 가족을 사정하는 데 있어 이 가족신화가 중요한 것은 가족이 자기들의 상호작용을 시작하고 이러한 상호작용 유형을 유지하고 정당화시키는 데 조직화된 신념으로 작용하고 있기 때문이다. 예를 들어, 어떤 역기능적 가족은 가족이 자기 가족원 중의 한 사람을 '병적이다' '정신 나갔다' '환자다'라고 낙인찍음으로써 다른 가족은 모두 정상이라는 말을 하는 경우가 종종 있다(Goldenberg & Goldenberg, 1988: 94-96).

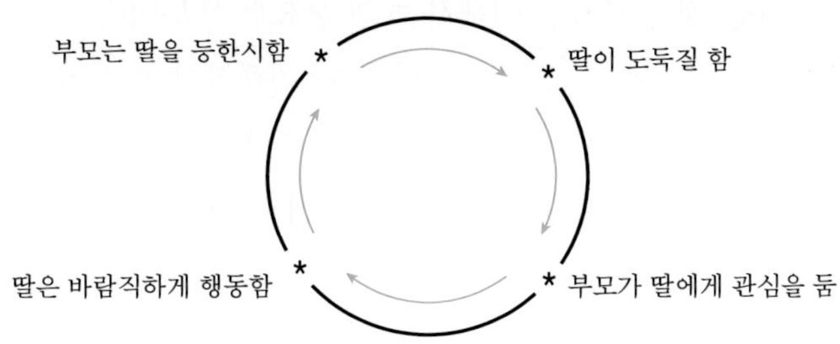

[그림 4-2] 가족체계 내에서의 인과관계의 순환성

출처: Galvin & Brommel(1990), p. 65.

이러한 가족신화는 가족 간의 의사소통이나 행동에 영향을 미쳐 가족원 간의 의사소통을 고착화시키기도 한다. 따라서 사회복지사는 내담자 가족의 신화가 그 가족의 문제에 어떻게 영향을 미치고 있으며, 가족원 중 누가 그 신화의 희생양인지를 파악해야 한다. 만일 가족신화로 인해 그 가족에게 문제가 발생한 것이라면 가족이 그들이 가지고 있는 신화가 무엇이며 그것이 가족 내에서 어떤 영향을 미치고 있는지를 알게 하여 그 신화를 변화시키기 위해 노력하게 해야 한다.

(3) 가족의 권력구조

권력은 개인적인 것이기보다는 상대적인 속성을 가진다. 가족에서의 권력도 마찬가지다. 모든 가족은 그 정도와 형태에서 차이를 가지지만 일정한 권력구조를 갖는다. 가족권력(power in family)이란 다른 가족원의 행동을 변화시킬 수 있는 능력을 말한다. 일반적으로 가족 내에서는 다른 가족원의 욕구(경제적 욕구, 사회적 욕구, 애정, 사랑, 인정 등)를 실현시켜 줄 수 있는 자원을 많이 가진 가족원일수록 권력을 많이 가진다. Haley(1976)에 따르면, 가족은 가족 내 어떤 하위체계가 다른 하위체계에 대해 권력을 행사하는 하나의 위계질서를 갖는다. 따라서 가족이 이러한 위계질서를 어떻게 조직화하고 있느냐 하는 것은 대단히 중요한 문제다. 즉, 가족원 중 누구에게 가장 권력이 집중되어 있는지, 누가 가장 영향력을 행사하는 사람인지, 또 가족원 사이에 권력이 어떤 양상으로 분포되어 있는지를 아는 것은 가족을 이해하는 데 중요한 부분이다.

그러면 이러한 가족권력의 소재는 어디인가? 가족체계에서 가족권력은 가족체계의 다양한 곳에서 찾아볼 수 있다. 우선, 가족성원 사이에서의 권력 분포를 통해 알 수 있다. 즉, 가족원 중에 누가 가장 권력을 행사하는지, 누가 통제받는 위치에 있는지 등을 고찰해야 한다. 그러나 가장 권력이 있는 사람을 찾아내기란 그리 쉬운 일이 아니다. 왜냐하면 겉으로 드러나 보이는 사람이 반드시 그 가족의 권력 행사자가 아닌 경우가 많기 때문이다. 때때로 가족 내에서 가장 큰 권력을 가진 사람이 겉으로 드러나지 않고 숨어 있는 경우가 있다. 이런 경우에는 세심하고 주의 깊은 관찰을 통해서만이 권력 행사자를 파악할 수 있다. 또한 가족 내에서 전혀 권력 행사자의 위치에 있을 것으로 생각되지 않는 '자녀'가 그 가족을 좌지우지하는 권력의 위치에 있을 수도 있다(Hartman & Laird, 1983: 300-301).

가족권력은 또한 가족 내 규칙체계에서도 찾아볼 수 있다. 가족 내 규칙에 따라 이루어지는 일련의 과정에서 가족원 모두가 무력감을 느끼고, 그러한 규칙의 변화에 대한 두려움으로 인해 어느 누구도 그 규칙에 도전할 수 없는 상황 속에서 가족 내 권력의 집중과 분포를 알 수 있다. 가족권력을 파악할 수 있는 또 다른 소재는 가족이 공유하고 있는 가치체계와 의미다. 의미와 가치체계에서 파생되는 권력은 가족원이 공유한 원칙에 의해 형성된다. 의미체계에 의한 권력은 가족의 의례와 기념식을 통해서도 나타난다(Hartman & Laird, 1983: 301). 따라서 가족 내 권력은 가족 내에 어떠한 원칙이나 의례, 기념식이 있는지 그리고 이들이 가족에 어떻게 영향을 미치는지 등에 대한 사정을 실시해야 한다. 이러한 사정을 한 후에라야 가족 내 권력의 재조직을 위한 개입전략이 가능하다.

이 외에도 사회복지사가 가족 내 권력을 사정할 때는 다음과 같은 질문을 던져 그 기능을 평가하는 것이 도움이 된다(Hepworth & Larsen, 1993: 302).

- 누가 무엇을 하며, 누가 이에 대해 언급하는가?
- 누가 누구에게 말하는가?
- 누가 가장 먼저 말하는가?

- 다른 가족원이 말할 때 누가 동시에 말하는가?
- 누가 누구를 방해하는가?
- 누가 누구에게 동의하는가?
- 누가 가장 말을 많이 하는가?
- 누가 결정할지를 누가 결정하는가?
- 의사결정 시 보통 누구의 아이디어가 받아들여지는가?
- 아이디어를 누가 냈는지에 상관없이 누가 의사결정의 최종 권한을 갖고 있는가?
- 가족 내 권력구조는 안정적인가?
- 권력의 기반이 가족 내 어떤 하위체계에 있는가?
- 가족원의 권력 분산에 동의하고 있는가?

(4) 의사소통방식

생태체계적 관점에서 볼 때 가족원 개인의 병리적 행동은 그 개인의 내적인 맥락에서가 아니라 가족원 간의 관계, 특히 의사소통 맥락에서 이해된다. 이러한 관점은 가족원 개인의 병리를 치료하는 것보다 가족원 간의 역기능적 관계를 교정하는 데 초점을 두는 것이다. 가족원 간의 관계는 언어적 · 비언어적 의사소통(언어가 아닌 몸짓이나 말의 어조, 얼굴의 표정 혹은 침묵 등을 통해 의사소통이 이루어지는 것)을 통해 파악될 수 있다. 이처럼 가족원 간에 의사소통을 어떻게 하느냐 하는 것은 가족원 간의 관계의 본질에 영향을 미쳐 가족 문제의 근원이 될 수 있다.

가족의 의사소통방식은 그 가족이 존재하는 문화적 특성에 영향을 받는다. 개방적이고 직접적인 의사소통을 받아들이는 서구 사회에서의 의사소통방식과 상대방에 대한 반응을 짐작하여 간접적으로 표현하는 동양 사회에서의 의사소통방식에는 차이가 있다. 그러나 이러한 문화적 차이가 있음에도 가족 문제를 가져오고 가족원에게 고통을 주는 의사소통방식은 공히 존재한다. 다음은 사회복지사가 가족의 의사소통방식에 대한 사정을 할 때 고려해야 할 측면이다(Hepworth & Larsen, 1993: 315-319).

① 의사소통의 일치성과 명확성

우선, 의사소통의 일치성(congruence)이란 메시지를 전달할 때 사용되는 언어적 · 비언어적 · 상황적 요소가 얼마나 일치하는가를 말한다. 사티어(Satir, 1967)에 따르면 메시지 전달을 위한 의사소통은 언어적 수준과 비언어적 수준, 그리고 상황적 수준에서 이루어진다. 이 세 수준의 의사소통 내용이 얼마나 일치하는가가 바로 의사소통의 일치성이다. 좋은 의사소통자는 상대방의 말과 비언어적 표현이 일치하지 않을 때, 이를 분명히 파악하여 명료화한다. 이들은 상대방이 일치하지 않는 의사소통을 할 때, 피드백을 받아서 자신들의 의사소통을 명료화한다. 따라서 의사소통의 일치성을 사정하기 위해서는 가족 내에서 이루어지는 언어적 · 비언어적 · 상황적 수준의 의사소통이 서로 어느 정도 일치하는지를 확인해야 한다.

의사소통 시 메시지를 일치성을 갖고 일관되게 전달하지 못하는 병리적 현상으로 '이중구속 메시지(double-bind message)'가 있다. 이중구속 메시지는 의사를 전달할 때 적어도 두 개 또는 그 이상의 상반된 메시지를 담고 있다. 그래서 메시지를 받은 사람은 어느 메시지에 반응해야 좋을지 몰라 혼돈 상황에 빠지게 된다. 예를 들어, 평상시 엄마에게서 친구들과 싸우는 것은 나쁜 일이라고 끊임없이 교육받은 자녀가 친구와의 싸움에서 얻어맞고 돌아왔을 때 엄마가 지고 돌아온 것에 대해 야단을 칠 경우, 자녀는 친구와 다툴 일이 있을 때 어떻게 처신해야 될지 혼돈 상황에 빠지게 된다.

이러한 일치성 외에도 의사소통의 명확성을 사정하는 것이 중요하다. 의사소통의 명확성이란 상대방에게 메시지를 전달할 때 자신의 의견이나 느낌, 생각 등을 가리지 않고 분명하게 전달하는 것을 말한다. 의사소통을 명확하게 전달하지 못하는 병리적 의사소통의 유형으로서 '위장(僞裝, mystification)'이 있다. 위장은 가족 내에서의 갈등이나 불화를 모호하게 하거나 가면을 쓰고 반응하는 현상을 말한다. 가면을 쓰고 의사소통을 하는 것은 갈등에 직면하지 않고 회피하면서 그 본질을 가리는 방식으로 반응하는 것이다. 그러나 이러한 회피행동은 갈등을 해소시키는 것이 아니라 오히려 악화시킨다.

위장의 주요 기능은 현상을 유지하려는 것이다. 가족 중 한 사람이 자기가 경험한 일로 인해 현상을 깨뜨리려고 할 때 위장이 일어난다. 예를 들어, 사춘기 자녀가 그의 부모에게 자신은 성(性)에 관한 생각을 많이 하고 자위행위도 한다고 얘기했는데도, 부모는 절대 그럴 리가 없다고 단호하게 잘라 말하는 경우를 들 수 있다(Goldenberg & Goldenberg, 1988: 76-77). 이 경우 부모는 자녀의 변화에 직면하는 것이 두려워 회피하면서 '위장'의 의사소통을 하고 있는 것이다. 이와 같은 유형의 의사소통이 계속적으로 일어나면 그 자녀는 자신의 감정과 생각의 타당성을 의심하게 되어 서서히 조현병에 빠지게 된다(Goldenberg & Goldenberg, 1988: 77).

② 의사소통의 방해 요인

어느 가족이든 의사소통상에 문제가 없는 가족은 없다. 문제는 부정적인 의사소통방식이 얼마나 존재하며, 그러한 의사소통 유형이 어느 정도 그 가족에 침윤되어 있는가 그리고 가족원이 그러한 부정적 의사소통 유형이나 방식을 변화시킬 수 있는 능력이 얼마나 있느냐 하는 것이다. 따라서 사회복지사가 가족을 사정할 경우에도 이러한 제 측면에 대한 평가가 이루어져야 한다. 이를 위해 가족에서의 의사소통을 방해하는 부정적인 의사소통방식을 소개하면 다음과 같다(Hepworth & Larsen, 1993: 316-317).

- 적절치 않은 시점에서 다른 주제로 옮겨 가거나 주제를 피하는 경우
- 지나치게 일반화하는 경우
- 너무 많은 질문을 하는 경우
- 동정하거나 실례를 무릅쓰거나 비현실적인 장담을 하는 경우
- 마치 상대방의 마음을 읽고 있는 듯이 상대방을 진단하고 해석하는 경우
- 전에 있었던 부정적 사건을 너무 오래 얘기하는 경우
- 반응이 적절치 못한 경우
- 견해나 의견을 표현하지 않는 경우
- 지나치게 말로만 의사교환을 하는 경우
- '내가 옳고 너는 틀리다'는 식으로 말하는 경우

- 지나치게 동의하거나 아니면 지나치게 동의하지 않는 경우
- 너무 자주 조언을 주는 경우
- 부정적으로 평가하거나, 비난하거나, 비판하는 경우
- 지시하고, 명령하고, 위협하고, 훈계하는 경우
- 통렬한 유머나 지나친 농담을 하거나 혹은 지나치게 놀리는 경우

③ 의사소통의 수용성과 표현성

가족의 의사소통과 관련하여 사회복지사가 사정해야 할 또 다른 측면은 가족원이 다른 가족원의 생각과 느낌을 어느 정도 수용하느냐 하는 수용성과 자신의 생각과 느낌을 다른 가족원에게 얼마나 표현하느냐 하는 표현성이다. 가족원 간의 수용성에 문제가 있는 역기능적인 가족에서는 가족원이 서로 관심을 갖거나 지지해 주거나 격려하는 것이 거의 없고, 가족원이 보이는 반응이 부정적으로 평가되거나 평가 절하되는 것이 대부분이다. 또한 이러한 가족에서는 다른 가족원의 반응을 알지 못한 채 의사소통을 하는 경우가 많다.

반면, 가족원 간의 수용이 자연스럽게 잘 이루어지고 있는 가족에서는 가족원이 서로 상대방의 관점과 인식에 대해 알고 있을 뿐만 아니라 다른 가족원의 관점과 인식을 기꺼이 받아들이고 환영한다. 따라서 이러한 가족의 가족원은 자신의 의견이나 견해—그것이 다른 가족원의 의견에 동의를 하는 것이든 아니면 반대를 하는 것이든 간에—를 자유롭게 표현한다.

가족 안에서 자신이 느끼고 생각한 것을 얼마나 자유롭게 표현할 수 있는가는 가족을 사정하는 또 하나의 기준이 될 수 있다. 기능적인 가족은 '나 전달법(I-message)'를 통해 가족원 간의 느낌과 생각을 자유롭게 표현하고, 실수에 대해 서로 사과할 줄 알고 또 이를 받아들일 줄도 안다. 그러나 역기능적 가족에서는 의사소통이 간접적이고 모호하며, '너 전달법(You-message)'를 통해 서로를 부정적으로 평가한다(Hepworth & Larsen, 1993: 317-319).

(5) 가족의 생활주기

가족생활주기(family life cycle)는 인간의 생애주기와 마찬가지로 가족생활에

도 탄생에서 소멸까지 일련의 단계가 있고, 이들 단계마다 과업이 있다는 것을 전제로 한다. 가족생활주기의 이러한 발달론적 접근은 생태학적 접근과도 맥을 같이한다. 가족생활주기가 가족의 이해를 위한 사정과정에서 중요한 이유는 모든 가족이 가족생활주기의 전 단계를 거치며, 이들 단계에 대한 적응과정에서 많은 스트레스를 경험할 수 있고, 이러한 스트레스가 심할 경우 가족 문제의 근원이 될 수 있기 때문이다. 따라서 사회복지사가 가족을 사정할 때는 반드시 그 가족이 생활주기의 단계들을 어떻게 거쳐 왔고, 현재는 어느 단계에 와 있으며, 그 적응 상태는 어떠한지 등에 대한 평가를 실시해야 한다.

이와 같이 가족을 그 발달과업과 연계하여 이해하려는 접근은 가족이 사회가 기대한 요구를 어떻게 충족시키는가를 평가하는 하나의 패러다임을 제공할 뿐만 아니라, 생활주기의 각 단계에서 어떻게 기능하며 한 단계에서 다른 단계로 넘어가는지에 대한 사정의 수단을 제공한다(Holman, 1983: 43-44).

가족의 생활주기가 어떻게 구성되며 각 단계에서의 과업이 무엇이냐 하는 것은 학자에 따라 다소 차이가 있다. 예를 들어, 가족생활주기의 대표적 학자인 듀발(Duvall, 1977)은 가족생활주기를 8단계로, 카터와 맥골드릭(Carter & McGoldrick, 1980)은 6단계로 구분하여 설명하고 있다. 듀발은 2세대 핵가족을 중심으로 가족생활주기를 개념화하였고, 카터와 맥골드릭(Carter & McGoldrick)은 3세대 이상의 대가족체계를 중심으로 개념화하였다. 특히 카터와 맥골드릭은 가족이 한 단계에서 다음 단계로 성공적으로 넘어가는 데는 가족 간의 관계가 중요한 역할을 한다고 보았다. 이렇게 가족생활에 대한 발달적 접근은 내담자 가족이 처한 해당 생활주기에서 기대되는 것이 무엇인지에 대한 이해를 제공할 뿐만 아니라, 가족원이 기대하는 욕구를 가족이 얼마나 충족시키고 있는지를 알게 해 줌으로써 사회복지 실천과정에 적용할 수 있는 중요한 도구다. 듀발(1977), 카터와 맥골드릭(1980)의 가족생활주기와 각 단계에서의 과업을 정리하면 〈표 4-1〉, 〈표 4-2〉와 같다.

표 4-1 듀발의 가족생활주기에 따른 가족발달과업

가족생활주기 단계	가족 내 지위	가족발달단계에 따른 과업
결혼전기	아내 남편	• 상호 만족적 결혼 • 임신에의 적응과 부모가 되는 것에 대한 희망
신혼기	아내-母 남편-父 유아(딸, 아들) 아내-母	• 아이를 낳고 아이에 적응하고 아이의 발달을 고무 • 부모와 아이 모두에게 만족스러운 가족을 꾸미는 것
자녀아동기	남편-父 딸-자매 아들-형제 아내-母	• 학령 전 아동의 욕구와 관심을 성장지향적으로 적응하도록 하는 것 • 부모역할로 인한 에너지 소모와 프라이버시가 없어지는 문제에 대해 대처
자녀학동기	남편-父 딸-자매 아들-형제	• 건설적 방법으로 학령기 아동을 가진 가족집단에 적응 • 아동의 교육적 성취를 고무
자녀청소년기	아내-母 남편-父 딸-자매 아들-형제	• 10대 자녀의 성숙을 위해 책임과 자유의 균형을 이루도록 하고 스스로를 해방 • 나이 들어 가는 부모로서의 관심과 경력을 설정
자녀독립기	아내-母-할머니 남편-父-祖父 딸-자매-이모 아들-형제-삼촌	• 성인이 된 자녀들을 직장, 군대, 대학, 결혼 등으로 내보내되 적절한 격식과 도움을 줌 • 지지적 가정을 유지
중년기	아내-母-祖母 남편-父-祖父	• 결혼관계를 재정립 • 젊은 세대와의 유대를 유지
노년기	과부/홀아비 아내-母-祖母 남편-父-祖父	• 유족 및 홀로 되는 것에 대한 대처 • 가정을 마감하고 노화에 적응 • 은퇴에 대한 적응

출처: Duvall(1977), p. 179.

표 4-2 카터와 맥골드릭의 가족생활주기

가족생활주기단계	각 단계의 정서적 과정	다음 단계로의 이행에 필요한 가족 상태상의 변화
결혼전기	부모-자녀 간 분리를 받아들이는 것	• 원가족과 관련된 자아의 분화 • 친밀한 동년배 관계 확대 • 직업에서의 자아 설정
신혼기	새로운 체계에 관여하고 헌신	• 결혼체계의 형성 • 배우자의 확대가족 및 친구와의 관계 정립
자녀아동기	새 구성원을 가족체계로 받아들이는 것	• 자녀를 위한 공간을 만들 수 있게 결혼체계에 적응 • 부모역할 수행 • 부모역할 및 조부모 역할을 포함한 확대가족과의 관계 정립
자녀학동기	가족경계의 융통성을 증가시키는 것	• 청소년이 가족체계의 안팎을 넘나들 수 있도록 • 부모-자녀 관계를 변화시키는 것 • 중년의 결혼 이슈에 초점을 맞출 것 • •노년기에 대해 관심 갖기 시작
자녀청소년기	가족체계에서 나가고 들어오는 것을 수용하기	• 2인 결혼체계에 대한 재협상 • 부모-자녀 관계를 성인관계로 발전시키는 것 • 시부모와 손자녀와의 관계 설정 • 부모(조부모)의 장애와 죽음에 대한 대처
자녀독립기	세대 간 역할 변화를 받아들이기	• 신체적 노쇠 앞에서 자신과 배우자의 기능 및 관심유지: 새로운 친밀관계 및 사회적 역할 탐구 • 중년세대가 중심 역할을 하도록 지원 • 노년기의 지혜와 경험으로 가족체계 내에 여유 만들기: 노년세대에 대한 과잉기능 없이 노년세대를 지지 • 배우자, 형제, 친구의 상실에 대한 대처 및 죽음에 대한 준비: 생에 대한 재검토 및 통합

출처: Holman(1983), p. 49.

2) 가족 외부체계와의 상호작용에 대한 사정

가족은 가족 내에서 이루어지는 역동에 의해서뿐만 아니라 가족 외부, 즉 환경과의 끊임없는 상호작용을 통해 변화하고 성장해 간다. 가족과 환경과의 상호작용은 특히 생태학적 관점에서 대단히 중요하다. 생태학적 관점에서 볼 때 가족에게 영향을 미치는 가족 외 환경은 그 가족이 관계를 맺고 있는 사회적 환경뿐만이 아니라, 물리적 환경과 문화적 환경 등을 포함한다. 여기서는 가족 외 환경의 가장 일반적 형태인 사회적 환경을 중심으로 가족과의 상호작용을 설명하기로 한다.

가족에 영향을 미치는 사회적 환경은 '사회관계망(social network)' 개념으로 설명될 수 있다. 사회관계망은 가족환경의 범위 내에 있으면서 이들 가족에 영향을 미치는 중요한 사람들 혹은 체계를 말한다. 일반적으로 사회관계망은 공식적 관계망과 비공식적 관계망으로 구분된다. 공식적 관계망은 사회복지기관이나 공공기관처럼 공식적으로 조직화된 관계망을 말하고, 비공식적 관계망은 친척이나 친구처럼 공식적으로 조직화되지 않은 관계망을 말한다. 물론 사회관계망에 대한 관심은 비공식적 관계망의 역할이나 이의 활용에 대한 관심에서부터 시작되었다. 그러나 근래 들어 사회관계망의 개념이 비공식적 관계망과 공식적 관계망을 통합하는 방향으로 발전되고 있다.

이러한 사회관계망은 가족체계나 가족원에 긍정적으로 영향을 미치기도 하고 부정적으로 영향을 미치기도 한다. 사회관계망이 긍정적으로 영향을 미치는 경우, 가족이나 가족원에게 자아에 대한 감각의 향상은 물론 격려와 긍정적 피드백을 경험하게 하고, 일상의 스트레스에서 보호를 제공하며, 구체적인 문제에 대한 지식과 기술 및 자원을 제공한다. 또한 내담자나 내담자 가족에게 사회화의 기회를 제공함으로써 사회적 기술의 향상을 가져오게 하여 다른 사람과의 관계를 향상시킨다(Maguire, 1996: 16-21). 그러나 사회관계망이 반드시 가족에 긍정적인 영향을 미치는 것은 아니다. 어떤 관계망은 가족에 아주 부정적인 영향을 미쳐 오히려 가족 문제를 악화시키는 경우가 많다.

따라서 사회복지사는 가족을 둘러싼 사회관계망에는 무엇이 있으며, 이들 관계망이 가족에 어떠한 영향을 미치는지에 대한 사정을 할 필요가 있다. 사회복지사가 내담자 가족이나 가족원의 사회관계망을 사정하는 방식은 다음과 같다(이원숙, 1992: 18-22, 85-87).

- 배우자나 친구, 친척 등 내담자 가족의 관계망을 구성하는 구성원 모두를 상대로 질문하는 방식
- 특정의 구체적인 지지를 제공했거나 지지적 행동을 한 사람에게 질문하는 방식
- 중요한 타인을 열거하게 하고 이들로부터 어떤 지지가 제공되는가를 질문하는 방식(이때 사회관계망의 구조 및 기능과 관련된 척도를 사용)
- 사회복지사업 실무에의 적용을 위해 개발된 여러 사정도구(예, 사회관계망 지도 또는 생태도 등을 사용)를 활용하는 방식

3. 가족사정의 방법

가족을 사정하는 것은 사회복지사업의 어느 실천 현장에서나 필요한 것으로서, 고도의 지식과 기술이 요구된다. 또한 앞에서도 언급했듯이, 그 이론적 입장에 따라 다양한 모델이 있고, 모델의 선택에 따라 가족사정의 내용이나 초점이 달라질 수 있다. 그러나 가족을 사정하기 위한 방법을 선택할 때는 어느 하나의 이론적 입장에서 그 방법을 선택하기보다는 다양한 사정도구를 선택하는 것이 필요하다. 따라서 여기서도 이론적 입장에 구애받지 않고 가족을 사정하는 데 필요한 다양한 방법을 제시하기로 한다.

일반 사정에서와 마찬가지로 가족사정의 방법도 양적인 방법(quantitative methods)과 질적인 방법(qualitative methods)으로 구분할 수 있다. 가족사정을 위한 양적인 방법에는 표준화된 척도나 검사지, 질문지 등이 있다. 그리고 가족사정을 위한 질적인 방법에는 인터뷰, 그림 그리기, 관찰 등이 있다. 이를 좀 더 구체적으로 소개하면 다음과 같다.

1) 검사지 및 질문지

검사지(checklist)나 질문지(inventory)는 인터뷰 및 관찰과 더불어 가족사정의

유용한 도구다. 이는 사정과정의 여러 단계에서 선택적으로 사용될 수 있다. 가족과 접촉하기 전에 사용될 수도 있고, 가족사정 과정에서 그 가족에 관한 객관적 정보와 주관적 정보를 파악하는 데도 사용될 수 있다. 사정도구로서의 검사지와 질문지는 내담자나 그 가족이 처한 상황이나 문제에 따라 다양하게 선택할 수 있다.

예를 들어, 부모역할에 문제가 있는 경우 부모역할의 효과성 측정을 위한 측정도구(예, Parenting Stress Index: PSI)를 사용할 수 있고, 가족이 경험하는 스트레스의 수준을 사정하기 위해서는 FILE(Family Inventory of Life Events and Changes)를 사용할 수 있다. 또한 사회관계망이나 사회적 지지의 평가가 필요할 경우에는 '지각된 사회지지척도(Perceived Social Support Scale)' '사회지지행동척도(Social Support Behavior Scale)' 등을 사용할 수 있다.

2) 인터뷰

인터뷰는 가족사정을 위한 가장 기본적이면서도 가장 중요한 방법이다. 인터뷰는 부모나 자녀, 확대가족, 그리고 때에 따라서는 그 가족에 대해 잘 알고 있는 이웃이나 교사, 목회자 등을 대상으로 할 수 있다. 그러나 반드시 인터뷰를 하기 전에 가족에 관한 기관 내의 기록과 의뢰, 그리고 의뢰에 대한 정보 등을 살펴보아야 한다.

인터뷰는 경청과 관찰을 하는 것 이외에도 직접적이거나 간접적인 질문을 던지거나, 격려의 말을 하거나, 느낌에 공감해 주거나, 요약을 하거나 함으로써 사정에 필요한 주요 내용을 끌어낼 수 있다. 특히 편안하고 개방된 분위기가 조성되어야 하고, 인터뷰의 목적이 피차간에 공유되어야 한다. 인터뷰의 목적은 인터뷰의 방법을 결정하는 대단히 중요한 요인이다. 만일 인터뷰의 목적이 시급히 어떤 결론을 내려야 하는 경우라면 인터뷰는 주어진 시간 내에서 구조화되고 틀에 맞추어 이루어진다. 그렇지 않은 경우에는 개입계획을 위한 충분한 사정이 이루어져야 하고 구조나 시간 면에서 융통성을 발휘할 수 있다(Holman, 1983: 60-61).

또한 인터뷰는 그 자체로서만이 아니라 여러 가지 도구를 활용하여 진행될 수 있다. 예를 들면, 생태도나 가계도를 활용하거나 검사지나 질문지를 활용하는 것이 그것이다. 이들 도구는 가족원 간의 적극적인 연합을 도모하게 할 뿐만 아니라 사회복지사가 객관적 자료와 주관적 자료를 수집하는 데 도움을 준다. 이들 도구는 또한 말을 잘 하지 않는 가족원을 상대로 일할 때 그 활용 가치가 높다(Holman, 1983: 61-62).

이와 같이 인터뷰는 사정 단계에서뿐만이 아니라 내담자와의 의사소통, 내담자에 관한 정보의 수집, 개입과 치료 등 사회복지실천의 전 과정에서 가장 빈번히 그리고 가장 중요한 방법으로 활용된다.

3) 그림 그리기

그림 그리기(graphic measure)는 인터뷰를 통해 내담자와 그 가족의 상태나 문제를 그림으로 보여 주는 사정방법 중 하나다. 이는 특히 가족 내외의 역동을 한눈에 볼 수 있게 해 주는 효과를 가진다. 가족을 사정하는 데 사용되는 그림 그리기는 생태도와 가계도가 가장 보편적으로 사용되고 있고, 그 외에 사회관계망 그리드 등을 비롯한 가족 내외의 역동을 표현하는 많은 그림이 있다. 여기서는 가족사정에서 많이 사용되는 생태도와 가계도, 사회관계망 그리드에 한정하여 이에 대해 좀 더 구체적으로 설명하기로 한다.

(1) 생태도

생태도(eco-map)는 앤 하트만(Ann Hartman)에 의해 개발된 것으로서, 가족과 그 가족의 생활공간 내에 있는 사람 및 기관 간의 연계를 그림으로 그려 나타내는 것이다. 즉, 생태도는 그 가족의 주요 환경이라고 간주되는 체계를 그려서 가족체계의 요구와 자원 간의 균형을 보여 주는 것이라고 할 수 있다. 생태도에는 내담자를 둘러싼 각 체계와 가족 간의 관계 성격뿐만 아니라, 환경에서 가족으로의 자원의 흐름이 표시된다. 따라서 생태도는 내담자 가족에게 유용한 자원이나 환경이 무엇인지, 가족체계에 스트레스를 주는 것은 무엇이지, 그리고 이들 체계 간의 관계가 어떻게 유지되고 있는지에 관한 많은 정보를 제공한다.

이러한 생태도는 사회복지사가 질문형식의 인터뷰를 통해 혼자서 그려 낼 수도 있지만, 내담자와 같이 그릴 수도 있다. 생태도를 내담자와 함께 그리면, 사회복지사와 내담자 간의 연합을 진작시킬 뿐만 아니라 이들 간의 신뢰 형성이 강화된다. 이처럼 내담자가 생태도를 그리는 과정에 참여하는 것은 그 가족의

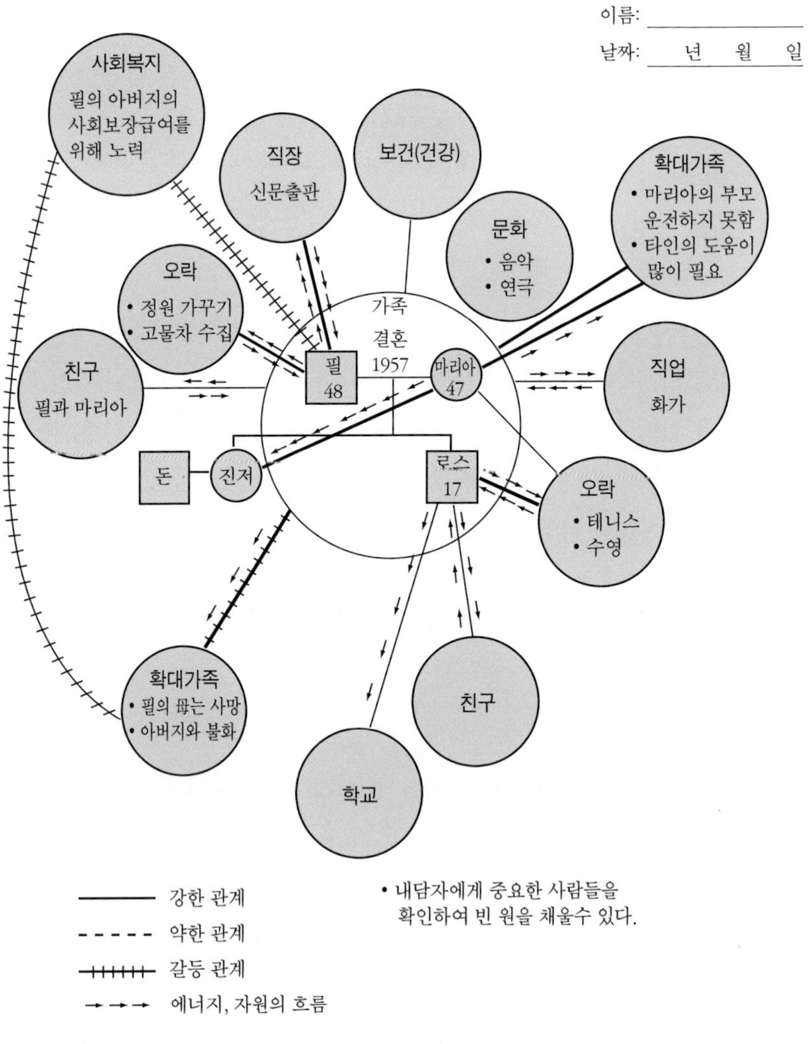

[그림 4-3] 생태도

출처: Hartman & Laird(1983), p. 177.

가족기능 향상을 위해 끌어들일 수 있는 자원이 무엇인지에 대한 논의를 가능하게 하여 개입계획을 수립하는 데 도움이 된다.

생태도를 그리기 위해서는 우선 생태도의 중심이 되는 중앙에 원을 그린다. 이 원 안에는 인터뷰를 통해 얻은 내담자 가족의 가계도를 그려 넣는다. 이때 동거하고 있는 가족원은 원 안에 위치시키고, 가족관계에 있기는 하나 사망이나 이혼, 별거 등 여러 가지 이유로 동거하고 있지 않은 가족원은 원 밖에 위치시킨다. 그다음에는 내담자 가족생활에 영향을 미치는 환경체계를 중심 원의 주변에 배치시킨다. 예를 들면, 사회복지, 직장, 병원, 오락, 확대가족, 보호관찰소, 친구, 학교 등이 그 환경체계에 해당된다.

환경체계를 나타내 주는 원 안에는 해당 체계의 명칭 외에도 필요한 경우 그 체계와 관련된 사항을 간략하게 기입해 준다. 그리고 내담자 가족체계를 포함한 모든 체계 간의 상호 교류, 즉 관계의 성격과 자원의 흐름을 특정 기호로 표기한다. 이렇게 해서 완성된 생태도는 가족과 환경체계 간 관계에 관한 전체적 조망을 제공할 뿐만 아니라, 가족과 환경체계 간의 경계의 본질, 그리고 가족 내 역동 등 내담자 가족에 관한 많은 정보를 제공한다(Hartman & Laird, 1983: 166-170). [그림 4-3]은 가족의 생태도의 한 예다.

(2) 가계도

생태도가 가족체계와 환경체계 간의 관계를 보여 주는 것이라면, 가계도(genogram)는 특정 기간 동안의 내담자 가족의 역사와 그 과정에서의 주된 사건을 한눈에 볼 수 있게 해 주는 사정도구다. 즉, 가계도는 가족 계보를 중심으로 그 가족의 3세대 이상에 관한 정보를 보여 주는 것으로서, 중요한 생활사건(결혼이나 별거, 이혼, 질병, 사망 등)이나 사회인구학적 특성(인종, 사회계급, 민족, 종교, 직업, 거주지 등)을 알려 준다. 따라서 가계도를 그려 보는 것은 그 가족의 가족 문제에 기여하는 중요 요인과 가족 유형을 알 수 있게 해 준다.

내담자와 사회복지사가 인터뷰를 통해 함께 가계도를 그려 보는 것은 이들 모두에게 가족을 하나의 단위로 보게 하는 기회를 제공할 뿐만 아니라, 가계도에 나타난 사람이나 사건에 대한 가족원의 느낌을 표현해 보는 계기가 되기도

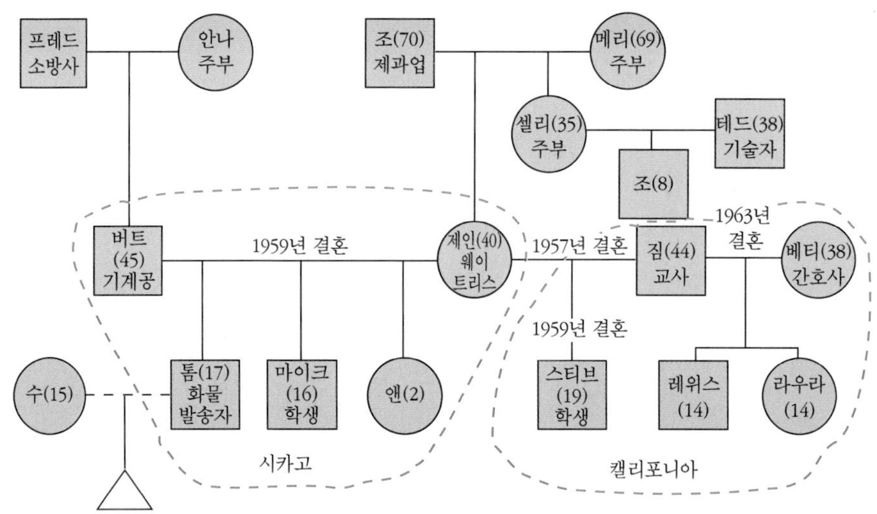

[그림 4-4] 앤의 가계도

출처: Hartman & Laird(1983), p. 71.

한다. 또한 가족원이 자신이 알고 있을 것이라고 생각했던 정보를 모르고 있다는 점을 깨닫게 해 주는 계기가 된다. 그러나 가족원이 가계도 그리는 것을 꺼리는 경우에는 이를 존중해 주어야 한다.

[그림 4-4]는 전남편과의 사이에서 낳은 아들(스티브)로 인해 어려움을 겪고 있던 제인이라는 여자가 현재 남편과의 사이에서 낳은 앤이라는 두 살 난 딸을 학대하다가 병원 응급실로 실려 온 사례에 대해 가계도를 그린 것이다. 앤의 부모를 상대로 가계도를 그린 경험을 통해 앤 가족은 자신들이 어떠한 스트레스 상황에 처해 있고, 왜 앤에 대해 통제할 수 없는 분노가 치밀어 오르는지를 알게 되었다.

(3) 사회관계망 그리드

앞에서도 언급했듯이, 사회관계망에 대한 분석은 가족을 사정하는 데 유용한 도구로 사용될 수 있다. 사회관계망을 그림이나 표로 보여 주는 것은 내담자의 관계망을 전체적으로 볼 수 있게 해 주기 때문에 더욱 유용하다. 사회관계망에 대한 분석은 계속적인 사정에서뿐만 아니라, 특정 프로그램을 계획하는 데도 유

표 4-3 사회관계망 그리드

ID ______ 응답자 ______ 이름 #	생활영역 ① 거의 없다 ② 가끔씩 ③ 거의 항상	물질적 지지 ① 거의 없다 ② 가끔씩 ③ 거의 항상	정서적 지지 ① 거의 없다 ② 가끔씩 ③ 거의 항상	정보/조언 ① 거의 없다 ② 가끔씩 ③ 거의 항상	비판 ① 거의 없다 ② 가끔씩 ③ 거의 항상	원조방향 ① 양방향 ② 그들에게만 ③ 그들이 당신에게만	친밀도 ① 거의 친하지 않음 ② 가까운 정도 ③ 매우 가까움	만나는 빈도 ① 1년에 몇 번 ② 한 달에 몇 번 ③ 주마다 몇 번 ④ 매일	알고 지낸 기간 ① 1년 이하 ② 1~5년 ③ 5년 이상
01									
02									
03									
04									
05									
06									
07									
08									
09									
10									
11									
12									
13									
14									
15									

출처: Maguire(1996), p. 98.

용하게 사용될 수 있다. 또한 사회관계망을 그려 보는 것은 내담자에게 자신의 견해를 표명하고 자신의 문제를 객관화할 수 있는 기회를 제공한다는 점에서 의의가 있다. 여기서는 휘태커(Whittaker)와 트레이시(Tracy)의 사회관계망 그리드(social network grid)와 시드(Seed)의 관계망 다이어그램을 소개하기로 한다.

휘태커와 트레이시(Whittaker & Tracy, 1989)의 사회관계망 그리드에는 내담자의 관계망 내에 있는 사람들이 내담자와 어떤 관계에 있는 사람들이고, 이들이

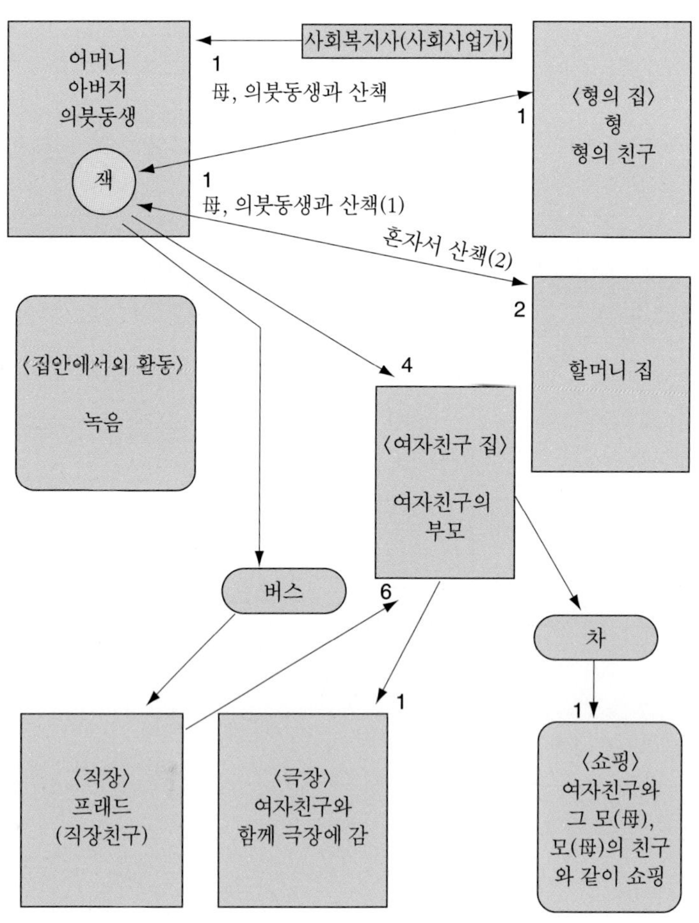

[그림 4-5] 잭의 사회관계망 다이어그램

주: 숫자는 접촉빈도를 가리킴.

출처: Hartman & Laird(1983), p. 177.

내담자에게 물질적 · 정서적 · 정보적 지원을 어느 정도 주고 있으며, 도움의 방향은 일방적인지 쌍방적인지 그리고 이들 관계망 구성원과의 근접성과 접촉빈도 및 최초 접촉시기 등을 보여 준다. 이들 관계망에 대한 정보는 주로 내담자와의 인터뷰를 통해 얻는다.

시드(1990)의 관계망 다이어그램은 내담자에게 2주일 혹은 그 이상의 기간 동안 일지를 쓰게 하고, 그 일지의 내용을 근거로 하여 내담자가 누구와 어느 정도의, 어떤 내용의 교류가 있었는지를 파악하여 이를 그림으로 나타내는 것이다. 여기서 일지의 형태는 내담자가 처한 상황에 따라 시간을 몇 구간으로 나누고(예, 아침, 점심, 저녁, 밤 등), 이들 각 구간마다 어떤 일이 일어났고, 무엇을 했으며, 누구와 만났는지 등을 구체적으로 기입하도록 만들면 된다. 따라서 일지의 형태는 획일화된 것이 아니라, 내담자가 처한 상황에 따라 그에 맞는 구조를 갖도록 만들면 된다. [그림 4-5]는 2주 동안의 잭의 일지를 근거로 하여 만든 사회관계망 다이어그램이다. 이 그림에 따르면, 잭은 부모와 의붓동생과 함께 살고 있고 집에서는 주로 녹음을 하면서 지낸다. 잭은 지난 2주간 여자친구집을 혼자서 4회 방문했고, 직장친구인 프래드와 함께 여자친구 집을 6회 방문했다. 그리고 할머니와 형과는 서로 연락과 접촉을 하면서 지냈음을 알 수 있다.

4) 관찰

가족을 관찰(observation)하는 것은 가족기능을 사정하는 데 유용하다. 즉, 가족 내에서 가족원의 역할이 어떻게 수행되고 있고 가족 내 하위체계가 어떻게 기능하며, 가족원의 밀착 정도와 연합 등이 어떻게 이루어지고 있는지를 사정하는 데 유용하다. 가족에 대한 관찰은 가정에서 그 가족이 생활하는 모습 그대로를 이루어지는 것이 가장 좋으나 현실적으로 어렵기 때문에, 일반적으로 가족원에게 특정 과업이나 과제를 주어 그것을 보이게 함으로써 이루어진다. 예를 들면, 가족에게 게임을 하게 한다든가, 의사결정을 하게 한다든가 하는 것 등이다. 이때 사회복지사는 방의 한쪽 구석이나 일방경(one-way mirror) 혹은 비디오테이프를 사용하여 그 가족의 역할이나 권력, 의사소통 및 의사결정 과정 등의 가족기능을 관찰할 수 있다.

이러한 가족관찰의 대표적 방법에는 실연(enactment)과 가족조각(family sculpture)이 있다. 실연이란 이전에 있었던 가족 상황을 재연하거나 역할연습을 하게 하는 것이고, 가족조각이란 가족원이 다른 가족원에 대해 인식하고 느낀 것을 특정 자세(position)를 취하게 함으로써 가족 내 역동을 표현하는 것이다. 이들 방법은 가족원이 자기 가족의 상호작용에 대한 통찰을 갖게 할 뿐만 아니라 가족 내 다양한 역동성을 볼 수 있는 기회를 제공한다(Jordan & Franklin, 1995: 229).

특히 가족조각은 가족체계를 그려 내는 수단으로서 말이 없거나 어린아이처럼 말을 잘하지 못하는 내담자를 대할 때 효과적이다. 모든 가족원은 자신들의 조각도를 만들어 냄으로써 자기 가족의 상황을 볼 수 있다. 가족원은 몸짓과 공간을 활용하여 가족원에 대한 자신의 느낌과 행동을 표현할 수 있다. 이때 사회복지사는 각 가족원이 공간과 신체를 활용하여 가족성원 간의 정서 관계를 최대한 표현하기 위해 그들의 신체 부위를 유연하게 움직이도록 격려한다(Holman, 1983: 75-77). 이처럼 가족조각은 보이지 않는 것을 보이게 만드는 강력한 사정도구다. 이것은 가족원이 미처 깨닫지 못한 가족구조와 정서체계를 보여 주는 투사방법의 하나라고 할 수 있다.

다음은 가족조각을 하는 절차다(Hartman & Laird, 1983: 282).

- 사회복지사가 가족원에게 가족조각에 대해 간단히 설명한다.
- 가족원 중 누가 조각가 역할을 할 것인지를 결정한다. 가능하면 가장 안정되고 표현적인 사람을 선택하도록 한다.
- 사회복지사가 조각가로 선택된 가족원에게 가족조각이 비언어적 과정임을 강조하면서 진행하는 방법을 지시한다. 이때 우선 가족원을 특정 위치에 놓고 특정 자세를 취하게 하는 방법으로 전체 모습을 그려 낸다. 가족조각의 모습에는, 특히 가족원이 다른 가족원과의 관계와 관련하여 위치해야 할 지점만이 아니라 바라보는 방향, 신체 동작을 통해 특정 자세를 취하는 것 등이 포함되어야 한다. 이 과정에서 필요한 경우 의자와 같은 다른 도구를 사

용할 수도 있다.

- 가족조각이 그려지면서 가족원은 조각을 만드는 가족원의 조각도에 이의를 제기할 수 있다. 왜냐하면 그들은 서로 자신과 가족에 대해 다르게 생각하고 느끼고 있기 때문이다.
- 필요한 경우, 사회복지사는 조각을 만드는 가족원을 지지하거나 도울 수 있다.
- 조각가가 조각을 다 완료하고 자신도 조각도의 어느 위치에 서고 난 후, 사회복지사는 모니터 역할을 한다. 조각도 안에 있는 가족원은 자신의 위치에서 서로 무엇을 느끼는지를 묻는다.
- 조각에 대한 가족원 간의 토론을 끝내거나 다른 가족원이 새로운 가족조각도를 만든다.

|중|점|토|론|

1. 경계의 개념으로 자신의 가족을 분석하고 토론해 보시오.
2. 자기 가족의 의사소통방식에 대해 분석하고 토론해 보시오.
3. 자기 가족이 가진 가족규칙과 가족신화에는 어떤 것이 있는지, 그리고 이러한 규칙과 신화가 가족에 어떤 영향을 미치는지 분석하고 토론해 보시오.
4. 한 사람은 인터뷰 대상자로, 다른 한 사람은 인터뷰어로 역할을 정하고 인터뷰 대상자의 가족 생태도를 그려 보시오. 그리고 역할을 바꾸어 다시 해 보시오.
5. 사회복지 현장에 나가 내담자를 만나서 가족을 사정하고 그 결과를 가지고 토론해 보시오.
6. 가족의 경계, 의사소통, 가족규칙과 가족신화를 자신의 가족에 적용해 본 결과, 가족에 대해 갖게 된 새로운 생각은 무엇인지 서로 나누어 보시오

참고문헌

이원숙(1992). 사회적 망, 사회적 지지와 임상적 개입의 이론 연구. 이화여자대학교 대학원 박사학위논문.

Carter, E. A., & McGoldrick, M.(1980). (Eds.), *The Family life cycle: Aframework for family therapy*. New York: Gardner Press.

Donner, S., & Sessions, P. (1995). *Garrett's interviewing* (4th ed.). Milwaukee, WI: Families International, Inc.

Duvall, E. M. (1977). *Marriage and family development*. Philadelpia: J. B. Lippincott

Galvin, K. M., & Brommel, G. J. (1990). 의사소통과 가족관계. (이재연, 최영희 역). 서울: 형설출판사. (원저는 1982년 출간)

Garrett, J. (1994). 사회사업 면접의 이론과 사례.(김연옥, 최해경 역). 서울: 한울. (원저는 1972년 출간)

Goldenberg, I., & Goldenberg, H. (1988). 가족치료. (장혁표, 제석봉, 김정택 역). 서울: 중앙적성출판사. (원저는 1985년 출간)

Haley, J. (1976). *Problem-solving therapy*. San Francisco: Jossey Bass.

Hartman, A., & Laird, J. (1983). *Family-centered social work practice*. New York, London: The Free Press.

Hepworth, D. H., & Larsen, J. A. (1993). *Direct social work practice* (4th ed.). Pacific Grove, A: Books/Cole Publishing Company.

Holman, A. M. (1983). *Family assessment*. Beverly Hills/London/New Delhi: Sage Publication.

Jordan, C., & Franklin, C. (1995). *Clinical assessment for social workers*. Chicago: Lyceum Books Inc.

Maguire, L. (1996). 사회지지 체계론: 기초이론과 실천사례. (장인협, 오세란 역). 서울: 사회복지실천연구소. (원저는 1991년 출간)

Satir, V. (1967). *Conjoint family therapy*. Palo Alto, CA: Science & Behavior Books.

Seed, P. (1990). *Introducing network analysis in social work*. London: Jesscia Kingsley Publishers.

Whittaker, J. K., & Tracy, E. M. (1989). *Social treatment: An introduction to interpersonal helping in social work practice* (2nd ed.). New York: Aldine de Gruyter.

제5장 가족치료

가족치료는 주로 가족 내 역동에 개입하기 위한 접근으로서 다양한 이론적 배경에 따라 가족 사정과 개입 내용이 서로 다른 여러 모델들을 포함한다. 하지만 가족치료 모델들은 가족체계 관점을 강조한다는 공통점을 가진다. 이 장에서는 먼저 가족체계 관점을 간략하게 살펴보고, 각 가족치료 모델의 특성에 대해 알아본다.

1. 가족체계 관점

가족체계 이론가는 가족도 다른 사회체계와 마찬가지로 사회환경과 상호작용하며 발달주기에 따라 변화하는 하나의 체계로 인식한다. 또한 가족체계 안에 가족성원으로 이루어진 다양한 하위체계가 존재하며, 하위체계 역시 가족 전체와 상호작용하는 체계로 인식한다. 가족체계 이론가는 가족 내 성원의 역기능은 개인의 문제가 아닌 가족 전체의 역기능으로 이해하며, 성원은 단지 '가족의 문제를 지니고 있는 사람(symptom bearer of the family)'으로 파악한다. 예를 들면, 아동의 공격적인 행동은 아동 개인의 문제라기보다는 가족의 역기능적인 상호작용의 결과로 이해할 수 있다. 따라서 가족치료사는 가족의 초점을 '문제를 지닌 사람'에서 '가족 전체'로 옮겨 가족이 변화에 참여할 수 있도록 유도하며, 문제를 유지하는 가족의 상호작용을 변화시키기 위한 활동에 주력한다.

가족체계 관점에서 가족은 다음의 원칙과 규칙에 따라 기능하는 체계로 이해된다(Walsh, 1982). 첫째, 가족은 순환적 인과성(circular causality) 원칙에 따라 기능한다. 순환적 인과성에 따르면 한 성원의 변화는 다른 성원과 가족 전체에 영향을 주고, 다시 그 성원에게 순환적으로 영향을 주며 상호작용한다. 따라서 가족체계 내의 모든 행동(action)은 반응(reaction)이며, 개별 성원의 행동은 단선적(linear)이 아닌 순환적 반응으로 이해된다. 또한 개별 성원의 문제가 어디에서 시작되었는지에 상관없이 성원의 문제에 대한 가족의 반응이 문제를 해결하는데 중요한 요인이 된다. 그러므로 가족체계 관점에서는 문제의 원인 혹은 근원보다는 문제를 유지하는 가족의 상호작용에 초점을 둔다.

둘째, 가족의 기능을 비총합성(nonsummativity) 원칙으로 설명할 수 있다. 비총합성 원칙에 따르면 전체는 부분의 합보다 크다. 따라서 가족은 개인 성원의 특성을 합한 것으로 기술될 수 없다. 가족을 이해하기 위해 개별 성원의 특성보다는 성원의 행동을 연결하는 상호작용 혹은 의사소통 패턴에 주의를 기울일 필요가 있다.

셋째, 가족의 기능을 다귀결성(multifinality) 혹은 동귀결성(equifinality) 원칙으로 설명할 수 있다. 다귀결성은 시작은 같아도 다른 결과를 가져올 수 있다는 것이며 동귀결성은 같은 결과도 서로 다른 시작에서 비롯될 수 있다는 것이다. 특히 다귀결성에 의하면 같은 사건이나 상황에 대해 가족의 반응이나 대처가 다르기 때문에 가족조직의 영향에 따라 결과가 달라질 수 있다. 예를 들면, 노부모의 치매라는 가족 스트레스 상황에 대해 어떤 가족은 기능적으로 대처하는 반면에 다른 가족은 역기능적으로 될 수 있다. 따라서 가족조직의 영향에 주의를 기울일 필요가 있다.

넷째, 가족 내의 모든 행동은 의사소통으로 볼 수 있다. 의사소통에는 내용(content)과 관계(relationship) 기능이 있다. 내용기능은 사실적인 정보, 의견, 감정을 전달하며, 관계기능은 정보가 어떻게 받아들여지는지를 전달하는 과정에서 관계의 속성을 규정한다. 예를 들면, 아버지가 아들에게 학교 성적에 대해 물을 경우 묻는 내용 자체는 내용적인 기능이지만 아들에 대한 아버지의 통제 정도에 대한 메시지도 포함하는데, 이는 관계적인 기능으로 볼 수 있다. 관계기능은 의사소통에 대한 의사소통이라는 의미로 메타커뮤니케이션(meta-communication)이라고도 한다. 가족은 지속적으로 관계함으로써 관계를 규정하는 과정을 고정화한다.

다섯째, 가족은 성원의 행동을 규제하거나 규정하는 명시적 혹은 암묵적 가족규칙에 따라 상호작용과 기능을 조직화한다. 예를 들어, 가족회의를 통해 가사분담을 명시적으로 정할 수도 있고 가족 누구도 언급하지 않았으나 가사분담이 암묵적인 방식으로 이루어질 수도 있다. 성원의 역할과 행동에 대한 기대를 나타내는 가족규칙은 반복 원칙(redundancy principle)에 따라 상대적으로 적은 수의 유형화되고 예측할 수 있는 규칙으로 이루어진다.

여섯째, 지속적으로 상호작용하는 가족체계는 안정된 상태를 유지하기 위해 규범을 규정하고 강화함으로써 항상성(homeostasis)을 유지하려 한다. 모든 가족성원은 서로를 강화하는 환류 고리(feedback loop)에 따라 항상적인 균형에 기여하며, 가족규범에서 지나치게 벗어나려는 행동은 가족의 항상성을 회복하기 위한 부적(negative) 환류 과정을 통해 저지한다. 예를 들면, 자녀가 저녁 10시 이전에 귀가해야 하는 가족규칙을 어기면 부적 환류 과정, 즉 부모에게 꾸중을 듣는 것으로 규칙을 준수할 것이 요구된다. 때로는 개인의 기능과 발달의 손상이 가족이라는 맥락에서 기능적이며 적응적일 수 있는데, 아동의 비행을 부모 간의 갈등을 해소하고 가족의 항상성을 유지하려는 시도라는 차원에서 적응적인 행동으로 볼 수 있다.

마지막으로 가족은 항상성을 유지하는 동시에 체계 내외의 변화에 적응하기 위해 유연성이 필요한데 이와 같은 적응은 형태발생성(morphogenesis)의 원칙으로 설명된다. 이 원칙에 따라 가족은 내부적으로 성원과 가족 전체의 발달주기 과정에 따른 새로운 과업을 수행하기 위해 재조직되고, 발달단계가 옮겨져 감에 따라 새로운 욕구와 과업을 수행하기 위해 새로운 규범과 선택을 하게 되고, 규칙을 바꾼다.

앞서 언급한 대로, 가족치료는 이와 같은 가족체계 관점에도 불구하고 다양한 실천 모델을 포함한다. 다음에서는 가족치료의 대표적인 모델로서 구조적 모델, 전략적 모델, 해결중심 모델, 인지행동주의 모델, 정신분석 모델, 보웬(Bowen) 모델, 경험적 모델의 특성에 대해 검토해 본다.

2. 구조적 가족치료

구조적 가족치료(structural famiy therapy)는 가장 영향력 있는 가족치료 모델 가운데 하나다. 주요 학자로는 미누친(Minuchin)을 들 수 있으며, 그 외에 몬탈보(Montalvo), 아폰테(Aponte), 피시먼(Fishman) 등을 들 수 있다. 구조적 모델에서는 가족구조의 중요성을 강조한다. 치료의 목적은 역기능적인 가족구조를 재구조화하는 것으로, 가족 문제의 해결은 구조의 변화에 따른 부산물로 이해된다. 구조적 이론가에 따르면 가족 내에는 세대, 성(gender), 관심 등으로 구분되는 다양한 하위체계가 있으며, 가족성원 간, 하위체계 간 혹은 전체 가족과 외부체계 간의 경계가 존재하는데, 체계의 구성보다는 경계가 가족의 상호작용을 이해하는 데 더욱 중요하다. 따라서 가족치료사는 하위체계 간의 명확한 경계를 확립하기 위한 활동에 주로 관여한다. 구조적 가족치료는 특히 청소년비행,

거식증, 약물남용 가족원이 있는 가족이나 사회경제적 지위가 낮은 가족에게 성공적으로 적용되어 왔다(송성자, 2002). 최근에는 한부모가족(Williams, Foye & Lewis, 2016), 장애아동가족(유승은, 2015; Becerra, 2012; Brockman, Hussain, Sancheg, Turns, 2016; Radohl, 2011) 등에 적용되었다.

1) 치료이론과 개념

구조적 치료이론은 비교적 간단하며 실제적이다. 치료이론의 주요 개념은 '가족구조' '하위체계' '경계'인데(Nichols, 2010), 이에 대해서는 앞 장에서 설명하였으므로 이 장에서는 이러한 개념이 구조적 가족치료에서 어떻게 활용되는지에 초점을 맞춘다.

모든 가족에는 구조, 즉 성원이 상호작용하는 조직화된 유형이 있다. 가족구조는 가족의 상호작용을 지배하는 암묵적 규칙과 위계를 포함한다. 예를 들면, 부모는 자식과 다른 정도의 권위를 가짐으로써 위계를 형성하고, 부모와 자녀는 가족 내의 위계에 따라 상호작용한다. 가족구조는 일단 유형화되면 항상성을 유지하기 위해 변화에 저항하는 속성을 지닌다. 가족은 또한 다양한 기능을 수행하기 위해 하위체계를 형성하는데, 개별 성원으로 이루어진 하위체계뿐 아니라 둘 이상의 성원으로 구성된 다양한 하위체계를 포함한다. 대표적인 가족 내의 하위체계로는 앞 장에서 설명한 부부 하위체계, 부모 하위체계, 부모-자녀 하위체계, 형제자매 하위체계를 들 수 있다. 하위체계 혹은 전체 가족은 다른 체계와 접촉하는 양을 통제하는 보이지 않는 경계에 의해 구분된다. 경계는 경직된 정도와 느슨한 정도에 따라 서로 다른데, 특정 성원 혹은 하위체계의 경계가 지나치게 경직된 경우에는 외부체계와의 접촉을 거의 허용하지 않으므로 다른 성원 혹은 하위체계에서 유리되며(disengaged), 경계가 지나치게 느슨한 경우에는 밀착(enmeshed)된다. 유리된 개인이나 하위체계는 상대적으로 고립되며, 성원 간의 애정, 지지, 따뜻함이 부족하지만 독립과 자율이 보장된다. 반면에, 밀착된 가족은 상호 지지적이지만 자율이 부족하므로 그 자녀가 부모에게 의존하기 쉽다. [그림 5-1]은 구조적 가족치료에서 주로 사용하는 가족구조의 상징을

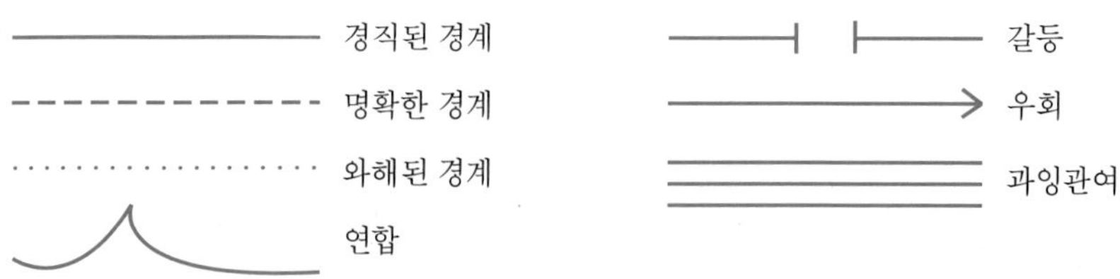

[그림 5-1] 가족구조의 상징

출처: Nichols(2010), p. 174.

나타낸다.

구조적 가족치료에서는 부부 하위체계가 자녀, 부모 혹은 외부세계에서 분리된 경계를 확보하는 것이 중요하며, 특히 미누친은 부모 하위체계의 위계질서를 강화하여 부모와 자녀 간에 명확한 경계를 확립하는 것이 중요하다고 강조한다. 예를 들어, [그림 5-2]에서처럼 부부간의 갈등을 부부 사이에 해결하지 못하고 관심의 초점을 자녀에게 돌리는 경우에 부부는 서로를 배려하기보다 주로 자녀에게 관심을 두게 되고, 결과적으로 부부의 긴장은 줄어들지만 자녀를 희생양으로 만들어 자녀의 문제행동으로 이어질 수 있다.

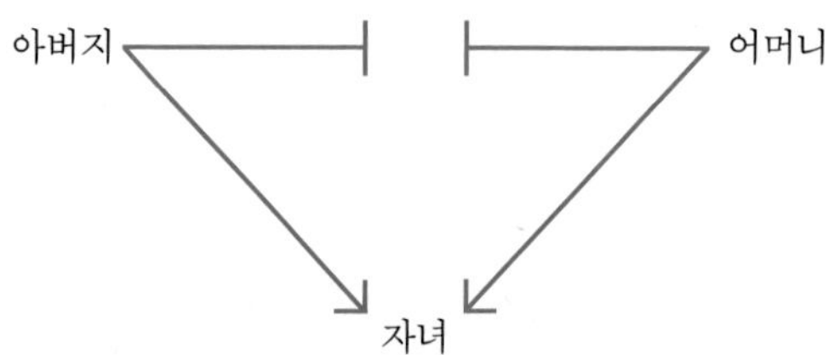

[그림 5-2] 갈등을 우회하는 수단으로 희생양 만들기

출처: Nichols(2010), p. 174.

이와 비슷한 유형으로 [그림 5-3]은 자녀양육에서 부모의 의견이 일치하지 않는 경우로서, 아버지는 어머니가 지나치게 허용적이라고 비판하며 어머니는 아버지가 지나치게 엄격하다고 비판한다. 그리하여 아버지는 점차 자녀양육에서 철회하고 유리되어 반응이 필요한 경우에도 반응하지 않게 되는 반면에 밀착된 어머니는 자녀의 욕구에 지나친 관심을 보이게 된다. 결과적으로 어머니와 자녀

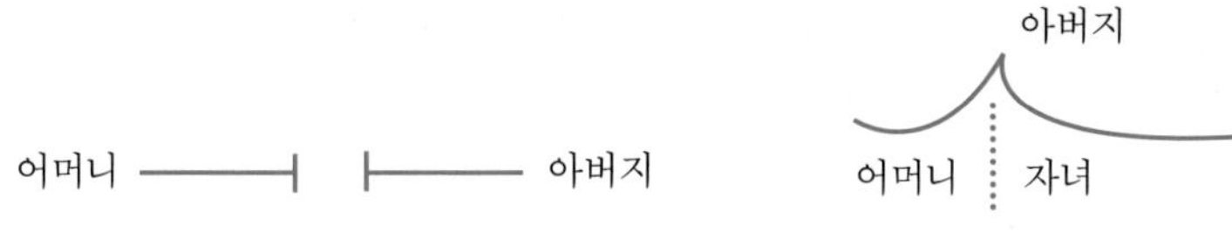

[그림 5-3] 어머니와 자녀의 연합

출처: Nichols(2010), p. 174.

사이에 세대 간 연합(cross-generational coalition)이 형성되고 아버지는 배제된다.

구조적 치료자는 가족구조를 기능적으로 재구조화하는 목표를 설정하는데, 이를 위해 다음의 지침을 활용할 수 있다(Becvar, 1988: 송성자, 2002: 270-271에서 재인용).

- 가족체계에는 영향력 있는 위계적인 구조가 있어야 하고, 부모는 변화해야 한다. 가족체계에는 부모의 권위를 기초로 하는 세대 간의 차이가 있어야 한다.
- 부모가 연합해야 한다. 자녀들이 연합할 수 있도록 부모가 먼저 상호 간에 지지적이고 수용적이어야 한다.
- 부모로서 연합할 때 형제체계는 동료체계가 된다.
- 가족이 유리되었다면, 목표는 상호작용의 빈도를 증가시키고 경직된 경계가 분명한 경계로 변화하도록 해야 한다. 이러한 변화를 통하여 경직된 경계를 가지고 있는 가족은 다른 가족성원의 독립적이고 자율적인 성격을 수용하기 위해 배려하고 지지하는 행동을 증가시키게 된다.
- 밀착된 가족의 경우, 일반적인 목표는 개인과 하위체계의 분리를 강화하는 것이 된다. 이것은 자녀의 발달단계에서 분리를 존중하는 것이고, 연령에 적절한 독립적인 활동을 허용하는 것이다.
- 부부체계는 부모체계와 구분하여 형성되어야 한다.

구조적 가족치료에서는 가족 내의 경계뿐 아니라 가족 전체 혹은 하위체계와 외부체계와의 경계에도 관심을 둔다. [그림 5-4]에서 보듯이 지나치게 밀착된 가

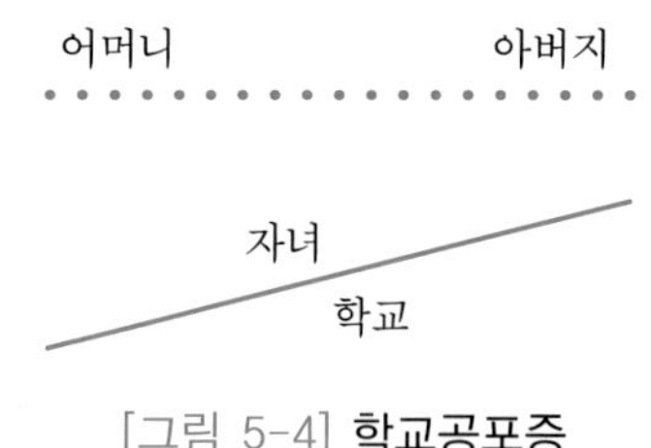

[그림 5-4] **학교공포증**

출처: Nichols(2010), p. 175.

족의 자녀가 학교에 가기를 두려워하고 우울해지거나 학교에서 훈육의 문제를 일으키는 경우, 가족치료사는 지나치게 밀착된 가족 내의 경계를 명확히 하고 지나치게 경직된 가족과 외부체계의 경계가 투과적으로 되도록 돕는다.

2) 치료기법

구조적 가족치료의 기법은 구체적이며 행동지향적인 특성이 있다. 구조적 가족치료는 주로 다음의 일곱 단계로 이루어진다(Nichols, 2015: 222-234).

- 합류하기(joining)와 적응하기(accommodating): 가족체계는 항상성을 유지하려는 속성이 있다. 그러므로 가족치료사는 먼저 성원을 이해하고 수용함으로써 가족에 합류하고 적응한다. 특히 가족 내의 특정 성원이 아닌 성원 모두를 수용하고 이해하는 것이 중요하다.
- 상호작용에 개입하기(working with interaction): 가족은 있는 그대로보다는 바람직하다고 생각하는 대로 기술하는 경향이 있다. 따라서 가족치료사는 가족에게 어떤 문제를 어떻게 다루는지 회기 중에 직접 실연(enactment)—가족이 문제행동을 치료 회기 중에 직접 보여 줌으로써 치료자가 관찰하고 변화하도록 하는 것—하여 가족의 상호작용 구조를 관찰하고 수정한다. 예를 들면, 가족성원이 치료자에게 상황을 기술하기보다는 치료자가 “두 분이 여기에서 그 문제에 대해 직접 얘기해 보시죠.”라고 말함으로써 구체적인 상황에 대해 가족 간의 대화를 자극한다.

- 구조 분석하기(structural mapping): 가족은 대개 한 성원에게 문제가 있는 것으로 이해한다. 하지만 가족치료사는 개인의 문제를 가족의 역기능적 상호작용의 결과로 이해하고 가족 전체가 변화함으로써 성원 모두에게 도움이 되도록 문제를 진단한다.
- 상호작용을 강조하고 수정하기(highlighting and modifying interactions): 가족의 역기능적인 상호작용 유형을 강조하고 수정하기 위해서는 현재의 균형상태를 깨뜨리기 위한 자극적인 방법이 필요하다. 구조적 가족치료사는 이를 위해 강도(intensity)를 사용하는데, 강도를 이루기 위해 정서, 반복, 지속 등을 선택적으로 사용한다. 예를 들면, 심한 떼를 쓰는 아동의 부모는 지속(duration)을 통해, 즉 아동이 아무리 떼를 써도 아동에게 지지 않고 아동이 포기할 때까지 기다림으로써 문제행동을 수정할 수 있다.
- 경계 만들기(boundary making): 치료자는 지나치게 유리된 혹은 밀착된 하위체계 간의 경계를 근접하게 하거나 혹은 경계 간에 어느 정도의 거리를 만든다. 예를 들면, 어머니가 지나치게 간섭하고 보호하는 청소년 자녀의 경우에는 어머니와 자녀 간에 경계를 만듦으로써 자녀의 자율성을 확보하도록 한다.
- 균형 깨뜨리기(unbalancing): 하위체계 간의 관계를 재배치함으로써 역기능적인 가족 내의 균형을 깨뜨리는데, 이를 위해 가족치료사는 일부 성원의 편을 들기도 한다.
- 비생산적 가정에 도전하기(challenging unproductive assumptions): 치료자는 가족성원의 현실에 대한 인지를 변화시키거나 정보와 충고를 제공하는 교사의 역할을 수행한다. 예를 들어, 부모가 어린 자녀의 발달을 이해하지 못한 채 '문제아'라는 부정적 낙인을 찍는 경우 아동 연령에 따른 기대행동에 대해 부모를 교육한다.

3) 사례 적용

아버지 톰과 어머니 프란은 아동방임으로 상담을 받도록 법원의 명령을 받았다. 그들은 부적절한 생활환경 때문에 세 아이의 양육권을 상실했다가 두 자녀 아서(9세)와 제니퍼(4세)의 양육권을 최근 회복하였고, 현재 두 살 난 아들 콜린의 양육권을 되찾기 위해 투쟁 중이다. 그들은 두 자녀 아서와 제니퍼가 끊임없이 욕을 하면서 몸싸움을 한다고 불평하였으며, 특히 부인은 남편이 집안일이나 부모역할을 잘 도와주지 않는다고 호소하였다.

구조적 치료자는 다음과 같이 개입할 수 있다. 초기단계에서는, ① 가족 규칙과 행동 유형, 구조에 합류하여 적응한다. ② 가족 구조와 경계를 사정한다. 중간단계에서는, ① 아이의 과잉행동 문제를 다루기 위해 세대 간 위계를 증가시키는 한편, 부모 하위체계를 재수립한다. 즉, 가족 내에서의 아버지 위치를 강화하기 위해 아버지 편을 들어 체계의 균형을 깬다. ② 어머니가 아이와의 관계에 덜 집중하고 아버지가 좀 더 적절히 자녀 양육에 참여하도록 도움으로써 가족 내 명료한 경계를 강화한다. 이를 위해 아버지가 아이와 더 많은 시간을 보낼 수 있도록 균형 깨기를 시도하고, 남성의 부모로서의 능력과 관련된 가족의 편견에 도전한다. 후기단계에서는, ① 방임 혐의가 가져올 결과에 부부가 대응하도록 돕고, 결혼관계를 재규정하고 명료화한다. ② 새로이 수립된 가족규범과 가족구조를 공고히 한다(Gehart & Tuttle, 2008: 62-63에서 발췌 요약).

3. 전략적 가족치료

전략적 가족치료(strategic family therapy)는 이론보다는 문제해결에 초점을 둔다. 따라서 문제에 대한 이해보다는 해결방법에 초점을 맞추며, 다양한 실용적인 개입방법을 제안한다. 치료자는 가족이 회기와 회기 사이에 많은 지시를 따르도록 하며, 가족의 동기를 최대화하고 변화에 대한 저항을 우회적으로 다루기 위해 역설적으로 지시(paradoxical directives)하거나 오히려 증상을 처방(prescribing the symptom)하기도 한다. 또한 치료자의 일방적인 지시보다는 관계나 정도, 시간상의 차이에 대해 가족의 의견을 이끌어 내는 순환적 질문하기(circular questioning) 기법을 제안한다(Boscolo, Cecchin, Hoffman, & Penn, 1987).

전략적 가족치료는 약물남용 및 행동장애 청소년 가족(Horigian, Feaster, Brincks, Robbins, Perez, & Szapocznik, 2015; Szapocznik, Zarate, Duff, & Muir, 2013), 대인기피증 자녀의 가족(유진희, 2015) 등에 적용되었다.

전략적 모델은 문제를 해결하려는 목적을 달성하는 방법에 따라 크게 MRI (Mental Research Institute) 집단, 헤일리(Haley)와 마다네스(Madanes)의 접근, 밀란(Milan) 모델로 다시 나눌 수 있다. 다음에서는 문제해결적인 치료기법을 중심으로 MRI 집단, 헤일리와 마다네스의 접근, 밀란 모델에 대해 각각 살펴본다.

1) MRI 접근

위클랜드(Weakland), 와츨라윅(Watzlawick), 피시(Fisch) 등으로 구성된 MRI 집단에 따르면, 가족의 문제는 해결하려는 가족의 시도에 의해 오히려 유지된다. 따라서 치료자의 과업은 문제를 해결하려 했지만 오히려 확대시키는 환류 고리를 변화시키는 것이다. 이를 위해 치료자는 문제 주변의 환류 고리를 규정하고, 이러한 상호작용을 유지하는 규칙을 발견하여 환류 고리 혹은 규칙을 변화시키는 방법을 찾는 데 초점을 맞춘다. 일단 문제와 목표가 분명하게 규정된 다음에는 가족이 해결하려고 시도하지만 오히려 문제를 유지하는 환류 과정이 무엇인지 찾는다. 예를 들면, 아들에게 여동생을 때리거나 괴롭히지 말라고 야단치는 부모는 아들에게 부모가 여동생을 더 사랑한다는 생각을 갖게 한다. 부모는 아들의 문제행동을 줄이기 위해 야단을 치지만, 이는 실제로 문제행동을 증폭시키는 영향을 준다. 이런 경우에 치료자는 부모가 이전 행동과는 다르게 행동하도록 조언한다. 즉, 야단치는 대신에 아들을 얼마나 사랑하는지 보여 줌으로써 안심시켜 문제행동을 줄이는 방법을 강구하게 한다.

앞에서 언급한 대로, 전략적 치료자는 문제를 유지하는 행동을 변화시키기 위해 가족이 역설적이라고 생각하는 방법을 지시하거나 증상을 처방한다. 예를 들면, 결혼 후에도 지나치게 간섭하는 부모에게서 독립하려고 시도해 왔지만 효과가 없었던 자녀에게 오히려 부모에게 더 의존하도록 지시함으로써 부모가 마침내 자녀의 의존이 부담스러워 더 이상 간섭하지 않도록 할 수 있다. 또한 가족이 우울해하는 가족성원을 비효과적으로 위로하기보다는 오히려 그 성원에게 우울해하도록 격려함으로써 가족이 더 이상 우울한 성원에 대한 죄책감을 느끼지 않도록 할 수 있다.

2) 헤일리와 마다네스의 접근

헤일리와 마다네스는 전략적 역설 기법을 많이 사용하지만, 치료의 궁극적인 목표로 가족의 위계를 확립하려는 구조적인 접근을 강조한다. 헤일리는 치료자의 지시로서 시련기법(ordeal technique)을 사용한다. 시련기법은 클라이언트에게 증상이 지닌 고통과 동일하거나 더 힘든 시련을 체험하도록 과제를 주어 그 증상을 포기하도록 하는 것이다(Haley, 1984). 치료자는 문제를 명확히 규정한 후에 증상이 재발될 때마다 고된 시련을 겪도록 과제를 준다. 예를 들면, 불면증이 있는 클라이언트에게 밤새워 책을 읽으라고 지시하거나 우울증을 호소하는 클라이언트에게 날마다 정해진 시간에 집중적으로 우울에 빠져 보라고 지시한다. 시련기법이 효과적이기 위해서는 증상이 없어질 때까지 시련 경험이 계속되어야 한다.

마다네스가 사용한 가장기법(pretend technique)은 증상을 가장하도록 지시하는 것으로, 예를 들면 증상을 보이는 자녀에게 마치 그 증상을 가지고 있는 것처럼 가장하고 부모는 자녀를 돕는 것처럼 가장하도록 지시한다. 자녀는 증상을 가장하는 것만으로도 가족기능이 유지되기 때문에 증상을 포기할 수 있다.

3) 밀란 모델

팔라쫄리(Palazzoli), 보스콜로(Boscolo), 체킨(Cecchin), 프라타(Prata)로 대표되는 밀란 학파는 주로 팀 접근방법을 사용하며, 치료 횟수를 10회 이내로 엄격하게 제한한다. 각 치료과정은 다섯 부분, 즉 사전회기(presession), 회기(session), 휴식(intersession), 개입(intervention), 사후회기(postsession)로 이루어진다(Boscolo, Cecchin, Hoffman, & Penn, 1987). 사전회기는 치료 팀이 가족을 만나기 전에 사전에 협의하는 과정으로 가족 문제에 대한 초기 가설을 세운다. 50~90분 정도로 진행되는 회기에서는 가족과의 면접을 통해 사전에 세운 가설을 증명하거나 수정한다. 치료 팀 가운데 한 치료자가 치료를 하고, 나머지 치료 팀 성원은 일방경 뒤에서 관찰한다. 회기 후에는 휴식시간을 갖는데, 이때 치료 팀은 가설에 대해 토의하고 개입을 결정한다. 치료자는 다시 가족에게 돌아가 5~15분 정도 개입한다. 개입은 주로 긍정적 의미부여(positive connotation), 의식(rituals) 등을 사용한 역설적 전략으로 이루어진다. 가족이 돌아간 후에 치료 팀은 사후회기를 가지고 가족의 반응을 분석하며 다음 회기를 계획한다.

밀란 학파가 강조하는 긍정적 의미부여는 가족의 증상이나 행동을 긍정적으로 재해석하는 기법이다. 예를 들면, 학교공포증이 있는 자녀의 어머니에게 "자녀가 학교에 가지 않으려는 이유는 혼자 있는 어머니의 말동무가 되고 싶기 때문이에요."라고 긍정적으로 재구성(reframing)함으로써 문제를 보이는 성원이 가족의 결속력을 유지시키려는 긍정적인 동기를 인식하고 치료에 참여할 수 있도록 촉진한다.

의식은 경직된 가족규칙이나 가정을 변화시키려는 목적으로 그와 반대되는 행동을 하거나 오히려 과장하는 행동을 하도록 처방하는 기법이다. 예를 들면, 확대가족과 지나치게 밀착되어 있는 가족에게 매일 저녁식사 후에 각 성원이 차례로 15분씩 확대가족에 대한 충실성을 확인하는 얘기를 하는 가족토론 시간을 갖도록 지시한다. 가족은 확대가족에 대한 충실성을 과장하게 됨과 동시에 확대가족과 분리된 가족만의 시간을 가짐으로써 충실성 규칙을 오히려 깨뜨릴 수 있게 된다.

또한 순환적 질문하기는 가족성원이 가지고 있는 제한적이고 단선적인 시각에서 벗어나 문제의 순환성을 깨닫도록 돕기 위한 기법이다. 다음은 순환적 질문하기의 예다(Nichols & Schwartz, 2004: 168-169).

질문: 카를로의 우울증으로 누가 가장 괴로운가요?

답변: 어머니요.

질문: 어머니는 카를로를 돕기 위해 어떻게 하시나요?

답변: 어머니는 카를로와 몇 시간씩 이야기를 하고 그를 위해 무언가를 하려고 하세요.

질문: 어머니의 카를로를 돕는 방법에 누가 가장 동의하나요?

답변: 약을 처방하는 정신과 의사예요.

질문: 누가 반대하나요?

답변: 아버지요. 아버지는 카를로가 원하는 것을 허용해서는 안 된다고 생각하세요.

질문: 누가 아버지 생각에 동의하나요?

답변: 우리 모두는 카를로가 너무 어린애 취급을 받는다고 생각해요. 할머니도 그래요. 할아버지는 아마 어머니 의견에 동의하실 테지만 돌아가셨어요.

질문: 카를로가 우울해하기 시작한 것이 할아버지가 돌아가시기 전인가요 후인가요?

답변: 아마 돌아가시고 얼마 되지 않아서인 것 같아요.

질문: 할아버지기 돌아가시지 않았더라면 지금 가족은 어떻게 달라졌을까요?

답변: 할머니가 우리와 함께 사시지 않았을 테니까 어머니와 할머니가 그렇게 많이 싸우시지 않았을 거예요. 그리고 어머니도 항상 슬프지 않았을 거예요.

질문: 어머니와 할머니가 그렇게 많이 싸우지 않으시고 어머니가 슬퍼하시지도 않았다면 카를로는 어떻게 되었을 것 같아요?

답변: 카를로는 아마 지금보다 행복해졌을 것 같아요. 하지만 아버지와 다시 싸웠을 거예요.

이렇게 치료자는 질문을 통해 가족이 카를로의 문제를 정신과적인 문제에서 가족구조의 변화에 따른 적응의 문제로 옮겨 가며, 단선적인 시각에서 벗어나 문제의 순환성을 깨닫도록 돕는다.

4. 해결중심 가족치료

해결중심 치료(solution focused therapy)는 드 셰이저(de Shazer)와 버그(Berg)가 발전시킨 접근으로서 앞의 MRI 이론에 뿌리를 두고 있다. 해결중심 치료는 명칭에서도 드러나듯이, 문제 중심적인 관점에서 벗어나 개입의 초반부터 해결방안을 모색할 것을 강조한다. 또한 해결중심 가족치료사는 가족이 이미 문제를 해결할 수 있는 능력과 자원을 가지고 있다고 전제하고, 가족의 강점, 긍정적인 것, 이미 성공한 것을 찾아내고 강화하며 확대하는 데 주력한다. 국내외 문헌에 의하면, 해결중심 가족치료는 학교 내 아동상담, 부부상담에 적용되거나(Suitt, Franklin, & Kim, 2016) 중풍환자 돌봄가족(Plosker & Chang, 2014), 모녀 갈등관계(Clarke, 2014), 이혼가정(김영혜, 김종남, 2013; 김윤경, 이다미, 2011), 문제행동 청소년 가정(이다미, 2014) 등 다양한 상황에 적용되는 것으로 나타났다.

해결중심 치료에서는 독특한 질문기법을 발전시켰는데, 예외질문, 기적질문, 척도질문 등은 자주 활용되는 대표적인 질문이다.

1) 예외질문

예외질문(exception question)이란 가족이 현재 가지고 있는 문제가 발생하지 않는 '예외' 상황을 탐색하고, 이런 예외를 확장하기 위해 가족이 무엇을 해야 할지에 대한 단서를 찾아내기 위한 질문이다. 예외질문은 "언제 문제가 발생하지 않았습니까?" "문제가 발생하는 상황과 발생하지 않는 상황에 어떤 차이점이 있습니까?" "문제가 발생하지 않을 때 무엇을 합니까? 다른 가족은 무엇을 합니까?" "어떻게 하면 문제가 발생하지 않을 것 같습니까?" 등이다(노혜련, 김윤주, 2014; 송성자, 2001). 대부분의 클라이언트는 문제에 몰두하여 부정적인 사고를 하는 경향이 있기 때문에 예외질문을 통해 해결방안을 찾아가도록 도울 수 있다.

2) 기적질문

기적질문(miracle question)은 문제가 해결된 상태를 상상해 보고, 해결하기 원하는 것을 구체화하고 명료화하기 위한 질문이다. 기적질문은 다음과 같이 이루어진다(노혜련, 김윤주, 2014; 송성자, 2001).

- 밤에 자는 동안에 기적이 일어나 지금 치료목표로 하는 문제가 해결되었다고 합시다. 그러나 잠자는 동안에 기적이 발생하여 무슨 일이 생겼는지 아무도 모릅니다. 아침에 눈을 떴을 때 무엇을 보면 지난 밤 동안에 기적이 일어났다고 생각하겠습니까?
- 당신은 처음에 무엇을 보면 기적이 일어났다고 생각하겠습니까?
- 당신에게 변화가 일어난 것을 다른 가족은 무엇을 보고 알 수 있겠습니까?
- 그런 행동이 최근에 언제 있었습니까?
- 그런 행동을 계속하려면 어떻게 해야 할까요?
- 기적이 일어난 것같이 하려면 무엇부터 시작해야 할까요?
- 기적이 이미 일어나고 있는 것을 알 수 있는 아주 작은 신호는 무엇일까요?

가족은 기적질문을 통해 문제해결 마인드를 가질 수 있을 뿐 아니라 기적이 일어났을 때 달라질 수 있는 일을 실제로 수행함으로써 문제해결을 위한 노력을 기울이게 된다.

3) 척도질문

척도질문(scaling question)은 문제해결, 관계, 자아존중감, 동기 등의 수준을 수치로 표현하게 함으로써 다음 단계로 발전하기 위해 무엇을 해야 할지 구체적으로 탐색하기 위한 질문이다. 예를 들어, 문제해결에 관한 척도질문으로는 "1에서 10까지의 척도에서 10은 문제가 해결되었다고 확신하는 것을 말하고 1은 문제가 가장 심각할 때를 말합니다. 오늘은 몇 점에 해당합니까?" "클라이언트가 현재의 상태를 3점이라고 했다면 3점에서 4점으로 변화할 때 무엇이 달라질 것 같습니까?" 등이 있다(노혜련, 김윤주, 2014; 송성자, 2001).

해결중심 치료자는 회기 중 휴식시간을 가지면서 주로 치료 팀과 함께 치료 메시지를 작성하고 휴식시간이 끝난 후 클라이언트에게 전달한다. 치료 메시지는 크게 칭찬, 연결, 과제의 세 부분으로 이루어진다.

- 클라이언트의 강점, 자원, 클라이언트가 문제해결을 위해 성공적으로 수행한 것 등을 칭찬한다.
- 칭찬과 과제를 연결한다. 클라이언트의 능력과 자원이 과제 수행에 도움이 될 것이라는 메시지를 전달함으로써 과제 수행의 동기를 제공한다.
- 과제를 전달한다. 과제는 행동적인 과제뿐 아니라 관찰하거나 생각하는 과제를 포함한다.

4) 사례 적용

레이날도와 수는 30대 중반의 부부다. 그들은 현재 아이가 없지만 가까운 미래에 아이를 갖고 싶다고 말했다. 그들은 둘의 관계에서 일어나는 갈등을 해결할 수 없어 처음으로 상담을 시작했다. 갈등이 생기면 레이날도가 폭발해 언성을 높이고 언어적으로 학대를 가하므로 수가 위축된다고 했다. 레이날도는 자신이 어렸을 때부터 이와 같은 불합리한 행동을 하였으며, 부모님은 이런 감정 폭발을 종종 무시했다고 말했다. 수는 그들이 아이를 갖기 전에 고함과 언어적 학대가 멈춰야 한다고 말했다.

해결중심 치료자는 다음과 같이 개입할 수 있다. 초기단계에서는 ① 부인과 남편이 지지적인 관계를 성립하고 유지한다. 특히 강점, 자원, 해결책을 경청하고 강조한다. ② 레이날도의 감정 폭발과 수의 위축에 관한 혹은 이 부부의 갈등 해결 능력에 관한 예외, 가능성, 해결책을 확인하는 과정을 시작한다. ③ 긍정적인 용어로 언급된 구체적이고 성취 가능한 목표를 확인하고 설정한다. 이 과정에서 목표를 설정하기 위해 기적질문을 실시하거나 현재의 상태를 사정하고 목표를 향한 작은 진전을 확인하기 위해 척도질문을 실시한다. 중간단계에서는, ① 부부 사이에 문화적 차이와 유사성을 강조하고 부부간의 존중하는 의사소통 교환을 증가시킨다. ② 부부가 분노 폭발 혹은 위축됨 없이 갈등을 해결하도록 돕는다. 특히 부부가 언제 성공적으로 갈등을 해결할 수 있었는지 예외를 모니터하고 성공적 결과를 초래하는 요인을 규명한다. 후기단계에서는, ① 부부가 자녀양육과 자녀를 두는 것에 대해 준비하도록 지원한다. ② 진전과 목표의 달성을 강조하고 부부의 강점과 자원, 해결책을 확인하면서 예상되는 도전에 대처하는 계획을 세운다(Gehart & Tuttle, 2008: 277-278에서 발췌 요약).

5. 인지행동 가족치료

학습이론과 인지이론을 가족의 문제에 적용하는 인지행동 가족치료는 성원의 인지 왜곡을 현실적으로 검토하고, 성원 간의 보상교환(rewarding exchanges) 비율을 높이는 한편 혐오교환(aversive exchanges)을 줄이며, 의사소통과 문제해결 기술을 교육하는 데에 초점을 맞춘다. 어떤 모델보다도 주의 깊게 사정하고 평가하는 이 모델의 특성은 치료 전의 행동과정에 대한 사정, 진행 중인 치료에 대한 분석, 치료 결과에 대한 평가에서 명확하게 나타난다.

인지행동치료는 아동 불안·행동장애(박완주, 박신정, 황성동, 2015; 백은영, 채규만, 2015; Ale, McCarthy, Rothschild, & Whiteside, 2015), 소아조울증 가족(West, Weinstein, Peters, Katz, Henry, Cruz, & Pavuluri, 2014), 부부관계·부모훈련(김희정, 김정민, 2015; Belanger, Laporte, Sabourin, & Wright, 2015), 치매가족(Losada, et al., 2015), 난임여성 및 산후우울증(강은영, 김정민, 정하나, 2015; Sockol, 2015) 등 다양한 상황에 적용되었다. 다음에서는 행동주의적 부모훈련과 부부치료, 인지행동 가족치료 사례에 대해 간략하게 살펴본다.

1) 부모훈련

행동주의 이론에 따르면 자녀의 문제행동은 부모의 비효과적인 강화 조건부(contingencies of reinforcement)에 의해 지속된다. 체계론적 관점을 적용한 행동주의 이론가는 더 나아가 상호강화(reciprocal reinforcement) 유형을 제시한다. 즉, 부모의 행동이 자녀의 문제행동을 유발하고 유지하는 데 기여함과 동시에 자녀의 문제행동도 부모의 행동을 유발시킬 수 있다는 것이다. 다음과 같은 예를 들 수 있다. 슈퍼마켓에서 어린 딸이 어머니에게 과자를 사 달라고 조를 때 어머니가 사 줄 수 없다고 얘기하자 딸은 울면서 떼를 쓰기 시작한다. 어머니는 딸에게 떼를 쓴다고 과자를 사 줄 거라는 생각을 하지 말라고 얘기하지만 딸이 더욱 큰 소리로 심하게 떼를 쓰자 어머니는 포기하고 조용히 하면 과자를 사 주겠다고 말한다. 결국 딸의 떼를 쓰는 행동이 강화되었으며, 어머니 역시 과자를 사 주겠다고 약속한 후에 딸이 조용해졌으므로 포기하는 행동이 강화되었다. 이렇게 상호강화에 의해 바람직하지 않은 행동의 나선(spiral)이 유지될 수 있다.

행동주의적 부모훈련에서 치료자는 주로 교사의 역할을 수행한다. 치료자는 먼저 부모에게 구체적인 문제행동과 관련된 부모와 자녀의 상호작용에 대해 기술하도록 돕는다. 문제가 구체화되면 자녀의 행동을 수정하기 위한 다양한 기법을 제공한다. 부모훈련에서 주로 사용하는 행동수정 기법으로는 조성(shaping), 토큰경제(token econimies), 조건부 관리(contingency management), 타임아웃(time out), 프리맥 원리(Premack principle) 등을 들 수 있다. 치료자는 부모에게 이런 기법을 효과적으로 사용하는 방법과 목표달성 정도를 경험적 분석에 의해 모니터하고 평가하는 방법을 가르치는 데 주력한다.

행동주의적 부모훈련의 예를 다음과 같이 들 수 있다. 어머니는 다섯 살 난 아들 아담에게 방 정리를 시켰지만 전혀 말을 듣지 않았고 사탕, 돈, 장난감 등을 이용한 보상을 시도했지만 전혀 소용이 없었다. 가족치료사와 어머니는 아담이 좋아하는 행동을 분석하였다. 아담이 가장 선호하는 행동은 TV시청, 자전거 타기, 뒤뜰에서 진흙 놀이하기였다. 어머니는 아담이 방을 정리하는 경우에만 이와 같은 행동을 허용하였고 아담은 방 정리하는 것을 빠르게 습득하였다(Nichols, 2015: 324).

2) 부부치료

행동주의 가족치료사는 부부갈등을 일으키는 강화 유형을 다음과 같이 기술하였다(Azrin, Nester, & Jones, 1973: Nichols & Schwartz, 2001: 274에서 재인용).

- 결혼을 통해 너무 적은 강화를 받는다.
- 부부 강화에 대한 욕구가 너무 적다.
- 부부 강화가 더 이상 만족을 주지 않는다.
- 새로운 행동이 강화되지 않는다.
- 한쪽 배우자는 받는 것보다 더 많은 강화를 준다.
- 결혼이 결혼 외 만족과 대립한다.
- 만족을 주는 부분에 대한 의사소통이 적절하지 않다.
- 혐오통제가 정적 강화보다 많다.

특히 부부불화의 결정적 요인은 혐오통제—잔소리, 울기, 철회 혹은 위협—로서, 혐오행동으로 주로 반응하는 부부는 정적 대안을 조성하지 못하고 서로에 대해 점점 더 부정적으로 반응하게 된다. 치료자는 부부가 서로에 대한 혐오행동을 줄이고 정적 행동을 늘림으로써 서로에 대한 만족을 증진시키는 데 초점을 맞춘다. 치료자는 또한 지시(instruction), 모델링, 역할연습, 구조화된 연습(structured exercises), 행동시연(behavior rehearsal), 환류 등을 통해 부부가 배우자에게 서로 바라는 행동에 대해 구체적이며 긍정적인 용어로 요구하도록 교육한다. 또한 부부가 서로 불평하기보다는 비판에 대해 직접적으로 반응하며, 서로의 말을 중단하지 않고 경청하는 방법 등의 의사소통 기술 혹은 문제해결 기술을 습득하도록 교육한다.

3) 사례 적용

에디는 딸 록산느(17세)와 큰 아들 로버트(15세), 작은 아들 데릭(12세)을 위해 상담을 요청했다. 에디는 그의 아내가 6개월 전에 죽고 난 후로 록산느가 말없이 집을 나가곤 했고 로버트는 말대꾸를 한다고 말했다. 사별 직후에 가족은 3개월 간 애도상담(grief counseling)을 받았다.

치료자는 인지행동 접근으로 다음과 같이 개입할 수 있다. 초기단계에서는, ① 가족구성원에 대한 존중감을 유지하며 치료적 관계를 형성한다. ② 록산느와 로버트의 문제를 확인하고 개인과 가족 기능의 기초선을 확립한다. 이를 위해 록산느와 로버트가 자신의 행동을 모니터하여 기초선 기능을 추적하게 한다. 록산느와 로버트의 의사소통 문제와 관련된 가족의 인지구조를 확인한다. 중간단계에서는, ① 록산느가 아버지에게 알리지 않고 집을 나가는 행동을 줄이고 적절한 의사소통을 증가시킨다. 이를 위해 치료자는 세부적인 정적 강화와 부적 강화를 확인하여 원하는 행동을 구성하고, 아버지에게 일관된 강화의 중요성에 대해 교육한다. 슬픔과 상실 문제를 강조하면서 문제행동을 지지하는 부정적 귀인 속성과 관련된 가설에 대해 조사한다. ② 로버트의 아버지에게 말대꾸하는 행동을 줄이고 적절한 의사소통을 증가시킨다. 치료자는 정적·부적 강화를 확인하여 로버트의 바람직한 행동을 형성한다. 로버트가 아버지에게 말대꾸하는 행동을 유지시키는 가족 인지구조, 부정적 귀인 속성 및 관련 가설에 대해 조사한다. 후기단계에서는, ① 어머니의 죽음과 관련된 슬픔을 줄이고 한부모가족에 적응하도록 돕는다. 특히 록산느와 로버트의 문제행동을 지속시키는 어머니의 상실과 관련된 자녀의 비합리적 신념을 확인한다. 자녀와의 적절한 의사소통에 대해 아버지가 모범을 보이도록 격려하고, 가족이 행동과 규칙을 수행하도록 격려한다. ② 록산느와 로버트의 문제행동을 제거하고 만족스러운 의사소통 수준을 유지한다. 필요한 경우 심리교육이나 지지집단에 의뢰한다. 종결 전 앞으로도 변화를 유지시킬 수 있는 강화를 확인한다(Gehart & Tuttle, 2008: 251-253에서 발췌 요약).

6. 정신분석 가족치료

정신분석이론은 개인의 내면적 역동에 관한 이론이므로 체계론적 관점을 강조하는 가족치료이론과 모순되는 점이 있다. 클라인(Klein), 건트립(Guntrip), 페어베언(Fairbairn), 위니콧(Winnicott) 등에 의해 제기된 대상관계이론(object relations theory)은 정신분석과 가족치료를 연결해 주는 교량 역할을 하지만, 정신분석 가족치료는 정신분석과 체계론적 관점의 통합이라기보다는 절충적인 혼합으로 볼 수 있다(Nichols, 2015). 따라서 정신분석 가족치료사는 가족 전체의 변화보다는 가족 내의 개인이 성장하도록 도우며, 주로 과거가 현재에 미치는 영향에 초점을 맞춘다. 다음에서는 애커먼(Ackerman), 보스조르메니-내기(Boszormenyi-Nagy) 등으로 대표되는 정신분석 가족치료의 이론과 개념, 기법에 대해 간략하게 살펴본다.

1) 치료이론과 개념, 기법

대상관계이론에 따르면 현재의 관계는 어린 시절의 경험에 의해 형성된 기대에 의해 이루어진다. 어린 시절의 경험은 무의식적인 잔여물로 남아 자기 자신과 다른 사람에 대한 정신적 이미지인 내부 대상(internal objects)을 형성한다. 유아의 첫 내부 대상은 주요 보호 제공자인 어머니이며, 어머니와의 긍정적 혹은 부정적 경험에 따라 내부 대상은 좋거나 나쁜 이미지로 분리(splitting)된다. 하지만 이유기가 되면 유아는 어머니를 좋기도 하고 동시에 나쁘기도 한 사람으로 경험하게 된다.

아동이 성장함에 따라 대상관계의 내재화가 일어나는데, 내사(introjection)는 가장 원시적인 내재화의 형태다. 아동은 이 내사를 통해 자신과 대상에 대한 좋은 혹은 나쁜 내부 대상을 경험한다. 예를 들어, 어머니가 소리를 지르면 나쁜 어머니와 가치 없는 자기 이미지가 저장된다. 동일시(identification)는 좀 더 수준 높은 내재화다. 내사에서 대상과 자기 이미지가 구분되지 않았다면, 동일시에서는 구분된다. 자아정체감(ego identity)은 가장 세련된 내재화로서 자신에 대한 통합적이고 지속적인 정체감을 형성하게 된다.

정상적인 발달을 위해 유아에게는 완벽한 환경보다는 '평균적으로 기대할 수 있는 환경(average expectable environment)'이 필요하다. 부드럽고 반응적인 부모는 유아의 전적인 의존을 수용하고, 아동이 성장해 감에 따라 점차 자율성을 지지하여 아동이 다른 사람과의 관계를 통해 자신의 인생을 찾을 수 있도록 양육한다. 부모가 아동을 거부하거나 혹은 아동의 분리를 수용하지 못하고 과잉보호하는 경우, 아동은 병리적 대상을 내재화하여 긍정적 형태의 동일시로 발전하지 못하거나 다른 사람과 적절히 분리되면서 결속된 자기를 형성하지 못하게 된다. 이는 성인이 되어서도 다른 사람과의 관계에 영향을 미친다.

정신분석 가족치료사는 가족성원의 무의식적인 대상관계를 분석함으로써 성원의 통찰과 이해, 성장을 촉진시키는 데 초점을 맞춘다. 치료자는 가족의 대화 혹은 행동 속에 무의식적으로 억압되어 있는 과거의 잔여물을 탐색하고, 성원과 과거를 훈습(working through)한다. 가족의 저항을 극복하기 위해 치료자는 필요에 따라 자기노출과 직면을 사용하며 전이기법을 활용한다. 직면(confrontation)은 가족의 행위가 원하는 것과 어떻게 모순되거나 갈등을 야기하는지 지적하는 것이다. 즉, 가족과 함께 더 많은 시간을 보내고 싶다고 주장하는 아버지가 여전히 늦게까지 회사에서 일하는 경우, 치료자는 아버지가 이를 자각하게 하고 대처전략을 바꾸어 좀 더 효과적인 역할을 할 수 있도록 돕는다. 전이(transference)는 가족성원이 치료자를 해결되지 않은 관계에 있는 중요한 타인으로 간주하여 자신의 감정, 태도, 소망을 치료자에게 투사하게 하는 것이다. 이를 통해 가족성원은 갇혔던 감정 표현, 자기발견, 통찰과의 상호작용을 통해 좀 더 앞으로 나아갈 수 있다 (Gladding, 2015: 383-385).

2) 사례 적용

맏아들인 알렉스의 무기력, 초조, 학교 부적응의 문제를 호소한 H씨 가족은 교육수준이 높은 부유한 가족이다. 가족 중에 알렉스만 증상을 보이는데도 치료자는 가족 모두를 만나기 원했다. 첫 면접에서 가족은 매우 예의 바르고 품위가 있었다. 알렉스는 학교에 대한 관심 부족과 좌절에 대해 설명하였고, 부모는 때로는 지지적으로, 때로는 비판적으로 그에 대한 관심을 표현하였다. 알렉스의 여동생 수잔은 명랑하고 강했으며, 오빠에 대해서는 별 관심을 보이지 않고 오빠보다는 가족 밖의 자신의 활동에 대해 얘기했다.

치료자는 처음에 알렉스 외에는 가족에게 아무런 문제가 없다고 생각했다. 그러나 차츰 시간이 지나면서 부부가 알렉스에 대해 어떻게 반응해야 하는지가 서로 일치하지 않는다는 점을 발견했다. H씨 부부는 점차로 치료에서 안전하다고 느낌에 따라 공개적으로 논쟁을 했다. 이 과정에서 치료자는 그들의 논쟁을 중단하지 않고 수용하려고 노력하였는데, 이에 H씨 부부는 치료자에 의해 보호받고 있다고 느끼게 되었고 점점 더 비판적으로 논쟁을 했다.

치료자는 부부간에 숨겨진 갈등이 드러남에 따라 부부 각자의 아동기에 대해 탐색하였다. 어린 시절 남편은 히스테리를 부리는 어머니에게 도전하지 않음으로써 어머니를 기쁘게 하는 방법을 배웠으며, 더욱이 어머니에게 정적 반응을 기대하지 않았기 때문에 어머니와 함께 있는 것을 가능한 한 멀리했다. 부인은 지배적인 성향의 어머니와는 긴밀한 관계였으나, 직업적으로는 성공했지만 아내에게 지지적이거나 자녀의 양육에는 별로 관여하지 않았던 아버지를 무시했다.

어린 시절의 대상관계에 대해 집중적으로 탐색한 후, 치료자는 부부의 갈등행동을 해석하였다. 부인이 지적한 대로 남편은 부인의 이해나 지지를 기대하는 대신에 철회하여 자녀에게 사랑을 쏟아 왔다. 결혼 초기에 부인은 남편에게 시간을 같이 보내고 관심을 가져 주기를 요구했지만, 결국 부인의 어머니가 아버지에게 했던 것처럼 남편의 철회를 수용하고 분노와 실망을 아들에게 돌리게 되었다. 부부는 세련된 어른이었지만 무의식적으로 어린아이처럼 행동하였다. 즉, 남편은 비판적인 어머니로부터 숨는 아이처럼 행동했으며, 남편과의 관계 부족에 분노한 부인은 버릇없는 딸처럼 행동하고 있었다(Nichols & Schwartz, 2004: 225-226에서 발췌 요약).

이 사례는 정신분석 가족치료사가 대상관계의 영향을 분석함으로써 가족의 갈등을 해소하는 과정을 보여 준다. 치료자는 가족성원이 자기 자신에 대해 통찰할 수 있을 뿐 아니라 다른 성원에 대해 이해하도록 도우며 가족의 성장을 도모하였다.

다음은 정신분석 가족치료의 또 다른 사례다. 5년 전 남편 로베르토와 이혼하고 홀로 딸 글로리아(13세)와 아들 후앙(11세)을 키우고 있는 펠리시아(39세)는 좋은 직장에서 일하고 있지만, 많은 경제적인 혜택이 있는 만큼 직장에서의 책임이 크고 아이들과의 친밀감을 잃어버리고 있다고 느끼고 있다. 이혼 전 10여 년을 함께 산 남편은 이혼 후에도 약 2년간 아이들과 연락했지만, 그 후 먼 도시로 이사 갔고 작년에 아무도 몰래 재혼했다. 최근 후앙은 욕설을 사용하거나 엄마와 누나의 말을 안 듣고 무시하기 시작했으며, 집안일도 잘 안 돕고 방과 후 비행 아이들과 어울려 다닌다. 반면, 글로리아는 학교 성적이 좋고 청소도 잘 도우며 엄마를 기쁘게 하기 위해 노력하여 펠리시아는 글로리아를 매우 자랑스럽게 생각한다. 펠리시아는 이렇게 정반대인 아이들이 결국 그 누구에게도 유익하지 못한 패턴으로 고정될까 봐 걱정하고, 특히 후앙에 대한 고민이 깊다. 치료자는 가족구성원들의 대상관계의 영향을 분석하여, 가족성원이 자기 자신에 대해 통찰하고 다른 성원에 대해서도 이해하도록 돕고자 한다. 먼저, 가족구성원이 전이에 참여해서 그들의 감정을 표출하게 한다. 이 기회를 통해 가족성원들이 자신의 현재 행동과 원하는 행동을 직면할 수 있다("후앙, 나는 네가 어머니와 누나와 가까워지기를 진정으로 원하고 있다고 생각해. 그런데 너는 그들에게 욕설을 퍼붓고, 그들로부터 멀어지려고 하는 것 같거든. 지금 네가 하고 있는 행동이 너를 어떻게 돕고 있는지 내가 이해할 수 있게 말해 주겠니?"). 무의식의 수준에서 이 가족은 아버지 로베르토가 자신들을 버렸다는 사실에 대한 분노를 느끼고 있다. 펠리시아와 글로리아가 영웅과 같은 역할을 하는 반면, 후앙은 반역자의 역할을 담당하고 있는데, 결국 후앙은 치유받아야 할 가족을 대신하는 희생양의 역할을 하는 것이다. 이러한 무의식의 탐구는 가족구성원 간의 상호관계뿐만 아니라 자기 내적으로 자신에 대해 깊이 생각하며 이를 통해 자신과 타인에 대한 통찰력을 얻을 수 있고, 이 통찰력은 자신의 행동을 바꾸는 데 사용할 수 있다

(Gladding, 2015: 391-394에서 발췌 요약).

7. 보웬 가족치료

보웬은 정신분석에서 출발하여 하나의 독립된 가족치료 모델을 제안하였다. 보웬 이론에 따르면 인간은 부모에 대한 해결되지 않은 정서 반응을 가지고 있으며, 새로운 깊은 관계를 형성할 때 과거의 유형을 반복한다. 성숙하고 건강한 인격을 형성하기 위해서는 가족에 대한 해결되지 않은 정서적 애착을 수동적으로 수용하거나 거부하기보다는 적극적으로 해결하여야 한다. 보웬 가족치료는 이혼위기의 부부(박태영, 김선희, 유진희, 안현아, 2012; 윤경자, 2015; 조지용, 박태영, 2011; Park, 2014), 고부갈등 부부(박태영, 박진영, 하태선, 2011), 불안정애착 모자가족(이다미, 2013), 자해행동·문제행동 자녀가족(박태영, 유진희, 2012; 박태영, 조지용, 2012) 등에 적용되었다.

다음에서는 보웬 이론을 구축하는 기본 개념과 치료기법에 대해 알아본다.

1) 치료이론과 개념

(1) 자아분화

보웬 이론의 핵심인 자아분화(differentiation of self)는 감정과 사고의 분리, 자신과 다른 사람의 분리를 모두 포함한다. 자아가 분리되지 않은 사람은 가족성원의 지시에 감정적으로 행동하거나 특히 중요한 일에 대해 자율적인 정체성을 갖지 못하고 다른 사람과 자신의 생각을 혼동한다. 또한 원가족과 미분화된 사람은 새로운 가족을 형성할 때 계속 미분화된 가족을 이루게 된다. 자아가 분화된 사람은 자신의 생각이 분명하고 자신이 믿는 대로 행동하며, 다른 사람의 영향에 좌지우지되지 않는다. 또한 결혼 후에도 원가족과 친밀하면서 적절히 분화된 관계를 형성한다.

(2) 삼각관계

가족구조 안에서 두 사람의 관계에 불안 수준이 높아지면 제삼자를 끌어들여 삼각관계(triangle)를 형성한다. 삼각관계의 고전적인 예는 부부 사이에 긴장관계를 해소하기 위해 한쪽 부모가 지나친 에너지와 관심을 자녀에게 쏟게 되고 그 자녀가 문제행동을 보이는 경우다. 일반적으로 가족 내에서 가족성원의 분화가 낮을수록 삼각관계의 가능성은 높아지며, 문제를 해결하기 위해 삼각관계에 의존함으로써 성원의 낮은 분화 상태는 더욱 고착된다.

(3) 가족투사 과정

부모는 가족투사 과정(family projection process)을 통해 자신들의 미성숙과 미분화를 자녀에게 전수한다. 예를 들면, 원가족에게서 단절된 남편은 자신의 부인을 냉정하게 대하고 부인은 상대적으로 자녀에게 집중적인 관심을 두게 된다. 부인은 특히 한 자녀와 정서적으로 융합하여 따뜻하지만 의존적이고 때로는 갈등적인 관계를 형성하며, 자신의 불안에서 벗어나기 위해 자녀를 지나치게 통제하려 한다. 투사과정의 대상인 자녀는 어머니에게 애착되어 적절한 자아분화가 이루어지지 않은 상태에서 심리적인 문제를 일으키게 되고, 이에 따라 더 많은 관심을 필요로 하게 된다.

(4) 다세대 전수과정

가족 내의 정서 반응은 핵가족으로 그치는 것이 아니라 여러 세대에 걸쳐 일어나는 다세대 전수과정(multigenerational transmission process)이다. 따라서 자녀의 문제는 자녀 혹은 부모의 문제라기보다는 여러 세대에 걸쳐 일어나는 행동과 반응의 결과로 볼 수 있다. 정서적 융합 혹은 단절 역시 세대 간에 전수된다.

(5) 정서적 단절

정서적 단절(emotional cutoff)은 세대 간 미분화의 결과로 나타나며, 정서적 융합이 클수록 정서적 단절은 더 클 수 있다. 성인이 되어 원가족을 떠날 때 정서적 단절 혹은 대체적인 정서적 은신처로 도주하는 것이 아니어야 하며, 새로운 가족을 형성하기 위해 배우자와 합류하기 전에 자율적인 자아를 확립하는 것이 무엇보다 중요하다.

2) 치료기법

보웬 가족치료사는 가족성원이 상대적으로 분화되며, 불안 수준이 낮고, 부모는 원가족과 좋은 정서적 관계를 형성하도록 돕는다. 치료자는 성원이 가족의 중요성을 부인하거나 독립을 과장하는 경우에 오히려 정서적 단절을 의심해 볼 수 있다. 가족과 정서적 접촉의 빈도와 친밀성을 증가시키며, 때로는 원가족과의 관계를 재정립하기 위한 기법을 주로 활용한다.

보웬은 가족 전체를 치료 현장에 반드시 참여시키지 않고 때로는 한 사람을 대상으로 치료하기도 하며, 자녀가 증상을 가지고 있을지라도 문제는 가족의 정서체계에 있으므로 부모만을 대상으로 치료하기도 한다. 보웬 가족치료사는 부부간의 정서적 긴장을 유발하지 않기 위해 직면 혹은 해석하는 기법보다는 부드럽게 질문함으로써 감정을 완화시키고 어려움을 야기한 원인에 대해 생각하도록 돕는다.

3) 사례 적용

아버지가 사망한 후 어머니(55세)는 큰아들(32세)이 가족을 부양해 주기를 원하였지만, 큰아들은 어머니의 기대와는 달리 결혼하여 분가하였다. 어머니는 가장의 역할을 회피한 큰아들에게 반감을 드러내고 비난하였고, 어머니와 딸은 큰아들을 배제한 삼각관계를 형성하였으며, 아들은 어머니와 정서적 단절을 선언하였다. 이런 상황에서 며느리(32세)가 가족치료에 참여하도록 가족을 권유하였다.

치료자는 가족의 체계적 특성으로서 홀어머니의 미분화된 자아 상태와 큰아들의 원가족과의 정서적 단절, 가족 내 부적절한 경계선, 가족성원 간의 갈등을 오히려 유지시키는 의사소통방식에 주목하였다. 치료자는 가족구성원과 치료

적 동맹관계를 형성하였고, 가족에게 적극적 경청, 솔직한 감정 표현 등의 새로운 의사소통방식을 지도하였으며, 세대 간 반복되는 행동 유형을 조명하였다. 또한 어머니의 원가족 경험과 원가족의 역기능적 의사소통방식이 세대를 이어서 반복되는 점을 가족이 인식하도록 도왔다. 치료 회기가 거듭될수록 가족의 기능적 의사소통이 활성화되었고, 경계선이 새롭게 구조화되었으며, 가족의 자아가 분화되고 가족성원에 대한 인식이 변화하였다(박태영, 김태한, 2008에서 발췌 요약).

이 사례는 보웬 가족치료와 MRI 가족치료, 구조적 가족치료를 적용함으로써 가족관계가 향상된 결과가 보고된 사례다. 보웬 가족치료와 관련하여 치료자는 원가족과 미분화된 어머니가 역시 미분화된 가족을 이룸으로써 관계 유형이 세대 간 전수되는 과정을 보여 주고 있다. 치료과정에서 가족 내 반복되는 관계 유형을 가족이 인식하도록 도왔고, 이를 통해 가족관계가 증진되는 치료 효과가 나타났다.

8. 경험적 가족치료

1) 개념과 기법

인본주의적이고 현상학적인 사고의 영향을 받은 휘태커(Whitaker), 사티어(Satir), 네이피어(Napier) 등으로 대표되는 경험적 가족치료사는 개입의 90%는 기술(art)이고 나머지 10%만이 과학(science)이라고 주장한다. 따라서 치료에서 중요한 것은 기법이 아니라 치료자가 최선을 다하는 개인적인 관여(personal involvement)이며, 무엇보다 치료자 자신이 개방적이고 정직하며 자발적이어야 가족에게 '참된 개인(real person)'이 되도록 가르칠 수 있다고 강조한다.

사티어는 가족치료의 목적을 세 가지로 정리하였다(Nichols, 2015: 251). 첫째, 가족구성원들은 듣고, 느끼고, 생각하는 모든 것을 다른 구성원들 앞에서 진솔

하고, 정직하게 말할 수 있어야 한다. 둘째, 권위적이기보다는 서로의 고유성을 존중하면서 의견을 교환하고 협상하면서 결정을 내린다. 셋째, 개인 간의 차이는 반드시 인정해야 하며 이러한 차이는 성장을 위해 사용되어야 한다.

경험적 가족치료사는 가족성원이 각자 자신의 감정과 욕구에 민감하고 그것을 가족과 나누며, 기쁨뿐 아니라 실망, 두려움, 분노에 대해서도 대화하고 수용할 수 있도록 돕는 데 초점을 둔다. 이를 위해 가족의 결속과 바람직한 의사소통을 강조한다. 사티어는 치료자가 서로를 배려하고 수용하는 방법을 가족에게 제시함으로써 가족이 두려움을 극복하고 서로에게 자신의 마음과 경험을 개방할 수 있다고 주장한다. 반면, 휘태커는 구조화된 기법보다는 가족과 함께 있으면서 그때그때 창조적이고 자발적인 개입방법을 사용할 것을 제안한다.

경험적 가족치료의 목적은 무엇보다 성장으로, 증상의 경감이나 사회적응은 자아실현, 개인의 통합, 선택의 자유 등에 부수적인 것으로 이해된다. 치료자는 가족성원과 진솔한 관계(genuine relationship)를 형성하는 것이 무엇보다 중요하다. 경험적 가족치료사가 주로 사용하는 가족조각(family sculpture)은 치료자가 각 가족성원에게 다른 성원을 의미 있는 형태로 배치하도록 요구함으로써 가족에 대해 어떻게 인식하고 있는지 경험하게 하는 기법이며, 가족그림(family drawing)은 치료자가 가족성원에게 가족을 인식하는 대로 그리도록 요구함으로써 예전에 미처 생각하거나 대화하지 못했던 상황을 경험하도록 돕는 기법이다. 이 밖에도 가족성원에게 인형을 이용해 이야기를 구성해 보도록 하고 가족 내 갈등과 동맹을 파악하고자 하는 가족 인형극 인터뷰(family puppet interview)(Irwin & Malloy, 1975)를 활용하거나 가족 구성을 상징하는 동물을 선택하여 가족에 대해 이야기하는 동물 인형을 이용한 기법(Arad, 2004)을 활용할 수 있다.

2) 사례 적용

앤은 40대의 몽족 여성으로 최근 미국으로 이주했다. 앤은 아들 레이먼드(14세)가 올해 학교에서 몇 차례 정학을 당했으며, 학교 직원으로부터 다시 문제를 일으키면 제적당할 것이라는 말을 들어 치료를 요청하게 되었다. 앤은 레이먼드의 선생님들이 레이먼드가 숙제를 해 오지 않고 종종 윗사람에게 무례하며 자주 다른 학생들에게 공격적이라며 불평했다고 말했다. 레이먼드는 지금까지 선천성 난청 때문에 특수교육을 받아 오다 올해 처음으로 일반학교에 다니게 되었다. 앤은 레이먼드가 집에서 하는 행동에 대해서는 특별한 불만이 없다.

사티어의 의사소통 접근을 적용하는 치료자는 다음과 같이 개입할 수 있다. 초기단계에서는, ① 접촉한다. 즉, 관계, 평등감, 희망감을 형성한다. 따뜻하고 지지적인 환경을 조성하여 앤과 레이먼드에게 정서적 접촉을 시도한다. ② 상호 관련된 사고, 감정, 행동을 다루면서 문제뿐 아니라 의사소통 패턴과 방식을 확인한다. 이를 위해 문화 및 이주 이슈를 다루면서 가족 생활사건 연대기의 작성을 시작하고, 어머니와 아들의 언어적·비언어적 의사소통 방식과 유형을 확인한다. 가족조각을 하도록 돕는다. ③ 치료의 초점과 목표를 확인한다. 중간단계에서는, ① 가족이 일치된 의사소통을 증진시키고 강한 정서적 유대를 형성하기 위해 의사소통에서의 갈등과 비일치성, 또 생각과 신체, 감정 사이의 갈등과 비일치성을 좀 더 인식할 수 있도록 돕는다. 특히 '나 전달법'을 사용한다. 어머니와 아들에게 일치된 의사소통에 대해 지도한다. ② 학교 당국 및 친구들과 관련된 힘의 이슈를 다루면서 개인적 독특성을 확인하고 지지한다. ③ 일반학교 교실로의 전환을 촉진시킴으로써 레이먼드의 개인적 성장을 지지한다. 후기단계에서는, ① 새롭게 수립된 평등감과 전인성(wholeness), 가능성과 변화에 대한 개방을 견고히 하게 한다. ② 학교에서 레이먼드의 개선을 부각시키고 유지시킨다(Gehart & Tuttle, 2008: 169-171에서 발췌 요약).

| 중 | 점 | 토 | 론 |

1. 가족 내에서 자신의 구체적인 행동을 단선적인 방법과 순환적인 방법으로 설명해 보시오.
2. 자신의 가족 내에 형성된 하위체계와 하위체계의 경계에 대해 설명해 보시오.
3. 역설적 지시를 사용해 보고 효과성에 대해 논해 보시오.
4. 순환적 질문하기를 연습해 보시오.
5. 자신의 가족 내에 형성된 가족투사 과정을 설명해 보시오.

참고문헌

강은영, 김정민, 정하나(2015). 난임 여성의 심리사회적 적응을 위한 인지행동치료 프로그램의 개발 및 효과. 상담학연구, 16, 451-471.

김영혜, 김종남(2013). 해결중심 집단프로그램이 이혼가정 아동의 심리적 적응에 미치는 효과: 탄력성, 이혼지각, 부정적 정서를 중심으로. 한국가족치료학회지, 21, 103-126

김윤경, 이다미(2011). 해결중심단기가족치료의 효과에 관한 사례연구: 이혼가정 청소년 자녀와 부모를 중심으로. 청소년학연구, 18, 49-81.

김희정, 김정민(2015). 결혼이주여성의 양육효능감 향상을 위한 CBT 부모훈련 프로그램의 개발 및 효과. 한국가정관리학회지, 33, 135-148.

노혜련, 김윤주(2014). 강점관점 해결중심 사례관리. 서울: 학지사.

박완주, 박신정, 황성동(2015). 한국 학령기 ADHD 아동을 위한 인지행동중재의 효과 연구. 대한간호학회지, 45, 169-182.

박태영, 김선희, 유진희, 안현아(2012). 이혼위기에 있는 부부에 대한 가족치료 다중사례연구. 한국가족치료학회지, 20, 23-56.

박태영, 유진희(2012). 자해행동을 하는 자녀에 대한 가족치료 사례연구. 한국가족치료학회지, 20-225-251.

박태영, 조지용(2012). 부적응행동(집단따돌림 · 도벽 · 거짓말)을 하는 초기 청소년자녀에 대한 가족치료 사례연구. 한국가족치료학회지, 20, 601-626.

박태영, 박진영, 하태선(2011). 고부갈등을 겪고 있는 부부들을 위한 가족치료 사례연구: 남편들의 자아분화를 중심으로. 한국가족치료학회지, 2011, 23-51.

박태영, 김태한(2008). 홀어머니와 큰아들의 갈등에 대한 가족치료 사례연구. 한국가족복지학, 23, 263-302.

백은영, 채규만(2015). 인지행동 학습치료 프로그램이 ADHD 성향 중학생에게 미치는 효과 검증. 한국청소년연구, 26, 245-268.

송성자(2001). 한국문화와 가족치료: 해결중심 접근. 서울: 법문사.

송성자(2002). 가족과 가족치료(제2판). 서울: 법문사.

송성자, 정문자(1994). 경험적 가족치료: Satir 이론과 기법. 서울: 중앙적성출판사.

유승은(2015). 구조적 가족치료를 활용한 가족모래놀이치료가 정서 행동장애아 가족의 건강성에 미치는 효과. 한국가정관리학회지, 33, 33-50.

유진희(2015). 원가족의 역기능적 의사소통 방식으로 인해 대인기피증이 있는 딸에 대한 가족치료 사례연구: MRI의 의사소통모델과 Bowen의 가족체계이론 중심으로. 가족과 가족치료, 23, 217-238.

윤경자(2015). 외도로 인한 이혼위기의 부부상담: 사례연구. 한국가족치료학회지, 23, 55-88.

이다미(2014). 문제행동 청소년을 위한 해결중심 가족상담 사례연구. 청소년시설환경, 12, 69-80.

이다미 (2013) 불안정 애착의 세대 간 전이를 경험한 어머니-자녀에 관한 사례연구: Bowen의 가족상담이론을 중심으로. 복음과 상담, 21, 222-254.

이종원, 옥선화(2015) 결혼초기 기혼남녀의 부부갈등 관련변인 연구: Bowen과 Satir 모델의 이론적 연계성 탐색. 한국가족관계학회지, 20, 3-25.

이화여대자대학교 사회사업학과 편(1995). 가족치료 총론. 서울: 동인.

임향빈(2014). 가족갈등 문제를 가진 빈곤여성가구주의 변화과정 연구: 대상중심 가족치료를 적용한 사례를 중심으로. 한국가족치료학회지, 22, 97-130.

조지용, 박태영(2011). 갈등으로 인한 이혼위기를 경험하고 있는 부부의 부부치료 사례연구. 한국가족치료학회지, 19, 41-62.

최정란(2014) 사티어경험적가족치료모델 의사소통훈련 결혼준비교육이 참여자들에게 미치는 영향: 자존감과 친밀감을 중심으로. 한국가족치료학회지, 22, 229-251.

Ale, C. M., McCarthy, D. M., Rothschild, L. M., & Whiteside, S. P. H. (2015).

Components of cognitive behavioral therapy related to outcome in childhood anxiety disorders. *Clinical Child Family Psychology Review, 18*, 240-251.

Aponte, H. J., & VanDeusen, J. M. (1981). Structural family therapy. In A. Gurman, & D. Kniskern (Eds.), *Handbook of family therapy* (pp. 310-360). New York: Brunner/Mazel.

Arad, D. (2004). If your mother were an animal, what animal would she be? *Family Process, 43*, 249-263.

Azrin, N. H., Naster, J. B., & Jones, R. (1973). Reciprocity counseling: A rapid learning-based procedure for marital counseling. *Behavior Research and Therapy, 11*, 365-383.

Becerra, M. D. & Michael-Makri, S. (2012). Applying structural family therapy with a Mexican-American family with children with disabilities: A case study of a single-parent mother. *Journal of Applied Rehabilitation Counseling, 43*, 17-24.

Becvar, D. (1988). *Family tehrapy: A systemic integration.* Boston: Allyn & Bacon.

Becvar, D. S. & Becvar, R. J. (2006). *Family therapy: A systemic integration* (6th ed.). Boston: Allyn and Bacon.

Belanger, C., Laporte, L., Sabourin, S., & Wright, J. (2015). The effect of cognitive-behavioral group marital therapy on marital happiness and problem solving self-appraisal. *The American Journal of Family Therapy, 43*, 103-118.

Booth, A. (Ed.). (1991). *Contemporary families: Looking forward, looking back*. Minneapolis, MN: National Council on Family Relations.

Boscolo, L., Cecchin, G., Hoffman, L., & Penn, P. (1987). *Milan systemic family therapy*. New York: Basic Books.

Brockman, M., Hussain, K., Sanchez, B., & Turns, B. (2016). Managing child behavior problems in children with autism spectrum disorders: Utilizing structural and solution focused therapy with primary caregivers. *The American Journal of Family Therapy, 44*, 1-10.

Clarke, J. K. (2014). Utilization of clients: Metaphors to punctuate Solution-Focused Brief Therapy interventions: A case illustration. *Contemporary Family Therapy, 36*, 426-441.

Gehart, D. R., & Tuttle, A. R. (2008). **가족치료이론과 실제: 가족치료사를 위한 이론기반 치료계획 수립**(유채영, 김연옥, 김연희, 윤혜미, 조성희, 최해경 역). 서울: 시그마프레스. (원저는 2003년 출간)

Gladding, S. T. (2015). 가족치료(김영희 · 장보철 · 서용일 역). 서울: 기독교문서선교회. (원저 *Family therapy: History, theory, and practice* (5th ed.). Upper Saddle River, NJ: Pearson Education 2011년 출간)

Goldenberg, I., & Goldenberg, H. (1991). *Family therapy: An overview* (3rd ed.). Pacific Grove, CA: Brooks/Cole.

Gurman, A., & Kniskern, D. (Eds.). (1991). *Handbook of family therapy*. New York: Brunner/Mazel.

Haley, J. (1976). *Problem-solving therapy*. San Francisco: Jossey Bass.

Haley, J. (1984). *Ordeal therapy*. San Francisco: Jossey-Bass.

Hoffman, L. (1981). *Foundations of family therapy: A conceptual framework for systems change*. New York: Basic Books.

Hoffman, L. (1983). A co-evolutionary framework for systemic family therapy. In J. Hansen & B. Keeney (Eds.), *Diagnosis and assessment in family therapy*. Rockville, MD: Aspen Systems.

Horigian, V. E., Feaster, D. J., Brincks, A., Robbins, M. S., Perez, M. A., & Szapocznik, J. (2015). The effects of Brief Strategic Family Therapy (BSFT) on parent substance use and the association between parent and adolescent substance use. *Addictive Behaviors, 42*, 44-50.

Irwin, E. & Malloy E. (1975). Family puppet interview. *Family process, 14*, 179-191.

Losada, A., Marquez-Gonzalez, M., Romero-Moreno, R., Mausbach, B. T., Lopez, J., Fernandez-Fernandez, V., & Nogales-Gonzalez, C. (2015). Cognitive-Behavioral Therapy (CBT) versus Acceptance Commitment Therapy (ACT) for dementia family caregivers with significant depressive symptoms: Results of a randomized clinical trial. *Journal of Consulting and Clinical Psychology, 83*, 760-772.

Minuchin, S., & Fishman, H. C. (1981). *Family therapy techniques*. Cambridge, MS: Harvard University Press.

Nichols, M. P. (2015). 가족치료 이론과 실제(김영애 역). 서울: 시그마프레스. (원저 *The essentials of family therapy* (6th ed.) 2013년 출간)

Nichols, M. P. (2010). *Family therapy: Concepts and methods* (9th ed.). Boston: Allyn & Bacon.

Nichols, M.P., & Schwartz, R. C.(2001). *Family therapy: Concept and methods* (5th ed). Boston: Allyn & Bacon.

Nichols, M. P., & Schwartz, R. C. (2004). *Family therapy: Concepts and methods* (6th ed.). Boston: Allyn & Bacon.

Park, T. & Ryu, W. (2014). A case study on family therapy for husbands with infidelity problems: Focused on changes in family relationship. 한국가족치료학회지, 22, 509-538.

Plosker, R. & Chang, J. (2014). A Solution-Focused Therapy Group designed for caregivers of stroke survivors. *Journal of Systemic Therapies, 33*, 35-49.

Radohl, T. (2011). Incorporating family into the formula: Family-directed structural therapy for children with serious emotional disturbance. *Child and Family Social Work, 16*, 127-137.

Satir, V. (1983). *Conjoint fmaily therapy*. Palo Alto, CA: Science and Behavior Books.

Selvini-Palazzoli, M., Boscolo, L., Cecchin, G., & Prata, G. (1978). *Paradox and counterparadox*. New York: Jason Aronson.

Sockol, L. E. (2015). A systemic review of the efficacy of cognitive behavioral therapy for treating and preventing perinatal depression. *Journal of Affective Disorders, 177*, 7-21.

Stanton, M. D. (1981). Strategic approaches to family therapy. In A. Gurman, & D. Kniskern (Eds.), *Handbook of family therapy* (pp. 361-402). New York: Brunner/Mazel.

Suitt, K. G., Franklin, C., & Kim, J. (2016). Solution-Focused Brief Therapy with Latinos: A systemic review. *Journal of Ethnic & Cultural Diversity in Social Work, 25*, 50-67.

Szapocznik, J., Zarate, M., Duff, J., & Muir, J. (2013). Brief strategic family therapy: Engaging drug using/problem behavior adolescents and their families in treatment. *Social Work in Public Health, 28*, 206-223.

Walsh, F. (1982). Conceptualizations of normal family functioning. In F. Walsh (Ed.), *Normal family processes* (pp. 3-42). New York: Guilford Press.

Watalawick, P., Bavelas, J., & Jackson, D. (1967). *Pragmatics of human communication*. New York: W. W. Norton.

West, A. E., Weinstein, S. M., Peters, A. T., Katz, A. C., Henry, D. B., Cruz, R. A., & Pavuluri, M. N. (2014). Child and family-focused cognitive-behavioral therapy for pediatric bipolar disorder: A randomized clinical trial. *Journal of the American Academy of Child and Adolescent Psychiatry, 53*, 1168-1178.

Williams, N. D., Foye, A., & Lewis, F. (2016). Applying structural family therapy in changing context of the modern African American single mother. *Journal of Feminist Family Therapy, 28*, 30-47.

제6장 가족옹호

가족옹호의 주요 활동 중의 하나는 가족을 단위로 하여 가족의 권리를 대변하는 일이다. 이를 위해 가족에게 부정적인 영향을 미치는 체계나 제도에서의 변화를 모색한다. 이 장에서는 가족옹호의 개념을 정의하고, 가족옹호실천에서 중요하게 고려해야 할 이슈와 가족옹호 계획과 지침 등을 살펴본다. 그리고 정신장애인과 그 가족을 대상으로 한 외국의 가족옹호 사례를 살펴본다. 옹호의 궁극적인 단계는 자기옹호(self-advocacy)로서 우리나라 정신보건가족협회의 활동을 자기옹호 맥락에서 소개한다.

1. 가족옹호의 정의

최선희, 최정숙, 박화옥(2008, p. 104)은 가족옹호(family advocacy)를 "가족이 정당한 권리가 있음에도 불구하고 권리보장이 이루어지지 않거나, 서비스가 확대되어야 할 필요가 있는 경우 가족의 권리를 대변하고 서비스를 확충하도록 노력하는 것"으로 정의하였다. 가족옹호 서비스는 가족에게 인간적인 사회환경을 제공하고자 하기 때문에, 가족옹호의 우선순위는 비인간적이고, 빈곤하고, 기회에서 불평등한 상황에 처해 있는 이웃이나 지역사회에 있으나 모든 사회경제적 수준에 있는 가족에게 가족옹호가 필요하다. 이러한 맥락에서 가족옹호는 새로운 것이 아니며, 최선의 가족서비스와 사회복지실천의 목적과 가치를 담고 있다(Manser, 1973).

가족옹호의 목표는 가족에 대하여 직접적으로 영향을 미치는 체계나 제도가 가족을 위하여 일을 할 수 있게 하는 것이다. 그러기 위하여 가족옹호는 현존하는 공적, 자발적 서비스와 전달체계의 향상뿐만 아니라 새로운 혹은 변화된 형태의 사회적 서비스의 개발을 지향한다. 그러기 위하여 주택, 고용, 복지, 교육, 보건, 여가, 교통, 경찰, 법원, 사회 서비스 기관 등과 같은 제도화된 서비스가 가족옹호의 목표를 달성하기 위하여 변화되어야 한다.

2. 가족옹호실천

가족옹호는 개인과 가족이 최대한으로 잘 성장할 수 있도록 자원이 제공되고, 접근이 가능한 호의적인 태도와 지지적인 환경적 조건이 형성되어 있는 사회에서 살아갈 수 있도록 하는 데에 있다. 즉, 가족옹호는 제도적 정책과 실천에 변화를 주어서, 그 제도적 정책과 실천이 개인과 가족에게 지지적이 되도록 하는 데에 있다(Manser, 1973).

가족옹호실천을 위하여 중요하게 결정해야 할 네 가지 이슈가 있다. 즉, 개입의 범위를 어디까지 설정할 것인가, 개입은 어디에서 이루어져야 하는가, 누가 가족옹호실천을 이끌어 갈 것인가, 그리고 가족옹호실천은 어떤 방식으로 이루어져야 하는 가다(Hess, Barr, & Hunt, 2009).

1) 개입의 범위

(1) 개인에서 전체 가족으로

한 예로 멘토링 프로그램은 고위험 상황에 처한 개인과 멘토의 지지적인 관계를 강조한다. 이러한 멘토링 프로그램은 유의미한 혜택이 있지만, 명백한 한계를 지니기도 한다. 청소년의 경우 긍정적인 멘토와의 접촉을 가진다 하더라도, 부정적인 분위기가 있는 가정이나 지역사회로 돌아갈 경우에는 그 같은 긍정적인 경험이 희석될 수 있다. 이러한 상황에서 대안적인 접근으로 개입의 범위를 개인을 넘어선 전체 가족으로 확대할 것을 생각해 볼 수 있다.

전체 가족에 초점을 두는 멘토링이 가족옹호 프로그램이라고 볼 수 있다. 개입 초기에서부터 가족과 함께 일하는 지역사회 멘토는 가족 성원이 원하는 목표 리스트를 함께 만들 수 있다. 목표 리스트를 함께 만드는 과정에서 가족 성원과 멘토 간의 협동적 노력이 강조된다. 예를 들면, 주택을 구하는 일, 학업을 수행하기 위하여 학교에 등록하는 일, 취업하는 일 등 목표가 가족에 따라 다를 수 있다. 일반적으로 청소년이 제시하는 목표는 학교성적을 향상시키는 것, 상담서비스를 받는 것, 법과 관련된 문제를 해결하는 것 등이 될 수 있다. 목표와 욕구에 대하여 의논하는 과정은 명백하게 강점 기반에서 이루어진다.

청소년이나 부모 혼자만을 표적으로 하는 개인 단위의 프로그램에 비하여, 포괄적인 '가족 초점(family-focused)'적인 예방 노력은 가족의 위험요인과 보호요인에 더 큰 영향을 미치는 것으로 보고되고 있다(Kumpfer & Alvarado, 1998).

(2) 가족에서 주위 체계로

가족옹호는 주변 환경의 제도와 관련하여 가족의 능력과 기술을 촉진시키는 동시에, 주위의 조건에도 직접적인 변화를 강조한다. 가족옹호 프로그램은 사회적 서비스 내에서 역사적으로 권리를 박탈당해 온 개인의 욕구를 더 잘 충족시키기 위하여(Snowden, 1999), 더 큰 '보호체계(system of care)'에 영향을 미치는 것을 목적으로 한다(Stroul & Friedman, 1994).

공식 원조(formal help)에 대한 가장 큰 욕구를 가진 가족이 여타 가족이 받는 만큼 받지 못한다는 증거가 계속 보고되고 있다(U. S. Departmnet of Health and Human Services, 2001). 지역사회에서 이 같은 문제가 제기됨에 따라 가족옹호 프로그램은 능숙한 지역사회 준전문가로서의 가족 멘토를 TFC(Task Force Committees)에서 일하도록 격려하고, 휴먼서비스 기관의 자문을 받고, 지역사회 모임에 참석하도록 격려한다. 이 같은 방식으로 가족옹호 프로그램은 가족을 더욱 광범위하게 옹호하고, 중요한 정책이 개발되는 곳에서 그들의 목소리를 내도록 돕는다.

2) 개입의 장소

전통적인 실천 방식에서 전문적인 개입은 전형적으로 사무실이나 클리닉, 치료센터 등과 같은 지역사회 환경이 아닌 장소에서 이루어진다. 전통적인 환경을 떠나는 것이 클라이언트에게는 더욱 편안할 수 있다. 클라이언트는 자신들이 익숙하고 접근 가능한 장소를 선택할 수 있다. 예를 들면, 자신들의 집이나 직장, 교회 등이 편안한 지역사회 실천 현장이 될 수 있다.

3) 개입의 원천

개입의 범위를 전체 가족으로 확대하고(개입의 범위), 가족에게 익숙한 환경에서 개입이 이루어지고(개입의 장소), 그다음은 과연 누가 가족옹호의 주요 원조자 역할을 수행할 것인지를 생각해야 한다. 전통적으로 일차적인 개입 원천의 예는 의사나 사회복지사, 심리학자다. 그러나 실제적으로 이러한 인력은 광범위한 사회문제에 투입되기에는 충분하지 않다. 그리하여 준전문가나 토착적 지도자 등을 주요 인력에 포함하는 것으로 고려해 볼 수 있다.

(1) 준전문가

활용 가능한 인력자원으로 준전문가(paraprofessional)를 생각해 볼 수 있다. 심리학이나 훈련받은 비전문가 혹은 준전문가가 효과적인 변화매개인(change agents)이 될 수 있다. 대신 가족옹호 프로그램에서는 전문가가 가족옹호 프로그램에 들어가 있는 준전문가에게 슈퍼비전을 제공하는 방식을 채택할 수 있다.

예를 들어, 10~12명의 대학생이 가족옹호 프로그램에서의 학생 옹호자(student advocate)로 일할 수 있다. 강점 기반(strength-based), 개별화(individualized), 가족중심(family-centered) 접근으로 훈련을 받은 학생은 심리학 서비스-러닝(service-learning) 수업에서 지속적인 집단 슈퍼비전을 받을 수 있다. 지역사회에서 선출된 가족 멘토는 아웃리치 서비스 가족옹호 프로그램을 수행하는 기관의 장으로부터 슈퍼비전을 지속적으로 받고 정기적인 훈련을 받을 수 있다.

(2) 토착적 지도자

가족에 대한 개입의 범위를 넓히기 위하여 준전문가를 인력자원으로 포함시키는 것은 비용효과적인 측면에서 고려한 것이다. 질적인 측면에서의 인력자원으로서 토착적 지도자(indigeneous helper)에 주목해 보면, 이들은 이미 오래전부터 지역사회에서 가족 멘토(family mentor) 역할과 교회 혹은 지역사회에서 어머니 역할을 해 온 사람들이다.

가족 멘토로서 토착적 지도자는 가족이 처한 유일한 맥락을 고려하여 가족에게 지지를 제공할 수 있으며, 문제해결에 대한 가족의 잠재력에 대한 신뢰를 표현하고, 가족이 새로운 성장과 기회를 발견할 수 있도록 돕는다. 구체적으로 가족 멘토는 가족과 외부 제도 간의 간극을 중재할 수 있다.

4) 개입의 본질

가족옹호의 근간을 이루는 가장 근본적인 의사결정은 원조 노력 그 자체의 기본 특성이 무엇인가에 관한 것이다. 옹호는 파트너십을 취하고, 새로운 수준으로 역량강화(empowerment)를 시킨다. 가족옹호 프로그램에서 가족은 옹호자의 도움을 받아 의미 있는 방향으로 가족의 변화를 촉진시킨다. 그러나 그보다 더 중요한 것은 간접적인 것으로, 가족이 자기옹호(self-advocacy) 기술을 획득하는 것이다. 가족은 준전문가와 가족 멘토가 사용하는 모델을 배울 수 있다. 그리하여 가족옹호의 궁극적인 목표는 가족의 자기결정을 촉진시키는 것이다.

요약하면, 가족옹호는 전체 가족에게 접근하여, 가족에게 편안하고 자연스러운 환경에서 학생 준전문가와 가족 멘토, 그리고 가족 성원을 원조과정에 결집하게 하고 가족이 선택한 목표를 충족시키기 위하여 가족이 지금까지 가장 잘 수행해 왔던 능력을 우선순위로 잡는 것이다.

3. 가족옹호 계획과 지침

가족옹호는 전체로서의 가족 욕구와 바람에 초점을 둔다. 옹호는 가족 내의 모든 사람을 포함한다. 가족옹호자는 가족이 원하는 욕구와 결과를 성취하는 데 필요한 목적과 목표에 초점을 두어야 한다. 만일 가족 내의 한 개인이 구체적인 개인 욕구를 가지면, 다른 가족 성원이 옹호자에게 그 개인에게 초점을 두고 옹호 노력을 해 줄 것을 요청할 수 있다(Isham, 2008).

1) 가족옹호계획

가족옹호계획은 다음 내용을 포함해야 한다(Isham, 2008).

- 인구학적 정보: 이름, 생년월일, 출생지, 성, 키, 몸무게, 특이 사항, 주소, 비상연락처/관계, 전화번호
- 문제진술: 측정 가능한 목표용어로 전문가와 클라이언트가 문제를 정의하도록 한다.
- 목적진술: 문제진술과는 대조적인 긍정적인 방식으로 기술한다.
- 목표/날짜 & 방법론: 목표는 목적 진술과 일관적이어야 한다. 목표는 특정

구성요소와 특징을 포함하여야 한다. 목표는 목적 진술의 성취를 지지해야 한다. 목표는 측정 가능해야 하며, 목표의 완수를 위해서는 약간 시간대를 활용하는 융통성도 필요하다. 목표를 완수하기 위해서는 적절한 옹호방법론을 가져야 한다. 그리고 이러한 일은 클라이언트의 동의하에 이루어져야 한다.

- 전반적인 옹호계획은 클라이언트가 보다 성공적이고 성취할 수 있는 것으로서 모든 시간대에 이루어질 수 있어야 한다. 즉, 시간대(timeline)의 융통성을 가져야 한다.
- 현재의 서비스: 서비스 유형, 서비스 제공 방법, 관계자
- 현재 지지체계(current support system): 가족, 친구, 이웃, 직장, 종교
- 관여하는 기관: 서비스 유형, 서비스 제공방법, 관계자
- 강점: 개인, 가족, 그 외 사람
- 성공을 방해하는 장벽: 개인, 장애(disability), 체계, 환경
- 기금자원: 의료보험
- 권력자원(power resources) 접근성: 국회위원, 시의원, 관료, 옹호, 변호사, 미디어(신문, TV, 라디오, 인터넷 등)

2) 가족옹호의 지침

가족옹호계획은 다음의 가족옹호 지침을 따라야 한다(Isham, 2008).

- 가족옹호는 명확한 초점과 목표를 가지고 있어야 한다.
- 가족옹호는 기관의 능력 영역 내에 있어야 한다.
- 가족옹호는 기관의 서비스와 검증된 증거에 기초하여 견고하고 실제적이어야 한다.
- 가족옹호는 권리뿐 아니라 그 가족의 욕구에 뿌리를 두어야 한다.
- 가족옹호는 특정 클라이언트 가족성원을 위해서보다는 가족 전체를 위한 장벽을 제거하는 데 초점을 두어야 한다.

• 가족옹호는 가족의 능력과 도움을 활용할 수 있도록 개발하고, 이를 방해하는 장벽을 제거하는 활동에 대한 준비 등을 사정하는 것으로 시작된다.

4. 가족옹호자의 핵심기술

가족옹호자는 인터뷰를 포함하여 주장, 협상, 소송에 이르는 기술을 습득하여야 한다(Bateman, 2000).

1) 인터뷰

가족옹호는 사무실에서 인터뷰로 시작될 수 있다. 인터뷰는 항상 면대면으로 이루어지는 것은 아니며, 전화로도 가능하다. 인터뷰는 클라이언트의 욕구에 적절한 방식으로 이루어져야 하는데, 특히 다문화적인 민감성이 요구된다. 따라서 가족옹호자는 자신의 인터뷰 방식과 약점 및 강점을 인식할 수 있어야 한다.

옹호단계는, 첫 번째, 문제를 제시하고, 두 번째, 정보를 수집하고, 세 번째, 법적인 대책을 연구하고, 네 번째, 클라이언트에게 해석과 피드백을 제공하고, 그런 다음에 적극적인 협상과 옹호, 소송 등을 하는 것으로 이루어진다. 두 번째 단계인 정보수집과 네 번째 단계인 클라이언트에게 해석과 피드백을 제공하는 두 단계에서 인터뷰 기술이 많이 사용된다. 이때 옹호자는 옹호하는 데 필요한 전략에 대한 판단을 내리고 클라이언트에게 조언하는 데 필요한 정보를 획득한다.

인터뷰는 명확한 구조를 가지고 있어야 하며, 단순히 시간을 재미있게 보내는 식이 되어서는 안 된다. 인터뷰 동안에 옹호자가 사용해야 할 기술은 다음과 같다.

(1) 경청

적절한 경청은 필수적이다. 그러나 주위에는 효과적 경청을 방해하는 다양한 요인이 존재한다. 외적인 방해요인으로는 인터뷰를 하는 방이 너무 시끄럽거나, 실내 온도가 적당하지 않거나, 장소가 너무 협소하여 클라이언트와의 거리가 너무 가깝거나, 위생관리가 되지 않아 더럽고 냄새가 나거나, 조명이 너무 어두운 경우 등이 있다.

이 외에도 전화, 팩스, 편지, 배달, 사전 약속에 없는 클라이언트나 직장상사의 방문 등 동료에 의해서도 인터뷰가 방해를 받을 수 있다. 책상에 놓여 있는 물건, 바깥에서 들리는 대화소리, 바로 옆에 있는 컴퓨터 스크린의 모양이나 소음에 의해서도 인터뷰는 산만해질 수 있다. 또한 클라이언트의 옷이나 신체적 외모, 말하는 방식이나 독특한 표현, 그리고 사회복지사 자신의 외모 등이 인터뷰에 방해가 될 수 있다.

인터뷰를 방해하는 내적 요인으로는 전문가가 피곤하다고 느끼거나, 배가 고프거나, 불편함을 느끼거나, 편견이 있거나, 클라이언트의 관점을 좋아하지 않거나, 비언어적 요인을 무시하거나, 지루하다고 느끼는 것 등을 들 수 있다.

(2) 질문

적절한 시기에 좋은 질문을 하는 것은 효과적인 인터뷰와 옹호에 필수적이다. 옹호자와 클라이언트 간에 발생할 수 있는 힘겨루기에 민감해야 하는데, 옹호자는 그들이 생각하는 것보다 클라이언트의 삶에 직접적인 영향을 미치며, 힘을 가질 수 있다. 옹호자의 힘과 영향이 실제로 작용하지는 않더라도 클라이언트는 그것을 부정적 경험으로 인식할 수 있으므로 질문의 첫 번째 규칙은 옹호자가 클라이언트에게 왜 질문을 하는지 설명하는 것이 되어야 한다.

두 번째 규칙은 질문을 간접적으로 하는 방법을 사용하는 것이다. 간접적인 질문은 클라이언트가 방금 전에 말한 것에 대하여 다시 생각해 보게 할 수 있다. 이는 클라이언트로 하여금 자신의 생각을 명확하게 하고, 옹호자에게는 다소 다른 관점에서 사실을 볼 수 있도록 돕는다.

세 번째 규칙은 적시에 적절한 유형의 질문을 하는 것이다. 즉, 개방형 질문이나 폐쇄형 질문 중에 어느 것을 사용할 것인지 상황에 맞게 결정하는 것이다.

(3) 비언어적 언어에 대한 이해

인터뷰에서 염두에 두어야 할 비언어적 단서로는 옹호자와 클라이언트 간의 거리, 눈 맞춤, 침묵 등이 있다. 옹호자와 클라이언트는 적절한 물리적 거리를 유지하는 것이 필요한데, 옹호자가 클라이언트와 물리적으로 너무 가까이에 있으면, 사적인 부분을 침해하거나 질문에 답하는 것을 힘들게 할 수 있다.

지속적인 눈 맞춤과 그에 적절한 강화가 주어지면, 클라이언트는 긴장을 풀고, 좀 더 자유롭게 자신의 생각을 말할 수 있다. 반면에 옹호자가 클라이언트에게 시선을 주지 않으면, 클라이언트는 당황하여 침묵을 유지하게 된다. 침묵은 긴장의 신호이며, 불안할 때에는 말이 이어지기 힘들다. 침묵에는 문화적인 요인도 포함되는데, 예를 들어 중산층은 노동자 계층에 비하여 침묵을 선호한다.

(4) 기록

기록은 사실적이어야 한다. 기록은 어떤 일이 일어났고, 어떤 일이 일단락되었으며, 어떤 일이 이루어져야 하는지 등을 다른 사람이 알아볼 수 있을 만큼 충분하면서도 부담이 되지 않을 정도로 간단해야 한다.

좋은 기록은 구체적이어야 하며, 250개 단어 미만이어야 한다. 기록은 클라이언트의 신상정보, 클라이언트의 관점, 클라이언트의 외모, 클라이언트 사례의 문화 배경 혹은 정의에 관한 내용을 포함해야 한다. 기록은 사례에 대한 사실을 요약하고, 사례 발생에 대한 옹호자의 생각도 기술되어야 한다. 또한 그 기록을 클라이언트에게 보여 주고, 기록에 대한 클라이언트의 생각을 들어 보아야 한다.

(5) 문화적 민감성

문화적 이슈는 다양한 방법으로 일어날 수 있다. 언어적 · 비언어적 의사소통과 이슈에 대한 태도, 옹호자가 클라이언트에게 미치는 영향을 얼마만큼 통제하는지, 옹호자가 클라이언트에게 조언을 줄 때에 얼마만큼 직접적으로 줄 것인지, 클라이언트와 옹호자가 사용하는 단어에서 강조하는 의미가 얼마만큼 다른지, 클라이언트가 옹호자에게 얼마만큼 개방적인지, 어떤 개선책이 추구되고 있는지, 건강과 안녕에 대한 개념이 어떠한지 등에 따라 문화적 이슈는 언제든지 등장할 수 있다.

(6) 피드백

피드백은 클라이언트와 함께 결론을 공유하거나 사건의 진행에서 반영하고자 하는 단계에 도달하였을 때 중요하게 작용한다. 또한 피드백은 솔직하고 개방적인 관계를 개발할 때 중요한 역할을 한다. 피드백은 옹호자가 말한 것을 클라이언트가 제대로 이해했는지 확인하도록 해 준다.

2) 주장과 힘

옹호는 클라이언트를 위해서 갈등관계에 있는 사람으로부터 원하는 결과를 얻어 내는 것에 관심을 가진다. 따라서 옹호에는 끈기와 주장(assertiveness)이 필수적이다. 효과적인 옹호는 주장적이어야 한다. 주장적이지 않은 옹호자는 항상 옹호가 어렵다고 생각할 수 있으며, 그것을 효과적으로 사용하지 못한다. 주장적이라 함은 공격적이거나 복종적이지 않으며, 착취적이지 않은 방식으로 솔직하게 자신을 표현하는 것을 의미한다.

옹호는 주장만으로는 충분하지 않다. 옹호자는 클라이언트의 사례를 지지하기 위하여 궁극적인 목적을 위한 행동을 수행해야 한다. 이는 불편하게 이루어져서는 안 되지만 옹호자가 취할 행동의 결과는 상대에게 명확하게 전달해야 한다. 즉, 성공적인 결과를 얻기 위하여 힘(force)을 사용하는 것이다. 옹호에서 말하는 힘은 설득을 더욱 강력하게 함으로써 이루어지는 강제적 과정을 의미한다. 옹호에서 주장은 적절한 법적 관련 서류를 구비하고, 클라이언트에게 가장 많은 이익이 돌아갈 수 있도록 주장하는 것을 의미한다.

3) 협상

협상(negotiation)기술에 대해 살펴보면 다음과 같다.

- 질문을 통하여 정보를 얻는다.
- 문제와 사람을 분리시켜 자신과 다른 생각에 대해서도 경청한다.
- 클라이언트에게 미치는 영향 측면에서 문제를 기술한다.
- 클라이언트의 관심과 목적을 설명한다.
- 공유된 관심과 목적을 확인한다.
- 과거의 불만이 아닌 현재와 미래의 관심에 초점을 둔다.

4) 자기관리

효과적인 옹호자는 잘 조직화되어 있으며, 체계적이어야 한다. 옹호자는 매우 한정적인 자원을 가지고 일을 하게 된다. 자기관리(self-management)는 클라이언트가 최선의 서비스를 받을 수 있게 하는 중요한 방식이다. 옹호에서 자기관리는 시간관리, 보고서 작성, 창의적 사고, 의사결정, 스트레스 관리 등을 포함한다.

시간사용을 관리하는 전략으로서 특정 날짜를 기입하고, 특정 활동명을 기입하고, 활동의 시작일과 종결일을 기입하고, 그 일이 신행된 기간을 기입하고, 누구에 의해서 계획적이든 계획적이 아니건 방해를 받았는지를 기입하는 방법도 효과적이다.

창의적 사고는 협상에서 매우 중요한 역할을 한다. 가장 잘 알려진 창의적 사고 형태는 브레인스토밍이다. 옹호에서 브레인스토밍은 협상전략을 개발하는데 있어서 현존하는 문제에 대한 새로운 접근을 발견할 수 있도록 돕는다.

의사결정 과정은 창의적 사고처럼 문제해결 정도를 의미한다. 효과적인 의사결정 과정은 옹호자가 클라이언트를 인터뷰하고 지침(instruction)을 획득할 때, 옹호과정에서 매우 일찍 시작될 수 있다. 목표기준을 가지고 의사결정을 하게 되면 문제와 실현 가능한 선택을 확인하는 것이 좀 더 용이해진다.

옹호활동에는 스트레스가 수반된다. 옹호자는 상황에 대한 확신이 없어서, 그리고 지식이 부족해서 위압감을 느낄 수 있다. 클라이언트가 스트레스를 받으면 옹호자 또한 스트레스를 받을 수 있다. 스트레스의 원천을 제거하는 것이 항상 가능하지는 않으므로 스트레스에 잘 대처하는 방법을 익혀야 한다.

스트레스에 대처하는 긍정적인 방법은 일을 하는 동안에 규칙적인 휴식을 가지는 것이다. 또한 적절한 휴가를 가지고, 자기주장적 행동을 하며, 자기 자신과 자신의 감정을 이해하고, 취미를 개발하고, 긴장을 해소시키는 기법을 개발하고, 동료와 좋은 관계를 가지는 일이 스트레스를 감소시키는 데에 중요한 역할을 한다. 과식이나 음주, 감정폭발, 다른 사람을 비난하고 문제를 부인하는 행동은 스트레스에 대하여 부정적으로 대처하는 방법이니 피하도록 한다.

5) 법적 지식과 연구

법적 지식은 클라이언트가 옹호자에게 보여 준 비조직화된 사실을 분류하는 데에 도움이 된다. 법적 지식(legal knowledgement)은 가장 효과적인 논쟁을 가능하게 해 주고, 클라이언트의 편에서 논쟁을 이끌어 내고 강화시키며, 최선의 법 해석을 할 수 있도록 돕는다.

5. 소 송

의사결정자에게 클라이언트의 사례를 드러내 놓는 것을 소송(litigation)이라고 한다. 변호사에게 있어서 옹호는 법정에서 활동하는 과정이다. 실제로 소송과 관련된 활동은 변호사가 사용하는 기법에서 가져올 수 있다.

6. 가족옹호의 예: 정신장애인과 그 가족성원을 중심으로

1) 정신장애인과 그 가족성원을 위한 가족옹호[1)]

1970년대 이래로, 정신건강 서비스는 정신장애인(이하 '소비자'로 칭함)과 그 가족에게 큰 변화를 가져왔다. 그럼에도 정신건강 서비스를 계획하고 평가하는 활동에 소비자(consumer)와 그 가족 성원이 포함된 것은 최근이다. 정신건강정책 형성 과정에 소비자와 그 가족 성원이 관여하는 것은 정신건강체계의 재설계에서 중요한 의미를 가진다. 이상적으로 볼 때에 소비자와 그 가족성원의 참여는 지역사회의 모든 측면, 즉 사회적, 경제적, 정치적 측면에 충분히 평등하게 참여하는 것을 의미한다.

NAMI(The National AlIiance for the Mentally ILL)는 정신건강보호체계의 개발, 이행, 모니터링에서 소비자의 참여를 포함하고 있다. 그러나 소비자와 그 가족 성원은 의사결정 수준에는 거의 참여하지 못해 왔다. 소비자와 그 가족성원은 욕구조사와 만족도 조사, 정책 이슈 등 소비자가 포함되는 정신건강 계획과 평가에서 자신들의 경험과 선호를 포함시켰지만, 정책 이슈에서의 소비자 참여는 그렇게 많지 않았다. 그럼에도 정책 개발에서 다소의 진전이 있어 온 것은 사실이다.

소비자와 그 가족성원이 의사결정 과정에 참여하는 한 가지 방법이 있는데, 그것이 바로 옹호다. 의사결정 과정에서 평등에 대한 탐색은 정신건강체계에서 소비자가 자신들을 위하여 옹호할 것을 요구한다. 옹호에는 여러 다양한 활동이 있을 수 있다. 예를 들면, 입법자(legislator)에게 편지를 쓰거나 증언을 하는 방법, 뉴스에서 자신들의 생각을 이야기하는 방법, 혹은 TV에 출연하여 일반인을 교육시키는 방법, 편집자에게 편지를 쓰는 방법, 신문을 배포하는 방법 등이 있을 수 있다. 정치적인 의미에서 대부분의 옹호 프로그램은 제도와 사람 간의

1) Evans & McGaha(1998)에서 일부 발췌 정리하였다.

기본적인 갈등을 해결하는 노력이라고 볼 수 있다.

옹호는 소비자와 그 가족 성원이 정신건강 관련 정책에 영향을 미칠 수 있고, 정신건강보호의 계획과 이행에 그들의 관심을 적용시킬 수 있는 실행 가능한 수단이다. 그러기 위해서는 소비자와 그 가족성원이 옹호에 관여할 수 있어야 한다. 즉, 소비자와 그 가족성원은 그들에게 직접적인 영향을 미칠 수 있는 정신건강보호 이슈에 대한 인식을 가져야 한다. 그리고 소비자와 그 가족성원은 정신건강체계에 변화를 주는 의사결정 과정에 참여할 수 있어야 한다. 소비자와 그 가족성원이 옹호를 하기 위해서는 다음과 같은 질문을 해 보아야 한다.

- 소비자와 그 가족성원은 옹호에 어떻게 참여하였으며, 또 공중정신건강(public mental health)에서 잠재적인 정책형성가로서 변화하는 역할을 어떻게 준비하였는가?'
- 어떤 요인이 옹호집단에 더 많이 관여하는 데에 도움이 되었는가?
- 개인으로서 어떻게 옹호를 하게 되었는가?
- 어떻게 정신건강보호 개혁 이슈에 대한 인식이 증가되었는가?
- 어떻게 정신건강체계 변화에 대한 결정에 참여하게 되었는가?
- 정신건강보호 개혁 노력에 대한 정보를 받는다면, 보통 어떻게 정보를 받게 되는가?
- 그러한 정보가 이해하기 쉬웠는가?
- 어떻게 그 정보가 향상되었는가?
- 옹호집단에 속하지 않았다면, 그 이유는 무엇인가?

이상의 질문을 가지고 소비자와 그 가족성원을 대상으로 조사한 결과에 따르면, 대체로 소비자보다는 그 가족 성원이 옹호에 더 많이 관여하기를 원하는 것으로 나타났다. 옹호집단에 속하지 않는 이유를 보면 실천적 함의를 끌어낼 수 있다. 소비자의 54.8%와 가족 성원의 16.2%가 8개의 선택할 수 있는 응답 중에 적어도 한 가지를 선택하였다. 주목할 점으로는 정작 소비자는 옹호집단에 37%가 참여하였는데, 가족은 83%가 옹호집단에 참여한 것으로 나타났다. 〈표 6-1〉

에서 소비자와 가족이 옹호집단에 속하지 않은 이유 목록들이 제시되었다.

그리고 〈표 6-2〉의 정신건강보호개혁 정보(mental healthcare reform information)의 원천과 관련하여서는, 소비자의 23%와 가족 성원의 11%가 정신건강전문가로부터, 소비자의 21%와 가족 성원의 72%가 옹호집단으로부터 정

표 6-1 옹호집단에 속하지 않는 이유

이유	소비자(%)	가족성원(%)
돈이 부족해서	27	5
교통수단에서 어려움이 있어서	25	4
조직화된 집단을 찾는 방법을 몰라서	21	8
건강문제가 있어서	13	2
집단에 속하는 것이 싫어서	12	4
자신(혹은 가족 성원)이 정신적인 문제가 있다고 다른 사람이 생각하는 것이 싫어서	9	3
모임에 가 보았는데 그 모임이 싫어서	9	4
전화가 없어서	7	3

표 6-2 정신건강보호개혁 정보의 원천과 개선점

<table>
<tr><th></th><th>내용</th><th>소비자(%)</th><th>가족성원(%)</th></tr>
<tr><td rowspan="5">정보의 원천</td><td>정신건강전문가로부터</td><td>23</td><td>11</td></tr>
<tr><td>옹호집단으로부터</td><td>21</td><td>72</td></tr>
<tr><td>신문, TV, 라디오 등으로부터</td><td>13</td><td>32</td></tr>
<tr><td>DMH 뉴스레터로부터</td><td>7</td><td>22</td></tr>
<tr><td>친구로부터</td><td>10</td><td>13</td></tr>
<tr><td>정보의 평가</td><td>자료가 이해하기 쉬웠는가에 쉽지 않았다(혹은 모르겠다)</td><td>46.6</td><td>52.7</td></tr>
<tr><td rowspan="2">정보의 개선점</td><td>이해하기 쉬웠으면</td><td>31.0</td><td>39.7</td></tr>
<tr><td>무슨 의미인지에 대해 설명하는 도움이 있었으면</td><td>17.2</td><td>19.9</td></tr>
</table>

보를 획득한 것으로 나타났다. 이 외에도 소비자의 13%와 가족 성원의 32%는 신문, TV, 라디오 등으로부터, 소비자의 7%와 가족 성원의 22%는 DMH 뉴스레터로부터, 소비자의 10%와 가족성원의 13%는 친구로부터 정신건강보호개혁 정보를 얻은 것으로 나타났다. '자료가 이해하기 쉬웠는가'라는 문항에 대해서는 쉽지 않았다(혹은 모르겠다)는 응답이 소비자의 46.6%를 차지했고, 가족성원의 경우는 52.7%가 이에 응답했다.

정보의 개선점에 대한 질문에서는 소비자의 31.0%와 가족 성원의 39.7%가 이해하기 쉽게 기술되어 있기를 원했으며, 정보의 의미에 대하여 설명하는 도움이 있었으면 하는 문항에서는 소비자의 17.2%와 가족 성원의 19.9%가 필요하다고 응답하였다. 〈표 6-2〉 정신건강보호개혁 정보의 원천과 개선점에 소비자의 44.4%와 가족성원의 82.4%가 제시된 목록에 적어도 한 가지를 선택하였다.

가족옹호는 가족에게 필요하고 적절한 서비스와 자원에 가족이 접근 가능하도록 클라이언트와 그 가족성원, 그리고 지역사회 간의 다리를 놓으려는 의도에서 만들어졌다. 이상의 조사는 정신건강체계 의사결정 과정에서 정신장애인 소비자와 그 가족성원을 함께 포함하여 조사하였다는 데 의의가 있다. 이러한 조사 결과를 통하여 소비자와 그 가족성원은 옹호활동 참여 전략에 필요한 중요한 함의를 이끌어 낼 수 있을 것으로 보인다.

2) 대안으로서의 자기옹호

자기옹호는 자기의 욕구를 충족시키기 위해 스스로가 행동을 취하는 것이다. 강한 자기옹호를 가진 장애인은 자신의 인생에 관한 의사결정을 할 수 없다는 부정적인 관점에 도전을 하기도 한다. 자기옹호는 자기결정(self-determination) 개념과 관계가 있다(Field, 1996).

Martin과 Huber-Marshall(1995)은 자기옹호를 "자신이 원하고, 자신이 필요한 것을 주장하고, 자신의 문제를 결정하고, 필요한 지지를 추구하고 실행할 권리 등을 주장할 수 있는 능력"으로 정의하였다. 정신장애인 가족은 자기옹호를 통하여 자신들의 복지를 추구하고, 정신장애인과 그 가족에 대한 사회적 편견과 낙인에 부여하는 사회환경을 변화시키는 데에 스스로를 주체적인 존재로 인식할 수 있다.

정신장애인 가족은 자신들이 가족 내 정신장애인에게 장애의 원인을 제공하였다고 하여 죄책감을 가지는 경향이 있다. 정신장애의 원인으로 생물학적인 원인론을 강조할 때에 정신장애인 가족이 죄책감을 가진다는 연구결과도 보고되고 있다. 정신장애인 가족의 자기옹호는 이상의 밝혀지지 않은 생물학적 원인론에 입각한 의료모델을 극복함으로써 가족은 정신장애인의 자원이 됨을 인식하는 동시에 더욱 적극적으로 정신장애인의 옹호활동에 도전할 수 있다.

2000년도 부산광역시 정신보건가족협회 주요 활동내역을 살펴보면, 정신장애인과 가족을 위한 상담활동이 66건으로 전체의 49.6%를 차지하고, 그다음이 정책건의 및 대정부활동으로 나타났다. 구체적으로 살펴보면, 보건복지부와 부산시 방문, 그리고 국회위원과의 정책간담회 등에 참가함으로써 정책의사결정과정에 적극적으로 임하고 있음을 알 수 있다(김주영, 2001).

|중|점|토|론|

1. 가족옹호 개념을 정의해 보시오.
2. 정신장애인 가족과 함께 일하는 현장에서 가족옹호 실천, 계획, 지침, 기술 등을 적용해 보시오.

참고문헌

김주영(2001). 정신장애인 옹호집단의 모델설정에 관한 연구. 경성대학교 사회복지대학

원 사회복지학과 석사학위논문.

하준선(2003). 정신장애인가족의 자기옹호력 증진을 위한 사회사업실천 전략. 부산대학교 대학원 박사학위논문.

최선희, 최정숙, 박화옥(2008). 한국적 가족사회복지의 실천모델 정립방안. 한국가족사회복지 어디로 갈것인가?: 전망과 과제(한국사회복지학회 추계공동학술대회 자료집), 93-111.

Bateman, N. (2000). *Advocacy skills for health and social care professionals*. London and Philadelphia: Jessica Kingsley Publishers.

Evans, C., J., & McGaha A. C. (1998). A Survey of mental health consumers' and family members' involvement in advocacy. *Community Mental Health Journal. 34*(6), 615-623.

Field, S. (1996). Self-determination instructional strategies for youth with learning disabilities. *Journal of Learning Disabilities, 29*, 40-52.

Hess, J. Z., Barr, S. C., & Hunt, G. D. (2009). The practice of family mentoring and advocacy: A Theoretical investigation of critical issues. *Families in Society, 90*(2), 189-195.

Isham, S. R. (2008). *Child and family advocacy: The complete guide to child advocacy and education for parents, teachers, advocates, and social workers*. Tucson: Wheatmark.

Kumpfer, K. L., & Alvarado, R. (1998). Effective family strengthening interventions. Juvenile Justice Bulletin, November, United States Department of Justice, Office of Justice Programs, Office of Juvenile Justice and Delinquency Prevention.

Manser, E. (1973). *Family Advocacy: A Manual for action*. New York: Family Service Association of America.

Martin, J., & Huber-Marshall, L. (1995). Choice-Maker: A comprehensive self-determination transition program. *Intervention in School and Clinic, 30*, 147-156.

Snowden, L. R. (1999). African American service use for mental health problems. *Journal of Community Psychology, 27*, 303-313.

Stroul, B. A., & Friedman, R. M. (1994). *A system of care for children and youth with severe emotional disturbances*. Washington, DC: Georgetown University, CASSP Technical Assistance Center.

제7장 한국의 가족정책

가족정책의 변화를 요구하는 정책 환경의 변화에 따라 가족정책의 새로운 패러다임 및 대안적인 가족상에 대한 논의와 성평등에 대한 요구가 급증하고 있다. 이 장에서는 가족의 변화에 따른 새로운 가족정책의 필요성에 대해 먼저 살펴보고 가족정책의 개념 및 한국과 외국의 가족정책의 현황을 알아보며 가족정책의 과제를 제시하고자 한다.

1. 가족정책에 대한 이론적 관점

1) 가족정책의 필요성

현재 우리 사회에서 가족 구조와 가치관은 급격하게 변화하고 있으며, 여성의 인내, 양보, 자기희생을 기반으로 하여 가족구성원의 다양한 욕구를 해결하려는 전통적 방식은 오늘날 가족 내부에서 많은 긴장과 갈등을 야기하고 있다. 그리하여 우리는 새로운 포괄적 가족정책이 절실히 필요함을 알 수 있다.

가족과 관련된 우리 사회의 변동과 변화는 어떠하며 어떤 방향으로 진행되고 있는지에 대해 구체적으로 살펴보겠다.

첫째, 여성의 지위 변화를 살펴보면 1980년의 여성의 지위와 많은 차이를 보이는 것으로 '남성=생계유지자, 여성=보살피는 자'라는 성역할에 대한 이분법적 구조가 무너지고 있음을 보여 준다. 〈표 7-1〉에서 보듯이 2012년 여성의 경제활동참여율이 49.9%로, 여성취업에 대한 태도를 보면 가정과 관계없이 취업을 하겠다는 여성은 53.1%였다. 이 시기 이혼건수는 116, 858건이며, 여성가주구의 비율은 25.9%이었다(한국여성정책연구원, 2013).

표 7-1 여성의 지위 변화

	1980년대(1985년)	2000년대(2010년)
대학진학률	34.1%	75.0%
평균 초혼연령	24.5세(1987년)	28.9세
출산율	2.82명	1.24명
이혼건수	42.375건(1987년)	116,858건
여성가구주의 비율	15.7%	25.9%
경제활동참여율	41.9%	49.9%(2012년)
취업에 대한 태도	결혼 전 취업 17.8%	결혼 전 취업 4.1%(2011)
	자녀성장 후 23.9%	자녀성장 후 13.0%

	가정에 전념 17.5%	가정에 전념 6.3%
	가정과 무관 24.6%	가정과 무관 53.1%

출처: 한국여성정책연구원(2013).

표 7-2 가족형태의 변화 (단위:%)

연도	부부	부부와 미혼자녀	한부모 가구	부부와 양(편)친	부부와 양(편)친과 자녀	조손가구	기타
1995	10.8	50.4	7.4	0.9	6.8	0.3	23.4
2000	12.3	48.2	7.9	1.0	5.7	0.3	24.7
2005	14.2	42.2	8.6	1.0	4.5	0.4	29.2
2010	15.4	37.0	9.2	0.9	3.8	0.7	33.0

출처: 한국여성정책연구원(2013).

둘째, 가족형태의 변화를 보면 〈표 7-2〉에서 2010년 전체 가구 중 부부와 미혼자녀로 구성된 가구가 37%로, 1995년 50.45%에 비해 13.4% 줄어든 반면, 한부모가구는 7.4%에서 9.2%로 증가하고 있으며 기타 가구는 23.4%에서 33.0%로 증가하고 있다. 조손가구는 전체 가구에서 차지하는 비율은 낮지만 1995년 0.3%에서 2010년 0.7%까지 이혼의 증가로 인해 점차 상승하는 추이를 보이고 있다(한국여성정책연구원, 2013). 또한 비혼 구성비도 증가하고 있는데, 2010년 45~49세 비혼 구성비는 남성 8.2%, 여성 3.3%다(이성용, 2012: 34-64: 김영란, 2014: 157 재인용). 이러한 중년층의 비혼 비율은 젊은 연령대의 비혼과 함께 새로운 욕구를 가진 가족형태로 부상할 수 있다.

고령화가 진행되면서 성인자녀와 같이 살기보다는 노인부부가 단독세대로 살거나 배우자 사후에도 혼자 사는 노인 1인 가구의 비율도 늘고 있다. 전체 가구 중 가장 커다란 변화를 보이는 부모와 자식으로 이루어진 2세대 가구가 줄고(68.5% → 51.3%), 1인 가구가 약 5배 가까이 늘어난 것이다.

셋째, 노동시장의 불안정성에 따른 새로운 가족정책의 필요성이 증가하고 있다.

한국사회의 노동시장이 불안정해짐에 따라 생계부양자 역할을 수행해 왔던 남성의 삶도 위협받고 있다. 점점 불안정해지는 노동시장 구조 속에서 홀로 가족생계 책임을 짊어지는 것이 어려워지고 있으며, 과도한 경쟁과 장시간 근로로 남성의 삶은 피폐해져 가고 있다. 가족형성 이후 예상되는 자녀교육비, 주거비, 노부모부양비 부담 증가는 남성도 결혼과 출산을 기피하는 원인이 되고 있다(김혜영, 2010). 따라서 이제는 여성도 일을 통해 수입을 확보하는 게 중요해진 만큼, 남성도 기존의 '돈 벌어 가족을 먹여 살려야만 하는' 역할 부담에서 벗어나 부양과 돌봄을 함께 나누어 가지는 환경으로의 전환이 이루어져야 할 시점이다. 따라서 여성의 노동화와 남성의 가족 내 돌봄을 이끌어 내는 가족화를 가능케 하는 가족정책이 필요할 수밖에 없다.

2) 가족정책의 개념

(1) 캐머만과 칸의 정의

가족정책에 대한 합의된 정의는 없지만 가족정책을 이야기할 때 학자들에 의해 가장 많이 인용되고 있는 개념은 캐머만과 칸(Kamerman & Kahn, 1978)의 정의다. 이들은 가족정책을 "정부가 가족에 대해서 그리고 가족을 위해서 행하는 모든 활동"으로 정의하였다. 따라서 가족정책은 '가족복지'라는 목적달성을 위해 국가가 행하는 정책범주들이 포괄되는 것은 물론이고, 다른 목적을 위해 가족에 대해 의도적으로 행하는 정책범주들도 포함된다(성정현 외, 2014)

보다 구체적으로 캐머만과 칸(1978)은 가족정책을 세 가지 개념으로 구분한다. 이는 내용에 따라 첫째, 사회정책의 한 분야로 이해될 수 있으며, 둘째, 사회가 추구하는 다른 거시적인 사회목표를 달성하기 위한 수단으로 기능하기도 하고, 셋째, 다른 사회정책의 선정 및 정책평가의 기준이나 관점이 되기도 한다. 이 세 가지 가족정책의 개념을 자세히 설명하면 다음과 같다.

① 사회정책의 한 분야로서의 가족정책

'사회정책의 한 분야로서의 가족정책'은 가족과 관련하여 일정한 목표를 설정해 놓은 정책분야를 의미한다. 예를 들어, 출산율 증진, 아동건강 증진, 자녀양

육비 부담의 감소, 남녀평등 증진 등의 목표를 달성하기 위해 현금급여 프로그램, 고용정책, 영양 및 건강정책, 부양자녀에 대한 소득세 감면, 아동보호 및 발달 관련 서비스와 같이 뚜렷하게 가족을 목표로 하는 가족법도 이에 해당한다. 여기에서는 '단위로서의 가족'과 '구성원으로서의 개인'이 가족정책의 대상이 되고, 어떠한 경우에서든지 가족과의 연관성을 가지는 것을 중요시한다(박미은 외, 2012).

② 수단으로서의 가족정책

'수단으로서의 가족정책'은 더 넓은 사회 · 정치적 목표를 성취하기 위한 수단 또는 통제의 수단으로서 가족이나 가족성원에게 특정 행위를 요구하는 정책이다. 이때 가족정책은 목표달성을 위한 합리화의 수단이 된다(박미은 외, 2012). 예컨대, 노동력이나 군 병력 공급을 위해 출산 장려를 하는 아동수당과 같은 인구정책, 노년 취업자 제거를 위한 연금정책, 여성을 노동시장으로 유인하기 위한 탁아정책과 같은 노동시장정책, 의료비 상승을 제어하기 위한 가정방문 서비스(home-help service) 같은 보건의료정책 등이 있다(Wilensky, 1985: NASW, 1999에서 재인용). 예를 들면, 아동보육시설의 확대와 모성수당제도 등을 통해 여성들을 경제활동에 참여하도록 유도하다가, 고실업시대에는 육아휴직 등을 통해 다시 가정으로 되돌아가도록 유인했다면 이는 노동시장의 목적을 달성하기 위해 가족정책을 수단으로 이용한 것이다(한인영 외, 2015).

③ 관점으로서의 가족정책

'관점으로서의 가족정책'은 모든 사회정책에서 가족에게 미치는 효과와 영향력이 고려되어야 한다고 가정하는 것이다. 이 경우 가족정책은 특정 정책을 범주화하는 개념으로서보다는 국가의 사회정책을 가족정책의 시각에서 바라보아야 한다는 점을 강조한다. 관점으로서의 가족정책은 유럽처럼 사회정책의 선정 기준 및 평가 기준으로 시행되는 것이다.

캐머만과 칸(1978)은 정책을 제정하고 시행하는 방식에 따라 명시적 정책과 묵시적 정책으로 분류하기도 한다. 전자는 가족을 위한 목표를 의도적으로 세운

정책으로서 입양서비스 정책, 탁아정책, 가족계획 등이 그 예다. 후자는 의도적으로 만들어진 것이 아니라 결과적으로 가족에 영향을 준 정책으로서 조세정책, 주택정책 등이 그 예다. 이와 같은 개념은 다른 말로 하면 가족에 영향을 주는 정책이면 모두 가족정책이라고 할 만큼 광범위한 의미를 내포한다.

그러나 이와 같은 정의는 지나치게 포괄적이고 광범위해서 모호하다는 비판을 받아 왔다.

(2) 고티어의 정의

고티어(Gauthier, 1996)는 가족정책을 협의와 광의로 나누어 정의하였다. 협의의 가족정책에는 가족의 소득유지, 모성보호, 아동보호, 노인보호 등을 포함시켰고, 광의의 가족정책에는 가족법, 각종 사회복지서비스, 기타 공공정책을 포함시켰다.

고티어(2011)는 노인을 위한 돌봄은 별도의 정책범주로 구분하고, 구체적 가족정책으로 ① 가족을 대상으로 한 아동수당, 가족수당, 주거수당과 같은 직접적 현금지원 징책, ② 세제 혜택과 같은 간접적 현금지원 정책, ③ 모성휴가, 부성휴가, 육아휴직과 같이 부모권을 지원하는 정책, ④ 보육시설 및 서비스와 같이 노동권을 지원하는 정책 등을 포함시켰다(송다영, 정선영, 2013: 160-161에서 재인용).

(3) 보겐슈나이더의 정의

보겐슈나이더(Bogenschneider, 2008a)는 조금 넓게 가족정책을 정의하면서 ① 결혼, 이혼, 출산 및 입양 등 가족의 형성과 해소에 관련된 정책, ② 자녀 및 가족을 위한 경제적 부양에 관련된 정책, ③ 자녀양육에 관련된 정책, ④ 노인이나 장애를 가진 가족구성원을 위한 돌봄에 관련된 정책을 가족정책의 범위에 포함하였다. 그녀의 정의는 사실상 가족의 형성과 변화 과정 전반을 아우르고 노인돌봄을 포괄하는 특성을 보인다(송다영, 정선영, 2013: 160에서 재인용).

(4) 젠슨의 정의

젠슨(Jenson, 1997)은 돌봄을 중심으로 가족정책을 접근하였다. 젠슨에 의하면 가족정책의 성격은 주로 돌봄 체계(caring regime)를 중심으로 유형이 구분되는데, 돌봄이 요구되는 아동이나 비자립 상태의 성인(가난한 사람, 질환 및 장애인, 노인)을 '누가 돌볼 것인가' '누가 지불할 것인가' '어떤 방식으로, 어디에서 돌봄이 이루어 질 것인가'로 구체화된다(송다영, 정선영, 2013: 161에서 재인용).

(5) 국내의 정의

국내의 가족정책 연구도 이와 유사한 경향이다. 이혜경(1996)은 가족정책을 주로 사회보장정책의 관점에서 접근하는 방식을 취하고 있다. 이혜경에 의하면 현대 복지국가의 주요 축이라 할 수 있는 사회보장제도는 본질적으로 가족이 전통적으로 수행해 온 기능-아동양육과 노인부양-을 대체하는 제도로서 발전해 왔기 때문에 가족정책은 사회보장정책 성격과 밀접하게 연결되어 있다고 전제한다. 또 가족 변화에 대해서도 국가가 가족 부양기능의 실제적인 변화를 수용하고 새로운 방향성을 모색하는가, 아니면 기존의 전통적인 가족을 중심으로 한 채 새로이 등장하는 가족을 역기능 가족으로 진단하고 이를 치료 · 원조하는 데 주력을 두는가는 현대사회 복지국가의 성격과 유형을 결정하는 주요한 잣대라고 한다.

송다영과 정선영(2013)은 가족구조와 사회환경의 변화를 고려하여, '가족'을 혼인, 혈연, 입양에 의해 이루어진 사회의 기본 단위이자 변하지 않는 하나의 사회제도가 아니라 잠재적 유동성을 내포하는 생활현실로 정의하며, '가족정책'은 사회구조 변화와 새로운 사회적 위험의 대두로 발생하는 다양한 문제들에 대응하고 '가족의 역할을 가진 사람들'을 지원하는 정책으로 정의하고 있다.

3) 가족정책의 패러다임

가족정책은 개념이 상당히 모호한 정책 중 하나로, 가족정책의 대상 측면과 내용 측면에서 살펴볼 수 있다. 첫째, 사회에서 살면서 가족에 속해 있지 않은 사람은 없기 때문에 인간에 관한 모든 정책은 가족정책으로 보아야 하는지(예를 들어, 노인의 문제를 가족정책으로 보아야 하는지)의 문제가 나타난다. 둘째, 대부분의 국가에서 가족정책이 하나의 통합된 정책으로 추진되는 것이 아니고 다양한 정책에 산재해 있기 때문에 그 모든 정책에서 가족에 관한 정책을 뽑아 낸다는 것은 쉬운 일이 아니다.

이러한 가족정책은 크게 세 영역으로 나누어진다. 첫 번째, 국가는 가족정책 및 가족지원정책을 통해서 여성이 가족 내에서 담당하리라고 전통적으로 기대되는 일에 대해서 어떻게 지원해 주는가? 두 번째, 첫 번째 영역의 다른 측면이라고 할 수 있는 영역, 즉 국가는 사회에서 여성이 경제활동자로서 활동하는 문제에 대해서 어떻게 생각하고 있는가? 세 번째, 국가는 가족법의 대상을 누구로 정하고 있는가?(즉, 법적으로 결혼한 부부만으로 가족을 정의하는지, 실제혼도 가족으로 정의하는지, 혹은 동성 커플도 가족으로 정의하는지) 첫 번째 영역은 양육과 보육자로서의 여성에 대한 인식이고, 두 번째 영역은 여성의 노동권과 관련된 것이다. 세 번째 영역은 전통적인 가족 개념을 고수할 것인지, 아니면 사회 변화에 따른 새로운 형태의 결합도 가족으로 인정할 것인지에 관한 것이다.

첫 번째와 두 번째 영역은 여성을 양육자로 보는지 혹은 노동자로 보는지에 따른 가족정책의 분류다. 이를 세인즈버리(Sainsbury)는 남성 생계부양자 모델, 성역할분리 유형, 개인으로서의 임금노동자-보살핌노동자 유형의 세 가지 유형으로 분류하였다(Sainsbury, 1999).

우선, 남성 생계부양자 모델은 남편이 생계부양의 책임을 담당하고 여성은 가정을 돌보는 책임을 맡는 것과 같은 성별분업적인 가족정책을 추구한다. 그래서 고용정책에서 남성 우선성이 유지되고 복지수급권은 남성의 임금노동에 대한 보상으로서 주어진다. 맞벌이부부의 경우 소득을 합산하여 세금이 책정되는 등 여성취업에 대한 유인이 낮다고 할 수 있다. 자녀양육은 주로 개별 가정의 책임이며, 이에 대한 사회적 시설화의 수준은 낮다. 두 번째로 남녀가 모두 노동자인 동시에 양육자가 될 수 있을 것으로 가정하고 그것을 지원하기 위한 정책을 수립하는 성역할분리 유형은 성역할 분리라는 점에서는 남성 생계부양자 모델과 다름이 없다. 하지만 남성 생계부양자 모델이 여성보다는 남성의 임금노동 참여를 제고하는 사회정책을 중심으로 한다면, 이 모델에서는 임금노동과 양육노동의 가치가 동일하게 평가되며 둘 다 복지수급권의 기초가 된다는 점에서 다르다. 마지막으로 개인으로서의 임금노동자-돌봄노동자 유형은 개인이 가족원으로서가 아닌 개별 시민으로서 정책의 대상이 되며 남녀 모두에게 노동권은 물론 양육권을 보장하는 정책을 추구하는 특성을 가진다. 이 유형에서는 여성을 특별히 돌봄노동자로 간주하지 않고 남녀에게 역할의 구별을 두지 않는다. 또한 양육노동에 대한 사회적 가치평가와 정책화는 취업노동에 대한 복지정책의 수립 못지않게 중요한 사회적 시민권의 확정 대상이라고 할 수 있다(박미은 외, 2012: 80-81).

이러한 가족정책의 유형화는 각국의 가족정책의 특징을 설명하기보다는 역사적으로 변화해 가는 것이라고 할 수 있다. 즉, 한 국가의 가족정책이 위의 세 가지 유형 가운데 하나로 고착되어 있다기보다는 첫 번째 유형에서 세 번째 유형으로 전이되어 간다고 할 수 있다. 따라서 독일은 첫 번째 단계에 있고, 노르웨이와 프랑스는 두 번째 단계에 있으며, 스웨덴은 세 번째 단계로 나아간다고 할 수 있다. 물론 모든 국가가 같은 과정을 거쳐서 세 번째 유형으로 가는 것은 아니지만, 양성평등이 완성될수록 세 번째 유형으로 가는 것은 확실하다. 그러나 각국의 사회 · 문화적 상황에 따라서 가족정책의 유형이 결정된다고 할 수 있다.

두 번째 가족정책의 유형화는 가족의 정의에 따른 것이다. 전통적으로 남녀간의 형식적이고 공식적인 결합을 통해서 이루어진 가족만을 가족으로 정의하는 유형, 비공식적이고 사실혼까지도 가족으로 인정하는 유형, 그리고 이성뿐만이 아니라 동성까지도 가족으로 인정하는 유형이다.

2. 한국의 가족정책

한국의 가족정책으로는 노동권 보장정책에 해당하는 보육정책과 방과 후 보육정책을, 부모권 보장정책으로는 육아휴직 및 산전후 휴가, 아버지 육아휴직 할당제를 살펴보고, 노인 돌봄 관련 정책으로는 노인 장기요양보험제도에 대해 알아보기로 한다(박미은 외, 2012).

1) 한국의 노동권 보장정책

20세기 초 수당을 중심으로 발전했던 근로자의 노동권 보장을 위한 가족복지 정책은 돌봄 문제를 사회화하고 일과 가정의 양립을 가능케 하는 보육 서비스와 산전후 출산휴가 및 육아휴직 중심으로 바뀌는 경향을 볼 수 있다(송다영, 2010). 우리나라에서도 2004년「영유아보육법」을 전면 개정하면서 보육정책 확대를 통해 보육 서비스의 양적 증가뿐만 아니라 질적 향상을 도모하고자 하였다.

그러나 2009년 기준 국공립보육시설은 5.4%에 불과하다(〈표 7-3〉 참조).

표 7-3 보육시설 현황

구분		계	국공립	법인	민간			부모합동	가정	직장
					소계	법인 외	민간개인			
시설	개	35,550	1,917	1,470	14,368	93.5	13,433	66	17,359	370
	%	100	5.4	4.1	40.4	26	37.8	0.2	48.8	1
아동	명	1,482,416	146,436	144,368	862,880	65,534	797,346	1,962	301,719	25,051
	%	100	9.9	9.7	58.2	4.4	53.8	0.1	20.4	1.7

출처: 한인영 외(2015: 67).

보육예산 또한 2002년 이후 급증했으나 정부 재정 부담률은 35.8%(OECD 국가 평균 60% 이상)에 그치고 있어 보육의 공공성은 제한적이라고 할 수 있다(김영화 외, 2010).

표 7-4 국가별 보육 서비스 이용률 현황 (단위: %)

국가명	0~2세 보육 서비스 이용률	3~6세 보육 서비스 이용률	보육 서비스 이용률 합산(%)	보육 서비스 정책점수
호주	29.0	54.6	37.5	0.07
벨기에	48.4	99.4	65.4	0.92
캐나다	24.0	56.8	34.9	0.01
핀란드	24.2	74.2	40.9	0.12
프랑스	42.0	99.9	61.3	0.83
독일	27.6	92.7	49.3	0.39
이탈리아	29.2	97.4	51.9	0.50
일본	28.3	90.0	48.9	0.37
한국	37.7	79.8	51.7	0.49
뉴질랜드	37.9	94.1	56.6	0.69
노르웨이	44.8	94.5	61.4	0.84
스페인	37.5	98.5	57.8	0.73
스웨덴	50.3	91.1	63.9	0.89
영국	40.8	92.7	58.1	0.74
미국	31.4	55.7	39.5	0.10

출처: OECD family database(2008년 기준): 류연규(2011) 자료 재구성.

OECD 국가들의 보육 서비스 이용률을 비교해 보면, 0~2세 보육 서비스 이용률은 스웨덴, 벨기에, 노르웨이, 프랑스 순으로 높게 나타나고, 3~6세 보육 서비스 이용률은 프랑스, 벨기에, 스페인, 이탈리아 순으로 높게 나타난다. 한국의 경우는 보육료 지원 정책의 영향으로 보육 서비스 이용률은 0~2세 37.7%, 3~6세 79.8%로 높아져 영미권 국가들보다는 높은 수준이지만 스칸디나비아 국가들보다는 여전히 낮은 수준이다(류연규, 2011: 박미은, 2012에서 재인용).

또한 보건복지부 저출산, 고령화사회위원회에서는 제1, 2차 저출산, 고령화 기본계획(새로마지 플랜)을 통해 자녀양육에 대한 비용절감과 국공립 및 민간보육시설의 확충, 그리고 보육 서비스의 다양화 및 내실화를 추진하고 있다. 구체적으로는 일과 가정 양립을 위한 사회시스템 구축의 일환으로 육아휴직제도의 활성화와 휴직급여인상, 국공립보육시설의 확충 등의 정책을 추진하고 있다. 아울러 출산과 양육에 유리한 환경을 조성하기 위한 추진과제로 출산·양육의 사회적 책임강화, 일·가정 양립 가능한 사회시스템 구축, 가족친화·양성평등 사회문화 조성을 계획하였고, 여성이 자아실현과 자녀양육을 병행할 수 있도록 지원하는 정책을 적극적으로 추진하고 있다(여성가족부 홈페이지 www.mogef.go.kr). 한편, 보건복지부는 아이사랑플랜을 확충하였으며 특히 현금지원서비스가 확대되었다. 하지만 선진국의 사례를 통해 알 수 있듯이 보육바우처, 양육수당 등 보육 서비스에 대한 재정지원은 보육 서비스 수요자들의 개인적 선택권 보장이라는 측면의 강점이 있긴 하지만 보육의 공공성을 약화하는 경향이 있다는 지적도 있다(〈표 7-5〉 참조).

표 7-5 새로마지 플랜 2015

항목	주요 대책
보육정책	• 보육교육비 선액지원 대상 확대(소득 하위 50% 이하~소득 하위 70% 이하) • 보육시설 미이용 아동에게 지급하는 양육수당 확대(0세 월 20만 원, 1세 월 15만 원, 2세 월 10만 원) • 다문화가정 아동의 경우 소득 수준과 관계없이 보육료 전액지원 • 공공 자율형 어린이집 도입(보육시설 평가인증 등급화와 연계, 우수 시설을 공공형·자율형 어린이집으로 전환해 서비스 품질 개선유도) • 영아 돌봄시장 제도화(돌봄 인력 자격기준 설정 및 관리강화) 올해까지는 전체 가구 소득 하위 50%인 월소득 258만 원인 가구만 보육비 전액지원을 받을 수 있었지만 내년부터는 4인 가족 기준 월소득인정액 450만 원 이하면 된다. 또 맞벌이 가구일 경우 보육비 전액을 지원받으려면 부부합산 소득이 월 498만 원이었지만 내년부터는 월 600만 원까지 기준이 대폭 완화된다.

출처: 여성가족부 홈페이지.

2) 부모권 보장정책

(1) 육아휴직 및 산전후 휴가

① 육아휴직

현재 우리나라에서 시행되고 있는 육아휴직 급여의 경우는 제2차 저출산 · 고령사회 기본계획(2011~2015)이 반영된 내용으로 육아휴직의 기회를 확대하고 경력단절을 방지하기 위해 육아휴직 급여 정률제 및 육아휴직 복귀 인센티브 제도를 도입한 것이다. 육아휴직 시 경제적 부담을 경감시키기 위해 건강보험료 60%를 경감해 주며, 육아휴직에 대한 대체인력 지원체제(대체인력출제, 사업장 내 상시대체인력 운영, 직업훈련기관의 연계 등)를 개발하였다. 또한 전일제 육아휴직이 근로자의 소득감소 및 경력단절, 기업의 대체인력 채용 부담을 가져오고 있는 현실을 감안하여 '육아기 근로시간 단축 제도'를 도입하였으나 활용의 한계가 드러났다. 이에 대한 개선방안으로 '육아기 근로시간 단축 청구권'을 도입하고, 육아기 근로시간 단축제 이용을 위한 여건을 조성하기 위해 이를 이용하는 근로자에게 육아휴직 급여의 일부를 근로시간 단축비율에 따라 지급하여 육아휴직 제도와 균형을 이루도록 하였다. 또한 '근로시간 저축휴가제'를 도입하여 근로자가 연장 · 야간 · 휴일 근로를 적립하여 임금지급 대신 휴가로 사용할 수 있도록 함으로써 육아기회의 확대를 도모하고 있다.

표 7-6 각국의 육아휴직 제도

국가	스웨덴	노르웨이	독일	일본	한국
휴직기간	480일	39주	3년	1년	부부 각각 1년씩
통상임금 대비 휴직급여 비율	80%(390일간) 정액(90일간)	100%(29주 사용자) 80%(39주 사용자)	67% (1년간)	50%	40%

출처: 한인영 외(2015: 72).

② 산전후 휴가

우리나라의 산전후 휴가제도란 임신 중의 여성에 대하여는 산전후를 통해 계속해서 90일간의 유급휴가를 주되, 반드시 산후에 45일 이상이 확보되도록 부여해야 하는 제도(「근로기준법」 제74조)로서, 출산한 여성 근로자의 근로의무를 면제하고 임금상실 없이 휴식을 보장받도록 하는 제도다. 휴가기간 중의 임금 지급은 대규모 기업의 경우에는 최소 60일 분은 사업주가, 이후 30일 분은 고용보험에서 지급하도록 하고 있고, 우선 기업대상기업 90일간의 급여를 고용보험에서 지급하고 있다. 하지만 현행 산전후 휴가제도는 휴가일을 연속적으로 사용해야 하는 등 경직되어 있고, 남성 배우자의 휴가가 매우 제한적이며, 비정규직 여성은 오히려 사각지대에 놓이게 되는 등의 문제가 있다. 이에 제2차 저출산 · 고령사회 기본계획(새로마지 플랜 2011~2015)에는 현행 산전후 휴가제도에 대한 개선안을 포함하고 있다. 우선, 임신 초기 안정이 필요한 경우나 임신기간 중 응급상황 발생 시 산전후 휴가를 분할하여 사용할 수 있도록 허용하였다. 또한 가족의 질병, 사고, 노령 등을 이유로 근로자가 가족 간호 휴직(무급)을 신청할 경우 사업주는 일정한 경우에만 거부할 수 있도록 가족 간호 휴직제를 강화하였다.

(2) 아버지 육아휴직 할당제

육아휴직은 부부가 모두 신청할 수 있지만 실제로 육아휴직 급여는 여성에게 편중되어 있고, 부성휴가라고 할 수 있는 것에는 남성 배우자의 출산휴가가 해당된다고 할 수 있다. 남성 배우자의 출산휴가는 제2차 저출산 · 고령사회 기본계획(새로마지 플랜 2011~2015)에 따라 기존 무급 3일에서 현행 유급 3일로 변경되었고, 필요시 5일까지(추가기간은 무급) 사용할 수 있도록 확대되었다. 하지만 외국의 부성보호 수준에 비해서는 휴가 보장기간이 상당히 제한적이다.

한편, 부성휴가제도를 보다 적극적으로 개선하여 아버지가 육아에 참여할 수 있도록 제안된 정책이 '아버지 육아휴직 할당제'다. 아버지 육아휴직 할당제는 육아휴직의 일정 기간을 아버지가 의무적으로 사용하도록 하는 제도다. 부성휴가를 위한 아버지 육아휴직 할당제는 북유럽을 중심으로 시작되었다.

3) 노인 돌봄 관련 정책: 노인장기요양보험제도[1)]

(1) 노인장기요양보험제도의 주요 내용

우리나라 노인장기요양보험제도는 고령이나 노인성 질병 등의 사유로 일상생활을 혼자서 수행하기 어려운 노인 등에게 신체활동 또는 가사활동 지원 등 장기요양 급여를 제공하여 노후의 건강증진 및 생활안정을 도모하고 그 가족의 부담을 덜어 줌으로써 국민의 삶의 질을 향상하도록 함을 목적으로 시행하는 사회보험제도다.

① 적용대상 및 재원

적용대상은 건강보험가입자와 동일하여 전 국민이며, 장기요양 인정 신청 자격은 장기요양보험 가입자 및 그 피부양자 또는 의료급여 수급권자 중 65세 이상의 노인 또는 65세 미만자로서 치매, 뇌혈관성 질환 등 노인성 질병을 가진 자다. 이 중 6개월 이상 동안 혼자서 일상생활을 수행하기 어렵다고 인정되는 자를 그 수급대상자로 하고 있으며, 65세 미만자의 노인성 질병이 없는 일반적인 장애인은 제외되고 있다.

노인장기요양보험에 소요되는 재원은 장기요양보험료와 국가 및 지방자치단체 부담, 그리고 장기요양급여 이용자가 부담하는 본인 일부 부담금으로 운영되고 있으며, 장기요양보험료는 건강보험료액에 장기요양보험료율(2011년도 보험료율: 6.55%)을 곱하여 부과징수한다.

② 급여의 종류

급여의 종류는 크게 재가급여와 시설급여로 구분되며, 구체적 내용은 다음과 같다.

1) 노인장기요양보험제도의 내용은 박미은 외(2012),『가족복지론』, pp. 94-96의 내용을 인용한 것임을 밝힙니다.

표 7-7 재가급여의 종류와 내용

재가급여 종류	구체적 내용
방문요양	장기요양요원이 수급자의 가정 등을 방문하여 신체활동 및 가사활동 등을 지원하는 장기요양급여
방문목욕	장기요양요원이 목욕설비를 갖춘 차량을 이용하여, 수급자의 가정을 방문하여 목욕을 제공하는 급여
방문간호	의사, 한의사 또는 치과의사의 지시에 따라 간호사, 간호조무사 또는 치위생사가 수급자의 가정 등을 방문하여 간호, 진료의 보조, 요양에 관한 상담 또는 구강위생 등을 제공하는 급여
주 · 야간보호	수급자를 하루 중 일정한 시간 동안 장기요양기관에 보호하여 목욕, 식사, 기본 간호, 치매관리, 응급 서비스 등 심신 기능의 유지향상을 위한 교육 · 훈련 등을 제공하는 급여
단기보호	수급자를 월 15일 이내 기간 동안 장기요양기관에 보호하여 신체활동 지원 및 심신 기능의 유지 · 향상을 위한 교육 · 훈련 등을 제공하는 장기요양급여
기타 재가급여	수급자의 일상생활 또는 신체활동 지원에 필요한 용구로서 보건복지부장관이 정하여 고시하는 것을 제공하거나 대여하여 노인장기요양보험 대상자의 편의를 도모하고자 지원하는 장기요양급여(휠체어, 전동 · 수동침대, 욕창방지매트리스방석, 욕조용 리프트, 이동욕조, 보행기 등)

시설급여는 과거에는 노인요양시설, 노인전문요양시설, 실비노인요양시설, 유료노인전문요양시설, 유료노인요양시설로 구분되었으나 현재 노인요양시설로 통합되었다. 과거 노인전문병원은 현재는 그대로 시행되고 있고 노인요양공동생활가정은 과거에는 없었지만 현재 신설되었다.

표 7-8 시설급여의 종류와 내용

시설급여 종류	구체적 내용
노인요양시설	단기보호에서 전환된 것으로 보건복지가족부령 제161호 「노인복지법 시행규칙」 일부 개정령에 따라 단기보호를 제공하는 장기요양기관에서 노인요양시설로 전환한 시설
노인요양 공동생활가정	치매 · 중풍 등 노인성 질환 등으로 심신에 상당한 장애가 발생하여 도움을 필요로 하는 자에게 가정과 같은 주거여건과 급식 · 요양 및 그 밖에 일

	상생활에 필요한 편의를 제공하는 시설
노인전문병원	노인전문병원은 장기요양기관 지정대상에서 제외

3. 외국의 가족정책

1) 가족정책의 세 가지 유형

고티어(2002)는 가족정책의 주요 구성요소로서 가족에 대한 현금급여(가족 관련수당과 세제 혜택)와 취업부모에 대한 지원(모성휴가, 아동양육휴가, 보육시설)을 언급했다(이건숙, 신지연, 윤나리, 2010: 88 재인용). 베르트람, 로슬러와 엘러트(Bertram, Rosler, & Ellert, 2005)는 거시적인 범주를 사용하여 가족정책을 현금급여 정책과 시간 정책, 그리고 보육 인프라의 정책 혼합물이라고 규정한다(이진숙, 신지연, 윤나리, 2010: 88).

이 절에서는 가족정책의 유형을 현금급여, 시간, 서비스지원의 형태로 구분하여 스웨덴과 독일의 현황을 살펴본다.

(1) 현금급여 정책

재정적 형태로 제공되는 가족정책을 '재정지원(Money)'이라는 유형으로 분류하는데, 이 지원 유형에는 기존 연구에서 언급한 가족수당, 자녀수당, 출산수당과 같이 현금으로 지급되는 모든 아동 및 가족 관련 급여를 가리키는 현금급여가 포함된다. 또한 재정지원에는 국가별로 상이하지만 출산 및 육아휴직에 따른 소득대체급여가 지원되는 경우 그 지출액도 포함된다(이승윤, 박고은, 김윤영, 2014: 221).

일반적으로 현금급여는 수급자에게 최대의 선택권을 보장할 수 있고, 그들의 효용을 극대화할 수 있어 사회적 자원의 효율적 배분을 꾀할 수 있다. 또한 비공식 서비스제공자에 대한 금전적 보상을 통해 가족 내에서 가족에 의한 아동과 노인의 돌봄 서비스 제공을 촉진시킬 수 있다. 그러나 현금급여를 통해 비공식

돌봄 노동에 대해 경제적 보상이 이루어질 경우 전통적 성역할이 고착화되는 부수적인 파생효과를 나타낸다는 비판도 있다(이진숙, 신지연, 윤나리, 2010: 89)

(2) 시간 정책

모성 · 부성휴가, 부모휴가(육아휴직)가 대표적인 형태다. 특히 부모휴가의 경우 부 · 모의 참여정도에 따라 아버지의 저조한 참여문제로 인해 발생하는 젠더불평등을 해결하기 위해 '아버지 육아휴직 할당제' 도입전략을 선택하기도 한다(윤홍식, 2007: 정재훈 외 2012: 10 재인용). 시간정책제도는 대부분의 유럽 국가에서 가족수당보다 이른 1883년도부터 도입되었다(이진숙, 신지연, 윤나리, 2010: 99).

현재 양육 관련 휴가와 휴직제도는 가족부양책임이 있는 노동자의 노동경력연속성을 보장하고 휴가나 휴직기간 동안에 일정 정도의 소득을 보전해 주는 목적으로 운영된다. 하지만 이 프로그램은 국가마다 조건, 기간, 소득대체율에서 큰 차이를 보인다(이진숙, 신지연, 윤나리, 2010: 100).

부모휴가뿐만 아니라 가족정책의 요건으로 방과 후 교실 운영 및 시간제 일자리의 가능성, 아동간호휴가도 언급되고 있다(이승윤, 박고은, 김윤영, 2014: 221).

(3) 서비스지원: 보육 인프라 정책

서비스의 형태로 제공되는 가족정책에는 보육 서비스 및 시설의 제공, 보육재정의 제공, 방과 후 프로그램, 직장보육 서비스 등이 해당된다. 그중 이 절에서는 많은 연구들에서 가장 많이 살펴본 보육 서비스 및 보육시설 등 가족정책과 관련하여 현물급여의 형태로 분류되는 모든 지원을 '서비스지원'의 지원 유형으로 구분한다(이승윤, 박고은, 김윤영, 2014: 222).

보통 공공보육 서비스는 대상 연령에 따라 이원화되어 제공되고 있다. 우선, 0~2세 아동을 대상으로 하는 영유아보육은 정책의 목적이 영유아가 있는 취업모의 노동 연속성을 보장하기 위한 성격이 강하다.

영유아보육 서비스가 전통적 가족 모델을 지향하는가 또는 취업부모의 양육

부담을 완화시켜 부모의 근로자로서의 지위 유지를 지향하는가는 보육시설의 운영시간에 따라 결정된다. 즉, 보육시설의 반일제 운영은 부모에게 임금노동을 축소 또는 포기할 가능성을 높여 반노동시장적 효과를 유발하지만, 전일제 보육 서비스의 공급은 친노동시장적 도구로 기능한다. 이에 비해 3~6세 프로그램은 어머니의 취업 여부와는 상관없이 아동에 대한 교육 서비스적 성격이 강하다(김수정, 2004: 222; Kamerman, 2001: 3-6). 대부분의 국가에서는 영유아보육보다는 3세 이상의 아동에 대한 서비스에 주력하고 있다.

2) 스웨덴의 가족정책[2)]

표 7-9 스웨덴 양육지원 정책 유형

구분	내용
보편적 수당	아동수당(다자녀 가족보조금, 입양수당 포함)
사회보험	육아휴직급여, 병간호휴가, 아동연금, 임신출산급부, 보육기간 연금권
소득조사 또는 욕구조사 수당	한부모가족지원, 주거수당, 아동보호수당

스웨덴의 가족정책 현황을 이해하기 위해 아동수당, 한부모가족지원, 부모휴가제도, 보육 서비스를 살펴보고자 한다.

(1) 현금급여 정책

① 아동수당

모든 자녀에게 수당을 지급하는 아동수당(child allowance)제도는 1947년 아동수당기본법(Basic Child Benefits Act)에 의해 제도화되고 1948년부터 시행되었다. 부모의 경제 수준에 상관없이 모든 자녀에게 지급되어 가난한 가정의 자녀

2) 스웨덴의 가족정책내용은 이진숙 외, (2010),『가족정책론』의 내용을 인용했음을 밝힙니다.

뿐만 아니라 부유한 가정의 자녀도 아동수당을 받는다.

1947년 이후 16세 미만의 자녀를 양육하는 전체 가족을 대상으로 지급되었으며, 소득, 자녀 수, 국적 등은 수급 요건이 되지 않는 것으로 보편주의 원리에 입각한 수당제도다. 아동수당은 물가상승률이 반영되어 조금씩 인상되었고 1명 이상 자녀와 한부모가정 자녀에 대해서는 추가로 수당이 지급된다.

아동수당은 16세까지 지급되는데, 16세 이후에도 자녀가 상위 2차 교육기관에 다니는 경우 국립학생원조위원회(National Board of Student Aid)가 교육수당(study allowance)을 지급한다. 한편, 16세 이후에도 자녀가 의무교육기관 혹은 정신지체아동의 의무교육기관에 계속 다닐 경우 특별한 지원 절차 없이 자동적으로 연장아동수당이 지급된다. 최소 2명의 자녀에 대해 아동수당을 지급받는 부모는 자동으로 다자녀 가족보조금을 지급받는다(이진숙 외 2010: 262-263).

② 한부모가족지원

한부모가족지원(maintenance support)은 자녀를 양육하는 한부모를 지원하는데 스웨덴의 한부모가정 아동 중 60%가 이 지원을 받고 있다. 이혼으로 인해 자녀와 함께 살고 있지 않은 부모 중 한쪽은 자녀와 함께 살고 있는 전 배우자에게 자녀양육 비용을 의무적으로 지급해야 한다. 자녀와 함께 거주하지 않는 이혼한 부모 중 다음과 같은 경우에 해당되어 양육비용을 지불할 수 없을 때, 사회보험청은 자녀를 공식적으로 양육하고 있는 부모에게 한부모가족지원을 한다.

사회보험청이 한부모가족지원을 하였을 때 자녀와 함께 살지 않은 부모는 제공된 지원금의 전부 혹은 일부를 되갚아야 하는 의무를 갖고 있다. 되갚아야 할 비용은 소득 수준에 따라 책정된다. 한부모가족지원은 자녀가 18세가 될 때까지 이루어진다. 자녀가 학교를 계속 다니고 있어 연장아동수당을 받고 있는 경우와 학자금지원을 받고 있는 경우 자녀가 20세가 되는 6월까지 한부모가족지원이 연장 시행된다. 다만, 아동은 반드시 스웨덴에 거주하여야 하며, 18세 미만의 아동은 주소지가 배우자 중 한쪽 혹은 부모의 책임을 가지고 있는 사람에게 속해 있어야 한다(이진숙 외 2010: 265-266).

(2) 부모휴가제도: 육아휴직

스웨덴의 부모휴가제도는 보편적 제공, 관대한 휴가기간, 제도의 유연성, 남녀의 책임 분담을 특징으로 하며, 다른 유럽국가 중에서도 선구적인 지위를 차지하고 있다. 부모휴가제도는 아동복지, 여성의 경제적 독립, 부의 양육참여의 세 가지 목표를 갖는다(Haas & Hwang, 1999: 이진숙 외, 2010: 266 재인용). 부모보험법은 양육의 원칙을 부에게까지 확대하였다는 점에서 이전 정책과 근본적인 차이를 가진다. 이는 부모 모두가 노동하는 것을 전제로 하며, 부모의 취업과 양육 분담이 실질적으로 가능토록 하고 부의 육아참여를 장려함으로써 '동등한 부모 역할(equal parenthood)'을 목표로 한다(Saintbury, 1996: 이진숙 외, 2010: 266-267 재인용).

육아휴직(parental cash benefit for the birth of a child)은 1974년 일 · 가족 양립지원을 통해 여성의 노동시장 진입을 촉진할 목적으로 처음 도입되었다. 스웨덴의 육아휴직정책에서 가장 주목할 점은 육아휴직의 할당방식이다. 1995년 '아버지의 달(daddy's month)'을 도입하여 육아휴직 기간 중 한 달은 의무적으로 아버지가 사용하도록 한 것이다.

육아휴직급여 기간은 2002년 이후 출생한 자녀의 경우 480일이며, 부모 모두에게 240일씩 동등하게 나눠 사용할 것을 권장하고 있다. 또한 부부 중 한쪽이 각자에게 주어진 240일의 육아휴직일을 다른 배우자에게 양도할 수 있다.

여성의 경우 출산 예정일 이전 60일부터 육아휴직을 사용할 수 있으며, 자녀가 8세가 될 때까지 혹은 자녀가 초등학교 1학년에 다닐 때까지 사용할 수 있다. 자격 요건은 최소 240일의 근로 경력이 있어야 하며, 소득연계급여를 제공한다.

휴직일은 하루를 종일, 1/2일, 1/3일, 1/4일, 1/8일 등으로 나누어 사용할 수 있고 이에 준하여 휴직급여도 지급된다. 1998년부터 휴직급여는 소득의 80%를 지급하도록 하고 있다. 2002년에 육아휴직급여로 받을 수 있는 최대 금액은 월 190만 9,000크로나(원화 약 270만 원)다(이진숙 외, 2010: 267).

(3) 보육 서비스 제도

스웨덴의 보육 서비스는 아동 발달과 교육을 지원하여 생애의 중요한 출발을 정부가 지원하고, 또 부모가 직업과 양육을 병행할 수 있도록 사회적으로 지원한다는 의의를 가진다. 스웨덴의 보육 서비스는 ① 양질의 보육을 ② 충분한 접근성(full access)과 ③ 공공재원(public fund)의 제공으로 지방정부의 책임하에 운영하게 한다는 특징을 갖는다(Swedish Institute, 2004: 이진숙 외, 2010: 271 재인용).

1970년대 이후 스웨덴의 공적 보육 서비스는 대폭적으로 확충되었다. 1977년에 아동보육법, 1982년에 사회서비스법이 제정되었고, 1985년에는 일하는 부모의 취학 전 아동, 취학 아동을 위한 아동양육 서비스 제공이 모든 시의 법적 의무로 명시되는 단계에 이르렀다. 스웨덴에서는 자녀양육 서비스 지원과 관련하여 시정부(municipal government)가 중요한 역할을 하였기 때문에 서비스 유형이나 제공방식이 시마다 상이하다.

스웨덴은 1990년대의 경기 침체에도 불구하고 아동양육시설의 증가는 계속되었다. 아동양육 서비스 제공은 취학 전 아동의 경우 유아교육원(day-care centers)에서, 취학 아동의 경우 방과 후 센터(leisure-time centers)에서 이루이지고 있다. 취학 전 아동과 취학 아동 모두를 위한 가족보육센터(family day-care centers)도 중요한 역할을 한다. 통계자료를 보면 1999년 2세 이하 자녀의 40%가, 3~6세 자녀의 82%가 아동보육센터에 등록하고 있어 그 이용률이 상당히 높은 것을 알 수 있다(이진숙 외, 2010: 271-272).

3) 독일의 가족정책

(1) 현금급여 정책

① 아동양육수당

1986년부터 시행된 아동양육수당(Kindererziehungsgeld)제도는 10개월 동안 수당을 지급하는 것에서 시작하여, 1988년에는 1년, 1990년부터는 18개월로 수급기간이 연장되었다. 수당 지급 6개월까지는 월 600마르크(307유로)가 지급되었고, 7개월부터는 소득 수준에 따라 600마르크 이하의 수당이 지급되었다. 수급자는 수급기간 동안 주당 18시간 이하 시간제 노동 외에 취업활동을 할 수 없었다. 수당 지급 대상자는 모나 부 중 한 사람으로만 결정되었으며, 여러 명의 아동을 보호하고 있더라도 부모가 동시에 수당 지급 대상자가 될 수는 없었다. 아동양육수당은 취업활동을 하지 않는 양육권자만을 대상으로 하는데다가 낮은 급여 수준으로 인해서 남성의 소득 수준을 대체할 수 없기 때문에 돌봄의 성별 노동 분리를 강화할 수 있는 소지가 상당하다. 그러나 부모수당제도가 도입되어서 아동양육수당이 갖는 성별화 성격을 일정 부분 상쇄하고 있다고 볼 수 있다(정재훈, 2003).

② 부모수당

표 7-10 부모수당 내용

수급 자격	급여 수준	수급 기간
혼인·동거 부부, 아이를 돌보는 조부모·친척	소득대체율 67%	12개월
동거하는 친자·양자	월 300유로에서 1,800유로	부모 중 한 명이 추가로 2개월 더 수급 가능
		부모 중 한 명이 아플 경우, 다른 한 명이 추가로 2개월 수급 가능
		독신부모의 경우 혼자서 2개월 추가 수급 가능
아이를 직접 돌보는 사람에게	추가 자녀 수에 따라 최소한 75유로씩 증액 지급, 자녀가 3세 때까지	부모가 동시에 7개월 동안 수급 가능
주당 30시간 이내 취업활동	쌍둥이 이상의 경우 추가 출생당 300유로씩 더 지급	반액 급여를 28개월 동안 수급 가능
실업급여와 중복될 경우 유리한 쪽으로 선택 가능	과세 대상이 아님	

출처: 정재훈, (2012: 13).

기존 아동수당, 아동양육수당, 모성수당, 연방 모자재단 출산 지원금은 소득을 대체하기보다는 출산 · 양육에 들어가는 최소한의 비용을 대체해 주는 개념으로 지급되었다. 그러나 아동양육비용을 대체해 주는 개념으로는 여성의 출산 기피 현상이나 아동양육에 대한 남성의 저조한 참여율 문제를 해결해 줄 수 없다는 인식의 전환이 일어났다. 이에 따라 기존 수당제도 중 아동양육수당이 부모수당(Elterngeld)으로 바뀌면서 자녀 출산 후 휴직을 할 경우 소득대체율을 월 소득의 67%, 최고 월 1,800유로까지 지급하기 시작하였다. 부모수당제도는 2007년 1월 1일 이후 출생한 아동부터 적용된다. 지금까지 월 300유로를 지급하던 아동양육수당은 폐지되지 않고, 취업활동을 하지 않는 부모에게 지급된다(정재훈, 2008). 기존 수당제도가 아동양육비용을 대체해 주는 개념이었다면, 부모수당제도는 소득을 대체해 주는 개념으로 전환함으로써 출산기회비용을 최소화하는 가족정책적 시도라는 점에서 의미가 있다. 아동보육수당과 비교할 때 부모수당제도를 통해 연간 25,200유로까지 더 지급받을 수 있다. 또한 제도 혜택을 완전하게 받으려면 최소한 2개월은 부모 중 한 명이 반드시 휴직을 하고 아동양육을 해야 한다. 부모가 모두 사용할 경우 14개월까지 수급이 가능하기 때문에 남성의 참여율을 촉진하는 요인으로 작용할 수 있다. 따라서 소득대체율을 67%로 높이고 남성의 아동양육참여율을 높일 수 있는 요인을 제공하고 있다는 점에서 부모수당제도는 성별 노동 분리 현상을 극복할 수 있는 단초가 된다고 볼 수 있다(정재훈, 박은정, 2012: 12-13).

(2) 시간 정책: 부모시간제를 중심으로

1986년 아동양육수당 · 휴가(Kindererziehungsgeld-und Urlaub)제도 도입은 돌봄 노동이 갖는 사회적 가치를 인정하는 상징적 계기가 되었다. 그러나 상징적 차원 이상으로 성별 노동 분리 극복이라는 정책적 효과를 거두지는 못하였다(정재훈, 2003). 따라서 2001년 1월 1일부터 기존 아동양육휴가(Kindererziehungsurlaub)를 부모시간(Elternzeit)으로 대체하는 변화를 시도하였다.

부모시간 규정은 2001년 1월 1일부터 태어났거나 입양된 아동을 대상으로 하

였다. 독일 연방정부는 다음과 같은 점에서 부모시간이 부모의 취업활동과 가족생활 병행에 대한 욕구를 보육휴가보다 더 효율적으로 충족시킬 수 있다고 전망하였다. 첫째, 아이가 태어난 후 3년이 지나기 전까지 부모는 공동으로 부모시간을 얻을 수 있다. 둘째, 부모시간을 얻기 위한 전제 조건은 모나 부가 각각 주당 30시간을 초과하여 취업활동을 해서는 안 된다는 것이다. 부모가 보육휴가를 얻기 위한 전제 조건이 주당 19시간 이하 취업활동이었음을 감안하면, 실질적으로 주당 60시간 부모의 취업활동을 보장함으로써, 아동양육수당을 얻기 위해 취업활동을 제한받아야 했던 문제를 부모시간 규정이 해결할 수 있다고 본다. 셋째, 사용자 동의를 얻을 경우, 부모는 아동 연령이 3세부터 8세 사이에 모두 합쳐 1년의 부모시간을 가질 수 있다(BMFSFJ, 2002: 82, 정재훈 외, 2012: 14에서 재인용).

2007년 1월 1일부터는 제도 명칭 자체를 아동양육수당 및 휴가제도에서 부모시간 제도로 변경하였다. 아동양육휴가제도는 무급 기간을 포함하여 3년간 사용할 수 있었으나, 부모시간제도는 1년으로 축소되었다. 그러나 부모가 모두 사용할 경우 14개월까지 사용이 가능하다. 즉, 부모시간을 14개월 모두 사용하기 위해서는 부모 모두 부모시간을 사용해야 하고, 짧은 기간 휴직하는 한 명이 최소 2개월은 휴직을 하여야 한다. 따라서 상대적으로 참여율이 낮은 아버지의 부모시간 참여를 높일 수 있는 일종의 아버지 육아휴직 할당제의 역할을 한다고 할 수 있다(정재훈, 박은정, 2012: 14-15).

4. 가족정책의 방향과 과제

지금까지 살펴본 것처럼 가족은 오랫동안 상당한 수준의 기능과 역할을 수행해 왔으며, 현재 가족은 더 이상 그 기능과 역할을 수행하기에 어려운 사회환경에 직면했다. 따라서 가족이 처한 기능과 역할 수행의 어려움을 국가가 해결해 나가야 한다.

오랫동안 가족은 아동, 청소년, 노인을 위한 부양과 돌봄의 역할을 수행하여 왔다. 그런데 전반적 사회환경이 변화하면서 가족이 그동안 담당해 왔던 기능과 역할을 수행하는 것이 어려워지고 있다. 완전고용에 기반을 둔 노동시장은 불안정해지고 있으며, 가족형태는 다양화하고 있으며, 아동과 청소년의 교육기간은 길어지고 직장을 얻는 기회가 줄어들면서 부모로부터의 독립은 지연되고 있으며, 평균수명이 80세를 넘기고 고령화가 가속화되면서 장기요양을 필요로 하는 노인인구가 늘고 돌봄 요구의 총량은 급격히 늘어나고 있다. 즉, 새로운 사회환경을 떠받치고 유지시켜 나갈 새로운 가족정책이 요구되고 있다(송다영, 정선영, 2013: 147).

위에서 기술한 바와 같은 가족의 변화를 고려하고 외국의 가족정책이 주는 함의를 고려한 가족정책의 기본 방향은 다음과 같다.

첫째, '남성 가장, 초혼, 혈연에 기반한 부부와 자녀로 구성된 가족'을 정상가족으로 전제하고 남성 생계부양자 모델을 기본으로 한 가족정책 관점에서 벗어나야 한다. 현재 한국사회에서 진행되는 「건강가정기본법」이나 기존의 사회복지 관련 법은 특정 형태의 가족만을 정상가족으로 간주하고 있다. 이에 따라 소위 정상가족 범주를 벗어난 가족들은 실제적 가족생활과 관계없이 비정상적이거나 해체된 가족으로 인식되곤 한다. 그러나 가족이 어떤 형태로 변한다 하더라도 부양기능, 정서기능 등 가족이 핵심적으로 맡아 왔던 기능을 수행하고 있거나 수행하려는 노력을 하고 있다면 이러한 상태를 가족 해체로 규정할 수 없다. 따라서 국가는 전형적 가족, 정상가족에 기반한 정책 관점에서 벗어나 사회적으로 증가하고 있는 한부모가족, 독신가구, 맞벌이가족, 재혼가족, 무자녀가족, 입양가족 등의 가족생활을 사회적으로 지원할 수 있는 제도적 기반을 조성하여야 한다.

둘째, 가족의 변화에 따라 개별 가족들이 살아가는 방식이나 개인들이 선택하는 삶의 양식은 다양해지고 있다. 따라서 이제 남성이 생계를 부양하고, 여성이 가족을 보호하고 돌보는 역할을 수행하는 '전형적' 가족은 일부 계층에만 적용될 뿐이다. 대개 남성 가장이 유일한 생계부양자이고 전업주부가 가족을 돌보는 것이 가능한 중산층 가족의 비율도 점점 더 감소되고 있다. 노동시장의 유연화 과정을 통하여 더 많은 노동자들이 주변노동자화하고 있으며 주택구입 및 자녀교육 비용부담, 노후생활을 준비해야 하는 부담 때문에 더 많은 가족구성원들이 경제활동을 해야 하는 방향으로 가고 있다. 현실적으로 저소득층 가족은 남성 가구주뿐만 아니라 부인, 자녀들까지 취업을 하여 각각의 소득을 결합하는 방식으로 생계를 유지하고 있다. 따라서 이들 가족에게 있어 여성의 취업과 이를 통한 소득확보는 가족의 생활에 필수 불가결한 요소다. 여성의 노동화와 남성의 가족 내 돌봄을 이끌어 내는 가족화를 가능케 하는 가족정책이 필요하다.

셋째, 최근 우리나라의 저출산율 문제는 고령화사회에서 노인의 사회적 부양부담 문제와 맞물려 매우 중요한 사안이다. 「건강가정기본법」은 이러한 현실을 고려하여 법적으로 혼인과 출산의 의무를 강조하고 있다. 그러나 결혼과 출산을 증가시킬 수 있는 보다 현실적인 방안은 혼인이나 출산에 대한 일방적 강조보다는, 사회가 가족, 특히 여성들에게 안정적으로 자녀 출산과 양육을 양립할 수 있는 사회환경을 제시하는 것이다. 이미 출산율 하락을 경험한 서구에서는 출산 기피나 저출산에 대한 대안으로 안정적인 보육구조의 확립과 일 · 가정 양립 가능한 노동시장정책 등으로 경제활동과 양육의 딜레마를 극복하고 있다. 가족정책을 모색하는 현 시점에서 외국의 가족정책의 공보육화 및 노동시장정책은 우리나라에 시사하는 바가 크다(윤홍식 외, 2011).

넷째, 다양한 가족지원과 다문화 사회 조성을 위한 방향성을 가져야 한다. 이혼가족, 한부모가족, 독신가족, 다문화가족, 북한 새터민 가족 등 '비정상적인' 영역으로 구분되던, 혹은 '요보호' 가족의 범위에 속하던 가족들을 인정하고 지원하기 위한 정책을 수립해야 한다(이재경 외, 2004).

특히 다문화가족 정책은 '결혼이주여성' 가정과 관련한 정책들에 집중되어 있다. 앞으로 이주여성뿐만 아니라 조선족 등 재외한인 여성가족, 북한이탈주민 가족의 초기정착을 지원하고 교육을 지원하거나, 입양가족을 위한 입양휴가제, 무상보육제도, 재소자 가족의 가족관계 회복을 위한 프로그램 등 다양한 가족을 지원하기 위한 노력들이 지속되어야 한다(김영옥, 2007).

|중|점|토|론|

1. 보육지원정책과 아동양육수당제도의 의미를 비교해 보시오.
2. 최근 실시된 맞춤형보육제도에 대해 살펴보시오. 특히 여성의 입장에서 제도의 효과성에 대해 논의해 보시오.
3. 우리나라에서 육아휴직제도를 사용하는 남성 근로자 현황에 대해 살펴보시오.
4. 서울시 '1인 가구 지원조례' 등 다양한 가족에 대한 서비스지원에 대해 생각해 보시오.

참고문헌

김사현, 홍경준(2014). 출산율 및 여성노동참여율에 대한 가족정책의 영향-정책균형관점에서 본 OECD 21개국 비교연구. 사회복지정책, 41(2), 213-238.

김수정(2004). 복지국가 가족지원정책의 젠더적 차원과 유형. 한국사회학, 38(5), 209-233.

김영란(2014). 한국의 사회적 위험변화와 가족위험. 가족과 문화, 26(2), 151-188.

김영옥(2007). 새로운 '시민들'의 등장과 다문화주의논의. 아시아여성연구, 46(2), 129-159.

김영화, 이진숙, 이옥희(2010). 성인지적 가족복지론. 경기: 양서원.

김혜영(2010). 한국가족의 특징과 가족정책의 주요쟁점. 젠더리뷰, 여름호, 한국여성정책연구원.

김혜영(2012). 기로에 선 가구정책, 어떻게 할 것인가. 한국여성학, 28(3), 63-94.

김혜영(2014). 유동하는 한국가족-1인 가구를 중심으로. "1인 가구와 가족" "Beyond the family". 한국가족사회복지학회 2014년도 추계 학술대회 자료집.

류연규(2011). 젠더레짐과 한국가족복지정책 유형. 한국가족사회복지학회 2011 추계학술대회 자료집.

박미은, 신희정, 이혜경, 이미림(2012). 가족복지론. 경기: 공동체.

성정현, 여지영, 우국희, 최승희, 임세희(2014). 가족복지론. 경기: 양서원.

송다영(2003). 사회적 배제 집단으로서의 저소득 모자가족과 통합적 복지대책 수립을 위한 연구. 한국사회복지학, 54, 295-319.

송다영(2010). 자유선택과 계층화 - 한국보육정책의 형성과 재편을 중심으로. 한국가족사회복지학회 2010 추계학술대회 자료집.

송다영, 정선영(2013). 통합적 가족정책으로의 패러다임 전환을 위한 과제. 비판사회정책, (39), 145-189.

스웨덴국립사회보험청(2007). *The Swedish Social Insurance Agency Annual Report2006*, 신윤정(2008) 편집 후 재인용.

신윤정(2015). 저출산에 대응한 동아시아 국가의 가족정책 비고. 보건복지포럼, 80-89.

원숙연, 이동선(2012). 일-가족양립 지원정책이 노동시장 참여의 성별격차에 미치는 영향-OECD 16개 국가를 대상으로-. 한국정책학회보, 21(30), 325-360.

윤홍식(2014). 박근혜정부의 가족화 정책과 성, 계층불평등의 확대. 경제와 사회, 87-116.

윤홍식, 송다영, 김인숙(2011). 가족정책: 복지국가의 새로운 전망(개정판). 경기: 공동체.

이승윤, 박고은, 김윤영(2014). 가족정책의 세 가지 지원유형과 그 조합에 관한 국제비교 연구. 사회복지정책, 41(12), 213-240.

이재경(2004). 가족에 대한 정의는 필요한가? 한국여성단체 연합 가족간담회 자료집.

이진숙, 김태원(2007). EU 국가들의 가족정책의 한국가족정책에 대한 함의. 한 · 독사회과학논총, 17(1), 101-130.

이진숙, 신지연, 윤나리(2010). 가족정책론. 서울: 학지사.

이혜경(1996). 한국 가족정책 대안의 선택과 정부 · 민간의 연계(박병호 외), 한국가족정책의 이해. 서울: 신정출판사.

장경섭, 진미정, 성미애, 이재림(2015). 한국사회 제도적 가족주의의 진단과 함의-소득보장, 교육, 돌봄영역을 중심으로-. 가족과 문화, 27(3), 1-38.

전윤정(2015). 탈상품화 · 탈가족화 관점에서 본 한국의 일. 가족양립정책. 1990-2014. 한국여성학, 31(3), 179-218.

정재훈(2003). 보수주의 복지국가의 성차별적 특성 분석. 사회복지연구, 22, 257-289.

정재훈(2008). 최근 독일 가족정책 변화의 시사점. 젠더리뷰, 8, 70-74. 한국여성정책연구원.

정재훈, 박은정(2012). 가족정책유형에 따른 독일 가족정책 변화 분석. 가족과 문화, 24(1), 1-30.

정재훈, 이소영(2011). 한국과 독일의 가족복지정책 비교. 한국가족사회복지학회.

조막래(2013). 박근혜정부의 여성가족정책 평가: 국가, 시장, 가족역할. 한국가족사회복지학회 가족정책포럼 자료집.

최은영(2013). 돌봄 통합적 사회정책의 재설계 . 한국사회복지조사연구, 36, 237-263.

한국여성정책연구원(2013). 2013 한국의 성인지 통계.

한인영, 강향숙, 구승신, 김경희, 김선민, 김유정, 김주현, 김지혜, 박형원, 백형의, 우재희, 이영선, 이예승, 이인정, 이혜경, 임정원, 장수미, 정선영, 최정숙(2015). 가족복지론. 서울: 학지사.

황규성(2013). 독일 메르켈정부 가족정책 개혁의 정치과정. 민주사회와 정책연구, 24, 172-200.

Gauthier, A. H. (1996). *The state and the family: A comparative analysis of family policies in industrialized countries*. Oxford: Clarendon Press.

Kamerman, S. B., & Kahn, A. J. (1978). *Family policy, government and families in fourteen countries*. New York: Columbia University Press.

Kamerman, S. B., & Kahn, A. J. (1995). *Starting right: How America neglects its youngest children and what we do about it*. New York: Oxford University Press.

Kulawik, T., & Sauer, B. (Eds). (2000). 복지국가와 여성정책.(한국여성정책연구회 역). 서울: 새물결. (원저는 1996년 출간)

NASW. (1999). 사회복지대백과사전.(이문국 외 역). 서울: 나눔의 집. (원저는 1987년 출간)

OECD. (2003, 2005). OECD Employment Outlook.

Sainsbury, D. (1999). *Gender and welfare state regimes*. Oxford, UK: Oxford University Press.

여성가족부 홈페이지 www.mogef.go.kr

제8장 가족과 사회복지법

일반적인 의미에서 가족은 사회를 구성하고 사회를 움직이게 하는 가장 핵심적인 단위로 여겨진다. 그러나 사회복지 영역에서 가족은 사회복지서비스를 전달하는 핵심 단위다. 여기서는 「건강가정기본법」 외에 사회복지와 관련된 다양한 법률들 안에서 가족이 어떻게 규정되어 있고 어떤 역할을 하고 있는지, 그리고 이들이 가족복지에 어떤 의미를 갖는지 검토해 보기로 한다. 이를 통해 가족이 단순히 애정적 결합체만이 아니라 사회를 움직여 나가는 하나의 제도임을, 사회복지는 이 제도로서의 가족을 중심으로 움직여 나가는 것임을 살펴보자.

1. 건강가정기본법과 가족[1]

1) 건강가정기본법의 제정 배경

2003년 12월에 제정된 「건강가정기본법」은 국가가 가족에 대한 개입 의사를 가족정책의 이름으로 표명한 우리나라 최초의 법적 장치다. 제정과정상의 논란 여하를 떠나 이 법의 제정으로 우리 사회는 가족을 단순한 '사적 영역'이 아닌 공적 개입이 필요한 영역으로 선언하게 되었다. 이런 점에서 「건강가정기본법」은 우리나라 가족정책의 기본 방향과 틀에 대한 토대를 논할 때 반드시 논의되어야 할 부분이다.

「건강가정기본법」의 배경은 가족의 문제가 사회적 의제로 제기되었던 2000년대 초로 거슬러 올라간다. 2002년 당시 출산율 세계 최하(여성 1명이 평생 동안 낳은 평균 출생아수인 합계출산율이 2002년 기준 1.17명; 통계청, 2002), 이혼율 세계 2위(2002년 기준 결혼대비 이혼율 47.4%, 인구 1,000명당 이혼건수인 조이혼율은 3.0; 통계청, 2002)라는 국제 간 지표가 발표되면서 한국 사회는 충격에 휩싸인다. 여기에 더하여 신문지상에서 연일 보도되는 생계를 비관한 가족동반자살(한겨레신문, 2003. 7. 17., 2003. 7. 30.)과 가족 간의 갈등에 대한 보도는 한국 사회의 가족이 마치 새롭고 총체적인 위기에 직면하고 있다는 점을 기정사실화하였다.

특히 저출산 문제는 미래에 노동인력의 부족 현상을 가져오고 사회보장제도의 유지를 위협하는 핵심 요인으로 간주되면서 문제의 심각성이 지속적으로 언론을 통해 강조되어 왔다. 자녀를 낳고 싶어도 자녀를 기를 수 있는 사회적 지원이 없기 때문에 자연히 출산을 기피하게 되고, 한 명의 자녀라도 낳게 되면 그 자녀를 양육하는 몫과 부담 때문에 부부갈등이 심화되고, 노후를 의지하기 힘들 정도의 소자녀는 다시 노부모의 부양과 돌봄이라는 사회문제를 제기하고, 이러한 복잡한 가족생활의 궁지는 다시 결혼에 대한 매력 상실을 가져오면서 악순환

1) 「건강가정기본법」 내용은 일부 줄여서 재구성했습니다.

의 고리가 계속되는 것으로 이해되었다(김인숙, 2003b). 이와 함께 이혼율의 급격한 증가는 가족 해체의 심각성을 알리는 핵심 사안으로 대두되면서 우리 사회의 가족이 얼마나 불안정한 상태에 있는가를 알리는 역할을 하였다.

즉, 2000년대 초 한국 가족은 노동력을 재생산하는 기능에서부터 피부양자를 보호하고 가족원 간에 정서적 유대감을 유지하는 기능에 이르기까지 가족이 그동안 수행해 왔던 주요 기능 측면에서 급격한 변화와 균열에 직면해 있는 것으로 인식되었다. 그리고 이 변화와 균열의 핵심에 '출산' '양육' '부양' '돌봄' '해체'가 자리하고 있었다. 이들은 마치 어떤 것이 먼저라고 할 것도 없이 하나의 망처럼 연결되어 있었다. 「건강가정기본법」은 이러한 가족에 대한 당시의 사회적 위기감에 대한 국가의 대처방식이었다.

「건강가정기본법」은 당시 가족에 대한 사회적 위기감에 대해 가족 문제가 사회적 의제로 형상화되면서 가족이 가진 부담을 개별 가족이 아닌 국가와 사회가 부담해야 한다는 문제의식에서 출발하였다. 이 출발점은 적어도 서구의 복지국가가 가진 문제의식과 큰 차이는 없었다. 그러나 사회적 이슈로 부각되는 가족 문제를 어떤 방식으로 풀어 가느냐라는 측면에서 보면 한국의 대응과 서구 선진국의 대응에는 많은 차이가 있다.

서구 복지국가가 돌봄의 사회화와 일 · 가족 양립이라는 큰 틀에서 가족 문제의 해결을 도모했다면, 우리나라는 '건강한' 가족을 유지하기 위한 서비스 제공의 법적 기반을 만드는 데 주력했다고 볼 수 있다. 그것은 복지국가를 구성하는 주요 축으로서의 가족 돌봄에 대한 지원이나, 시장과 가족 사이에서 갈등하는 가족구성원에 대한 국가적 지원을 핵심으로 했다기보다 개별 가족에 대한 서비스와 상담, 교육 등을 제공하는 시스템의 도입을 주된 목적으로 설정하였다.

「건강가정기본법」의 방향과 주된 초점이 어떠하건 간에 이 법은 제정을 전후해 한국 사회에서 제기되던 가족 이슈에 대한 반응으로 탄생한 것임에는 틀림없다. 당시 제기되던 가족 이슈가 일으켰던 파장의 범위와 강도를 고려하면, 「건강가정기본법」의 제안은 사회에 충분히 먹혀들었다고 볼 수 있다. 이렇게 가족이 해체되고 붕괴되며 심지어 국가 노동인력의 급격한 감소 현상으로 이어질 수 있다는 가족에 대한 사회적 위기감은 「건강가정기본법」이 제정되는 주요 사회

적 배경으로 작용하였다.

2) 「건강가정기본법」의 주요 내용

(1) 건강가정기본법의 목적과 기본이념

「건강가정기본법」이 의도하는 목적은 동법 제1조에 명시되어 있다. "이 법은 건강한 가정생활의 영위와 가족의 유지 및 발전을 위한 국민의 권리 · 의무와 국가 및 지방자치단체 등의 책임을 명백히 하고, 가정문제의 적절한 해결방안을 강구하며 가족구성원의 복지증진에 이바지할 수 있는 지원정책을 강화함으로써 건강가정 구현에 기여하는 것을 목적으로 한다." 그리고 이러한 목적달성을 위해 이 법이 지향하는 기본 이념(제2조)은 "가정은 개인의 기본적인 욕구를 충족시키고 사회통합을 위하여 기능할 수 있도록 유지 · 발전되어야 한다."다.

「건강가정기본법」의 이러한 조항은 좀 더 구체적으로 몇 가지 측면에서 살펴볼 수 있다. 첫째, 국가와 지방자치단체의 책임을 명백히 함으로써 가족이 경험하는 어려움에 대해 국가가 개입해야 함을 법적으로 규정하였다는 점이다. 이를 위해 동법에서는 가족에 필요한 제도와 여건을 조성하고, 민주적인 가정을 형성하고, 가정친화적 환경을 조성하고, 양성평등한 가족가치를 실현하며, 가사노동의 정당한 가치를 평가하도록 노력해야 함을 규정하고 있다(제5조). 이러한 규정을 고려할 때 이 법은 가족에 대한 국가의 개입을 명시화하고, 그 개입의 방향을 설정하였다는 점에서 의의가 있다. 그러나 국가개입에 필요한 재원조달에 관해서는 아무런 언급을 하지 않음으로써 법의 실효성을 담보하지 못하고 있다.

둘째, 국가의 개입과 함께 국민의 권리와 의무를 규정하였다는 점이다. 동법 제4조에 따르면, "모든 국민은 가정의 구성원으로서 안정되고 인간다운 삶을 유지할 수 있는 가정생활을 영위할 권리를 가진다."라는 국민의 권리와 함께 "모든 국민은 가정의 중요성을 인식하고 그 복지의 향상을 위하여 노력하여야 한다."라고 명시하고 있다. 이들 조항은 가족구성원이 안정되고 인간다운 가정생활을 유지할 권리를 가지기 위해서는 국가의 가족에 대한 지원과 개입이 필요함을 전

제하고 있다는 점에서 의의를 가진다. 그러나 국민의 의무를 지나치게 강제화하고 있다는 비판의 여지가 있다. 국민이 가정의 중요성을 인식해야 하고 가족의 복지 향상을 위해 노력해야 함을 법으로 강제함으로써 앞서 언급한 권리와 충돌될 수 있는 것이다.

가족에 대한 국민의 의무는 「건강가정기본법」의 다른 조항에서도 나타난다. 예를 들어, 가족가치에 관한 조항에서 "가족원은 부양, 자녀양육, 가사노동 등 가정생활에 함께 참여해야 하고 서로 존중하며 신뢰하여야 한다."(제7조)라고 한 점, 혼인과 출산에 대해서도 "모든 국민은 혼인과 출산의 사회적 중요성을 인식하여야 한다."(제8조 제1항)라는 점을 법적으로 강제화하고 있는 점, 그리고 가족 해체 예방에 관한 조항에서 "가족구성원 모두는 가족 해체를 예방하기 위해 노력해야 한다."(제9조 제1항)라고 한 점 등이 그 예다. 이들 법적 조항 때문에 「건강가정기본법」이 지나치게 가족구성원의 역할을 법적으로 강제화하고 있고, 이로 인해 「건강가정기본법」의 중요 취지인 국가의 가족에 대한 지원이 희석되고 국가가 가족을 하나의 수단으로 여기는 입장을 취한다는 비판이 제기된다.

셋째, 「건강가정기본법」에서 정하는 제반 조치가 '건강한 가정생활의 영위와 가족의 유지 및 발전'을 통해 궁극적으로 '건강가정'을 구현하는 것에 목적을 두고 있다는 점이다. 여기서 '건강한 가정생활'이나 '가족의 유지' '건강가정'이라는 용어가 논란의 대상이 될 수 있고, 실제로 「건강가정기본법」 제정과정에서 핵심 논란거리 중 하나였다. 즉, '건강한' 가족이라는 것이 어떤 가족이냐 하는 것이다. 가족을 지원하는 법에 이러한 모호하고 추상적인 목적지향적 가족형태를 명시함으로써 국가가 가족에 대해 논란이 되는 특정의 가치지향을 분명히 한다는 것 자체가 논란을 불러일으킬 수 있다. 그것은 자칫 가족에 대한 국가 지원이 국가주의나 국가의 이해관계, 더 나아가서는 특정 형태의 가족의 이해관계를 반영할 수 있다는 점에서 우려를 낳을 수 있다. 또한 가족의 '유지'를 통해 건강가정 구현을 이루고자 하는 것은 한편에서는 가족의 재구조화를 부정적 시각으로 바라보게 한다는 오해를 불러일으킬 수 있다.

넷째, 「건강가정기본법」은 동법이 지향하는 기본 이념으로 가족의 '사회통합'적 측면("가정은 사회통합을 위하여 기능할 수 있도록 유지 · 발전되어야 한다.")을 부각시킴으로써 가족의 다양성이나 가족공동체의 형성보다는 가족이 국가발전을 위한 하나의 수단으로 여겨지고 있다는 인상을 준다. 21세기는 가족에 대한 국가주의적 관점보다는 개별 가족공동체의 다양성에 대한 존중, 가족관계의 평등과 민주성이 중요한 가족 이슈로 제기되는 점을 감안하면, 사회통합의 수단으로서의 가족의 위상은 자칫 가족을 국가주의 수단으로 전락시킬 가능성이 있다.

(2) 가족서비스의 수급 대상

「건강가정기본법」은 동법에서 서비스를 받을 수 있는 수급 대상을 구체적으로 명시하고 있지는 않다. 그러나 동법에서 사용하는 가족과 가정에 대한 정의를 규정함으로써 사실상 「건강가정기본법」의 가족서비스 수급 대상의 범위를 규정짓고 있다. 「건강가정기본법」에 따르면 가족은 "혼인 · 혈연 · 입양으로 이루어진 사회의 기본 단위"(제3조 제1항)로, 가정은 "가족구성원이 생계 또는 주거를 함께하는 생활공동체로서 구성원의 일상적인 부양 · 양육 · 보호 · 교육 등이 이루어지는 생활단위"(제3조 제2항)로 정의하고 있다.

「건강가정기본법」에 규정된 가족과 가정에 대한 정의를 동시에 고려해 보면 동법의 서비스 대상은 혼인 · 혈연 · 입양의 형태를 가지면서 이 형태 내부에서 생계를 함께하는 생활공동체로 말할 수 있다. 생계를 함께하는 생활공동체의 범위가 혼인 · 혈연 · 입양이라는 형태의 가족으로 제한되는 것이다. 이는 「건강가정기본법」의 정책 대상이 전형적 가족에 국한되고 있다는 비판을 받는 근거로 작용한다.

일반적으로 가족에 대한 정의를 전형적 가족으로 제한할 경우 전형적 가족 이외의 다수의 비전형적 가족이 정책의 대상에서 배제되는 결과를 가져온다. 이러한 이유에서 미국의 전국사회복지사협회는 복지서비스를 받는 가족에 대한 정의를 "가족과 유사한 기능을 수행하는 다양한 생활공동체"로 정의하고 있는데, 이는 가족의 정의가 전형적 가족으로 국한될 경우 야기되는 '배제'의 문제를 최소화하기 위한 것이었다(윤홍식, 2004).

이처럼 「건강가정기본법」상의 가족과 가정에 대한 정의를 결합시켰을 때 동법상의 서비스를 받을 수 있는 가족의 범위에서 사실혼 가족이나 위탁가족 혹은

후견인이 있는 가족과 같은 비전형적 가족은 제외된다. 물론 동법상의 전달체계인 건강가정지원센터에서 이들 가족에 대한 서비스가 제공된다 하더라도 법의 형식논리상 혼인 · 혈연 · 입양가족을 제외한 다른 비전형적 가족은 제외되고 있다고 볼 수 있다.

이러한 논란의 핵심에는 동법이 목적으로 하는 '건강가정'이라는 개념이 있다. '무엇이 건강가정인가? 어떠한 가정이 건강가정인가?'라는 질문에 대한 답은 다양할 수밖에 없는데, 그 이유는 건강가정이라는 개념이 모호하기 때문이다. 동법 제3조 제2항에는 건강가정을 "가족 모두의 욕구가 충족되고 인간다운 삶이 보장되는 가정"으로 매우 모호하게 정의하고 있다. 건강가정 정의에 대한 이러한 모호성으로 인해 과연 건강가정이 특정 형태의 가족을 지칭하는지, 혹은 특정 기능을 수행하는 개념인지에 대한 수많은 논란이 일고 있고, 이로 인해 「건강가정기본법」 자체에 대한 논란이 발생하는 것이다.

(3) 가족에 대한 국가 지원의 방향과 내용

「건강가정기본법」에서 정하는 가족지원의 내용은 동법 제3장 '건강가정사업'에 나타나 있다. 여기서 정하고 있는 가족지원의 내용은 크게 네 가지로 구분할 수 있다. 돌봄 부담에 대한 지원, 요보호가족에 대한 복지 지원, 가족관계 및 문화 증진, 가족교육의 실시 등이 그것이다.

첫째, 돌봄 부담에 대한 지원은 일과 가정의 양립을 위한 모성과 부성에 대한 보호(제21조 제2항과 제3항), 자녀양육지원 강화(제22조), 노인 및 장애로 인한 가족 내 수발 지원으로 구분된다. 저출산과 고령화라는 거스를 수 없는 우리 사회의 변화를 고려하면 가족이 겪고 있는 돌봄에 대한 부담을 국가가 지원하는 것은 매우 시급한 일이다. 그런 면에서 「건강가정기본법」에서 가족의 돌봄 부담에 대한 제반 정책을 모호하게나마 규정하고 있는 것은 의미가 있다.

그러나 문제는 이러한 제반 가족정책에 관한 국가와 지방자치단체의 지원 규정이 「건강가정기본법」의 독자적 법률내용으로 이루어지고 있지 않고 관계 법률이 정하는 바에 의하여 이루어질 수 있게 규정되어 있다는 점이다(제21조 제5항). 자녀양육에 관한 지원이나 노인 및 장애로 인한 가족 내 수발 지원 또한 모호하게 규정되어 있고, 「영유아보육법」이나 「남녀고용평등과 일 · 가정 양립 지원에 관한 법률」, 「노인장기요양보험법」, 「장애인복지법」 등에서 일부 항목으로 규정하고 있기 때문에 「건강가정기본법」의 독자적 법률규정으로서의 효력은 갖기 어렵다. 따라서 사실상 「건강가정기본법」에 규정된 가족의 돌봄 부담 지원에 관한 내용은 동법상의 실질적 실효성을 기대하기 어렵고, 법률상의 '수사(rethoric)'로 작용하고 있다고 볼 수 있다.

둘째, 「건강가정기본법」에서 정하고 있는 주요 가족정책 중의 하나는 요보호가족에 대한 복지 지원이다. 이는 "국가와 지방자치단체는 모 · 부자가정, 노인단독가정, 장애인가정, 미혼모가정, 그룹홈, 자활 공동체 등 사회적 보호를 필요로 하는 가정에 대하여 적극적으로 지원하여야 한다."(제21조 제4항)라거나 "가정폭력으로부터의 보호"(제21조 제1항)를 법으로 정하고 있는 것에서 볼 수 있다. 그러나 이들 요보호가족에 대한 지원도 관계 법률이 존재하고 있어 해당 관련법에 의거해 이루어질 가능성이 높다. 왜냐하면 「건강가정기본법」에는 이들 요보호가족에 대한 구체적인 정책적 언급이 없기 때문이다. 물론 건강가정기본계획과 같은 좀 더 구체적인 정책실행 형태를 통해 법률상의 모호성이 구체화될 수 있는 여지는 남아 있다.

셋째, 가족관계 및 가족문화의 증진이다. 이에 관한 정책은 「건강가정기본법」의 가장 두드러진 특징이라고 할 수 있다. 민주적이고 양성평등한 가족관계를 증진하고(제26조), 양성평등한 가족문화와 건강한 의식주 생활문화, 가족여가문화, 합리적인 소비문화, 지역사회공동체 문화, 가족단위 자원봉사활동, 가정의례 등 가족문화를 증진(제28조)하는 것이 가족정책의 주요 부분으로 규정되어 있다. 가족관계를 양성평등하고 민주적인 관계로 전환하고, 가족문화의 다양한 차원을 개선하는 것은 그 자체로 문제가 될 리 없다. 그것은 국가의 지원으로 할 수만 있다면 바람직한 것이다. 문제가 되는 것은 이러한 정책이 전체 가족정책 안에서 차지하는 비중이다. 가족문화의 변화를 통해 저출산과 고령화, 이혼율 증가와 같은 가족 변화 문제를 얼마나 해소할 수 있느냐에 의문을 던질 수 있다. 이 법이 제정된 배경이 저출산과 고령화라는 한국 사회의 거대 변화와 이로 인한 가족 문제에 대처하기 위한 것이었다면, 그에 부합하는 좀 더 많은 구체적인

정책이 법안에 포함되어야 한다.

넷째, 「건강가정기본법」상의 가족정책 중 또 하나의 주요 내용은 가족교육(「건강가정기본법」상에는 '건강가정 교육'임)이다. 가족교육에는 결혼준비교육, 부모교육, 가족윤리교육, 가족가치 실현 및 가정생활 관련 교육(제32조)이 규정되어 있다. 이러한 규정은 가족에 대한 교육적 접근방식을 통해 우리 사회가 직면하고 있는 가족 문제에 대한 해법을 찾을 수 있음을 제시하는 것으로 볼 수 있다. 지금까지 가족 교육이 그 중요성에도 불구하고 법적 근거를 갖지 못했다는 점에서 본다면, 앞으로 가족교육에 대한 활성화 그 자체는 바람직하다고 볼 수 있다. 그러나 이 역시 「건강가정기본법」이 제정된 배경을 고려할 때 전체 가족정책에서 가족교육적 접근이 차지하는 비중이라는 차원에서 의문이 남는다. 과연 저출산과 고령화, 그리고 이혼율의 증가와 같은 가족 변화로 인해 발생하는 문제의 해소에 가족교육적 접근이 어떤 역할을 얼마나 할 수 있을지에 대해서는 논란의 여지가 있다.

3) 가족정책 관점에서 본 건강가정기본법

「건강가정기본법」 제정과정에서 나타난 가장 큰 문제는 우리 사회가 지향해야 할 가족정책의 위치, 틀, 방향 등에 대한 논의가 전혀 없었다는 점이다. '건강가정'이라는 담론은 그 '어휘'가 주는 강력한 대중적 설득력 때문에 그에 필적할 대안 담론의 형성을 방해하였다. 특히 사회복지학과 가정학의 이해관계가 가족서비스 전달체계와 전담인력을 놓고 첨예하게 충돌하고 있었기 때문에 담론 공방의 상당 부분이 이에 집중되었다. 그 결과, 「건강가정기본법」 제정과정에서 가족정책에 관한 이슈는 주로 가족가치와 가족범위에 치중됨으로써 정작 가족정책의 구체적 내용과 틀에 대한 논쟁은 거의 없었다 해도 과언이 아니다. 우리 사회가 어떤 가족정책 모델을 가지고 나가야 할지에 대한 구체적 논쟁은 거의 이루어지지 못한 것이다. 가족정책은 앞으로 복지국가의 유형을 결정하는 중요한 지표가 될 것이다. 이때의 가족정책은 전달체계로서의 가족 서비스 인프라만을 말하는 것도 아니고, '가정의 가치'를 바로 세우기 위해 시도되는 계도적이고 교육적인 방식의 실천적 접근만을 얘기하지도 않는다. 가족정책은 현재 가족 내 '돌봄'의 공백을 메꾸고, 일과 가족을 양립할 수 있도록 탈가족화, 탈상품화를 위한 제반 정책에 대한 고민을 핵심으로 한다. 그래야만 가족정책이 사람들의 삶의 방식을 지원하는 복지국가라는 체제 내에서 의미 있는 위치로 자리를 잡을 수 있다(김인숙, 2007). 이런 의미에서 현행 「건강가정기본법」은 가족의 돌봄 및 복지 지원에 대한 내실화와 실효성이 담보될 수 있도록 보완되어야 한다.

2. 국민기초생활보장법과 가족

「국민기초생활보장법」(이하 「국기법」)은 우리나라의 대표적인 공공부조제도다. 이 법은 생활이 어려운 사람들에게 필요한 급여를 실시하여 이들의 최저생활을 보장하고 자활을 돕는 것을 목적으로 한다(제1조). 그러나 이 법에 따라 급여를 받을 수 있는 자격요건은 '개인'이 아니라 '개별가구'다. 개별가구는 「국기법」 수급자격을 얻기 위해 조사를 받는 기본 단위로서, 수급자 또는 수급권자로 구성된 가구를 말한다(제2조). 즉, 「국기법」은 가구를 단위로 하여 가족의 빈곤을 지원하는 대표적인 사회복지법이다.

여기서 주목할 것은 「국기법」에서 가족을 지원하는 기본 단위가 가족이라는 점이다. 이는 국가가 국민의 빈곤을 지원하기 위해 선택한 방식이 개인을 단위로 한 복지서비스가 아니라, '가족'을 단위로 한 복지서비스임을 말해 준다. 이는 곧 복지서비스의 일차적 주체를 가족으로 본 것이다. 가족을 복지서비스를 제공하는 일차적 주체로 설정함으로써, 가족에 의한 보호가 사회나 국가에 의한 보호보다 우선시되는 원칙을 견지하고 있다.

「국기법」에서 이를 보여 주는 대표적인 개념은 '부양의무자'다. '부양의무자'란 수급권자를 부양할 책임이 있는 사람으로서 수급권자의 1촌의 직계혈족 및 그 배우자를 말한다. 다만, 사망한 1촌의 직계혈족의 배우자는 제외한다(제2조). 이 기준에 의하면, 수급권자가 되려면 부양의무자가 없거나, 부양의무자가 있더라도 부양능력이 없어야 한다.

이처럼 「국기법」은 가족의 빈곤을 지원하지만, 가족을 복지의 대상으로 여기면서 동시에 복지에 대한 1차적 주체를 가족으로 설정한다. 그리고 여기서 가족은 혈연과 법적 가족에 국한되어 있어 있다. 현실은 1촌의 직계혈족이나 그 배우자와 아무런 연관관계를 갖지 않고 살아가더라도, 법적으로 1촌의 직계혈족이나 배우자가 일정의 근로능력이나 생활능력이 있으면 수급권자가 될 수 없다. 이미 아무런 교류 없이 지낸 지 오래된 사이여도 호적상 부자관계이거나 부부관계일 경우 자동으로 부양의무자가 되어 한쪽은 부양을 해야 하고, 다른 한쪽은 부양을 받는 사람이 되어 버린다. 이는 혈연과 법적 가족보호 우선의 원칙을 견지하고 있는 것이다. 「국기법」은 개인 중심이 아닌 가족 중심의 복지로서, 국가책임과 가족 의무 간에 갈등을 만들어 내고 있다.

3. 국민건강보험법과 가족

사회복지법에서 가족을 단위로 한 복지서비스를 제공하는 또 다른 대표적인 법은 「국민건강보험법」이다. 「국민건강보험법」은 피부양자를 두고 있다. 이 법에서 피부양자는 직장가입자에게 주로 생계를 의존하는 사람으로서 보수나 소득이 없는 사람을 말한다. 예를 들어, 직장가입자의 배우자, 직계존속, 직계비속과 그 배우자, 형제자매를 포함한다(제5조). 또한 보험료는 세대가 연대하여 부담하는 것으로 되어 있어 가족 간 연대원칙에 입각해 있다.

「국민건강보험법」의 이러한 특징은 의료복지서비스를 개인이 아닌 가족을 단위로 설계하고 있음을 보여 준다. 즉, 개인이 아닌 가족을 복지서비스 제공의 도구로 활용하고 있는 것이다. 이것은 우리나라의 복지제도가 가족주의에 기반하고, 가족임금 모델에 입각해 설계되어 있음을 반영한다. 이처럼 가족을 복지 제공의 기본 단위로 설정하는 것에는 여러 가지 의미가 내포되어 있다.

첫째, 사회복지법에서 가족은 안정적으로 유지되어야 하는 복지서비스의 대상이라는 점이다. 둘째, 복지서비스를 위해서는 국가가 개인이 아닌 가족을 운용 수단으로 활용하겠다는 것이다. 셋째, 가족을 복지 제공의 기본 단위로 함으로써, 경제적 효율성은 물론 가족유지의 효과를 기대할 수 있다는 것이다. 그러나 이러한 조치들이 과연 경제적 효율성과 가족유지의 효과를 나타내고 있는지는 실증적으로 검증된 바 없다. 넷째, 가족유지를 통해 사회질서를 유지하고자 하는 이데올로기적 영향이 작동한다고 볼 수 있다. 다섯째, 복지 제공의 단위를 가족으로 할 때, 과연 다양하게 변화해 가는 현실의 가족적 다양성을 얼마나 반영할 수 있을 것인지 하는 의문을 낳을 수 있다. 1인 가구의 급격한 증가와 현실에 존재하는 다양한 가구구성의 형태들을 고려할 때 복지 제공의 단위를 가족으로 할 것인지, 아니면 개인으로 할 것인지에 대한 현실적인 검토가 필요하다.

4. 사회보장기본법과 가족

우리나라 「사회보장기본법」에서 사회보장이란 "출산, 양육, 실업, 노령, 장애, 질병, 빈곤 및 사망 등의 사회적 위험으로부터 모든 국민을 보호하고 국민 삶의 질을 향상시키는 데 필요한 소득 · 서비스를 보장하는 사회보험, 공공부조, 사회서비스"를 말한다(제3조). 여기서 주목할 것은 사회보장의 대상이 출산 및 양육과 같은 가족의 1차적 기능을 포함하고 있는 점이다. 이는 출산과 양육 등 가족영역이 사회보장의 대상으로 규정되고 있는 것으로서, 가족을 사회보장의 주요 요소로 간주하는 것이다. 그리고 이를 보장하기 위해 국가와 지방자치단체의 역할에 대해 가정이 건전하게 유지되고 그 기능이 향상되도록 노력해야 함을 언급하고 있다(제4조).

그러나 가족영역을 사회보장 대상으로 설정함으로써 복지에서 가족의 중요성을 언급한 것과는 달리, 모든 국민은 자신의 능력을 최대한 발휘하여 자립 · 자활(自活)할 수 있도록 노력하여야 하고 가정과 지역공동체의 자발적인 복지활동을 촉진하여야 한다고 함으로써, 가족에 대한 국가책임의 원칙을 모호하게 흐리고 있다. 이는 가족을 국가나 지방자치단체가 기능을 향상시켜야 하는 복지의 대상이자 자발적 복지활동의 자원으로 보고 있지만, 그 역할의 명확성 면에서는 모호함을 보여 준다 하겠다.

5. 남녀고용평등과 일·가정 양립 지원에 관한 법률 그리고 가족

앞의 「사회보장기본법」에서 출산과 양육의 가족영역에 관한 지원을 명시하고 있는 대표적인 법이 「남녀고용평등과 일 · 가정 양립 지원에 관한 법률」이다. 이 법의 목적은 남녀의 평등한 기회와 대우를 보장하고, 모성보호와 여성고용을 촉진하여 남녀고용평등을 실현함과 아울러 근로자의 일과 가정의 양립을 지원하는 것을 목적으로 한다(제1조). 이 법에서 정한 모성보호와 일 · 가정 양립에 대한 지원은 국가가 가족의 출산과 양육을 적극적으로 지지하고 있음을 보여 준다.

이를 위해 배우자 출산휴가는 물론이고 육아휴직, 근로시간 단축, 가족돌봄휴직 등의 다양한 제도를 두고 있다. 그러나 이러한 가족영역에 대한 국가의 적극적 지원 표명에도 불구하고, 이 법률은 국가와 지방자치단계의 책무(제4조)를 언급하는 데 있어서, 무수히 많은 '노력하여야 한다'가 반복되고 있다. 이는 국가가 출산이나 양육과 같은 가족의 직접적 영역에 대한 지원을 표명하였음에도 불구하고, 그것을 강제조항이 아닌 임의조항으로 만들어서 가족영역에 대한 국가의 실질적 지원을 의심하게 하고 있다.

이처럼 다른 사회복지법에서와 마찬가지로, 국가는 가족을 복지서비스의 주요 대상으로 언급한다. 그러나 그것은 자칫 한갓 수사에 머무를 가능성이 높다. 이러한 법적 현실을 좀 더 악의적으로 해석하는 경우, 다양한 사회복지법이 가족을 지원하는 목소리를 내고는 있지만 그것은 오히려 가족을 복지서비스 제공의 일차적 주체로 강제하거나 통제하는 것으로도 보일 수 있다.

6. 기타 사회복지법과 가족

상기 사회복지법 외에도 복지서비스를 제공하기 위한 많은 법들이 있다. 이들 법에서 다루고 있는 가족의 모습에 대해 간략히 살펴보자. 대부분의 사회복지법에서 상정하고 있는 가족은 몇 가지 특징을 갖는다. 첫째, 가족을 국가가 개입함을 통해 보호해야 하는 대상으로 여긴다. 가족을 복지서비스를 받을 수 있는 기본 단위로 보면서, 가족을 지원의 대상으로 바라보고 있는 것이다.

예를 들어, 「가정폭력범죄의 처벌 등에 관한 특례법」은 가정폭력 범죄를 범한 사람에 대하여 환경의 조정과 성행의 교정을 위한 보호처분을 함으로써 가정폭력 범죄로 파괴된 가정의 평화와 안정을 회복하여 가족구성원의 인권을 보호함을 목적으로 한다(제1조). 또한 「다문화가족지원법」에서도 이 법의 목적을 다문화가족 구성원이 안정적인 가족생활을 영위할 수 있도록 함으로써 이들의 삶의 질 향상과 사회통합에 이바지함을 목적으로 하고 있다(제1조). 이처럼 이들 법은 가족을 국가가 개입할 수 있는 대상으로 상정하고, 가족구성원을 보호할 것을 명시함으로써, 가족에 대한 국가책임을 분명히 하였다.

둘째, 그러나 동시에 가족을 통제의 대상으로 상정하기도 한다. 예를 들어, 「노인복지법」에서는 배우자와 직계존비속 및 그 배우자를 부양의무자로 규정함으로써, 가족을 부양의무사로 징하고 있다. 또한 경로효친의 미풍양속에 따른 진정한 가족제도가 유지되도록 국민이 노력해야 한다고 명시하고 있다. 이는 부양의무 규정과 경로효친 의무를 가족에 부여함으로써 국가가 가족을 통제하고 있는 것이다. 또한 「입양특례법」에서는 결혼유무와 상관없이 입양이 가능하지만, 입양 절차나 관련 행사에 국가와 지자체의 개입을 규정함으로써 입양에 대해 국가의 가족 만들기 사업의 일환으로 접근하고 있다.

셋째, 가족의 책임을 명시하고 있다는 점이다. 예를 들어, 「한부모가족지원법」에서 한부모가족의 모 또는 부와 아동은 그가 가지고 있는 자산과 노동능력을 최대한으로 활용하여 자립과 생활 향상을 위해 노력해야 한다든가(제3조), 「아동복지법」에서 아동의 보호자는 아동을 가정에서 그의 성장기에 맞추어 건강하고 안전하게 양육하여야 한다고 함으로써 아동복지를 위한 가족의 책임을 명시하고 있다(제5조). 이는 「정신보건법」에서도 마찬가지다. 「정신보건법」 제21조와 제22조에 의하면, 보호의무자(민법상의 부양의무자와 후견인)에게 피보호자인 정신질환자에 대한 치료를 위해 노력해야 하고 정신질환자가 자신 혹은 타

인을 해치지 않도록 유의해야 한다는 의무를 정하고 있다. 사회복지법에 나타난 이러한 조항들은 한편에서 국가가 가족을 지원하는 반면, 다른 한편에서 가족의 책임을 명기함으로써 가족원에 대한 복지 책임을 가족이 지도록 가족 책임의 원칙을 분명히 하고 있다.

이상에서 알 수 있듯이, 다양한 사회복지법에서 가족은 복지의 대상인 동시에 복지의 주체다. 우리나라와 같은 권위주의적 국가에서 가족은 복지의 1차적 책임주체이고, 국가는 사실상 2차적 역할을 하는 것으로 볼 수 있다. 또한 사회복지법에서 가족은 서비스 제공의 기본단위로 사용되고 있다. 사회복지법들은 가족의 빈곤, 돌봄, 인구, 가족 내 갈등영역에 개입하고 있지만, 국가는 가족에 대해 '통제'와 '지원'이라는 양가적 역할을 수행하고 있음을 알 수 있다.

|중|점|토|론|

1. 관심 있는 사회복지법을 하나 선택해, 해당 법에서 정하고 있는 가족의 역할과 위치에 대해 토론해 보시오.
2. 우리나라의 다양한 사회복지법에서 가족이 어떻게 처우되고 다루어지고 있는지 구체적인 사례를 가지고 토론해 보시오.

참고문헌

김인숙(2003a). 건강가정육성법(안) 법제화의 철회를 요구하며(토론문). 가족해체 방지 및 건강가정 육성을 지원을 위한 공청회자료집, 85-91.

김인숙(2003b). 가족지원기본법(안) 제정의 배경과 내용. 한국사회복지학회 정책토론회 자료집(무너지는 한국사회와 가족, 복지 인프라의 구축이 시급하다), 1-20.

김인숙(2003c). 건강가정육성기본법(안) 및 가족지원기본법(안)에 대한 의견서. 국회보건복지위원회 건강가정육성기본법 제정에 관한 공청회자료집, 35-42.

김인숙(2007). 건강가정기본법 제정과정에 나타난 가족 및 가족정책 담론. 한국사회복지학, 59(3), 253-289.

윤홍식(2004). 가족의 변화를 둘러싼 최근의 담론과 한국 가족(복지)정책의 방향: 건강가정기본법을 넘어서. 한국가족사회복지학회 춘계학술대회 발표자료집.

통계청(2002). 인구동태통계연보.

한겨레신문. 2003년 7월 17일, 7월 30일, 11월 27일, 12월 12일.

국민기초생활보장법

국민건강보험법

사회보장기본법

남녀고용평등과 일 · 가정 양립 지원에 관한 법률

가정폭력범죄의 처벌 등에 관한 특례법

다문화가족지원법

한부모가속지원법

아동복지법

노인복지법

정신보건법

입양특례법

Gauthier, A. H. (1996). *The state and the family: A comparative analysis of family polices in industrialized countries*. Oxford: Clarendon Press.

Hantrais, L. (2004). *Family policy matters: Responding to family change in Europe*. New York: Longman.

Harding, L. F. (1996). *Family, state and social policy*. Basingstoke and London: Macmillan.

통계청. www.nso.go.kr.

제 3 부

가족복지의 실천 분야

제9장 한부모가족

이 장은 한부모가족에 대한 정의와 유형, 한부모가족이 직면하고 있는 문제, 이들을 지원하기 위한 현재의 서비스, 그리고 현실에서의 서비스를 떠나 바람직한 지원대책에 대해 소개한다. 다양한 기준에 따라 한부모가족에 대한 정의와 유형이 어떻게 달라지는지, 한부모가족의 대표적 유형인 모자가족과 부자가족이 직면하고 있는 문제를 다룬다. 또한 현재 복지제도 내에서 제공되는 서비스의 현황과 앞으로 한부모가족에 대한 지원이 어떤 방향에서 이루어져야 하는지를 소개한다.

1. 한부모가족의 유형과 현황

1) 한부모가족의 정의

오늘날 현대사회에는 다양한 형태의 가족이 존재한다. 이들 다양한 가족형태를 그 역할 및 구성과 관련하여 분류하면 크게 네 가지로 구분할 수 있다. 전통적 가족, 맞벌이가족, 계부모가족, 한부모가족 등이 그것이다. 전통적 가족은 부(父)는 직업을 갖고 가정 밖에서 일하고 모(母)는 집안일을 하면서 자녀를 양육하는 부모와 자녀로 구성된 가족을 말하고, 맞벌이가족은 부모 모두가 직업을 갖고 소득을 가지면서 자녀를 양육하는 가족형태를 말한다. 또한 계부모가족은 부모 중 한쪽이 계부나 계모로 구성된 가족을 말하고, 한부모가족이란 부모 중 한쪽으로만 구성된 가족을 말한다. 이와 같은 가족 유형 중에서도 특히 한부모가족은 부모 중 한쪽이 부재하기 때문에 그로 인한 복합적인 문제에 처할 가능성이 높아 사회복지의 일차적 관심 대상이 되고 있다.

일반적으로 한부모가족은 부나 모 중의 한 사람이 단독으로 부모의 역할을 수행하는 가족으로 인식되고 있다.[1] 그러나 한부모가족에 대한 정의는 이보다 복잡할 뿐만 아니라 학자에 따라 각기 다른 견해를 갖고 있어 하나의 합의된 정의를 이끌어 내기가 어려운 실정이다. 예를 들어, 슐레징거(Schlesinger, 1969)는 "부모 중 한쪽과 18세 이하의 자녀가 함께 사는 부모-자녀 집단"으로 보았고, 오스너, 브라운과 퍼거슨(Orthner, Brown, & Ferguson, 1976)은 자녀의 구체적인 연령을 지적하지 않은 채 "한 가정에서 사는 한쪽 부모와 요보호아동으로 구성된 가족"으로 규정하였다(Trost, 1980: 129). 한편, 한국여성개발원이 한부모가족에 대해 조사한 연구에서는 미국의 『사회복지대백과사전』에서 규정하고 있는 정의 틀을 받아들여 "부모 중 한쪽의 사망, 이혼, 유기, 별거로 인하여 편부 혹은

1) 영어의 single-parent family는 one parent family, lone-parent family 등으로 쓰이고 있으나, single-parent family의 여러 형태를 기술해 줄 만한 하나의 용어는 없다(Zimmerman, 1983: 3).

편모와 그 자녀로 이루어진 가족"(한국여성개발원, 1984: 1)으로 원인의 범위를 한정하여 한부모가족을 정의하고 있다.

이상에서처럼 한부모가족에 대한 정의는 부모의 한쪽과 자녀가 함께 살아야 한다는 점을 공통으로 언급하고 있다. 즉, 한부모와 그 부모의 보호를 요하는 자녀로 구성된 집단을 지칭함으로써, 자녀가 있더라도 그 자녀를 보호하고 있지 않은 부모는 혼자 사는 것으로 보아 가족이나 집단으로 보기 어렵다는 의미가 내포되어 있다. 특히 한국여성민우회(2000)는 어머니나 아버지 혼자서 자녀를 기르는 가족을 정상가족인 아닌 결손가족 혹은 결핍가족으로 보는 사회적 편견이 있고, 이들 가족을 지칭하는 명칭 역시 그 편견 등이 반영되어 있다는 점을 지적한다. 따라서 사회적 편견을 변화시키는 일은 명칭 변화에서부터 시작해야 한다는 판단하에 '한부모'라는 명칭을 적극 주장하였다. 그 밖에도 한부모가족의 어떠한 특성을 정의 기준으로 설정해야 하는지는 관점과 입장에 따라 다를 수 있음을 지적하고 있다. 예를 들면, 자녀의 연령이나 특성을 기준으로 삼아야 할 것인지, 아니면 한부모가족의 원인을 기준으로 삼아야 할 것인지 등이다.

한부모가족을 구체적으로 어떻게 정의해야 하는지가 중요한 의미를 가지는 것은 특히 이들에 대한 국가 정책을 수립할 경우다.[2)] 자녀의 연령을 기준으로 할 경우, 자녀의 연령이 특정 연령 이상이면 그 가족이 아무리 어려운 상황일지라도 한부모가족으로서의 혜택을 받지 못하게 될 것이다. 그리고 만약 한부모가족이 된 원인에 중점을 두어 사별과 이혼한 가족만을 한부모가족의 범주에 넣는다면, 실질적인 한부모가족 형태인 별거한 가족에 대한 지원은 기대할 수 없다. 또 가족의 형태에 초점을 두어 한쪽 부모와 자녀로만 구성된 가족을 한부모가족으로 하는 경우, 한쪽 배우자의 장애나 만성질환으로 인한 실질적 한부모가족 등은 한부모가족의 범주에서 제외된다. 이처럼 한부모가족을 어떻게 정의하느냐 하는 것은 국가의 한부모가족에 대한 지원의 폭과 범위를 결정한다는 점에

2) 우리나라의 「한부모가족지원법」에 의하면 한부모가족은 모자가족 또는 부자가족을 말한다(「한부모가족지원법」 제4조 2항). 여기서 모 · 부의 범위는 ① 배우자의 생사가 분명하지 아니한 자, ② 배우자 또는 배우자 가족과의 불화 등으로 인하여 가출한 자, ③ 배우자의 장기복역 등으로 인하여 부양을 받을 수 없는 자다(「한부모가족지원법 시행규칙」 제2조).

서 매우 중요하다.

2) 한부모가족의 유형과 현황

한부모가족이 되는 가장 일반적인 이유로는 배우자와의 이혼, 별거, 사망, 입양, 사생아 출산(미혼모) 등인데, 이를 좀 더 체계적으로 분류해 보면 다음과 같다(Trost, 1980: 131).

첫째, 부모집단의 유형에 따라 분류하는 것이다. 즉, 부모가 결혼을 한 사람인지 아니면 결혼을 하지 않고 동거상태로 살다가 한부모가족이 된 사람인지 하는 것이다. 둘째, 가족 해체의 유형에 따라 분류하는 것이다. 예를 들면, 해체의 유형이 부나 모의 사망에 기인한 것인지, 부모의 별거나 이혼에 의한 것인지, 배우자의 장기 입원이나 장기 구속에 의한 것인지, 아니면 미혼의 모에 의한 것인지 등이 그것이다(정복란, 1983: 3). 셋째, 아동에 대한 보호를 누가 맡느냐, 즉 부모역할을 누가 맡느냐에 따라 모가 자녀에 대한 보호를 맡고 있는 모자가족(fatherless family)과 부가 자녀를 보호하고 있는 부자가족(motherless family)으로 분류될 수 있다. 이처럼 한부모가족을 그 원인에 따라 구체적으로 구분하는 것은 각 범주에 따라 가족의 특성 및 문제가 다를 수 있기 때문에, 한부모가족을 상대로 일하는 사회복지사는 이에 대한 이해를 필히 알아 두어야 한다.

그 외에 한부모가족을 생활 유형에 따라 구분해 보는 것 또한 이들을 상대로 일하는 사회복지사에게 유용하다. 한부모가족을 생활 유형에 따라 구분해 보면 다섯 가지로 정리할 수 있다(Mendes, 1979: 193-198). 첫째, 부모 중 한쪽이 자녀에 대한 의식주뿐만 아니라 가정 내에서 자녀의 사회화 등 모든 것을 책임지고 단독으로 부모역할을 수행하는 유형이 있다. 이러한 경우에는 직업과 가사 책임의 이중부담으로 인해 스트레스가 가중되기 쉽다. 둘째, 가족과 함께 살지 않는 보조부모(auxiliary parent)[3]와 함께 부모역할 및 책임을 나누는 유형이 있다.

3) 예를 들어, 이혼의 경우 주로 부가 보조부모의 역할을 한다. 앳킨스(Atkins)와 루빈(Rubin)은 이를 시간제 아버지(part-time father)로 불렀다.

셋째, 한부모가 가족과는 관련이 없는 사람과 부모역할을 함께하는 유형이 있다. 예를 들면, 자녀가 엄마처럼 느끼는 가정부와 함께 사는 경우나 한부모의 친구나 연인이 부모역할과 책임을 수행하는 경우가 이에 해당한다. 넷째, 아동의 실질적인 부모는 아니지만 부모역할을 수행하는 사람이 혈연관계나 법적인 친척관계에 있는 유형이 있다. 주로 조부모나 사촌, 형제 등이 결손된 부모역할을 수행하는 것이 통례다. 다섯째, 한부모가 알코올이나 약물에 중독되어 있거나 유아적인 사람이거나 혹은 심한 정신적 문제가 있는 등 사실상 부모역할을 유기한 유형이 있다.

우리나라에서 이러한 한부모가족은 계속 증가 추세에 있고, 발생 원인별 수치에서도 과거에는 배우자 사망에 의한 가족이 다수를 차지하였으나 점차 이혼에 의한 발생률이 증가하고 있는 추세다.

표 9-1 한부모가족의 변화 (단위: 1,000 가구, %)

가족형태 연도		2000년	2005년	2010년
전국 가구수		14,312	15,887	17,339
한부모 가구	계	1,124(7.9)	1,370(8.6)	1,594(9.2)
	모자가구	904(80)	1,083(79)	1,247(78)
	부자가구	220(20)	287(21)	347(22)

출처: 여성가족부(2016).

표 9-2 이혼건수 및 조이혼율 변화 추이 (단위: 천 건, 건)

이혼건수와 조이혼율	2009	2010	2011	2012	2013	2014
이혼건수 (천 건)	124.0	116.9	114.3	114.3	115.3	115.5
조이혼율 (인구 천 명당 건)	2.5	2.3	2.3	2.3	2.3	2.3

출처: 통계청 이혼통계(www.index.go.kr).

〈표 9-1〉에 따르면 한부모가족은 계속 증가 추세에 있다. 전체 가구 중 한부모가구가 차지하는 비율은 인구센서스 결과, 2000년 7.9%, 2005년 8.6%, 2010년 9.2%로 증가하는 추세임을 알 수 있다. 한부모가족 중에서도 모자가족의 비율이 압도적으로 많은 수를 차지하여 한부모가족의 80% 정도가 모자가족의 형태를 띠고 있음을 알 수 있다. 아울러 〈표 9-2〉에 따르면, 이혼건수는 2009년에 정점을 찍은 후 일정 정도를 유지하고 있다.

표 9-3 2010년 혼인상태별 인구 (단위: 천 명, %)

성별	계	미혼	유배우	사별	이혼
계	40,203	12,311	23,213	3,068	1,609
남자	19,800 (100.0)	7,041 (35.6)	11,605 (58.6)	432 (2.2)	720 (3.6)
여자	20,403 (100.0)	5,270 (25.8)	11,608 (56.9)	2,635 (12.9)	889 (4.4)

출처: 통계청(2010).

통계청(2010) 조사결과에 따르면, 한부모 발생사유 및 성별에 따라 차이가 있다. 우선, 사별로 인한 한부모는 2010년 현재 여성은 12.9%, 남성은 2.2%이며, 이혼으로 인한 한부모는 여성은 4.4%, 남성은 3.6%인 것으로 나타났다. 이는 사별로 인한 여성 한부모의 경우, 재혼하지 않고 여성 한부모로 살아가는 것을 의미하는 것이며 남성의 경우 사별보다는 이혼 시에 한부모로 살아가는 경우가 더 높음을 의미한다.

2. 한부모가족의 문제

일반적으로 한부모가족의 문제는 가족 안에서 중요한 역할을 수행했던 모나 부의 부재에서 생긴다. 즉, 모나 부의 부재로 인한 가족기능의 부분적 혹은 전체적 수행불능과 이로 인한 가족원의 욕구불만 등이 가정의 경제적 · 정서적 제반 문제를 일으키게 하는 것이다.

한부모가족이 어떠한 문제에 직면해 있느냐에 대한 구분은 연구자에 따라 다소 차이가 있지만 포괄적으로 살펴보면 다음의 경제적 문제, 사회적 편견과 차별 문제, 자녀양육 문제, 제반 심리 · 사회적 문제로 구분된다. 여기서는 한부모가족을 구성하는 모자가족과 부자가족을 구분하여 각각 이들 문제가 어떻게 나타나는지 살펴본다.

1) 모자가족의 문제

첫째, 경제적 문제다. 모자가족이 겪는 경제적 문제에는 부의 상실로 인한 소득의 감소 문제뿐만 아니라 주택 문제, 모의 취업 문제 등이 포함된다. 대부분의 모자가족은 주 수입원인 부의 상실과 함께 소득이 감소하거나 상실된다. 그리고 이러한 소득의 상실이나 감소는 모가 소득과 생계유지를 위해 직업 전선에 나서도록 만든다. 그러나 문제는 이들 모자가족의 모가 취업할 수 있는 직업이 주로 저소득 영역이라는 점이다. 한국여성개발원(2001)의 조사연구에 따르면, 모자가족의 교육 정도는 무학과 국졸이 80% 이상을 차지하고 있었고, 종사하는 직종 또한 일용직 근로자와 영세자영업이 80%를 넘고 있었다. 이러한 상황에서 주택 문제가 심각할 것이라는 점은 두말할 필요가 없다. 실제로 기존의 연구(김규수, 1992; 한국여성개발원, 2001)에 따르면, 모자가족의 주거형태 중 가장 많은 비율을 차지하는 것은 월세였고 그다음이 전세인 것으로 나타났다.

이러한 모자가족의 경제적 어려움은 모자가족의 의료비 충당을 어렵게 하기 때문에 가족원 중에 만성질환자가 있는 모자가족은 경제적 어려움이 더 가속화된다. 그러나 무엇보다 중요한 것은 모자가족의 경제적 문제가 단순히 경제적 어려움으로 그치는 것이 아니라 이것이 모자가족 구성원의 정서적 · 사회적 측면은 물론 이들의 가족관계에 영향을 준다는 사실이다. 즉, 인간의 물적 기반과 정신적 기반은 별개의 것이 아니라 서로 영향을 주고받기 때문에 모자가족의 문제를 해결하기 위한 대책을 강구하기 위해서는 경제적 자립을 위한 지원이 필수적이다.

둘째, 사회적 편견과 차별로 인한 문제다. 우리 사회는 다른 어떤 사회보다 '정상가족' 이데올로기가 만연해 있다. 정상가족 이데올로기는 부모와 자녀로 구성된 가족만을 정상가족으로 간주하고 그 이외의 가족형태는 비정상적 혹은 건강하지 못한 가족으로 낙인찍는다. 한부모가족은 한쪽 부모가 없다는 이유로 온전하지 못한 가족, 무엇인가 문제를 가지고 있는 가족으로 낙인찍혀 차별을 받으며 살아간다. 특히 최근에는 이혼의 급격한 증가로 한부모가족이 증가하면서 이혼에 대한 비도덕적 낙인과 함께 이중 낙인 및 차별을 경험하고 있는 실정이다. 여기서 문제가 되는 것은 자녀에 대한 낙인이다. 한부모가족의 자녀에 대한 낙인은 자녀의 건강한 성장을 저해하고 이들이 성인기의 삶을 살아가는 데에도 부정적인 영향을 끼칠 가능성이 매우 높다.

셋째, 자녀양육을 포함한 심리 · 사회적 문제다. 모자가정의 심리 · 사회적 측면에서 가장 문제가 되는 것은 부의 부재로 인한 가족 내에서의 역할과 지위의 변화에 적응해야 하는 점이다. 모자가족의 모와 자녀는 공백 상태가 되어 버린 부의 역할을 메우고 이를 분담해야 하는 긴장과 갈등을 경험한다. 예전에 자신에게 기대되었던 역할기대(role expectation)와 이에 따른 역할수행(role performance)을 조정해야 하는 상황에 직면하면서 스트레스와 갈등 상황에 빠지게 되는 것이다. 모자가족 대부분의 모는 부양자로서의 부 역할을 해야 함은 물론 자녀에게 아버지로서의 역할까지도 해야 한다는 긴장과 스트레스를 받는다. 그리고 자녀, 특히 맏이가 아들인 경우는 자녀로서의 역할을 기대받던 것에서 부로서의 역할을 기대받게 됨으로써 역할혼란을 경험하게 된다. 맏이가 딸인 경우 또한 모가 부양자로서의 역할을 수행하는 동안 다른 형제에게 어머니로서의 역할을 기대받아 역할혼란을 경험하게 된다.

특히 모자가족의 대부분 모는 생계를 위해 직업에 전념하게 되는데, 이 경우 과중한 역할수행으로 인해 스스로가 지칠 뿐만 아니라, 자녀를 충분히 돌보지 못한다는 죄책감 때문에 자녀양육에서 감정적으로 흐르기가 쉽고 일관성을 기대하기가 어려워진다. 그 결과, 새로운 역할관계에 순응하고 적응하기보다는 기존의 역할과 구조적인 지원처가 소멸되었다는 점만을 더 깊이 인식하게 된

다. 이것은 개인을 형성하고 있는 정체감의 근원과 재정적 지원, 사회적 관계를 상실하게 되어 '역할 없는 역할(roleless role)'에 귀속되는 것을 의미한다(한국여성개발원, 1984: 144). 즉, 새로 조정되는 역할은 종전의 역할과 서로 모순되거나 과중하여 성격상의 갈등이나 자아기능을 마비시킴으로써 전반적인 역할수행을 둔화시킨다. 특히 모의 역할은 가족 전체의 결속력을 붕괴시킬 위험이 있으므로 모의 기능 강화가 무엇보다도 중요하다.

부의 공백 상태에서 모자가정이 경험하는 또 다른 심리 · 사회적 문제는 자녀의 부적응에 따른 가족 내 긴장과 갈등이다. 부의 부재가 자녀에게 미치는 영향에 대해서는 완벽하게 일치된 견해는 없다. 일부 연구에서는 모자가족의 자녀들을 양육하는 데 아무런 문제가 없다고 지적되기도 한다. 그러나 많은 연구결과를 보면, 가족으로서의 기능과 구조를 갖춘 정상가족과 비교해 볼 때, 모자가족의 자녀는 정상가족의 자녀에 비해 많은 문제를 갖고 있는 것으로 지적되고 있다.

그중에서도 부의 결손으로 인한 감독권 및 동일시 대상의 상실, 그리고 사회적 통념과 편견에서 오는 압박감과 열등감이 자녀에게 영향을 주는 것으로 나타났다. 부의 부재는 부가 그동안 자녀에게 행사해 오던 행동에 대한 통제력과 감독권이 갑자기 사라지는 것을 의미한다. 누군가가 자신이 잘못된 행동을 하는지 감독할 뿐만 아니라 필요한 경우 제재를 가할 수도 있다는 사실을 인지하는 것은 자녀들이 자기 자신을 스스로 통제할 수 있는 능력을 기르도록 도와준다. 그런데 이러한 통제와 감독이 하루아침에 사라짐으로써 자녀는 자기 자신에 대한 통제력을 상실할 수 있다. 그리고 이러한 자신에 대한 통제력 상실은 가정의 경제적 어려움 및 주변 사람의 편견과 함께 작용하여 자녀의 부적응이나 비행을 가져올 수 있다.

부의 부재는 또한 남아에게는 동일시 대상의 상실을, 여아에게는 부를 통해 이성을 배울 기회를 감소시킴으로써 문제를 발생시킬 수 있다. 특히 어린 시절에 부를 상실하고 주변에 부를 대신할 동일시 대상이 없는 남아의 경우는 초자아 발달에 장애를 가져와 비행이나 범죄로까지 발전될 수 있다는 견해도 있다. 반면에, 여아는 대인관계에서 혼란을 일으켜 이성의 주위를 끌려는 경향이 강하거나 아니면 남성 앞에서 억압적이고 딱딱하며 굳어지고 회피적이 될 가능성이 많다는 연구결과가 있다(최선애, 1984:23).

이러한 부의 부재가 자녀에게 미치는 영향은 그 가족의 사회경제적 지위나 부의 부재 원인에 따라서 다를 수 있다. 일반적으로 부의 부재는 저소득층의 자녀에게 가장 큰 영향을 준다. 즉, 저소득층의 모자가족 자녀는 정서적으로 안정되어 있지 못하고 사회성이 부족하며 교우관계에서 문제를 일으킬 가능성이 높다. 그리고 이러한 특성은 비행이나 불량행위와 같은 반사회적 행동을 일으키게 만든다. 특히 모가 일관성 없는 양육태도를 보이고, 주변에 부를 대신할 동일시 모델이 없는 저소득층의 자녀는 문제를 일으킬 가능성이 더욱 높은 것으로 지적되었다(김경중, 1982:39).

그러나 최근에는 가족의 경제적 지위에 따른 이러한 특성이 반드시 일관성 있게 나타나는 것은 아니라는 지적도 있다. 모자가족이 자녀에 미치는 영향은 모자가족이 된 원인에 따라 다르게 나타난다. 일반적으로 사망에 의한 모자가정의 자녀보다는 이혼이나 별거에 의한 모자가족의 자녀가 정서불안이나 열등감이 심하다(최선애, 1984:34). 이는 부모가 이혼했을 경우, 이혼 이전에서부터 부모 간의 갈등과 불화를 계속 경험해 왔음은 물론 이혼 후에도 이러한 갈등과 불화의 여파가 계속되기 때문이다. 그러나 부의 부재가 자녀에 미치는 영향은 항상 부정적인 것은 아니고 부의 부재를 건강하게 극복함으로써 좀 더 긍정적인 성장을 가져올 수도 있음이 최근의 연구에서 제시되고 있다.

자녀의 부적응 외에 모자가족이 겪는 또 다른 심리 · 사회적 문제는 모의 상실감과 소외감에서 온다. 모자가정의 모가 느끼는 정서적 · 심리적 증상은 그동안 부에게 집중되어 있던 정서적 유대감과 역할을 새로운 상황에서 표출하는 과정에서 발생한다. 즉, 자녀의 양육방식을 지지하고 의논해 줄 대상의 상실과, 가사와 육아 이외에 생계를 직접 담당하게 됨으로써 상당한 압박감과 긴장 상태에 빠져 심리적으로나 성격적으로 어려움에 처하게 된다. 또한 남편과의 이별로 인한 상실감과 소외감은 주변 사람과의 인간관계를 원만히 지탱하기 어렵게 하고 폐쇄적으로 만들어 조그만 충격도 흡수하지 못하는 무기력한 상태에 빠지기 쉽게 만든다.

그러나 비통감에 대한 의식적 억압은 상실감 대신 과잉활동으로 전개되기도 하고 타인에 대한 불분명한 분노감이나 적대감과 같은 역기능으로 발전하는 경우도 있다. 로파타(Lopata)의 연구는 모자가족의 모가 고독을 제일 큰 문제로 지적하고 있고 50%가 사회적으로 고립되어 스스로 고립감을 느끼고 있음을 밝히고 있다(한국여성개발원, 1984:149-150에서 재인용). 따라서 이러한 고립감이 심화되는 경우 모자가정의 모는 불안과 우울, 소외감에 시달리게 된다. 즉, 자신을 둘러싼 환경을 통제할 수 없다는 무력감과 세상에 대한 자신감 결여, 절망감, 사회에 대한 거부감, 세상은 냉혹하고 자신을 지지하지 않는다는 느낌, 엄마와 부양자로서의 자신의 역할에 대한 부정적인 평가, 자기 자신을 무능력하고 부적절한 존재로 느끼는 등의 과정을 통해 우울과 불안, 소외감에 빠져들 수 있다.

이러한 모자가족의 모에게 특히나 부담이 되는 것은 자신의 역할 여하에 따라 자녀나 가족의 문제가 완화될 수도 있고 심화될 수도 있다는 사실이다. 모자가족의 모는 남편이라고 하는 정서적이고 성적인 대상의 상실로 인해 타인과 사회에 대해 지나친 방어기제를 사용하거나 남편의 상실에 대한 보상을 자녀에게서 받으려고 하는 경우가 많다. 이 경우 모는 자녀에게 지나친 관심을 갖게 되고 자녀와 강한 심리적 결합을 하게 되어 자녀에게 부정적 영향을 줄 수 있다.

예를 들어, 모가 지나치게 지배적이거나 명령적인 경우 자녀는 이로 인한 긴장과 압박을 경험하고 그 결과 심한 불안을 경험한다. 반면에, 모자가정의 모가 감정적 동요 없이 새로이 조정된 역할을 잘 조화시켜 나간다면, 자녀는 모에게 협력할 뿐만 아니라 모에 대한 애정을 갖고 자신의 삶을 통제할 수 있는 능력을 발전시킨다. 특히 모의 자녀에 대한 보호적 태도는 자녀에게 긍정적으로 작용한다. 그러나 어떤 연구들에서는, 우리나라 모자가족의 모자관계는 양자 간의 애착과 자율성 면에서 기존의 사회적 편견과는 달리 긍정적인 것으로 나타났고, 반면에 모자 간의 의사소통 면에서는 문제가 있는 것으로 나타났다(정현숙, 서동현, 1996:60). 이는 모자가족에서 발생하는 모자 간의 갈등 문제는 이들 간의 의사소통을 할 수 있도록 하는 접근이 유용할 수 있음을 보여 주는 것이라 하겠다.

2) 부자가족의 문제

부자가족[4]은 모자가족의 경우와 마찬가지로 주로 모의 사망이나 가출, 모와의 이혼, 별거 등으로 인해 발생하며, 이러한 이유로 배우자가 부재한 상황에서 부와 자녀만이 생활하는 가정을 말한다. 이러한 부자가족이 경험하는 문제는 경제적 문제, 가정관리의 문제, 자녀양육의 문제, 심리·정서적 문제로 크게 구분할 수 있다. 물론 부자가족이라고 하여 반드시 문제만을 가지고 있는 것은 아니다.

첫째, 경제적 문제다. 부자가족의 대다수는 부의 저학력과 저소득으로 인해 경제적으로 빈곤한 상태에 처해 있다(박태룡, 1993; 신건희, 1995). 부자가족의 부는 일일고용이나 미취업 상태에 처해 있고 교육 정도 또한 저학력이 다수를 차지하고 있는 것을 보면, 이들의 소득 및 직업 안정도는 매우 낮다고 할 수 있다. 따라서 이들 가족의 경제적 문제는 가중될 수밖에 없음을 짐작할 수 있다. 부자가족의 이러한 경제적 빈곤은 부가 자녀양육과 집안일 모두를 다 수행하는 데서 오는 부수적 문제를 고려할 때, 직업선택의 기회를 잃고 전직의 가능성 또한 높아질 수 있어 결국 경제상태를 더욱 악화시킬 수 있다는 점에서 매우 심각하다.

둘째, 가사 문제를 비롯한 가정관리의 문제다. 배우자의 가출이나 이혼을 경험한 부가 일차적으로 직면하는 어려움은 그동안 배우자에 의해 관리되어 왔던 가사 문제를 자신이 처리, 조정하고 관리해야 한다는 점이다. 물론 가족 안에 조부모와 같은 대리 관리자가 있으면 문제는 감소된다. 그러나 대리 관리자도 없고 자녀는 어리고 직업을 계속해야 할 경우 부자가족의 부는 당혹감을 느끼고 이로 인한 스트레스 상태에 놓이게 된다. 특히 한국 사회는 가부장적 가치가 만연해 남녀의 성역할이 분리되어 있기 때문에 이에 대한 부자가족 부의 스트레스는 더욱 가중된다고 할 수 있다. 특히 가정관리 문제를 잘 조절하지 못할 경우

4) 「한부모가족지원법」에서 '부자가족'이란 부가 세대주(세대주가 아니더라도 세대원은 사실상 부양하는 자를 포함한다)인 가족을 말한다(「한부모가족지원법」 제4조 4항).

심지어 직장 이동과 전환을 가져올 수 있어 이것이 다시 경제적 문제로 이어지는 악순환을 경험하게 한다(신건희, 1995).

셋째, 부자가족 문제 중 가장 심각한 것은 무엇보다도 자녀양육의 문제다. 즉, 부자가족 부의 자녀양육에 대한 부담과 부적절한 대처는 자녀의 정서적 불안과 학교생활의 부적응, 방임과 학대 등 다양한 문제를 불러일으킬 수 있다. 부자가족의 자녀양육 문제는 남성의 유연하지 못하고 적절한 네트워크가 결여된 자녀양육 정보와 방법 때문에 나타나기도 한다. 여기에 가정관리 문제까지 더해져 충분한 양육을 기대하기 어려운 실정이다. 특히 자녀와 부의 부적응으로 인해 가족관계에서 문제가 발생할 수 있다. 부자가정의 자녀는 모의 부재로 인해 감정이나 애정을 표현하는 등의 표현적 경험을 가질 기회를 상실해 가족원을 비롯한 타인과의 긴밀한 관계를 형성하는 데 어려움을 가질 수 있다.

특히 부가 딸을 양육하는 경우는 동일시할 수 있는 모가 부재함으로써 더 많은 어려움에 처할 수 있다. 이와 함께 부의 취직으로 아동에 대한 보호와 감독이 소홀해져 자녀를 방치하게 되면 결국 자녀의 비행을 조장하게 된다. 무엇보다도 문제가 되는 것은 부가 알코올중독이나 도박 등과 같이 삶을 자포자기한 경우다. 그러나 유감스럽게도 많은 저소득 부자가정의 부는 이와 같은 상황에 처해 있는 경우가 많다. 이러한 경우는 대부분 자녀가 가출하거나 정신적 문제를 갖게 된다. 현재 사회복지관을 통해 도움을 요청해 오는 대부분의 부자가족 사례가 이를 지지해 준다.

넷째, 부자가족의 심리 · 정서적 문제를 들 수 있다. 부자가족의 심리 · 정서적 문제는 부의 정서적 위축을 들 수 있다. 부자가족의 부도 모자가족의 모와 마찬가지로 배우자의 상실로 인해 역할의 재구조화 및 재설정의 문제에 직면하고 자녀양육에 대한 강한 부담, 생계부양에 대한 부담, 주변의 차별 섞인 시선 등으로 인해 강한 스트레스 상태에 놓이게 된다. 부자가족의 부가 처하는 이러한 상황은 결과적으로 타인과의 관계에서 위축되고 사회의 왜곡된 인식 및 낙인에 대한 두려움을 경험하게 만든다(신수자, 1995).

이러한 부자가족 부의 위축감과 두려움은 부자가족의 원인에 따라 양상에서 다소 차이를 보이는데 사별보다는 이혼의 경우가 더 심각한 양상을 보인다(박신영, 1999). 부의 정서적 위축 외에도 자녀의 위축 또한 문제가 된다. 부자가정의 자녀는 모의 부재로 인해 모성실조를 경험하게 되고 그 결과 자아에 대한 부정적인 태도나 이미지를 갖게 될 가능성이 크다. 특히 자녀의 동일시 대상의 상실은 역할수행의 혼란은 물론 사회적 위축감이라는 정서적 문제를 일으킬 가능성이 높다.

3. 한부모가족에 대한 서비스 현황

우리나라의 한부모가족에 대한 정부 차원의 정책적 지원은 크게 사회보장제도 내의 사회보험제도, 공적부조제도, 사회복지서비스 부문으로 나눌 수 있다. 민간 차원의 서비스는 대체로 사회복지관을 비롯한 여러 민간기관을 통해 이루어지고 있다. 한부모가족에 대한 국가 차원의 지원은 「한부모가족지원법」을 통해 이루어지고 있고, 2003년 12월에는 「건강가정기본법」이 제정되어 동법 내에서 한부모가족에 대한 지원을 부분적으로 명시하고 있다. 여기서는 한부모가족에 대한 국가의 지원을 공공부조, 사회보험, 「한부모가족지원법」, 사회복지서비스의 네 가지로 구분하여 기술하기로 한다.

1) 공공부조

공공부조 측면에서 한부모가족은 국민기초생활보장사업과 원호사업에 의해 지원을 받을 수 있다. 「국민기초생활보장법」에 의해 빈곤한 한부모가족은 국민기초생활 수급권자로 지정되어 정부로부터 생계지원과 의료지원을 받을 수 있다. 그러나 이들 제도 역시 보호 수준이 낮고 보호기준을 불합리하게 책정하는 등의 문제점을 안고 있어 한부모가족을 위한 지원체계로서는 미흡한 실정이다.

2) 사회보험

사회보험제도 내에서의 한부모가족에 대한 지원은 「공무원연금법」, 「군인연금법」, 「사립학교교직원연금법」 등에 의해 배우자가 공무원이나 군인, 사립학교 교직원인 경우 배우자 사망 시에 유족연금이나 유족일시금을 받을 수 있다. 또한 1988년에 시작한 국민연금제도는 피보험자와 그의 가족에게 노령연금, 장애연금, 유족연금 등을 보장하고 있어 한부모가족은 유족연금의 도움을 받을 수 있다. 아울러 「국민연금법」 제64조에 의하면, 이혼으로 인한 한부모가족은 혼인기간이 5년 이상이었을 때, 배우자의 노령연금을 분할한 일정 금액을 받을 수 있다. 즉, 2011년 개정된 「국민연금법」에 의해, 한부모가족은 '분할연금'을 받을 수 있다.

건강보험제도 역시 거의 모든 국민으로 수혜 대상이 대폭 확대되기는 하였으나 경제적 문제가 심각한 한부모가족에게는 큰 부담이 되고 있다. 특히 가족원 중에 만성질환자가 있는 경우에는 더욱 부담이 크다. 실제로 저소득층 한부모가족은 한부모가족이 되기 이전에도 대부분 저소득층에 속해 있었던 가구로서, 만성질환에 대비한 의료비의 지출 등으로 실질적인 의료서비스의 사각지대에 있다.

3) 한부모가족지원법

한부모를 대상으로 하는 복지정책은 1989년 제정된 「모자복지법」을 근거로 하여 이루어지기 시작하였고, 2002년 개정된 「모 · 부자복지법」을 거쳐 2007년 「한부모가족지원법」으로 전면 개정되어 시행되고 있다.

「한부모가족지원법」에 따르면 한부모가족에게 제공되는 지원내용은 크게 일곱 가지로 구분된다. ① 복지급여로서 이에는 생계비, 아동교육지원비, 직업훈련 및 훈련기간 중 생계비, 아동양육비 등이 대표적이다. ② 사업에 필요한 자금이나 주택자금, 의료비에 대해 복지자금을 대여해 주는 지원이다. ③ 직업훈련을 받도록 하고 취업알선을 제공하며 모 · 부자가족을 우선 고용하도록 하는 것이다. ④ 공공시설 내 각종 매점이나 시설의 설치 시 이에 대해 한부모가족 혹은 관련 단체에 우선적으로 허가해 주는 지원이다. ⑤ 모 · 부자가족의 아동이 공공의 아동편의시설과 그 밖의 공공시설을 우선적으로 이용할 수 있도록 하는 시설 우선 이용에 대한 지원이다. ⑥ 모 · 부자가족의 모나 부 혹은 아동을 대상으로 사회복지 전문서비스를 지원하는 것이다. ⑦ 국민주택을 분양하거나 임대하는 경우 이들 모 · 부자가족에 일정 비율을 우선 분양토록 함으로써 이들 가족의 주거안정을 도모하는 국민주택의 분양과 임대를 통한 지원이다(「한부모가족지원법」 제13~18조 참조).

4) 사회복지서비스

「한부모가족지원법」에 따르면, 한부모가족이 받을 수 있는 사회복지서비스는 한부모가족복지시설과 한부모가족복지상담소를 통해서 이루어진다. 한부모가족복지시설은 모자보호시설, 부자보호시설, 모자자립시설, 일시보호시설, 미혼모자시설, 미혼모자공동생활가정, 미혼모공동생활시설 등으로 구분된다. 한부모가족복지시설 현황은 〈표 9-4〉와 같다.

표 9-4 한부모가족지원시설 현황

시설종류	입소대상	지원내용	보호기간 (연장기간)
모자가족복지시설 (기본생활지원형) (42개소)	무주택 저소득 모자가족	일정기간 보호 및 생계지원	3년(2년)
부자가족복지시설 (기본생활지원형) (2개소)	무주택 저소득 부자가족	일정기간 보호 및 생계지원	3년(2년)
모자가족복지시설 (자립생활지원형) (3개소)	무주택 저소득 모자가족 및 모자보호시설에서 퇴소한 모자	주택편의 제공	3년(2년)

일시지원복지시설 (12개소)	배우자의 물리적 · 정신적 학대로 아동의 건전양육과 모의 건강에 지장을 초래할 우려가 있는 모와 아동	숙식, 의료, 법률 상담 및 심리상담 등	6월(6월)
미혼모자가족복지시설 (기본생활지원형) (20개소)	미혼의 임산부 및 출산 후(6월 미만) 보호를 요하는 여성	분만 의료지원, 인성교육 및 상담, 자립지원	1년(6월)
미혼모자가족복지시설 (공동생활지원형 / 미혼모자) (38개소)	2세 미만의 영유아를 양육하는 미혼모로서 일정 기간 숙식보호와 자립지원을 필요로 하는 여성	직업교육 등 자립지원, 양육교육	2년(1년)
미혼모자가족복지시설 (공동생활지원형 / 미혼모) (1개소)	출산 후 해당 아동을 양육하지 아니하는 미혼모로서 일정 기간 숙식보호와 자립지원을 필요로 하는 여성	직업교육 등 자립지원	2년(6월)

출처: 여성가족부(2016).

모 · 부자보호시설은 18세 미만의 자녀를 가진 생활이 어려운 무주택 저소득 모 · 부자가정에 대하여 보호시설에 3~5년 동안 입소시켜 기본적인 생활보호와 자립기반 조성을 위한 지원을 하고 있다. 또한 저소득 모 · 부자세대로서 모 · 부자보호시설에 입소하지 못한 모 · 부자가정이나 모자보호시설 퇴소 후 자립 기반이 미약한 가정을 보호하기 위하여 모자자립시설이 제공되고 있다. 모자보호시설에 입소한 가족에게 주어지는 사회복지서비스는 주택 제공과 생계보조금 전달과 이들의 사회 복귀를 위한 직업훈련이나 가족 문제에 대한 상담서비스로 주어진다.

이상과 같은 정부의 한부모가족에 대한 지원 외에 민간 차원에서 한부모가족에게 다양한 프로그램이 지원되고 있다. 한부모가족에게 사회복지서비스를 제공하는 대표적인 기관으로는 전국의 지역사회복지관, 건강가정지원센터, 한부모가족이라는 용어를 정착시킨 한국여성민우회, 한국가정법률상담소, 여성의 전화 등을 꼽을 수 있다. 전국의 지역사회복지관에서 한부모가족을 위해 제공하는 프로그램은 크게 경제적 지원과 심리 · 사회적 지원으로 구분할 수 있는데 심리 · 사회적 지원은 상담서비스, 지역사회 연계 서비스, 교육서비스, 보육서비스, 사례관리 등을 들 수 있다(〈표 9-5〉 참조).

그 외에 여성민우회를 비롯한 여성단체가 여성 한부모가족을 대상으로 한부모가족 운동, 한부모 자조모임, 한부모 지원 상담, 법률서비스 등을 지원하고 있다(한국여성개발원, 2001). 한부모자가족에 대한 지원은 정부 차원의 지원만으로는 부족하기 때문에 민간 차원에서도 활발한 보조가 이루어져야 한다. 그러나 우리나라의 경우 한부모자가족이 사회복지기관을 비롯한 민간단체의 지원이나 서비스를 충분히 받지 못하고 있는 실정이다.

표 9-5 지역사회복지관의 한부모 대상 서비스 및 프로그램

<table>
<tr><th colspan="2">내용/대상</th><th>부모</th><th>자녀</th><th>기관사업</th></tr>
<tr><td colspan="2">경제적 지원</td><td>• 부업 및 취업상담, 알선
• 의료비, 보험료 지급
• 자립금 적립지원
• 자조협동조합</td><td>• 학비(장학금) 지급
• 학원비 보조
• 결식, 급식 지원</td><td rowspan="8">• 지역사회 네트워크 구축사업(지지망 구축)
• 후원사업
• 자원봉사자 교육 및 관리</td></tr>
<tr><td rowspan="7">심리 · 사회적 지원</td><td>상담 서비스</td><td>• 개별상담
• 집단상담
• 자조모임
• 가정방문</td><td>• 개별상담
• 집단상담
• 자녀자조모임</td></tr>
<tr><td>지역사회 연계서비스</td><td>• 공공기관, 의료기관, 기업 대상 옹호서비스
• 생활정보 제공
• 무료진료</td><td>• 문화, 여가 지도
• 학교, 교사 대상 옹호서비스
• 자원봉사자와의 결연</td></tr>
<tr><td>교육 프로그램</td><td>• 부모역할 교육
• 자녀교육 프로그램
• 법률정보 특강</td><td>• 방과 후 교실
• 특기 지도
• 야외학습 및 특별활동</td></tr>
<tr><td>보육서비스</td><td colspan="2">• 야간 보호서비스</td></tr>
<tr><td>사례관리 서비스</td><td colspan="2">• 대상자의 사례분석을 통해 서비스 계획을 수립하고 제공함</td></tr>
<tr><td>가족행사</td><td colspan="2">• 가족캠프
• 가족의 밤</td></tr>
</table>

출처: 여성가족부(2016).

4. 한부모가족에 대한 대책

1) 정책적 대안

한부모가족은 다른 어떤 유형의 가족보다 활용할 수 있는 자원이 부족하고 이에 따라 생계곤란과 같은 일차적 욕구의 문제를 해결하지 못하고 있는 실정이다. 따라서 이들 한부모가족에 대한 정부의 정책적 접근은 우선 이러한 일차적 욕구를 충족시킬 수 있어야 하고, 아울러 이들이 처한 사회 · 심리적 문제에 대한 지원을 더욱 심화시켜 나가야 한다. 즉, 한부모가족에 대한 지원을 현재의 가족 단위를 고려하지 않은 산발적이고 단편적인 지원에서 가족정책의 관점에서 좀 더 체계적으로 접근하는 것이 필요하다. 한부모가족을 가족정책의 관점에서 접근할 때 정부 차원에서 이루어져야 할 정책적 방안을 제안하면 다음과 같다.

첫째, 한부모가족을 위한 대책은 한부모가족 단위를 고려한 정책적 측면에서, 특히 가족정책 개념의 범주 안에서 이루어져야 한다. 그래서 '한부모가족을 위한 가족정책(single parent family policy)'이 독립적인 영역으로 정립되어야 한다. 우리나라에는 「한부모가족지원법」(2007)과 「건강가정기본법」(2003)이 한부모가족에 대한 복지대책의 근거가 되고 있으나 지원의 범위나 수준이 한부모가족이 자립하기에는 대단히 미흡한 실정이다. 「모 · 부자복지법」이 「한부모가족지원법」으로 개정되기는 하였으나 조손가정을 지원 대상에 포함시키고, 아동보호연령을 20세 미만에서 22세 미만으로 확대한 것에 불과할 뿐, 서비스 내용은 크게 달라진 것이 없다. 따라서 가족정책이라는 보다 포괄적인 관점에서 이들 한부모가족에 대한 다양한 복지급여가 제공될 수 있어야 한다.

둘째, 공공부조제도 내에 한부모가족을 위한 수당제도를 마련해야 한다. 한부모가족의 가장 큰 관심 대상 역시 자녀 문제다. 따라서 한부모가족의 자녀양육을 위한 아동수당제도를 마련할 필요가 있다. 아울러 현재 「한부모가족지원법」하에서 지원되고 있는 아동양육비 지원을 현실화하고 대학학비 지원이 가능하도록 해야 한다.

셋째, 기존의 국민연금제도 내에 유족연금 외 자녀를 위한 유족자녀연금이나 편모와 편부를 위한 편모연금, 편부연금 등이 제도화되어야 한다. 특히 사별로 인한 한부모가족뿐만 아니라 이혼이나 별거, 그리고 실질적 의미의 한부모가족까지를 포함하는 경우도 사회위험으로 보고 이에 대한 대책을 세워야 한다.

넷째, 우리나라의 경제적 실정을 고려하여 한부모가족 경제 문제의 큰 부분을 차지하는 주택 문제의 해결을 위해 현재의 공영주택 임대나 우선 분양, 그리고 주택자금에 대한 대여 외에도 주택수당 지급이 이루어져야 한다.

다섯째, 한부모가족의 자활수급권을 확대해야 한다. 최저생계비 수준이 안 되는 근로능력이 있는 한부모가족이 스스로 원할 경우 자활사업에 참여할 수 있도록 자활지원의 폭을 확대해야 한다.

2) 실천적 대안

사회복지전문요원 활동 사례집과 사회복지사 활동 사례집에는 모자가족이나 부자가족에 대한 사회복지사의 접근이 상당히 많은 부분을 차지하고 있다. 이는 사회복지사의 전문적 접근이 필요할 만큼 한부모가족이 많은 어려움을 겪고 있다는 것을 말해 주는 것이기도 하다. 한부모가족에 대한 실천적 지원은 한부모가족의 욕구에 대한 구체적인 사정(assessment)에 근거하여 이루어지도록 해야 한다. 한부모가족에 대한 사정은 일반적으로 가족의 경제적 욕구 정도, 가족원의 친밀성에 대한 욕구, 가족 전반의 지지체계, 가족 간의 의사소통을 비롯한 가족관계 등을 대상으로 할 수 있다. 여기서는 한부모가족에 대한 개입을 위한 실천적 차원의 대안으로 부모 교육 및 훈련, 가족 상담 및 치료, 지지적 관계망 형성(support networking), 동년배 지지집단(peer support group) 개입, 그리고 가족결속을 위한 사회교육 프로그램을 제시해 보기로 한다.

(1) 부모 교육 및 훈련

대부분의 한부모가족은 한쪽 부모의 부재로 인해 부모역할 문제를 가진다. 부모역할은 한부모가족의 가장 큰 관심사인 자녀 양육과 교육에 가장 중요한 영

향을 미치는 부분이기도 하다. 따라서 이들에게 바람직한 부모역할이 무엇이며, 또 한부모 상태에서 부모역할을 하기 위해서는 어떻게 하는 것이 바람직한지에 대한 교육과 함께, 그러한 역할을 할 수 있도록 역할극을 비롯한 다양한 기술을 통해 훈련시킴으로써 부모역할 능력을 길러 주어야 한다.

(2) 가족 상담 및 치료

가족상담과 가족치료는 한부모가족의 부모-자녀 간의 관계 문제에 대한 주요 접근방법으로 사용될 수 있다. 특히 이 과정에서 한부모가족의 강점을 강조하고 한부모와 자녀 간의 의사소통을 원활히 하도록 하여 가족 간 결속력을 강화할 필요가 있다. 한부모가족에 대한 가족 상담 및 치료는 편모나 편부가 직업에 종사하기 때문에 자녀와 함께 모일 수 있는 시간 여유가 대단히 부족함은 물론 일부러 복지관에 가족치료를 받으러 나오기도 어려운 상태라서 이루어지기가 쉽지 않다. 따라서 이들 가족이 집에 있는 상태에서 사회복지사가 직접 방문하여 가족상담이나 가족치료를 하는 방안이 모색되어야 한다. 또한 가족원 모두가 모이기 어려운 경우 자녀나 편모(혹은 편부)만을 대상으로 단기가족치료(brief family therapy)를 실시함으로써 가족 문제에 도움을 줄 수도 있다.

(3) 지지적 관계망 형성

지지적 관계망 형성(support networking)이란 한부모가족에게 잠재적으로 지지가 될 수 있는 공식적 · 비공식적 지지망을 확인하여 이들을 한부모가족에게 연결해 주는 것이다. 즉, 친척이나 친구, 이웃 혹은 사회기관 중에 한부모가족에게 지지가 될 만한 자원을 찾아내어 한부모가족과 연계시키는 것이다. 이를 위해서는 사정(査定) 단계에서 생태도나 사회관계망 그리드를 이용해 지지적 자원을 구체적으로 파악해야 한다.

(4) 동년배 지지집단 개입

동년배 지지집단(peer support group)은 동년배의 편모(혹은 편부)를 대상으로 하여 10~12명 정도의 규모로 구성한다. 지지집단의 운영은 매주 2~3시간씩

6~10주 정도 모임을 가지면서 한부모가족의 편모나 편부에게 문제를 해결할 수 있는 지지를 제공한다. 동년배 지지집단을 통해 편모(혹은 편부)에게 제공되는 것은 다음과 같다(Burden, 1980: 261-262).

- 비슷한 처지에 있는 편모(혹은 편부)끼리 자신들의 문제와 관심사를 논의할 수 있게 함으로써 따뜻하고 지지적인 장을 제공한다.
- 한부모가족이 자녀에게 미치는 영향은 물론 시간관리기술, 스트레스 관리, 재정 관리, 부모역할기술 등에 대한 교육을 제공한다.
- 집단구성원 각자의 삶에서 가장 관심이 되는 이슈를 논의함으로써 개인에게 문제해결의 실마리를 제공한다.
- 편모(혹은 편부)가 공식적 모임이 끝난 뒤에도 동년배 지지집단을 계속할 수 있도록 훈련함으로써 계속적인 상호 원조가 있을 수 있게 한다.

(5) 가족결속을 위한 사회교육 프로그램

앞서도 언급했듯이 한부모가족의 경우 편모와 편부 당사자의 심리 · 사회적 문제뿐만 아니라 자녀의 심리 · 사회적 문제 또한 우리가 관심을 가져야 할 대상이다. 따라서 한부모가족의 가족결속력 강화를 위한 사회교육 프로그램을 정기적으로 실시하고, 편모 혹은 편부 가족으로 구성된 자조집단을 형성하여 긴장과 압박감을 완화할 수 있도록 실천적 차원에서 지원이 이루어져야 한다.

|중|점|토|론|

1. 사회복지 현장에서 한부모가족 중 모자가족을 만나 인터뷰하고 그 결과를 교실에서 토론해 보시오.
2. 사회복지 현장에서 한부모가족 중 부자가족을 만나 인터뷰하고 그 결과를 교실에서 토론해 보시오.
3. 사회복지 현장에서 한부모가족에 대한 접근을 어떻게 하는지 사회복지사를 인터뷰하고 그 결과를 수업에서 토론해 보시오.
4. 사회에서 한부모가족에 대해 갖고 있는 이미지와 인식을 신문을 통해 분석해 보거나 일반인을 대상으로 인터뷰하여 그 결과를 교실에서 토론해 보시오.

참고문헌

김경중(1982). 부친부재와 자녀의 인성간의 관계성에 관한 연구. 중앙대학교 대학원 석사학위논문.

김규수(1992). 모자가정의 실태와 자립지원 방안. **사회복지연구** 20호, 75~92.

김인숙(1984). 요보호모자가족의 역할기능에 관한 연구. 서울대학교 대학원 석사학위논문.

박신영(1999). 저소득층 부자가족 복지서비스의 문제점 및 대책에 관한 연구. 부산대학교 대학원 석사학위논문.

박태룡(1993). 부자가정의 실태와 지원방안. **법정논총**, 8, 227-245. 대구대학교 법정연구소.

신건희(1995). 부자가정의 의미와 문제점 및 대응책. **사회과학논문집**, 14(1), 63-95. 대전대학교 사회과학연구소.

신수자(1995). 부자가정의 특성과 대책. 대구효성가톨릭대학교 대학원 석사학위논문.

여성가족부(2016). 한부모가족지원사업 안내.

정복란(1983). **모자세대 복지에 관한 연구**. 서울: 보건사회부 사회보장심의위원회.

정현숙, 서동현(1996). 편부모 가정의 자녀가 인지한 가족환경 및 사회 심리적 적응. 서울

특별시 가정복지 세미나 자료집 '늘어나는 편부모가정', 37-62.
최선애(1984). 부친부재가 자녀의 정서불안에 미치는 영향에 관한 연구. 고려대학교 교육대학원 석사학위논문.
통계청(2010). 인구주택총조사(kosis.kr).
통계청(2009, 2010, 2011, 2012, 2013, 2014). 이혼통계 (www.index.go.kr).
한국여성개발원(1984). 편부모가족의 지원방안에 관한 연구.
한국여성개발원(2001). 여성 한부모가족을 위한 사회적 지원방안.
한국여성민우회(2000). 한부모를 위한 가이드. 서울: 한국여성민우회 · 가족과 성상담소.

Burden, D. (1980). Women as single parents: Alternative services for a neglected population. In N. Gottlieb (Ed.), *Alternative social services for women* (pp. 255-279). New York: Columbia University Press.
Mendes, H. A. (1979). Single-parent family: A typology of life style. *Social Work, 24*(3), 193-200.
Orthner, D. K., Brown, T., & Ferguson, D. (1976). Single-parent fatherhood: An emerging lifestyle. *Family Coordinator, 25*(4), 429-437.
Trost, J. (1980). The concept of one-parent family. *Journal of Comparative Family Studies, 11*(1), 13-16.
Zimmerman, S. L. (1983). The reconstructured welfare state and the fate of family policy. *Social Casework, 64*, 459-465.

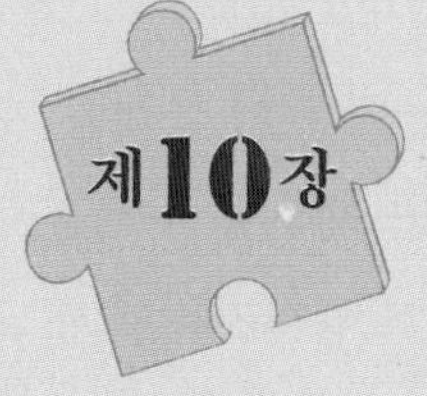

제10장 아내학대 가족

우리 사회에 가정폭력이 심각한 수준에 이르고 있다는 것은 이미 잘 알려져 있는 사실이다. 그 어느 사회보다도 가족주의가 강한 우리 사회에서 1997년「가정폭력범죄의 처벌 등에 관한 특례법」과「가정폭력방지 및 피해자보호 등에 관한 법률」의 제정을 통해 사적인 공간에서 벌어지는 매우 개인적인 문제로 인정되던 가정폭력을 공권력에 의한 강제적 개입이 가능한 사회문제로 선포했다는 사실은 이 문제의 심각성을 단적으로 증명해 주고 있다(김연옥, 박인아, 2000: 104).

이 장은 이러한 문제인식에서 출발하여 아내학대를 중심으로 가정폭력이 일어나는 가족이 처한 문제와 그들을 위한 서비스 현황을 고찰하며, 그들을 위한 정책적 · 실천적 대안을 살펴보기로 한다.

1. 가정폭력에 대한 이해

1) 가정폭력의 개념정의

가정폭력의 정의는 다양하다. 먼저,「가정폭력범죄의 처벌 등에 관한 특례법」에 따르면 가정폭력은 가족구성원 사이의 신체적, 정신적 또는 재산상 피해를 수반하는 폭력행위로 정의된다. 즉, 남편의 아내에 대한 폭력, 부모의 자녀에 대한 폭력, 자녀의 부모에 대한 폭력, 형제간의 폭력, 아내의 남편에 대한 폭력 등 가족 간의 모든 폭력을 망라하는 것이다. 또한 가족구성원의 범위를 현재의 가족뿐만 아니라 전 배우자 및 그와 동거하는 친족으로 확대하였다. 결국 가정폭력은 가해자와 피해자의 관계에 따라 폭력 현상의 한 범주를 개념화한 것으로, 폭력의 주체와 대상 모두가 가족구성원으로 매우 친밀한 관계에 있다는 특징을 갖고 있다.

가정폭력은 가족구성원 사이에 발생하는 모든 폭력을 지칭하는 것으로, 가정폭력의 대부분을 차지하는 아내에 대한 남편의 폭력이 드러나지 않는다는 문제를 가지고 있다(정춘숙, 2014: 7).

어떤 문제를 무엇이라 명명하고, 어떤 용어를 선택하는가는 그 문제에 대한 인식의 반영이다. 한국사회에서 가정폭력(domestic violence)은 아내구타(wife batter), 아내학대(wife abuse), 아내폭력(wife violence), 가부장적 테러리즘(patriarchal terrorism) 등 여러 가지 이름으로 불려 왔다. '가부장적 테러리즘(patriarchal terrorism)'은 남편에 의한 아내폭력의 성격을 가장 잘 드러낸 용어이나, 여성에 대한 폭력 전반에 사용될 정도로 폭넓어 가정 내 여성폭력에 한정되지 않는다(정춘숙, 2014: 9).

'아내구타'는 여성폭력근절운동을 시작한 여성단체들이 초기에 많이 사용한 용어다. 그러나 물리적 폭력에 한정되는 듯한 문제점과 피해자들이 다양한 폭력의 실태를 포괄하지 못한다는 한계를 가지고 있다. 아내학대는 사회적 고립, 가정에 구속, 경제적 박탈, 언어적 폭력 및 경멸과 같이 아내구타보다 포괄적이

지만 심리적인 측면이 더 강조되는 측면이 있어서 널리 사용되지 않았다(정춘숙, 2014: 9).

아내폭력은 남편에 의한 아내에 대한 폭력의 성별성을 드러내며 신체적 · 정서적 · 언어적 · 성적 폭력을 포괄하여 널리 사용되었다. '가정폭력'이 성별 권력관계를 설명하지 못하는 한계점을 갖는 것에 비해 아내폭력은 남편과 아내의 권력관계를 분명히 한다는 점에서 의미가 있다. 그러나 '아내'라고 칭함으로써 제도적 결혼관계에 있지 않은 동거관계나 동성애 커플관계에서의 폭력을 포함하지 못하는 한계를 갖는다(정춘숙, 2014: 9-10). 유엔이 제정한 가정폭력에 관한 모범 입법안은 유엔여성폭력차별철폐선언 정신에 따라 입안된 것으로 이 입법안은 가정폭력을 가정구성원에 의해 가족 내 여성에 대해 가해지는 성별에 근거한 모든 신체적 · 정신적 · 성적 폭력이라고 규정하였다. 이처럼 유엔은 가정폭력을 여성에 가해지는 성별에 기초한 폭력이라는 점을 명확히 하고 있다(UN, '여성에 대한 폭력 그 원인과 결과', 법무부 역, 2000: 정춘숙, 2014: 8에서 재인용). 가정폭력은 사사로운 가족 내 문제가 아니라 여성에 대한 폭력과 차별을 지속시키고 가족 내 폭력을 방치한다는 점에서 사회적 범죄라는 것이다(양현아, 2006).

이 장에서는 가정폭력의 여러 유형 중 남편에 의한 아내폭력에 초점을 두고자 한다. 그것이 가장 흔히 발생하는 가정폭력의 대표적인 형태라고 볼 수 있기 때문이다. 헤스터(Hester)에 따르면, 남성과 여성 사이에 일어나는 폭력 중 90~97%는 남성이 여성에게 가하는 폭력이며, 여성의 경우는 종종 자기 방어의 수단 또는 배우자에게 받은 장기간의 폭력과 학대에 대한 반응이라고 한다(보건복지부, 2000: 3).

가정폭력에 대한 개념에 따라 가정폭력의 발생 원인이나 법률적 대응전략은 달라진다. 가정폭력의 개념정의에서는 크게 가정폭력 관점(family violence perspective)과 페미니즘 관점(feminist perspective)으로 나누어 볼 수 있다. 두 관점은 법률체계 면에서는 가정폭력에 초점을 둘 것을 요구하지만 그 발생 원인을 다르게 이해하기 때문에 상이한 해결방안을 제시한다(Kurz, 1993). 두 관점의 차이를 정리하면 다음과 같다.

첫째, 분석단위에 있어서 가정폭력 관점(Straus, Gelles, & Steinmetz, 1980)은

가족체계(family system)에 두는 반면, 페미니즘 관점(Dobash & Dobash, 1979; Hanmer, Radford, & Stanko, 1989)은 여성과 남성 사이의 관계에 둔다(Kurz, 1993).

둘째, 책임성에 있어서 가정폭력 관점은 여성과 남성이 모두 가정폭력에 같은 책임이 있다고 보는 반면, 페미니즘 관점은 여성의 폭력이 남성의 공격에 대한 방어적 폭력으로 그 성격이 다르다는 것을 강조한다(Stalans & Lurigio, 1995: 389).

셋째, 폭력의 원인에 있어서 가정폭력 관점은 가정폭력이 타인에의 폭력 및 아동에 대한 폭력과 같은 형태의 폭력이라고 설명하면서 이것이 잘못된 사회화, 즉 폭력은 분쟁을 해결하는 방법 중의 하나라고 가르치는 사회규범과 대중매체 및 어린 시절의 경험을 통해 학습된 것에 기인한다고 주장한다(Straus et al., 1980). 반면, 페미니즘 관점은 여성 억압적이고 성차별적 · 가부장적인 사회구조가 가정폭력의 본질적인 원인이라고 본다.

넷째, 개입방안에 있어서 가정폭력 관점은 사회구조나 성차와 같은 요인을 무시하고 개인과 가족의 심리적인 문제에 중점을 둔다. 주로 상담 전문가의 개입으로 스트레스 조절, 의사소통 기술 등을 습득시켜 부부간의 긍정적인 면을 증가시키고 관계를 개선시키면 폭력의 근절과 재발의 방지가 가능하다는 것이다. 그러므로 부부의 상호작용 패턴과 가족체계를 기능적으로 변화시키는 데 그 접근의 초점을 두고 있다(최규련, 유은희, 홍숙자, 정혜정, 1999). 반면, 페미니즘 관점은 피해여성의 삶에 대한 통제력을 기르고 대안 선택을 강화하는 것을 목표로 한다. 그리하여 중재 프로그램은 가정유지 대책보다는 피해여성의 보호와 남편의 억압적 행동을 제한하는 정책적 수준에 초점을 둔다. 주로 아내를 남편으로부터 격리시키는 법적 · 제도적 장치에 초점을 두며, 폭력의 조절이 어려운 경우에는 이혼이 폭력의 유일한 해결책이라고 본다.

다섯째, 위기개입의 근거 및 행위자 처우와 관련하여 가정폭력 관점에서는 위기개입의 근거를 가정의 보호에 둔다. 그럼으로써 폭력남편을 '행위자'로 보기보다는 도움을 필요로 하는 가족체계의 한 구성원으로, 아내의 경우도 '피해자'라기보다는 가족을 정상화하고 건강하게 만드는 데 협력의 의무가 있는 동반

자로서 위치 짓는다. 즉, 부부는 폭력 종식을 위한 공생관계로, 비록 폭력의 책임이 폭력 행위자에게 있지만 종식을 위해서는 부부 모두 상호작용의 변화가 필요하다고 본다. 이러한 관점에서는 사회와 국가가 배우자 학대 상황에 있는 부부로 하여금 전문가의 개입을 받아들이도록 여론을 조성하고 법안을 시행한다면 부부간 폭력 문제는 어느 정도 해결이 가능하다고 본다(최규련 외, 1999: 161). 현행 가정폭력 관련법에서 행위자와 피해자에게 상담치료를 위한 서비스를 제공하도록 규정한 것은 가정 해체를 방지하면서 폭력의 제지와 교정을 통해 건강가정을 육성할 수 있다는 가정폭력 관점을 반영한 것이라고 할 수 있다. 반면, 페미니즘 관점은 여성이 자신의 삶을 통제할 수 있는 힘을 가지지 못하는 한 가정의 보호를 목표로 한 접근방식은 결국 전통적인 가족주의로 귀결될 수밖에 없고 폭력의 종식을 이끌어 낼 수 없다고 본다. 따라서 여성이 폭력에서 벗어나 자신의 삶을 통제할 수 있는 역량강화(empowerment)에 초점을 두며, 피해자 보호와 재범 억제를 위하여 형사법 체계가 가정폭력을 '범죄'로 다루어야 한다고 주장한다(김은경, 2001: 80-84).

이상의 가정폭력 개념에서 종합적으로 고려해 보아야 할 것은 학대의 대상과 범위에 대한 것이다. 대부분의 가정폭력의 경우 배우자에 의한 학대를 중심으로 다루고 있으나 남편의 아내에 대한 폭력, 부모의 자녀에 대한 폭력, 자식의 노부모에 대한 폭력 등 가정에서 발생할 수 있는 모든 폭력을 포괄하는 개념이 가정폭력이라고 하겠다. 또한 학대의 범위에서 지금까지는 신체적 학대를 위주로 가정폭력을 설계・연구하였으나 신체적 폭력과 더불어 심리적 학대, 성적 폭력, 방관 등을 포함시켜야 할 것이다.

가정폭력을 지칭하는 개념에 대한 다양한 규정이 있지만, 대부분의 문헌에서는 이를 흔히 혼용하고 있다. 이 장에서는 남편의 아내폭력을 지칭하는 다양한 용어 중 우리 사회에서 일반적으로 통용되고 있는 용어인 '가정폭력'을 사용하며 동시에 아내구타, 아내학대 등의 개념도 함께 사용하고자 한다.

2) 가정폭력의 실태

가정폭력의 심각성은 가정폭력이 만연해 있는 정도, 즉 실태를 통해서 짐작해 볼 수 있다. 우리나라의 경우 2010년 법무부 여성통계를 살펴보면, 2009년 가정폭력사범 피해자 12,155명 중 여성피해자는 전체의 81%를 차지하고 있다. 피해자와 가해자의 관계가 남편이나 아내인 경우 6,004건 중, 남편이 아내에게 폭력을 행사한 경우가 97%에 이른다.

맥셰인(McShane)은 가정폭력이 세계적인 문제로서 모든 인종과 민족 그리고 비숙련 노동자로부터 법률가, 경찰, 의사, 교사 등을 포함한 모든 사회경제적 집단 속에서 발생한다고 지적했다. 또한 가정폭력에 대한 공식적인 실태 통계를 보면 낮은 사회경제적 계층에서 만연해 있는 것으로 나타나는데, 실제로 중산층 이상의 경우 지역사회 내 남편의 사회적 지위 등을 고려하여 노출시키기를 꺼리는 경향이 있고 쉽게 도움을 청하지 않는다는 사실을 고려한다면 가정폭력 문제는 폭넓은 계층에서 더 높은 발생률을 나타낼 것이라고 지적했다(McShane, 1979: 35-36).

가정폭력의 심각성은 그 발생 정도와 빈도를 통해서도 짐작해 볼 수 있다. 가정폭력의 빈도와 정도에 관한 많은 연구를 보면 각 연구의 조사 대상과 방법 및 도구에 따라 그 결과에서 다소 차이를 보이고 있으나, 대체적으로는 폭력이 결혼 초부터 시작하여 점점 횟수가 잦아지고 폭력 정도가 심해지는 등 상습화되는 경향이 있는 것으로 나타나고 있다.

2007년 조사 시점을 기준으로 최근 1년간 가정폭력 발생률은 50.4%로 2가구 중 1가구에서 가정폭력이 발생하는 심각성을 보여 주었다. 정서적 폭력이 46.2%로 가장 높았으며, 그다음으로는 신체적 폭력 30.7%, 방임 16.0%, 성학대 9.6%, 경제적 폭력 3.5% 등의 순이었다.

배우자로부터 폭력을 당한 부부는 40.3%로 부부 2.5쌍 중 1쌍이 최근 1년간 배우자에게서 폭력을 경험한 것으로 나타났다. 이는 2004년에 비하여 다소 낮아진 것이며, 정부의 가정폭력 예방 및 재발방지 대책의 효과가 가시화되고는 있으나 여전히 높은 수준이라 하겠다. 아내폭력 발생률은 33.1%로 남편폭력 발

생률 27.1%보다 6.0% 포인트 높았으며, 상호폭력 발생률 19.9%를 제외한 아내폭력 발생률은 13.2%, 남편폭력 발생률은 7.2%였다(여성가족부, 2008).

가정폭력의 심각성은 가정폭력이 피해여성과 그 자녀를 포함한 가족 전체, 더 나아가서는 사회에 매우 심각한 영향을 미친다는 점에서 더욱 문제가 된다. 우선, 가정폭력은 피해여성의 신체적 · 심리적 · 정서적 · 사회적 부분 모두에 심각한 손상을 초래하는 것으로 지적되고 있다.

가정폭력은 피해자의 자녀에게도 심각한 영향을 끼치는 것으로 보고되고 있다. 많은 연구에서는 가정폭력이 있는 가정의 아동은 부에게서 폭력을 직접 당하거나 폭력을 당하는 모에게서 폭력을 당하기도 하는 등 아동학대와의 연결 가능성을 지적하고 있다. 1984년의 미국 텍사스 연구에 따르면, 남성 학대자의 24%가 아동폭력도 하고 있는 것으로 보고되고 있다. 1991년 서울여성의전화에서 실시한 구타 관련 설문에 따르면, 구타를 당하는 여성 중 52.68%는 자녀도 함께 구타를 당하고 있다고 보고하였다(서울여성의전화, 2000: 7). 또한 가정폭력이 있는 가정의 아동은 정서 · 행동 장애를 일으키기도 하며, 가정폭력을 목격하며 자란 아동은 후에 폭력을 행사한다는 폭력의 세대 간 전수 현상에 대한 지적도 나오고 있다. 렌제티(Renzetti)는 가정폭력이 있는 가정의 자녀는 폭력 상황을 직접 목격한다거나 다른 스트레스 경험, 즉 수면 방해 및 일상생활 방해, 부모에 대한 애증을 가진 분노, 자신의 엄마의 안전에 대한 공포, 학대의 비밀을 숨겨야 한다는 부담감 등으로 인해서 외상 후 스트레스 장애나 사회적 · 인지적 · 행동적 장애로 고통 받고 있다고 지적한다(보건복지부, 2000: 119). 에들슨(Edleson)은 가정폭력을 목격하거나 당하며 자란 아동은 커서 가정폭력 경험이 없는 아동보다 그들 자신의 배우자와 아동에게 폭력을 행사할 가능성이 2배가량 높다고 보고한다(보건복지부, 2000).

가정폭력은 또한 가정파탄의 원인이 되기도 하는데, 이혼을 하는 남성의 경우 전체 이혼건수의 45.4%가 가정폭력 관련 행위로 인한 것이라고 한다(보건복지부, 2000: 32). 또한 가정폭력은 피해자와 가해자를 죽음으로 몰고 가는 원인이 되기도 한다. 외국의 예를 보면 살해되는 여성의 1/3 정도는 가정폭력의 희생자로서 매주 최소한 1~2명의 여성이 살해당하고 있으며, 남성 중에서 가정폭력이 사망의 원인인 경우는 약 4% 정도이지만 그들 중 4/5는 배우자를 구타하는 중에 살해당한 것으로 밝혀지고 있다(보건복지부, 2000: 93). 우리나라의 경우에도 남편의 구타에서 도망치다 죽음을 당한 사건, 오랫동안 남편의 폭력에 시달리던 부인이 남편을 죽인 사건, 수년간 딸이 폭행당하는 것을 지켜보던 장모가 참다못해 사위를 죽인 사건, 가정폭력이 원인이 되어 자녀가 부친을 살해하는 사건 등이 발생하였다. 부에게서 폭력을 당하던 12세 소년이 길가에서 만난 소녀를 그저 행복하게 웃고 있다는 이유만으로 살해한 최근의 사건은 가정폭력이 자녀에게 미치는 영향을 가장 극명하게 보여 주는 예라고 볼 수 있다(서울여성의전화, 2000: 4-7).

이처럼 가정폭력은 우리 사회에 매우 만연해 있으며 그 정도와 빈도가 시간이 갈수록 심각해지고 있다. 더구나 피해여성에게만이 아니라 그 자녀와 가족 전체에까지 심각한 영향을 끼치며 세대 간 전수되는 경향을 보이는 심각한 사회문제임을 알 수 있다.

2. 아내학대에 대한 이론적 접근

가정폭력 문제의 원인이 개인 내적 요인 때문인지, 상호작용적 요인 때문인지, 혹은 사회의 구조적 요인 때문인지는 분명치 않기 때문에 지난 10년간 이를 설명하기 위하여 여러 가지 이론이 도입되었다. 또한 가정폭력에 직간접적으로 영향을 미치는 요인은 대단히 많을뿐더러 그 부부가 처한 인구학적 · 생태학적 · 경제적 · 문화적 특성에 따라 가정폭력의 양상이나 정도 또한 달라지기 때문에 가정폭력에 영향을 줄 수 있는 요인을 명확히 밝힌다는 것은 쉬운 일이 아니다.

지금까지 밝혀진 이론을 간단히 살펴보면, 사회학습이론, 체계이론, 사회적 불평등과 가부장제도 등에 초점을 맞추고 있는 여권론, 개인병리론 등으로 나누어 볼 수 있다. 여기서는 사회학습이론, 체계이론, 여권론적 접근을 중심으로 살펴보겠다.

1) 아내학대 발생 원인

(1) 사회학습이론

사회학습이론(Social learning theory)은 반두라(Bandura, 1973)에 의해 구축된 이론으로, 폭력행동도 다른 행동들과 마찬가지로 환경을 통해 관찰하고 배운 학습의 산물로 보는 관점이다. 가정은 다양한 역할을 배우며 스트레스와 좌절된 욕구에 대처하는 방법을 습득하는 장이다. 이때 성장과정에서 부모나 의미 있는 타인(significant other)이 폭력행동을 통해 스트레스나 좌절된 욕구를 해결하는 것을 보고 성장한 아동의 경우 폭력을 정당화할 뿐만 아니라 문제해결의 수단으로 학습하기 때문에 성인기에 폭력을 행사할 가능성이 높다는 것이다.

베스와 데비(Beth & Debby, 2010)는 가정폭력 가정의 남자아이들은 가해자가 될 가능성이 높고, 여자아이들은 피해자가 될 가능성이 높다고 보았다. 이러한 경향은 생물학적인 성(sex)의 문제가 아니라, 전통적인 젠더(gender) 기준이 가정폭력 발생과 해결의 틀을 만들기 때문이라고 주장하였다(정춘숙, 2014: 17). 이 연구에서 상담자가 아동들에게 성평등적 학습을 권유하였지만 아동들은 자신들의 성평등적 태도가 친구들 사이에서 어려움을 겪을 것을 우려하여 거부하였다. 이는 성별화된 사회 안에서 생존하기 위해 개인들은 사회의 전통적인 젠더 기준을 따르게 됨을 보여 주는 것이다. 그러나 가정폭력 가정에서 성장한 사람이라고 해서 모두 가정폭력 가해자나 피해자가 되는 것은 아니다.

크리스토폴로스(Christopoulous, 1987)는 40명의 학대받는 여성들과 아이들, 40명의 일반 가정 여성들과 아이들을 대상으로 개인과 가족의 적응에 대해 비교분석하였다. 분석 결과, 학대받는 여성의 아들이나 딸은 다양한 문제를 가지고 있기는 했지만, 소년들은 과잉공격성을 지니지는 않았고, 소녀들은 희생자같이 행동하지 않는 것으로 나타났다. 이러한 결과는 양친의 갈등이나 폭력을 목격함으로써 즉각적인 영향을 미친다는 가설과 폭력의 세대 간 연속성에 대해 의문을 제기하였다(정춘숙, 2014: 18). 한편, 김기환(1995)은 아동학대의 세대 간 전승을 단절시키는 생태학적 연구에서 아동학대가 부모로부터 학대받은 경험에 의해 세대 간 전승된 결과이기 보다는 현재의 가정환경 내에 있는 위험변인들

간의 상호작용에 의해 일어나는 가족 역기능의 결과임을 보고하고 있다(정춘숙, 2014: 17-18).

학습이론에서는 사람들이 역할 모델을 통해 학대행동을 배우고 가족이 학대행동의 역할 모델을 제공하며, 또한 성공적이었던 행동은 반복되는 경향이 있다고 했다.

반두라(Bandura)와 몇몇 학자의 연구에 따르면, 관찰된 공격성과 공격적 · 폭력적 행위의 상승 간에는 밀접한 상관관계가 있으며 분노 자체보다는 부정적으로 학습된 분노의 표현이 폭력행위에 결정적인 역할을 한다(권진숙, 1996:17 재인용). 또 다른 연구에서는 남성의 학대행위가 자신의 원가족의 경험에 의해서 생겨난다고 했다. 즉, 폭력과 그것을 허용하는 규범에 의해서 얻어지는 직간접적인 경험은 서로를 강화시키며, 폭력이 스트레스를 위한 합법적인 반응으로 유도되는 것이다(Breslau & Davis, 1987: 307-308). 테일러(Taylor, 2004)는 분노의 학습으로 인해 시작된 부적절한 행동이 학대체계를 발전시키고, 이러한 체계 속에서 학대하는 배우자는 계속 학대하며 그와 같은 역할과 행동을 정형화시켜 간다고 했다. 동시에 다른 쪽 배우자는 피해자 역할의 학습을 계속한다고 했다. 대부분의 사회복지사는 폭력적인 사람일수록 자주 피해를 당해 왔거나 원가족의 다른 가족의 피해를 관찰한 사람들이며 엄격한 성역할의 사회화는 가해자와 피해자 모두의 행동에 기여한다는 점에 동의한다. 이 이론에서는 학습자가 학습과정에서 능동적인 참여자가 되어야 한다는 전제에 입각하고 있다. 다시 말해, 인간은 자신이 경험한 자극 상태를 능동적으로 지적하고 해석하며 저장하고 때로는 변경까지 한다고 볼 수 있다. 그리하여 역기능적으로 학습된 사고나 행동을 자신의 의지로 불학습(unlearning)하거나 적극적이고 건설적인 방법으로 재학습(relearning)할 수 있다는 것이다.

(2) 체계이론

가정폭력에 대한 일반체계론(general systems theory)적 접근은 기능주의적인 사회학 전통에 바탕을 두고 가족을 적응적인 사회체계로 파악하고, 폭력주기를 일정 기간 안정과 항상성을 가진 체계로 간주하여 남성과 여성이 그 체계에 머무르게 되거나 혹은 벗어나게 되는 흐름을 동태적으로 파악하고자 시도한다.

일반체계론을 아내구타에 처음으로 적용시킨 슈트라우스(Straus, 1973: 116-117)는 아내에 대한 폭력을 개인의 병리적인 행동의 산물보다는 체계의 산물로 간주한다. 즉, 가족이 본래적으로 가지고 있는 매일의 상호작용에서 파생되는 긴장은 사회체계로서의 가족이 운영되도록 하며 조화 및 폭력을 포함하는 갈등을 산출한다. 체계 운영의 한 방식으로서 폭력은 일정한 과정을 거치는 긍정적인 피드백이 있을 때 증대되는 경향이 있다.

슈트라우스의 이론을 구체적으로 살펴보면 다음과 같다. 우선, 폭력의 경향과 특성을 내재화하고 있는 가족과 개인은 스트레스와 좌절의 상황에서 그들의 폭력행위가 그들과 체계의 목적에 부합할 때 폭력을 행사하게 된다. 다음으로 이 같은 폭력 발생에 긍정적인 피드백이 생기면 폭력행위를 강화하는 조건과 자아가 형성되고 강화되며, 더 나아가 다른 사람도 이 같은 폭력행위를 수용하게 되면 폭력은 점차 안정적인 수준으로 자리를 잡는다. 여기에서 새로운 역할에 따른 형태 발생과정이 만들어지며, 이 모든 흐름에 따라 폭력은 계속적인 순환고리를 형성한다.

물론 각각의 행위와 조건에 부정적인 피드백이 생기게 되면 다른 대응이 발생하여 더 이상의 진전이 이루어지지 않기도 한다. 그리하여 순환고리가 끊기기도 하며, 폭력행위의 대안 행위가 나타나 새로운 역할을 갖게 되는 형태 발생적 과정이 도래하기도 한다. 한편으로 폭력이 더 이상 참을 수 없는 수준에 이르게 되면 이혼과 살인 등으로 폭력적 관계를 벗어나는 계기가 생기기도 한다(Straus, 1973: 118-119).

체계의 구성은 이 같은 폭력의 상승적 발생을 낳는 '긍정적 피드백' 과정과 참을 만한 한계 내에서 폭력의 수준을 유지시키는 '부정적 피드백' 과정 혹은 '완화시키는' 과정 그리고 가족의 역할구조를 변화시키는 '형태 발생적' 과정으로 이루어져 있다(Straus, 1973: 118-119).

자일즈-심즈(Giles-Sims, 1983)는 '쉼터'에 있는 여성의 사례연구를 통해 슈트라우스의 논의를 좀 더 구체화하고 있다. 슈트라우스가 낙인이론을 도입해서 가해자인 남편 쪽에서 폭력의 긍정적 피드백을 설명하였다면, 자일즈-심

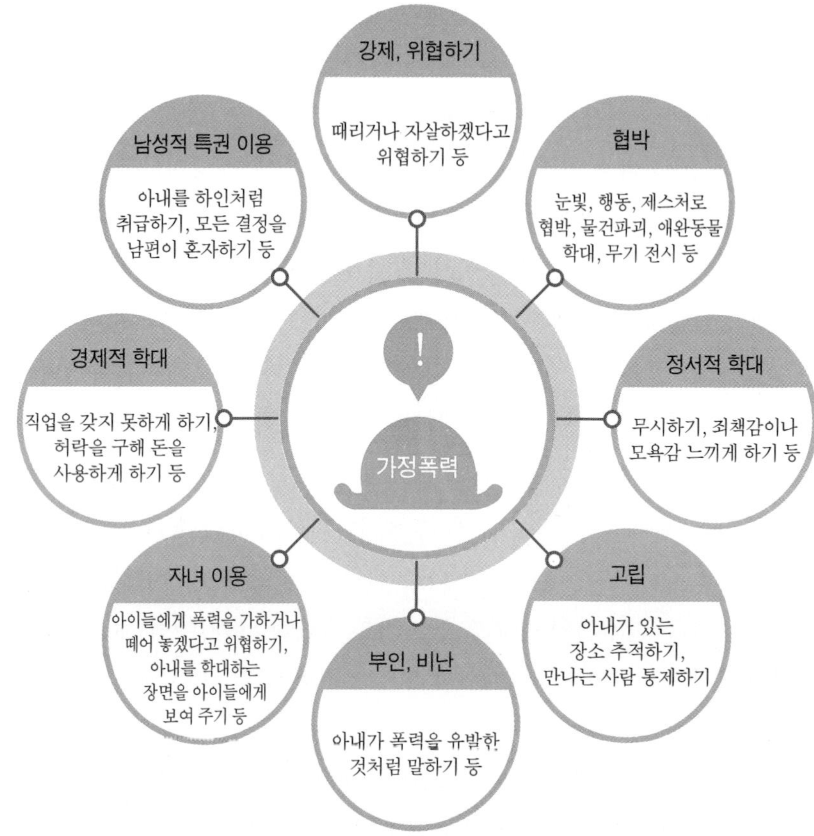

[그림 10-1] 가정폭력의 유형

출처: Pence & Paymar(1993). p.; 공미혜 외, (2010): 13의 내용 수정함.

즈는 여성 쪽에서 어떤 대응을 하는가에 따라 피드백의 성격이 달라짐을 강조하였다.

자일즈-심즈(1983)의 체계론적 접근은 가부장적인 사고방식을 내재화하고 있는 남성과 여성이 가족체계 내에서 어떻게 폭력을 상승시키고 유지시키는가를 보여 주고 있다. 가부장적인 사회체계가 가부장적인 가족체계를 유지시키는 목적으로 작용할 때 폭력이 발생하게 되면, 그것이 폭력의 체계를 형성하게 되어 여성이 폭력관계에 갇히게 됨을 잘 나타내고 있다.

(3) 여권론적 접근

가정폭력을 성별화된 폭력의 관점에서 설명하는 대표적인 이론이 페미니스트 이론(feminist theory)이다. 페미니스트 이론은 가정폭력을 연구함에 있어 성별(gender)과 힘(power)에 초점을 두고 가정폭력을 설명한다(Yll, 1993). 페미니스트 이론은 가정폭력을 가부장적 사회구조와 이데올로기 내에서 남성이 여성을 통제하고 지배하기 위한 수단으로 이해한다. 즉, 힘과 통제(power and control)가 가정폭력의 본질이라는 것이다.

여성에 대한 남성의 폭력이 결코 개인적이거나 가정적인 문제가 아니며 이것은 역사적 · 문화적으로 존재해 온 남성 지배 체계의 발현이며 정치적 문제로 간주한다(Dobash & Dobash, 1979). 월비(Wallby, 1990) 역시 남성폭력은 그 자체가 여성에 대한 권력의 형태이며, 다른 영역에서의 가부장적 통제의 결과에 따라 크게 영향을 받는다고 분석하였다. 또한 국가가 범죄라고 이름 붙일 수 있는 여성폭력에 개입하지 않는 맥락, 가정 내 폭력을 피할 수 있는 물리적 수단을 가질 기회가 한정되어 있는 맥락을 떠나서는 여성에 대한 남성폭력이 이해될 수 없다고 설명하였다(정춘숙, 2014: 15).

페미니스트 이론은 가정폭력을 개인과 가족의 문제가 아닌, 개인과 사회의 관계 속에서 가정폭력 문제를 거시적으로 바라볼 수 있게 하였다. 또한 가정폭력 최대 피해자인 여성의 입장에서 가정폭력 발생 원인의 본질에 접근할 수 있도록 하였다. 가정폭력의 원인과 지속과정을 젠더적 측면에서 바라보는 것은 가정폭력 피해여성의 자립과 자립의지의 고취에 있어, 사회구조적 변화가 동시에 이루어져야 함을 시사한다. 여성 개인의 자립은 여성에 대한 사회인식과 여성의 사회적 지위의 변화와 함께 여성을 한 사회의 온전한 구성원으로 받아들어야 하기 때문이다(정춘숙, 2014: 17).

페미니스트 시각에서는 피해자가 아내인 가정폭력에 대해 '배우자 학대'나 '가정폭력' 같은 중립적인 개념을 사용하는 것은 아내학대 문제가 남성과 여성 간의 불평등한 권력배분이라는 사회적 맥락을 모호하게 한다고 지적한다. 아내학대가 단순히 부부 간의 갈등 및 분쟁 과정에서의 물리적 힘의 사용이 아니라 여성을 통제하기 위한 수단이라고 본다. 즉, 아내학대는 남성이 여성을 통제하기 위한 수단으로 폭력을 사용하는 것이며, 근본적으로 남녀불평등에서 비롯되어 가족 내에서 '지배자 남성과 복종자 여성'의 틀을 지속시키는 기제로 사용된다는 것이다. 도바시와 도바시(Dobash & Dobash, 1979)는 아내구타에 대한 가부장적 시각을 가장 강력하게 주장한 학자로서, 가부장적 사회구조가 아내학대를 야기하고 영속화시키는 여성 종속의 패턴을 지배한다고 하였다. 가부장적 사회에서 상대적으로 무력한 여성의 지위와 불평등한 관계에 수반되는 성차별적 가치와 태도에서 여성에 대한 남성의 폭력행위가 자연스럽게 초래되었다는 것이다. 아내학대에 대한 여성학적 시각 가운데 가장 대표적인 것은 '권력과 통제의 수레바퀴'라고 알려진 강제적 통제 모델(coersive control model; Pence & Paymar, 1993)이다. 이 모델을 보면 남편이 아내를 통제하기 위해서 아내를 협박하거나 겁주며, 정서적으로 학대하거나 아내를 외부세계로부터 고립시키며, 경제적으로 학대하거나 남성으로서의 특권을 이용하고, 자녀를 이용하거나 자신의 학대를 최소화 또는 부인하는 방법 등을 이용하는데, 이러한 통제행위는 결국 신체적 · 성적 폭력과 연결됨을 알 수 있다.

한편, 급진적 여권론은 한 걸음 더 나아가, 가부장적 사회에서 성별(gender)과 사회구조의 특성에 초점을 맞추어 폭력에 대한 국가의 소극적 자세가 폭력을 조장한다고 보았다. 국가가 폭력적 남성에게서 독립하고자 하는 여성의 요구를 복지체계를 통해 지원하지 않고 또 극단적인 폭력을 제외한 모든 폭력에 개입을 꺼리는 점에서 바로 그러하다는 것이다. 남성은 여성에게 폭력을 행사하는 데에 형법체계에 의한 제한을 거의 받지 않아 심각한 폭력이 아닌 대부분의 폭력에 국가의 개입이 없으며, 여성은 국가에 의해 강화된 경제적 종속성으로 인해 폭력을 피할 수 없다고 지적하고 있다.

여권론적 접근은 아내가 학대자로부터 벗어나 생존하는 것이 다양한 권리의 취득에 달려 있다고 보고, 여성 스스로 여성에 대한 권력과 통제를 향한 가부장제와 성차별에 대한 인식을 얻는 피해아내의 의식 전환과 향상이 있어야 한다고 주장한다. 문제는 현재의 여권론적 접근은 향상된 의식을 가진 여성이 부부관계를 떠나거나 머물기로 한 경우 개입의 여성 중심적 세계관과 비판의식의 강조가 현실 상황에 대한 문제해결 능력이나 자원 부족의 현실적 격차가 주는 괴리를 간과하기 쉽다는 것이다. 즉, 여성이 스스로 의식화되어 가부장제와 성역할 고착문화에 대한 비판적 의식을 갖도록 돕고 양성성과 권력의 평등화를 지향하고 정치 행동화하도록 장려하지만, 아내의 욕구와 처해 있는 현실 상황의 요구를 연계하는 자원 연계자, 환경 조정자로서의 정체성과 구체적인 서비스 지원의 기술은 결여하고 있다는 비판을 받고 있다(신영화, 1999).

아내학대는 어떤 인종이나 사회 또는 계급만의 특수한 문제가 아닌 모든 사회와 계급, 종교에 걸친 보편적 문제로 여러 가지 요인이 복합적으로 작용하여 영향을 미친다. 일반적으로 학대의 원인으로 가장 많이 거론되어 온 것은 술이나 의처증, 스트레스나 성격 특성 등의 내재적이고 비정상적인 개인 내적 원인론이나, 지금까지의 연구는 오히려 전체적인 사회구조와 그 구조가 포괄하는 제도와 문화적 환경 등의 사회적 원인이 크게 작용하는 것으로 밝히고 있다. 즉, 아내학대는 폭력이 허용되는 사회문화적인 요건인 규범, 가치, 법률, 명령, 관습, 도덕적 조건 등 남녀의 성역할 사회화 과정, 가해자인 남성이 여성에 대한 잘못된 태도와 신념에 기초해 아내를 자신의 소유물로 여겨 폭력을 행사해도 된다고 보는 봉건적 잔재의식, 여성의 열등한 경제적 지위 및 여성에 대한 사회적 고정관념과 관계가 깊다.

2) 가정폭력 피해자의 문제

학대받는 아내에게 흔히 제기되는 질문은 '왜 학대관계를 떠나지 못하는가?'다. 이 질문은 또 다른 가정폭력의 피해자인 아동이나 노인, 장애인과 달리 성인 여성은 자신에게 가해지는 부당한 취급에 저항하고 거부하거나 관계를 떠남으로써 피해를 줄일 수 있는 능력을 가진 것으로 보이는데 그럼에도 학대관계에 계속하여 머무르는 데에 대한 의문이다.

학대받는 아내가 학대관계에 머무를 수밖에 없는 가장 근본적인 이유는 공포감이다. 공포감은 그들의 행동과 결정, 그들의 삶을 지배하고 그들을 움직이지 못하게 하는 가장 큰 장벽이다. 두 번째 이유는 보복에 대한 두려움인데, 아내가 도망치면 남편은 어떻게 해서든지 추적하여 접근해 오고, 완전히 자취를 감출 수 없다면 집을 나간 여성은 몰래 추적해 오는 남편에게서 결코 벗어날 수 없다. 세 번째는 '그것도 결혼생활의 일부분이기 때문'이고 '아이 때문' 등이다. 네 번째는 전통적 결혼관에서 비롯된 것으로서, 모성애 내지 자기희생적 관점에서 남편의 폭력이 강화되는 것을 단지 병이 더욱 악화되는 것으로 이해하고 남편이 자신을 더욱 필요로 한다고 쉽게 결론을 내리고는 떠나지 못한다. 다섯 번째는 학대받는 여성이 '어쨌든' 자신이 가부장적인 사회문화가 규정하는 아내의 원형에 부합하지 못한다고 생각해 죄책감을 느끼고 자기가 당연히 맞을 짓을 했다고 믿게 되기 때문이다. 또 그들의 경제적 취약성이 큰 이유가 된다. 더욱이 이혼 절차를 밟는다 해도 여성이 직면하고 있는 위험과 사태의 긴박성에 대한 이해 없이 결과적으로 여성의 양보가 전제된 화해 노력이 선행되어야 한다고 믿는 주변 사람을 설득시키는 데 또 다른 수고를 해야 한다. 결국 사회의 전통적인 가치규범의 압력이 여성으로 하여금 모든 희생에도 불구하고 아내와 어머니로서 가정을 지키는 역할을 수행하도록 강제한다. 나아가 학대받는 여성이 떠나려고 결정한 경우에도 생활양식의 변화와 수입의 격감에 대한 적응, 이혼녀로서 사회에 재통합되는 어려움, 편모로서의 생활, 자녀양육 지원 서비스와 법률상담 및 건강보호 같은 필요한 서비스의 부족이나 결여 등이 그러한 결정을 실행에 옮기는 것을 주저하게 만든다. 즉, 지속적인 학대로 인해 학습된 무기력과 무력감, 그리고 폭력적 관계를 떠나려고 결심했을 때 도움을 줄 수 있는 사회적 지지체계와 서비스의 절대적인 부족이 학대받는 아내를 폭력관계에 그대로 주저앉게 만드는 역할을 한다(신은주, 1995).

학대받는 아내는 이 시점에서 사회적 지지체계로부터의 소외감과 함께 자신의 고통에 대해서조차 수치심을 느끼게 되고, 사고력과 에너지를 모두 소모시킬 정도의 공포를 경험하며, 낮은 자아존중감과 상황에 대한 양가감정을 가지게 된다. 또한 학습된 무기력에 시달리고 원조자를 포함하여 모든 타인을 의심하게 되며, 자기를 비난하고 현실을 왜곡하게 된다(Ferraro & Johnson, 1983; Hofeller, 1983; Walker, 1984). 연구자는 학대 경험이 여성의 자아존중감을 잠식함으로써 결국 자기 확신을 상실케 하고 자신을 무가치하게 느끼게 한다고 보고하고 있다. 학대받는 아내는 계속적인 고통을 인내해 온 결과로 고립감, 우울증, 공포

등의 다양한 감정을 경험한다. 즉, 인지 · 행동 · 정서 · 대인관계에 걸쳐 광범위한 문제를 겪게 되는데, 이는 피학대여성증후군(battered women syndrome) 또는 외상 후 스트레스 장애(post traumatic stress disorder)로 분류된다.

학대받는 여성에게는 즉각적이고 지속적인 치료 개입이 필요한데, 효과적인 서비스 개입을 위해서는 무엇보다도 먼저 그들 스스로가 자신을 '학대의 진정한 희생자'로 봐야 한다(Ferraro & Johnson, 1983). 즉, 그들 자신이 잘못해서 학대받는 것이 아니라 단지 그들은 학대의 희생자라는 사실을 인정해야만 폭력의 합리화를 부인하고 대안을 모색하게 된다는 것이다. 그런데 학대받는 여성 혼자서는 그와 같은 사실을 인식하기가 매우 어렵다. 그러므로 학대 영역에서 훈련받은 다양한 자원을 가진 전문가로 조직된 체계의 원조가 필요하다.

3. 아내학대 가족에 대한 서비스 현황

이 절에서는 심각한 사회문제로서 가정폭력 문제를 해결하고 다양하고 복합적인 서비스 욕구를 갖고 있는 가정폭력 피해여성과 그 가족을 돕기 위한 가정폭력 관련 정책과 서비스 전달체계 전반에 대한 현황과 문제점을 검토해 보고자 한다.

1) 가정폭력에 대한 정책

가부장적 전통이 강한 우리 사회에서 「가정폭력방지 및 피해자 보호 등에 관한 법률」(이하 「가정폭력방지법」)의 제정은 현실적으로 불가능한 일이었는지도 모른다. 따라서 이 법의 제정은 그동안 아무런 사회적 제재 없이 가정이라는 공간 안에서 자행되었던 가정폭력이 법적으로 제재를 받게 되었다는 점에서 그 의의가 크다.

「가정폭력방지법」의 시행은 국가와 사회의 기초 조직이라 할 수 있는 가정을 폭력으로부터 보호하고 해체되지 않는 범위에서 그 해결점을 찾기 위한 사회적 노력이라 할 수 있다. 가정폭력에 대한 최초의 관심과 법 제정을 위한 공청회, 전시회, 사진전, 여론 조성, 서명운동, 시민 홍보, 전문가 회의 등 여러 절차가 여성단체를 중심으로 꾸준히 이루어져 왔다.

이러한 현실 속에서 「가정폭력방지법」의 주요 역할과 실태는 다음과 같다.

첫째, 가정폭력 범죄를 누구든지 신고할 수 있도록 하여 가정폭력이 더 이상 남의 가정사가 아닌 공권력이 행사되는 범죄행위임을 명시하고 있으나, 아직까지 가정폭력에 대한 전 국민의 인식이 부족하다.

둘째, 가정폭력 사건을 조기에 발견하여 가정폭력이 더 이상 은폐되지 못하도록 함으로써 피해자가 관계기관의 도움을 받을 수 있도록 하고, 행위자에게는 폭력으로 인한 불이익과 처벌을 줌으로써 가정폭력을 예방하는 데 중점을 두어야 한다.

셋째, 폭력의 올바른 인식을 위한 교육과 홍보가 필요하다. 「가정폭력방지법」이 제정 · 실행되고 있다는 점에 대해서는 보편적으로 높은 인지도를 보이고 있으나, 전 국민이 법을 인지할 수 있도록 하는 교육과 홍보가 이루어져야 한다. 이때 정보 전달이 늦은 지역이나 사회적 환경에 소홀하기 쉬운 주부, 연령대가 높은 사람, 학생층 등을 고려하여 교육할 필요가 있다. 또한 가정의 남편에게 적극적으로 이 법을 홍보하고 교육해야 한다. 아직도 우리 사회에서는 가정폭력을 인권을 침해하는 범죄행위라기보다는 가정 안에서 우발적으로 일어나는 일상의 일로 간주함으로써 가정폭력의 원인을 피해자의 잘못된 행위로 비난하는 경향이 있다.

따라서 가정폭력에 대한 올바른 정보를 제공하고 폭력 실상에 대한 인식을 제고할 수 있는 운동이 전개되어야 할 것이다. 인식 제고를 위한 홍보로는 매스컴 홍보가 필요하며, 공영방송 TV의 공익광고 활용이 매우 유용할 것으로 보인다. 더불어 각 직업집단에 대한 집중적인 홍보가 이루어져야 한다.

(1) 가정폭력범죄의 처벌 등에 관한 특례법의 핵심 내용

「가정폭력범죄의 처벌 등에 관한 특례법」(이하 「특례법」)은 가정폭력 범죄의 형사처벌 절차에 관한 특례를 정하고 가정폭력 범죄를 범한 자에 대하여 환경의 조정과 성행의 교정을 위한 보호처분을 행함으로써 가정폭력 범죄에 의해 파괴된 가정의 평화와 안정을 회복하고 건강한 가정을 육성하는 것을 목적으로 한다.

「특례법」의 주요 내용을 살펴보면, 가정폭력 범죄의 신고 및 고소는 피해자 자신은 물론 누구든지 할 수 있도록 하고 있으며, 가정폭력 행위자를 처벌할 것을 요청하는 고소에서는 가정폭력 범죄 피해자가 폭력 행위를 한 사람이 자기 또는 배우자의 직계존속인 경우에도 할 수 있도록 하였다.

경찰, 검찰 등 수사기관과 법원의 가정폭력 사건처리를 살펴보면, 경찰은 진행 중인 가정폭력 범죄에 대하여 신고를 받는 즉시 현장에 출동하여 폭력행위의 제지 및 범죄수사, 피해자의 동의 시 가정폭력 관련 상담소 또는 보호시설로의 인도, 긴급치료가 필요한 피해자의 의료기관 인도, 폭력행위 재발 시 격리 또는 접근금지와 같은 임시조치의 신청이 가능함을 알리는 등의 응급조치를 취해야 한다(제5조). 더불어 가정폭력 범죄를 신속히 수사하여 사건을 검사에게 송치하여야 한다(제7조). 검찰은 경찰에서 송치 받은 사건에 대해 경찰의 응급조치에도 불구하고 재발할 우려가 있는 경우 임시조치를 청구할 수 있으며(제8조), 사건을 수사한 후 사건의 성질, 동기 및 결과, 행위자의 성행 등을 고려해, 가정보호사건 또는 형사사건으로의 처리 등을 결정한다(제9조). 판사에 의해 내려질 수 있는 보호처분으로는 행위자의 피해자에 대한 접근행위의 제한, 친권자인 행위자의 피해자에 대한 친권행사의 제한, 보호관찰 등에 관한 법률에 의한 사회봉사 수강명령과 보호관찰, 「가정폭력방지 및 피해자보호 등에 관한 법률」에 관한 법률이 정하는 보호시설에의 감호위탁, 의료기관에의 치료위탁, 상담소 등에의 상담위탁 등이 있다. 이러한 보호처분은 6개월을 초과할 수 없으며, 사회봉사 및 수강명령의 경우는 100시간을 초과할 수 없고 1회에 한하여 보호처분의 종류와 기간을 변경할 수 있도록 하고 있다.

(2) 가정폭력방지 및 피해자보호 등에 관한 법률의 핵심 내용

「가정폭력방지 및 피해자보호 등에 관한 법률」(이하 「가정폭력방지법」)은 가정폭력을 예방하고 가정폭력의 피해자를 보호함으로써 건전한 가정을 육성함을 목적으로 하고 있으며(제1조), 모두 22개 조로 구성되어 있다. 제2조에서는 가정폭력, 가정폭력 행위자, 피해자, 일시보호 등에 대한 용어 정의를 하고 있으며, 제4조에서는 국가와 지방자치단체의 가정폭력 예방과 방지를 위한 책무를 명시하고 있다. 제5조에서는 상담소의 설치 및 운영, 제6조에서는 상담소의 업무, 제7조에서는 보호시설의 설치, 제8조에서는 보호시설의 업무 등을 규정하고 있다. 그리고 제14조에서는 상담소의 통합 설치 및 운영, 제18조에는 치료보호에 대한 규정이 명시되어 있다.

2) 가정폭력 관련 기관의 서비스 현황

가정폭력 인프라 구축 현황을 살펴보면 먼저 가정폭력상담소는 2015년 6월 현재 전국에 203개소가 설립되어 가정폭력 피해자를 상담하여 임시보호하거나 법률지원서비스를 제공하는 등 관련기관으로 연계하고 지역사회 홍보와 가정폭력 및 피해에 관한 조사연구 사업을 수행하고 있다. 가정폭력보호시설은 2015년 6월 현재 70개가 있으며 일반 가정폭력상담소의 업무를 비롯하여 가정폭력 피해자의 일시보호 및 가정폭력 피해자의 신체적 · 정신적 안정과 가정복귀 원조, 수사기관의 조사 및 법원 증인심문에 동행 또는 법률구조기관 등에 필요한 협조와 지원요청, 자립자활교육의 시행과 취업정보 등 제공, 그리고 가정폭력에 따른 아동의 취학지원서비스를 제공하는 등 가정폭력 피해자에 대한 포괄적인 지원서비스를 제공하고 있다.

또한 여성가족부, 경찰청, 의료기관 3자 협약에 의한 여성폭력피해자 원스톱 지원센터는 2015년 6월 현재 17개소가 설치 · 운영되고 있다. 이 센터에서는 경찰, 상담원, 의료진이 24시간 상주하여 의료 · 상담 · 수사 · 법률 서비스를 통합 제공함으로써 피해자의 시간 · 비용 절약 및 상담 및 수사 과정에서 반복 진술로 인한 2차 피해를 방지하는 기능을 수행하고 있다.

여성긴급전화 1366센터는 전국 16개 시도에 1개소씩 설치되었으며 긴급 구조나 상담이 필요한 여성이 전화로 피해 상담을 받을 수 있도록 전국적으로 단일화된 특수전화 1366을 24시간 365일 운영하고 있다.

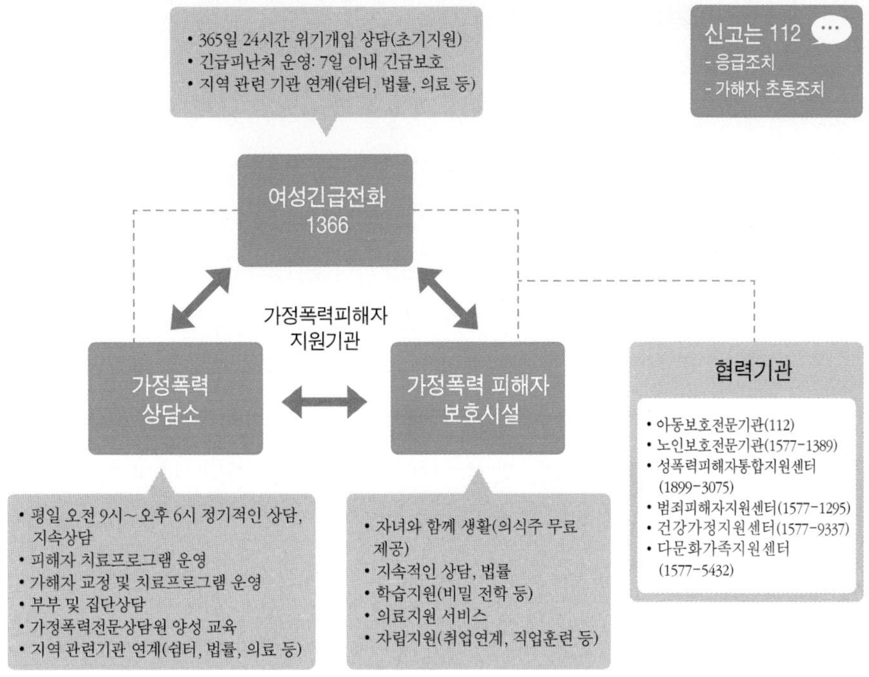

[그림 10-2] **피해자 지원체계**

출처: 한국여성인권진흥원 가정폭력방지본부 참조.

3) 아내학대 피해자 지원 서비스

(1) 여성긴급전화 1366

1366은 365일 24시간 운영하는 전국적으로 단일화된 국번 없는 특수전화(hot line)로서 가정폭력, 성폭력, 성매매 등으로 인해 보호가 필요한 여성이 언제라도 전화를 통해 안내와 상담을 받을 수 있도록 하고 있다. 「보호법」 제4조 1호에 근거한 1366은 원스톱 서비스 제공의 중심기관으로 하루 24시간, 1년 365일 즉각적이고 효율적인 서비스를 제공한다는 목적을 가지고 전국 16개 시도에 1개소씩 설치되어 피해자에 대한 긴급상담, 서비스 연계(의료기관, 상담기관, 법률구조기관, 보호시설), 종합정보 안내 및 위기개입 서비스를 제공하고 있다.

(2) 가정폭력상담소

가정폭력상담소의 설립목적은 「가정폭력방지법」에 의거하여 가정폭력을 예방하고 피해자를 보호함으로써 건전한 가정을 육성하는 데 있는데, 그 주요 업무를 살펴보면 다음과 같다. 첫째, 학대 신고를 받거나 그에 대한 상담을 한다. 둘째, 학대로 인하여 정상적인 가정생활 및 사회생활이 어렵거나 기타 사정으로 긴급히 보호가 필요한 피해자를 임시 보호하거나 의료기관 또는 보호시설로 인도하는 일을 한다. 셋째, 행위자에 대한 고발 등 사법처리 절차에 관하여 대한변호사협회나 각 지방변호사 및 대한법률구조공단 등 관계기관에 필요한 협조와 지원을 요청한다. 넷째, 보호가 필요한 피해자를 경찰관서 등으로부터 인도받는다. 다섯째, 가정폭력의 예방 및 방지에 관한 홍보를 한다. 마지막으로 폭력행위 및 피해에 관한 조사연구를 한다.

다음으로 가정폭력상담소 현황을 살펴보면 다음과 같다. 전국 가정폭력상담소는 2015년 6월 현재 203개소 설치되어 있다. 「가정폭력방지법」 제6조에 따르면 가정폭력상담소는 가정폭력에 대한 신고를 받고 상담하는 일, 가정폭력 피해자 보호시설로의 인계, 법률구조 연계, 경찰관서 등에서 인도받은 피해자의 임시보호, 가정폭력의 예방 및 방지에 관한 홍보, 그리고 가정폭력 및 피해에 관한 조사연구를 업무 내용으로 하고 있다. 또한 동법 제8조에서는 가정폭력 보호시설은 상담소의 업무 외에 추가적으로 피해자의 일시보호, 피해자의 신체적 · 정신적 안정 및 가정복귀 지원, 그리고 타 법률에서 위탁한 사항과 기타 피해자 보호에 필요한 일을 수행해야 한다고 규정되어 있다.

(3) 피해자 보호시설

아내학대 문제를 다루는 전문기관에서 운영하는 쉼터는 상습적으로 남편에게서 폭력을 당하는 여성이 위기에 처할 경우 긴급히 피할 수 있는 장소를 제공하여 보호하는 역할을 한다. 쉼터에서는 이 여성이 심리적으로 경험하는 학습된 무기력에서 벗어날 수 있도록 신체적 · 정신적 안정과 치료를 돕고 피해여성이 앞으로의 진로를 스스로 설계하도록 지지체계로서 기능한다. 또한 법적 조언과 경제적 독립 등을 지원함으로써 피해여성 스스로 학대남편과의 관계를 끊

을 수 있는 계기를 제공해 준다.

현재 우리나라에서 민간기관과 정부기관이 학대 피해여성을 위해 운영하는 피해자 보호시설은 2015년 6월 현재 70개소가 설치 · 운영되고 있다.

보호시설의 재정 조달, 체류기간, 상담프로그램을 중심으로 한 현황은 다음과 같다. 현재 보호기간은 2개월에 1개월 연장이 가능하도록 되어 있는데, 이는 피해자의 실질적 보호지원이 이루어지기에는 너무 짧은 기간이라는 문제점이 지적되고 있다. 또한 입소된 보호인원을 기준으로 하여 정부에서 운영비를 지원하고 있는데, 재정지원 부족으로 의료 및 경제적 지원, 임시주거 제공, 자녀교육, 기술훈련과 취업지원, 심리치료 등의 구체적 서비스 제공이 극히 제한적 수준에서 실행되고 있다.

(4) 경찰 및 사법체계

폭력사건 처리 시 현장에 출동하여 응급조치를 하여 사건을 사법기관 등 다른 기관에 앞서 가장 먼저 해결하는 경찰의 역할은 매우 중요하다. 가정폭력이 범죄행위로 처벌받게 됨에 따라 가장 먼저 현장을 찾게 되는 경찰관의 역할을 강화하여 폭력에 적극적으로 대처하며, 폭력범죄로 파괴된 가정의 평화와 안정을 회복하고 건강한 가정을 육성하는 것을 목적으로 한다.

검찰의 경우 대부분의 검찰청에 가정폭력전담검사제를 1999년 9월 1일부터 전국적으로 확대 실시하였다. 이는 가정폭력 사건을 가정보호 사건으로 처리할 것인지 일반 형사사건으로 처리할 것인지를 결정하는 기관이며, 임시조치 등을 통해 피해자를 보호할 수 있다. 검찰도 가정폭력에 대한 인식 제고 및 집행의지를 가져야만 법이 정착될 것이며, 검찰의 역할 부재에 대한 피해자의 불만이 해소되어야 할 것이다.

검찰에서 일반 형사사건과 가정보호 사건으로 구분하여 법원에 송치하면, 일반 형사사건의 경우 재판을 통해 죄의 유무가 판결되며, 가정보호 사건의 경우는 법원의 조사심리를 통해 보호처분 또는 임시조치를 결정하게 된다. 검찰의 청구에 의해 임시조치를 결정하거나 혹은 가정보호 사건의 원활한 조사심리와 피해자 보호를 위하여 필요하다고 인정한 때에는 직권으로 임시조치를 결정할 수 있다. 그러나 법원에서의 가정폭력 조치 역시 경찰이나 검찰과 마찬가지로 임시조치에 대해 소극적인 자세를 보이고 있다.

(5) 의료기관

「가정폭력방지법」 제18조에 따르면 의료기관은 피해자 본인, 가족, 친지 또는 가정폭력 관련 상담소나 가정폭력 피해자 보호시설의 장의 요청이 있을 경우에는 피해자에 대하여 보건에 관한 상담 및 지도, 신체적 · 정신적 피해에 대한 치료를 실시해야 한다.

4. 아내학대에 대한 대책

아내학대 대책에 관해 그간 진행되어 온 논의는 아내학대가 사적인 부부관계 문제가 아니라 사회 범죄적 차원에서 다루어야 할 문제로, 학대-피학대 관계의 해결을 위해서는 사회 일반의 의식 전환과 더불어 공적 차원에서의 대책 마련이 시급함을 부각시키고 있다. 가정법률상담소의 조사에 따르면, 가해자는 가정폭력특별법 시행 이후에도 폭력행사에 아무런 변화를 보이지 않거나 오히려 더욱 심한 폭력을 행사하는 것으로 나타났고, 학대받은 여성은 문제해결을 위해 다양한 자원과 접해도 문제해결에 필요한 도움을 받지 못했거나 오히려 학대받은 사실에 대해 비난받은 경우가 많았음을 확인할 수 있었다. 아내학대에 대한 대책은 아내학대를 역사적으로 용인되는 하나의 현상으로 간주해 온 사회 · 역사적 맥락에서 모색되어야 한다. 따라서 그 대책은 아내학대에 대한 사회적 태도를 변화시키고, 아내학대를 범죄로 규정하는 쪽으로 지향되어야 한다. 즉, 고질적인 폭력 문제의 시정에는 법의 효과적인 운용과 사회적 서비스 확보 노력 및 사회규범의 변화가 필요하다.

1) 정책적 대안

(1) 가정폭력 제도 개선: 임시조치 및 보호명령의 개선

최근 각국 가정폭력 관련 입법 동향을 보면, '가정폭력 방지를 위한 법률' 등의 개정을 통해 피해자의 민법적 보호를 개선하려는 목표를 가진다. 폭력피해자를 안전하게 보호하는 것을 최우선으로 하며, 더 나아가 피해자에게 가장 합당한 보호조치를 스스로 결정하게 하는 자유를 줌으로써, 피해자(여성)의 자유결정권을 권장한다.

무엇보다도 「특례법」은 가정폭력을 퇴치하기 위한 법 원칙을 더욱 명확하게 해야 한다. 최근 각국의 정책 패러다임과 같이, '폭력을 휘두르는 사람이 떠나야 하고, 그 희생자는 집에 남는다.'라는 핵심 원칙이 입법적으로 제도화되어야 한다. 이 원칙이 보다 정의로운데, 지금까지의 가정폭력 피해자는 스스로 자신의 보호처를 마련해야 했고, 동시에 친숙한 집과 환경을 포기해야만 했다. 특히 아동은 친숙한 환경에 남아 있는 것이 매우 중요한데 대부분의 아동은 가정폭력으로 전학을 하는 등 이차 피해를 받아 왔다. 따라서 이제는 피해자 안전과 선택 가능성을 높이기 위하여, 현행 「특례법」은 거처양도 및 재산양도금지 규정과 같은 민사상 보호명령의 연동시스템을 강화시키는 등 보다 실질적이고 효과적인 보호개입이 가능하도록 하는 법적 조치를 더욱 적극적으로 재검토해야 할 것이다. 특히 피해자 안전을 강화하기 위해서는, ① 피해자 및 경찰에 의한 신청권, ② 재산양도금지 규정 도입, ③ 거처양도 및 주거사용권의 명시, ④ 경찰에 의한 의무적 임시격리조치의 필요성, ⑤ 스토킹(Stalking) 금지 및 친권 · 양육권 제한 등 임시조치 내용을 실질화할 수 있는 몇 가지 핵심 규정을 시급히 도입해야 할 것이다.

(2) 가정폭력 예방대책 강화

첫째, 가정폭력 대국민 인식개선 및 양성평등 의식 제고를 위해 '가정폭력 추방의 날'과 '아동성폭력 추방의 날'을 정례화하고 캠페인을 실시한다. 월 1회 '가정폭력 추방의 날', 연 1회(매년 2월 22일) '아동성폭력 추방의 날'로 지정하여 민주적인 가족문화를 조성한다. 이를 위해서는 행사의 법적 근거를 마련하고 민관 협력을 확대하여야 한다. 또한 건강하고 화목한 가정의 모범 시민에 대한 포상제도를 도입하도록 한다.

둘째, 생애주기별 예방교육 체계 확립을 위한 방안을 모색한다. 먼저, 예방교육은 기본적으로 '가정-학교-지역사회 연계를 기반으로 한 사회문화 운동'으로 발전시켜야 한다. 폭력 지지적인 남성적 성역할을 바꾸기 위한 사회 캠페인은 매우 유용한 전략이다.

셋째, 학교교육 체계 구축 및 교재 개발 · 보급이 강화되어야 한다. 이를 위해 초 · 중 · 고등학교의 교육과정에 폭력예방교육, 가족가치관 및 가족관계와 관련된 교육교재 개발 및 보급, 각급 학교 교사에 대한 교육 실시로 전달체계 강화, 폭력예방의 조기교육 정착을 위한 법적 근거 마련 등이 이루어져야 한다. 성폭력 예방교육은 또 하나의 '건강한 학교 만들기 프로젝트'로서 성적 · 정신적 건강 증진에 관한 새로운 기준을 마련해야 한다. 그 일환으로 대학사회에서는 '데이트성폭력(강간) 예방 프로그램 및 캠페인'을 강화시켜 나가고 중 · 고등학교 성폭력 예방교육을 위해서는 '10대 데이트폭력 예방교육'을 강화하고, 또 데이트폭력 불관용 정책이 학교의 제도화된 규율로서 정착되도록 계도해 나가야 한다.

(3) 가정폭력 범죄에 대한 사법체계의 적극적 대응

향후 법원의 역할과 자세는 다음과 같이 요구된다. 첫째, 법원에서 가정보호사건은 생활보호나 가정의 평화와 안정을 위하여 필요하다고 인정될 때에는 심리를 비공개로 할 수 있다. 또한 피해자의 진술을 구체적으로 보장하고 의견 진술 시 필요하다고 인정되면 행위자의 퇴장을 명할 수 있어 피해자를 보호해야 한다. 그리고 재판 시 피해자의 적극적인 참여를 위한 실질적인 피해자 보호가 유도되어야 한다.

둘째, 법이 잘 집행되기 위해서는 법원의 판결이 적절하며 강력해야 한다. 아무리 법에 호소하더라도 법원의 판결이 범죄의 심각성에 미치지 못하면 범죄는 근절되지 않을 것이다. 법적 처분의 편의성이나 처분방식에 대한 몰이해, 폭력

에 대한 편견으로 법원의 판결이 적절하지 못할 때는 판사 역시 가정폭력에 대한 교육을 필수적으로 받아야 할 것이다.

셋째, 법원은 보호처분을 받은 대상자의 대부분이 무직이나 저임금 노동에 종사하고 또 남성 가장인 경우가 많다는 사실을 고려하여 보호처분의 기간이나 시간을 짧게 하는 경향이 있다. 이러한 조치는 보호처분 대상자에게 생업에 지장이 없도록 배려하기 위한 것으로 볼 수 있으나 보호처분이 형식적으로 이루어질 수 있어 폭력범죄가 재발될 가능성이 크고, 피해자와 그 가족구성원은 법의 보호를 받지 못한 채 더욱 폭력적인 상황에 처하게 된다. 이러한 상황은 이 법이 지향하는 건강한 가정의 회복에 위배되며, 사법기관의 폭력 문제 처리에 대한 기대를 더욱 낮게 만든다. 따라서 보호관찰, 사회봉사명령, 수강명령이나 보호처분제도의 실효성을 높이기 위해 전문 프로그램이 마련되어야 할 것이다.

2) 실천적 대안

가정폭력 피해자는 긴급한 보호가 요청되고 광범위한 삶의 영향으로 인해 지속적인 지원이 요구된다. 한편, 가해자에게도 장기적인 대책이 필요하다. 따라서 가정폭력의 대책으로서 요구되는 사회 서비스의 기본 방향은 다양한 전문 영역이 적극 개입하고, 가해자와 피해자 모두 가능하면 빨리 기관과 연결되도록 제반 여건을 조성하며, 피해여성의 고립을 금지하는 것이어야 한다.

- 상담 프로그램의 활성화: 의식훈련 및 적극성 강화훈련, 집단상담, 위기개입, 사후지도로 구성되는 피해자 상담프로그램을 활성화하고 전문 인력을 양성하며 가능한 한 빠른 시일 내에 피해자가 후유증에서 벗어나 정상적인 생활을 할 수 있도록 해야 한다.
- 생계보호 제공: 피해여성이 집을 나와 생계수단이 끊겼거나 재산분할이나 위자료 등이 지급되기 전인 경우 피해여성과 아동에게 생계보호를 제공해야 한다.
- 주거 서비스: 집을 나온 피해여성과 아동의 가장 긴박한 요구인 주거 문제

에 대해 영구임대주택사업의 혜택을 입을 수 있도록 하거나 모자보호시설을 개방하여 실질적으로 도움을 주어야 한다.

- 재가 서비스: 가정봉사 서비스와 가정간호사업 등을 아내학대 가족에게 제공하여야 한다.
- 가해자 프로그램: 우발적 폭력 행위자를 대상으로 하여 여성의 가치와 권리에 대한 의식을 전환하도록 교육하고, 배우자와 자녀를 지배하려는 욕구를 자제토록 하며 분노조절 등을 훈련시킨다. 상담과 교육, 지지와 조정의 네 가지 요소를 중심으로 하여 진행한다. 또 가해자에 대한 사회봉사명령, 수강명령, 보호관찰, 감호, 치료, 상담위탁 등의 보호처분 내용이 내실을 기하기 위하여 행위자에 대한 교화 프로그램의 연구가 정부와 민간 협력하에 구체적으로 다양하게 추진되어야 할 것이다. 특히 보호처분을 최대한 실효성 있게 수행하기 위한 수강 시설 및 체계, 보호관찰, 감호시설, 치료시설, 상담시설 등의 내실을 기하는 문제도 적극 검토되어야 할 것이다.

|중|점|토|론|

1. 가정폭력과 성폭력을 통합적으로 상담하는 통합상담소에 대해 살펴보시오.
2. 가정폭력 피해여성에 대한 여성주의 상담의 중요성과 내용에 대해 논의해 보시오.
3. '상담조건부 기소유예제도'에 대해 논의하시오.
4. 가해자(가정폭력 행위자) 프로그램에 논의하시오.
5. 결혼이주여성 가정폭력실태 및 서비스 현황에 대해 살펴보시오.

참고문헌

공미혜, 성정현, 이진숙(2010). 여성복지론. 서울: 신정.

권진숙(1996). 배우자학대 부부집단 프로그램에 관한 연구. 이화여자대학교 대학원 박사학위논문.

김기환(1995). 아동학대의 세대간 전승을 단절시키는 생태학적 변인 연구. 연세사회복지연구, 2, 26-45.

김승권(2009). 가정폭력 · 성폭력 실태 및 근절방안. 서울: 한국보건사회연구원

김승권, 김유경, 조애저, 김성희, 김윤경, 전영실, 강은영, 곽배희, 박소현, 신영희, 정춘숙, 채규만, 현혜순(2008). 가정폭력 · 성폭력 근절을 위한 중장기 방안 연구(여성가족부 연구보고서 2008-04). 서울: 한국보건사회연구원.

김연옥, 박인아(2000). 가정폭력의 유형별 관련성과 아동의 정신건강에 관한 연구. 한국가족복지학, 5, 103-127.

김은경(2001). 가정폭력범죄의 형사절차상 위기개입 방안 연구. 서울: 한국형사정책연구원.

김은경(2006). 소송과정에서의 가정폭력 피해자 보호현황과 쟁점들. 서울여성의 전화 가정폭력 추방정책 연속토론회 3차 자료집.

김은경(2007). 가정폭력 예방교육, 어떻게 할 것인가?: 학교기반 가정폭력예방교육 프로그램 지침서. 서울: 여성가족부.

김인숙, 김혜선, 성정현, 신은주, 윤영숙, 이혜경, 최선화(2000). 여성복지론. 서울: 나남.

김인숙, 김혜선, 신은주(1997). 여성운동과 사회복지: 학대받는 여성의 쉼터 연구. 서울: 나남.

김재엽(1995). 가정폭력의 실태와 임상개입에 관한 연구: 재미한인가정을 중심으로. 한국사회복지조사연구, 2, 86-107

김재엽(1998). 가정폭력의 태도와 행동 간의 상관관계 연구. 한국가족복지학, 2, 87-114.

김혜선(1995). 구타의 발생과 지속과정에 관한 연구: 매 맞는 아내에 대한 심층면접을 중심으로. 한양대학교 대학원 박사학위논문.

김혜선(1996). 매맞는 아내를 위한 쉼터의 실태와 대책. 한세정책, 5월호, 23, 105-121.

박경숙(2000). 한국의 가정폭력 정책과 서비스전달체계. 보건복지부, 통합적 가정폭력 대응 전달체계 수립을 위한 국제회의 자료집.

보건복지부 편(2000). 가정폭력 대응전략 수립을 위한 대토론회.

서울여성의전화(2000). 상담통계.

신영화(1999). 학대받는 아내의 능력고취를 위한 집단사회사업실천의 효과성. 서울대학교 대학원 박사학위논문.

신은주(1995). 아내학대에 대한 페미니스트 접근에 관한 사회사업적 분석. 서울대학교 대학원 박사학위논문.

심영희(1996). 가부장적 테러리즘의 발생유지기제와 사회적 대책. 한국가정법률상담소 창립 40주년 기념 심포지엄 자료집 '가정폭력, 그 실상과 대책'.

양현아(2006). 가정폭력에 대한 비판적 성찰: 젠더폭력 개념을 중심으로. 가족법연구, 20(1), 1-45

여성가족부(2008). 2007년도 전국가정폭력실태조사.

이승렬(1995). 아내구타에 대한 사회적 대책 및 쉼터 운영에 대한 비교연구. 계명대학교 여성대학원 석사학위논문.

이원숙(1998). 아내학대 피해자 및 가족을 위한 사회복지적 개입을 위한 연구: 페미니즘, 구성주의 및 매맞는 여성의 관점에서. 강남대학교 논문집, 2, 333-387.

정춘숙(2014). 가정폭력 피해여성의 자립의지에 영향을 미치는 요인에 관한 연구. 강남대학교 대학원 박사학위논문.

최규련, 유은희, 홍숙자, 정혜정(1999). 가정폭력 예방 및 대처 프로그램 모형개발: 배우자 학대를 중심으로. 대한가정학회지, 37(2), 159-173.

한국여성개발원(1993). 가정폭력의 예방과 대책에 관한 연구. 서울: 한국여성개발원.

한국여성의전화(1992). 쉼터보고서 1. 서울: 한국여성의전화.

한국여성의전화연합(2008). 가정폭력 피해자 안전할 권리, 제대로 확보되고 있나? 가정폭력 추방정책 토론회 자료집.

한국형사정책연구원(1992). 가정폭력의 실태와 대책에 관한 연구. 서울: 한국형사정책연구원.

한인섭(1996). 가정폭력에 대한 법적 대책. 한국가정법률상담소 창립 40주년 기념 심포지엄 자료집 '가정폭력, 그 실상과 대책'.

Breslau, N., & Davis, G. C. (1987). Posttraumatic stress disorder: The etiologic specificity of wartime stressors. *American Journal of Psychiatry, 144*, 578-583.

Dobash, R. E., & Dobash, R. P. (1979). *Violence against wives: A case gainst Patriarchy*. New York: Free Press.

Dobash, R. E., & Dobash, R. P. (1992). *Women, violence and social change*. London & New York: Routledge.

Edelson, J. (2000). Training counselors and school social workers in family violence. 보건복지부. 가정폭력 예방과 개입에 관한 국제 워크숍 자료집.

Ferraro, K. J., & Johnson, J. M. (1983). How women experience battering: The process of victimization. *Social Problems, 30*(3), 325-339.

Giles-Sims, J. (1983). *Wife-beating: A systems theory approach*. New York: Guilford.

Hanmer, J., Radford, J., & Stanko, E. A. (1989). *Women, policing and male violence*. London: Routledge.

Hofeller, K. (1983). *Battered women, shattered lives*. Palo Alto, CA: R & E Research Associates.

Kurz, D. (1993). Social science perspectives on wife abuse: Current debates and future directions. In P. B. Bart & E. G. Moran (Eds.), *Violence against women: The bloody footprints* (pp. 252-269). New York: Sage.

Mckay, M. M. (1994). The link between domestic violence and child abuse: Assessment and treatment considerations. *Child Welfare, 1*, 29-39.

McShane, C. (1979). Community services for battered women. *Social Work, 24*, 34-38

Pence, E., & Paymar, M. (1993). *Education groups for men who batter: The Duluth model*. New York: Springer.

Renzetti, C. (2000). Family violence services in the United States: An overview and evaluation with recommendations for the Korean ministry of health and welfare. 보건복지부. 통합적 가정폭력 대응 전달체계 수립을 위한 국제회의 자료집.

Sarri, R. (2000). 가정폭력 정보 및 관점의 국제비교의 중요성. 가정폭력 예방 전략 개발 보고서-보건복지부의 가정폭력 대응능력 향상을 위한 세계은행 프로젝트.

Stalans, L. J., & Lurigio, A. J. (1995). Responding to domestic violence against women. *Crime and Delinquency, 41*, 387-398.

Straus, M. (1973). A General systems theory approach to a theory of violence between family members. *Social Science Information, 12*, 105-125.

Straus, M. A., Gelles, R. J., & Steinmetz, S. K. (1980). *Behind closed doors: Violence in the American family*. New York: Doubleday.

Taylor, J. Y. (2004). Moving from surviving to thriving: African American women recovering from intimate male partner abuse. *Research and Theory for Nursing Practice, 18* (1), 35-50.

Yllo, K. A. (1993). Through a feminist lens: Gender, power and violence. In R. J. Gelles, & D. R. Loseke (Eds.), *Current controversies on family violence* (pp. 47-62). Newbury Park, CA: Sage Publications.

Walker, L. E. (1984). *The battered woman syndrome*. New York: Springer.

제11장 조손가족

조손가족은 조부모가 부모를 대신해서 손자녀를 양육하는 가족 형태로서 우리 사회에서 조손가족은 점점 증가하는 추세다. 최근 조사에 따르면 조손가족 조부모의 평균연령은 70세가 넘고 대부분의 조손가족은 경제적인 어려움을 포함하여 다양한 어려움을 겪고 있다. 조부모는 생애주기에서 벗어난 아동 양육이라는 과업을 수행하면서 긍정적인 경험을 하기도 하지만 양육 부담과 스트레스, 체력 저하, 만성질환 등의 문제를 겪고 있다. 조손가족 아동 역시 세대 간 차이, 열악한 가정환경, 부모에 대한 양면감정(ambivalence), 미래에 대한 불안 등의 문제를 경험하고 있다.

조손가족은 사회 약자인 노인과 아동으로 이루어진 취약한 가족이라는 점에서 한부모가족, 노인단독 가구, 소년소녀가장 가구 등과 함께 사회적 관심과 지원이 필요하다. 하지만 다른 형태의 가족에 비해 우리 사회에서 조손가족은 충분한 사회적 관심을 받지 못하고 있고, 이에 따라 사회적 지원 역시 미약한 수준이다.

1. 조손가족에 대한 이해

고등학교 1학년 ○○은 할머니와 둘이 산다. 어머니는 ○○이 돌을 지날 때쯤 집을 나갔고 아버지는 올 9월 간암으로 세상을 떠났다. 할머니는 아파트 청소 일을 하고 있다…. ○○은 얼마 전 처음으로 어머니를 만났는데… 어머니는 오래 전 재혼해 가정을 꾸리고 있었다.

아버지가 살아 계실 때 ○○은 한부모가족 지원을 받았다. 그러나 아버지가 세상을 떠난 후 지원은 없어졌다. 할머니 이름으로 2억 원 상당의 집이 있었기 때문에 기초수급대상자가 되지 못한다. 그러나 할머니에게는 집을 담보로 한 1억 1,400만 원의 빚이 있다. 이자만 매달 수십만 원이고 할머니가 청소 일로 버는 월 50만 원보다 많다…. ○○은 용기를 내 동사무소를 찾았고 얼마 후 구청에서 연락이 왔다. 구청 직원은 ○○을 ××장학재단과 연결시켜 주었다.

○○은 10월부터 ××장학재단으로부터 월 25만 원을 지원받게 됐다…. 구청에서 매달 7만 원의 보조금을 지급했고, 학교에서는 급식비를 면제해 줬다…. ○○은 입이 무거웠고…어른보다 어른스러웠다(중앙일보, 2009. 12. 31.에서 발췌 요약).

이같은 조손가족 사례는 사회복지사가 실천 현장에서 흔히 만날 수 있다. 하지만 조손가족에 대한 사회적 관심이 부족하여 사회 지원이 미약하며, 조손가족에 대한 전문 개입 역시 미흡한 수준에 머물러 있다. 이 장에서는 가족의 한 형태로 자리 잡은 조손가족의 특성을 이해하고, 조손가족이 가지고 있는 경제적·심리적·사회적 욕구에 대해 살펴본다. 이어 현재 미약하게나마 이루어지고 있는 조손가족에 대한 정책 및 서비스 현황을 살펴보고, 조손가족을 지원하기 위한 사회복지 정책적·실천적 대안을 제시해 본다.

1) 조손가족의 개념

조손가족은 조부모와 손자녀로 이루어진 가족을 통칭하지만, 법으로는 조부모와 부모로부터 부양을 받지 못하는 만 18세 미만(취학시 만 22세 미만)의 손자녀만으로 이루어진 가족으로 규정하고 있다(법제처, http://oneclick.law.go.kr). 정책의 목적으로 규정된 법적 개념과는 별개로 학자들은 조손가족에 대한 개념을 다음과 같이 다양하게 정의하고 있다.

김미혜와 김혜선(2004: 155)은 조손가족을 "조부모가 18세 이하의 손자녀와 함께 동일한 거주단위에서 6개월 이상 생활하면서 손자녀의 일상생활에서 일차적 책임을 지고 있는 합법적인 관계의 가족"으로 규정하였다. 즉, 손자녀가 18세 이하의 아동이라는 점, 조부모와 손자녀가 동일한 거주지에서 생활한다는 점, 조부모가 손자녀의 양육자로서 일차적인 책임을 진다는 점, 친족 · 입양 · 후견 등을 통한 합법적인 가족이라는 점을 강조하였다.

김혜선(2005: 345)은 "가족해체 등의 원인으로 인해 조부모 스스로가 손자녀를 책임 있게 양육할 유일한 혈육이라는 절대적인 상황에서 선택의 여지없이 손자녀와 함께 살며 손자녀의 기본적인 의식주 및 생활 전반 등 손자녀 양육에 일차적으로 개입하는 대리 양육자"로서 조손가족의 조부모를 규정함으로써 자녀세대의 가족해체라는 상황에 의해 조부모가 선택의 여지없이 손자녀를 양육하게 된 점을 강조하였다.

비슷한 맥락에서 이화영(2006: 330-331)은 조손가족을 "자녀세대의 가족해체로 그들이 자신의 자녀를 양육할 수 없는 경우 조부모가 손자녀와 한 가정에서 6개월 이상 동거하면서 손자녀의 기본적인 의식주 및 생활 전반에 일차적 책임을 지고 있는 가족"으로 규정함으로써 자녀세대의 가족해체로 인해 조손가족이 형성되는 점을 강조하였다.

이와는 조금 다르게 최혜지(2006: 641)는 조손가족을 "성인자녀가 가구 내에 구조적으로 부재하거나 또는 가구 내에 존재한다 해도 부모로서의 기능을 적절히 수행하지 못해 성인자녀의 기능적 부재를 경험하는 가족"이라고 강조하였다. 즉, 부모가 가구 내 존재하더라도 부모 기능을 수행하지 못하고 조부모가 일차적인 양육 책임을 지고 있는 경우도 조손가족에 포함하였다. 따라서 조부모가 손자녀를 양육하는 가족에는 조부모와 부모가 있는 경우와 조부모는 있으나 부모는 없는 경우 모두가 포함되는 것으로 이해할 수 있다.

이상의 개념 정의를 참고하여, 이 장에서는 조손가족의 개념을 부모가 부재하거나 혹은 부모가 가구 내 존재하더라도 부모 기능을 수행하지 못하는 경우 조부모가 18세 이하의 손자녀와 함께 한 가정에서 생활하면서 부모를 대신하여 손자녀의 양육자로서 일차적인 책임을 지고 있는 가족으로 정의한다.

2) 조손가족의 형성 원인

조손가족이 형성되는 원인을 살펴본 연구들은 부모가 사망하여 조손가족이 형성되는 경우도 있으나 이보다는 부모가 생존해 있음에도 사회적·경제적 압박에 의해 가족기능이 와해됨으로써 조부모가 손자녀를 양육하는 경우가 더 흔하다는 점을 공통적으로 지적하였다. 다시 말해, 우리 사회에서 이혼 혹은 재혼한 부모가 자녀 양육을 노년의 조부모에게 전적으로 맡기거나 경제적으로 어려운 가정이 생계를 위한 경제활동을 위해 자녀 양육을 부모에게 맡기는 경우가 흔하다. 최근 여성가족부가 실시한 조손가족실태조사(2010)에 의하면 손자녀가 조부모에게 양육되는 주된 이유로는 부모의 이혼 및 재혼(53.2%)이 절반 이상으로 가장 많았고, 그 다음으로는 부모의 가출 및 실종(14.7%), 부모의 질병 및 사망(11.4%)으로 나타났으며, 부모의 실직 및 파산(7.6%), 부모의 취업(6.7%)과 같은 경제적인 이유가 14.3% 정도를 차지하는 것으로 드러났다.

3) 조손가족의 현황

정부 통계청은 1995년에 비로소 조손가구를 2세대 가구에서 분리하여 조사하였고, 이로써 조손가족에 대한 실체와 변화 추이를 파악할 수 있게 되었다. 〈표 11-1〉에서 보듯이, 1995년에 3만 5,194가구였던 조손가구는 2000년에 4만 5,225가구, 2005년에는 5만 8,101가구로 집계되었다. 2010년에는 2005년에 비해 2배 이상 증가한 11만 9,292가구로 늘어났으며, 2015년에는 약간 감소하여 11만 3,111 가구로 집계되었다. 우리 사회에서 조손가구의 수는 다른 가족 형태에 비하면 상대적으로 매우 적지만, 2000년대 후반에 큰 폭으로 증가하였으며 더욱이 조손가족의 형성 원인인 가족해체 현상이 증가하는 경우 조손가족은 역시 증가할 것으로 전망된다.

표 11-1 조손가족 현황

연도	조손가구 수	조손가구원 수
1995년	35,194	118,767
2000년	45,225	153,117
2005년	58,101	196,076
2010년	119,294	330,043
2015년	113,111	297,880

자료: 통계청(각 연도). 인구 및 주택 총 조사.

조손가족의 인구사회학적 특성을 살펴보면 다음과 같다(여성가족부, 2010). 조손가족의 조부모 연령은 평균 72.6세로 나타나 주 양육자로서 손자녀를 전적으로 돌보기에는 연로한 나이에 해당한다. 더욱이 조부모 4명 중 3명(73.9%)은 6개월 이상 만성질환이나 잦은 질병에 시달리고 있어 손자녀 양육의 부담뿐 아니라 일상생활에서의 어려움을 겪고 있는 것으로 나타났다. 조부모의 학력은 대부분(82.3%) 초등학교 이하였으며 월평균 가구소득은 59.7만원에 불과하여 전체 조손가구의 2/3에 해당하는 가정이 최저생계비 이하의 생활을 하고 있다. 조부모가 양육하는 손자녀 수는 가구당 평균 1.4명이며, 조부 혹은 조모 홀로 양육하는 경우가 대부분(82.9%)이다. 또한 친부 혹은 친모가 향후 자녀양육을 할 수 있거나 하려는 의향이 있는 경우는 7%에 불과하여 이후에도 친부모가 자녀를 양육할 가능성이 매우 낮은 것으로 나타났다.

2. 조손가족의 특성

조손가족은 양친부모가족뿐 아니라 한부모가족에 비해 상대적으로 열악한 여건에 처해 있다. 하지만 조손가족은 원가정이 제 기능을 수행하지 못할 때 대안적 가족형태로 기능한다는 점에서 긍정적이다. 즉, 양육시설이나 일반위탁가정에 비해 아동이 부모와 떨어져 산다는 분리감을 상대적으로 덜 느낄 수 있고 가족의 정체성을 지속시킬 수 있다는 장점이 있다(Langosch, 2005). 다양한 어려움에도 불구하고 조손가족 성원은 부정적인 변화만을 경험하는 것은 아니며, 긍정적 변화를 경험하거나 부정적 경험에도 불구하고 가족생활에 긍정적인 의미를 부여하기도 한다.

다음에서는 조손가족의 특성을 이해하기 위해 먼저 조부모와 손자녀 혹은 조손가족의 긍정적인 경험에 대해 살펴보고, 이어 조손가족이 경험하는 어려움에 기초한 복지 욕구에 대해 살펴본다.

1) 조손가족의 긍정 경험

대부분의 조부모는 노년기에 손자녀를 양육함에 따라 체력이 저하되고 신체적 기능상의 어려움을 겪게 된다. 그럼에도 불구하고 조손가족 조부모의 정서 상태는 일반 노인인구 집단의 정서 상태와 같거나 오히려 더 양호하다는 연구결과가 있다(Whitley, Kelley, & Sipe, 2001). 이처럼 조부모는 손자녀를 양육하면서 긍정적인 심리정서적 변화를 경험할 수 있다(Jendrek, 1994). 조부모의 긍정 경험은 다음을 포함한다.

- 조부모는 손자녀 양육을 통해 친밀감이나 사랑, 가족 간의 유대감, 즐거움, 삶의 충만함을 느끼는 한편 노년의 외로움을 덜 느낀다.
- 조부모는 손자녀를 양육하면서 새로운 삶의 의미와 목적을 발견한다. 손자녀로 인해 열심히 살아야 할 목표가 생기고 건강하게 오래 살아야 겠다는

생각을 하기도 한다.

- 조부모는 부모 역할 기회를 다시 가질 수 있다는 만족감을 느낀다.
- 손자녀 양육은 나이가 들면서 경험하는 조부모의 상실감을 보충해 준다. 조부모는 신체적·사회적 기능의 약화에도 불구하고 그동안 쌓아 온 인생경험과 역량을 발휘하는 생산적·기능적인 존재로 자신을 인식하게 된다.
- 조부모는 손자녀가 자랑스럽다는 자부심을 느끼고 손자녀에게 정서적으로 의지하기도 한다.

또한 손자녀도 조부모의 돌봄을 통해 긍정적인 변화를 경험할 수 있다. 손자녀의 긍정 경험은 다음을 포함한다.

- 손자녀는 유일한 가족원으로 조부모에게 강한 정서적 애착을 보인다(김미영·윤혜미, 2015).
- 손자녀는 조부모와 함께 사는 삶을 통해 안정감을 느끼고 대인관계가 개선되며 사회 적응력이 향상된다(Kornhaber & Woodward, 1981).
- 조부모의 양육을 통해 손자녀가 부적절한 부모로부터 받은 유해한 영향이 완화될 수 있다. 국외 연구(Marx & Solomon, 1993)에서 조손가족 손자녀는 한부모가족 아동에게서 나타나는 행동상의 문제를 거의 나타내지 않았고, 양친부모에 의해 양육되는 아동과 비슷한 수준의 적응을 보이는 것으로 나타났다.

모든 조손가족이 이와 같은 긍정 경험을 자동적으로 하는 것은 아니며 조손가족의 긍정 경험은 여러 요인들에 의해 영향을 받는다. 특히 조부모와 손자녀의 관계는 매우 중요한데, 이 관계의 질에 따라 조손가족성원은 가족생활에 만족하기도 하고 갈등과 스트레스를 경험하기도 한다. 조부모와 손자녀의 관계에 영향을 미치는 요인을 연구한 최혜지(2006)에 따르면 조부모의 손자녀 양육 부담이 낮을수록, 손자녀의 우울이 낮을수록, 손자녀의 행동 문제가 낮을수록, 손자녀가 여아이고 양육자가 조모일 경우 조손가족 조부모와 손자녀의 관계가 긍정적인 것으로 나타났다. 또한 조손가족의 가족생활은 가족 응집력의 영향을 받는 것으로 나타났는데, 가족구성원 간의 낮은 응집력은 조부모의 정신적 스트레스를 증가시켜 조부모의 정신건강에 부정적인 영향을 미친다(Sands & Goldberg-Glen, 2000).

2) 조손가족의 어려움과 욕구

조손가족은 전반적으로 경제적 · 사회적 · 정서적 자원이 부족함에 따라 다른 가족 형태와 구분되는 다양한 어려움을 겪는다. 조손가족 조부모는 무엇보다 손자녀 양육비에 대한 부담을 포함한 경제적 어려움을 가장 크게 경험하고, 이밖에 양육 부담과 스트레스, 건강 문제, 손자녀 교육과 훈육의 문제, 사회적 소외와 지원 부족 등의 어려움을 겪는다.

이와 같은 어려움에 따라 조손가족의 사회적 지원 욕구 역시 다양하다. 이화영(2007)은 조손가족의 복지 욕구를 일곱 가지로 제시하였다. ① 손자녀 양육비, 손자녀 과외활동비, 의료비, 생활비 등의 지원을 포함하는 소득 안정에 대한 욕구, ② 조부모 지지집단, 손자녀 지지집단 활동 등을 포함하는 심리정서적 지원에 대한 욕구, ③ 가사지원 서비스 등을 포함하는 일상생활 지원에 대한 욕구, ④ 임대아파트 분양 혜택, 전세금 지원 등을 포함하는 주거 안정에 대한 욕구, ⑤ 가족관계 증진 상담, 가정문제 상담, 방과후 교육 서비스 등을 포함하는 가족 상담 및 교육에 대한 욕구, ⑥ 조부모와 손자녀를 위한 의료서비스 등을 포함하는 건강 및 보건에 대한 욕구, ⑦ 법적 권리 관련 도움, 법적·제도적 정보 관련 도움을 포함하는 법적 보호에 대한 욕구다.

다음에서는 조손가족이 경험하는 어려움과 관련 복지 욕구에 대해 보다 구체적으로 살펴본다.

(1) 경제적 어려움

조손가족 조부모는 노령화로 인해 이미 노동능력을 상실했거나 대부분 손자녀가 성장하여 경제활동에 참여하기 전에 노동능력을 상실하게 된다. 따라서 조부모가 주 수입원인 경우도 있으나 시간이 지남에 따라 조손가족은 정부나 공공기관의 지원에 의존하게 된다.

앞에서 제시한 현황에서 살펴보았듯이, 전체 조손가구의 2/3에 해당하는 가정은 최저생계비 이하로 생활하고 있다. 더욱이 아동의 친부모가 살아 있어도 경제적 부양을 하는 경우는 많지 않은데 조부모에게 양육비를 주는 친부모는 4명 가운데 1명에 불과하다(여성가족부, 2010). 결과적으로 조손가족의 가장 큰 어려움은 손자녀 양육 혹은 교육에 따른 경제적인 문제로 볼 수 있다.

(2) 조부모의 건강 및 양육 부담과 스트레스

조손가족 조부모는 자신이 노인으로서 가족으로부터 신체적 · 정서적 · 경제적 부양을 받아야 할 상황에서 손자녀의 주 양육자 역할을 수행하는 것이다. 이에 따라 양육 부담과 스트레스뿐 아니라 건강 악화, 여가생활의 제약, 사회적 고립감 등을 경험하게 된다.

조손가족 조부모의 신체적 · 정신적 건강의 취약함은 국내외 연구자들에 의해 보고되었다. 손자녀를 양육한 경험이 없는 조부모에 비해 조손가족 조부모의 신체적 건강과 기능 수준은 낮은 편이었으며(Minkler, Roe, & Price, 1992), 조손가족 조부모가 주로 호소하는 건강 문제는 고혈압, 심장질환, 당뇨, 관절염 등 지속적 관리가 필요한 만성질환이다. 국내 실태조사(여성가족부, 2010)에서도 대부분(73.9%)의 조손가족 조부모들은 6개월 이상 만성질환 및 잦은 질병에 시달리고 있는 것으로 나타났다.

하지만 조부모는 손자녀 양육으로 자신의 건강을 돌볼 여유가 없을 뿐 아니라 손자녀 양육은 과도한 노동으로 이어지고, 많은 조부모는 그로 인해 건강이 악화되거나 정신적 스트레스를 받는다. 또한 조부모는 손자녀 양육활동으로 인해 사회활동에 제한을 받거나 심지어 고립감을 느낀다. 이런 상황에서 조부모는 대리부모 역할에 대해 양면감정(ambivalence)을 가지기도 한다(Minkler et al., 1992). 즉, 손자녀 양육에 대해 감사함과 가치를 부여하는 동시에 자신의 처지를 비관하며 우울해하거나 소진되기도 한다. 특히 손자녀를 전담 양육하는 저소득층 조부모의 정서적 고통과 우울은 우려할 만한 수준이며(최해경, 2002), 경제적 곤란이 심할수록, 집안일 부담이 클수록, 사회적 제약이 심할수록 우울 정도가 심각한 것으로 나타났다(최해경, 2006).

조부모의 양육 스트레스는 자신은 전혀 원하지 않았으나 자녀의 가족해체 때문에 선택의 여지없이 손자녀를 책임지게 되는 경우에 더욱 심하다. 자녀가 손자녀를 데리고 가거나 결국 자신이 생을 마감할 때까지 손자녀를 양육해야 하는 상황에서 손자녀가 성인이 될 때까지 자신이 오래 살지 못할 것이라는 걱정과 자신이 세상에 없을 경우 누가 손자녀를 돌볼 것인지에 관한 불확실감이 스트레스가 되기도 한다(Kelley, 1993). 실제로 조손가족 조부모 사후에 아동에게 발생할 수 있는 상황을 생각하면 조부모의 사후에 대한 염려를 이해할 수 있다.

17세 ○○은 5세 때 부모가 이혼한 후 외할머니 밑에서 자랐다. 충격이 컸지만 할머니를 엄마처럼 의지했고 할머니의 보호를 받으면서 잘 자랐다. 하지만 초등학교 4학년 때 할머니가 뇌졸중으로 갑자기 돌아가시자 ○○은 보호자를 잃었다. 부모와는 연락할 방법을 몰랐다. ○○은 보육원에서 7년가량 지내다 가출했다. 학교는 고등학교 1학년을 마지막으로 자퇴했다(조인스닷컴, 2009. 1. 15.에서 발췌 요약).

조부모의 양육 스트레스는 조부모의 건강에 부정적인 영향을 끼치지만 손자녀의 정서, 행동 문제에도 바로 영향을 줄 수 있다(송유미, 이선자, 2011). 누적된 스트레스원이 많거나 스트레스에 취약한 조부모에게 사회 지지를 제공하는 지속적인 관리가 필요하다.

(3) 아동의 심리, 사회, 학교 적응 문제

일반적으로 가족해체를 경험한 아동은 그렇지 않은 아동에 비해 우울, 불안, 사회적 철회(withdrawal) 등의 심리정서적 문제를 보이는 경우가 많고, 부모에 대한 배신감과 미움, 원망이 있는 경우도 흔하다. 나아가 인지적·사회적 능력과 자아존중감이 낮거나 비행과 일탈, 반사회적 행동 문제 혹은 높은 공격성, 학교생활 부적응을 나타내기도 한다. 사회적 상호작용의 단절 또는 감소로 인해 대인관계상의 문제, 친구 부족, 사회기술 부족을 나타내는 경우도 있다.

조손가족의 아동 역시 가족해체를 경험한 아동이라는 점에서 위와 같은 적응의 문제가 있을 수 있다. 앞서 조손가족의 형성 원인에서도 살펴보았듯이, 조부모로 양육이 이양되기 이전에 아동은 이미 부정적인 가족생활을 경험한 경우가 많다. 즉, 부모의 죽음, 이혼, 가출, 질병, 약물 문제, 학대, 경제적 파산, 빈곤 등과 같은 부정적인 가족사를 경험하고 이와 관련된 해결되지 않은 다양한 문제를 가지고 있을 수 있다. 이에 따라 조손가족 아동은 우울, 긴장, 불안 등의 심리정서적 부적응, 친구관계에서의 어려움, 충동적·반사회적 행동, 비행 등과 같은 행동 문제, 학교 부적응 등의 문제를 나타낼 수 있다. 또한 부모가 함께 살지 않는다는 이유로 친구에게 따돌림을 당하거나 차별을 받기도 하고, 부모가 학교행사에 참여하지 못함으로써 학교에서 곤란을 겪기도 한다. 학습 능력이나 학습 욕구가 부족한 경우에는 교육과정이 올라갈수록 양친부모가족 아동과 학업성취에서 격차가 확대되고 고등교육의 기회가 제한되면서 목표를 상실하기도 한다.

많은 조손가족 아동은 부모에 대한 양면감정을 가지는데, 부모를 그리워하며 만나고 싶어 하거나 부모와의 친밀한 관계를 상상하기도 하지만 자신을 만나러 오지 않는 부모에 대한 분노와 원망의 마음도 함께 가진다. 이들은 이런 복잡한 심경에서 자신의 감정을 잘 드러내려 하지 않는다. 조손가족 아동의 심경에 대해 질적 연구자들은 다음과 같이 기술하였다.

> …돈이라는 괴물만 없어진다면 부모가 자신에게 돌아오거나 언젠가 부모와 함께 살게 될 것이라는 희망을 안고 살아간다. 문제는 그 희망이 현실이 되지 않을 때가 많다는 것이다. 아이도 점차 그 사실을 알게 된다…. 때로는 자신들이 할머니집에 있는 것이 그 돈 때문만은 아니라는 사실을 안다. 그래서 자신이 할머니집에 있는 이유를 돈이라는 이유로 합리화해서 자신의 존재 가치를 보호하려고 한다…. 사실 아이들은 알고 있다. 부모가 단지 돈이라는 이유로 자신을 조부모에게 맡기고 이렇게 사랑을 주지 않는다고 생각하지 않는다. 그것이 아이로 하여금 고통을 주고 그 고통이 슬픔을 만들고, 그래서 아이들은 솔직하게 자신들의 감정을 표현하지 않는다(주소희, 이경은, 권지성, 2009).

조부모의 염려와 마찬가지로 조손가족 아동도 자신이 혼자 남겨질지도 모른다는 두려움과 조부모가 질환을 앓고 있는 것에 대해 불안하거나 우울해 하며, 조부모가 사망할 경우 자신의 거취가 불투명해질 것에 대한 두려움이 크다. 일부 조손가족 아동은 성인아이(adult child)의 성향을 보이기도 하는데, 아동이 오히려 조부모를 돌보거나 가사를 맡는 등 아동 발달단계에 맞지 않는 역할을 하기도 한다.

(4) 사회적 소외 및 지원 부족

조손가족은 정부로부터 지원받는 공공부조, 공공 혹은 민간 기관이나 단체에서 제공받는 복지서비스 등 주로 공적 지지망에 의존하는 한편 가족이나 친척, 친구, 이웃 등 비공식적 지지망은 상대적으로 취약하다. 조손가족의 지지망에 관한 연구에 의하면 조부모 가운데 손자녀를 양육하면서 경험하는 어려움에 대해 도움을 받을 수 있거나 도움을 요청할 수 있는 사람이 자녀 중 아무도 없는 비율은 34%, 형제나 친척 중 아무도 없는 비율은 93%, 친구나 이웃 중 아무도 없는 비율은 54%에 이르는 것으로 나타났다(최해경, 2002). 더욱이 혈연관계에 있는 사람들에게 받은 물질적 · 정서적 지원과 학습지원에 대한 만족도는 낮은 편인 것으로 나타났다(최해경, 2006). 또한 도시에 비해 농촌 지역의 사회 지지망은 더욱 부족하고, 주거지역이 인접해 있지 않기 때문에 사회복지사마저 보호 대상자를 파악하기에 어려움이 있는 것으로 나타나 농촌 지역 조손가족의 사회 지원은 더욱 열악한 것으로 나타났다(김혜선, 2005).

조손가족 아동 가운데는 친부모가 생존해 있는데도 친부모와 활발히 교류하지 못하는 아동도 많다. 최근 조사(여성가족부, 2010)에 의하면 조손가족 아동 가운데 친부와 연락을 하며 만나는 경우는 절반(50.8%) 정도에 그쳤고 친부와 만나지도 못할 뿐 아니라 전화 연락도 못하는 경우가 30.0%에 이른다. 친모와 연락을 하는 경우는 더욱 적어 1/3(34.5%) 정도에 불과하고 친모와 만나지도 못할 뿐 아니라 전화 연락도 못하는 경우는 절반(51.5%)이 넘는 것으로 나타났다.

(5) 법적 권한 부족

부모가 사망하거나 생존해 있거나 손자녀를 전담 양육하는 조부모는 부모의 역할을 대신하는 일차적 양육자이므로 부모로서의 책임과 권한을 가져야 한다. 조부모는 손자녀의 신체적 보호권한뿐 아니라 의료적 보호, 교육, 훈육과 관련한 의사결정을 할 수 있는 법적 보호권한이 반드시 필요하다(Jendrek, 1994). 하지만 우리 사회에서 조손가족에 대한 이해와 관심은 여전히 부족하며 조손가족 조부모의 이와 같은 손자녀에 대한 법적 · 사회적 권한에 대해 아직 충분한 관심을 두지 못하고 있는 실정이다.

3. 조손가족에 대한 정책 및 서비스 현황

1) 조손가족 해당 정책 및 제도

우리 사회에서 조손가족을 대상으로 하는 별도의 지원체계, 즉 법과 제도, 정책은 존재하지 않는다. 다만 조손가족에게 해당하는 정책과 제도가 산발적으로 있는데, 앞에서 살펴본 조손가족의 특성과 복합적인 지원 욕구를 충분히 반영하지 못하기 때문에 조손가족을 위한 정책과 제도로서 한계가 있다. 다음에서는 조손가족에게 해당하는 제도로서 기초생활보장제도, 한부모가족지원제도, 가정위탁제도 등을 살펴본다.

(1) 기초생활보장제도

「국민기초생활 보장법」에 근거한 기초생활보장제도는 빈곤가구의 소득을 보장하고 경제적 자립과 자활을 지원하는 제도다. 기초생활보장제도에 따라 수급자격을 갖춘 조손가족은 최저생계비의 부족분을 현금으로 지급받을 수 있다. 하지만 조손가족의 조부모는 경제능력을 이미 상실했거나 상실해 가고 있기 때문에 경제적 자립과 자활을 취지로 지원하는 국민기초생활보장제도만으로는 조손가족의 생활 안정을 도모하기에 많은 한계가 있다.

(2) 한부모가족지원제도

2007년 「모 · 부자복지법」을 개정한 「한부모가족지원법」에는 조손가족에 대한 조항이 특례로 삽입되어 있다. 「한부모가족지원법」 제5조의2에서는, 조손가족으로 법적인 지원이 보장되는 가족을 "부모가 사망하거나 생사가 분명하지 아니한 아동, 부모가 정신 또는 신체의 장애 · 질병으로 장기간 노동능력을 상실한 아동, 부모의 장기 복역 등으로 부양을 받을 수 없는 아동과 그를 양육하는 조부 또는 조모로서 여성가족부령으로 정하는 자"로 규정하고 있다. 동법 시행규칙 제3조의2에서는 "부모가 불화 등으로 가출한 아동, 그 밖에 부모가 실직 등으로 장기간 경제적 능력을 상실하여 부양을 받을 수 없는 아동 등"으로 조손가족의 범위를 좀 더 확대하고 있다.

조손가족을 「한부모가족지원법」의 지원 대상으로 포함함에 따라, 조손가족은 한부모가족에게 제공되는 아동양육비, 교육비, 건강보험료 지원 등을 포함한 공적 지원을 제공받을 수 있게 되었다. 하지만 한부모가족지원제도 역시 한부모가족의 자립에 초점을 두고 있다. 대부분 노령의 조부모와 손자녀로 이루어진 조손가족은 단기간에 경제적 자립이나 자활을 이룰 수 없기 때문에 자립보다는 보호가 필요하며 앞에서 살펴보았듯이, 한부모가족과는 다른 복합적인 욕구를 가지고 있기 때문에 조손가족에게 특화된 사회 서비스를 제공해야 한다. 더욱이 조손가족 아동 가운데 부모와 교류가 있고 미약하나마 경제적 지원을 받는 아동은 한부모가족 지원 대상에서 배제될 가능성이 있다.

(3) 가정위탁제도

「아동복지법」에 따라 보호가 필요한 아동을 일정 기간 가정에 위탁하는 가정위탁제도에는 대리양육 가정위탁, 친·인척 가정위탁, 일반 가정위탁 등의 유형이 있다. 조부모에 의한 손자녀 양육은 대리양육 가정위탁에 해당한다. 보건복지부는 대리양육가정에 매월 일정 금액의 양육보조금을 지원하고 있다. 하지만 지원 금액이 현실적으로 매우 낮은 수준에 그치고 있어 실질적인 지원이 될 수 있도록 개선할 필요가 있다.

(4) 기타 정책 및 제도

국민건강의료보험제도에 의한 의료지원 서비스,「국민연금법」상의 기초연금제도,「노인복지법」「청소년복지 지원법」에 근거한 정책 및 서비스 등이 조손가족에게 해당된다. 조손가족이 국민기초생활보장제도의 수급권 자격을 가지면 의료비 전액을 국가가 부담하는 의료보장제도의 적용을 받는다. 따라서 국민기초생활보장제도의 수급권자인 조손가족의 손자녀는 의료보험료를 면제받을 수 있고, 65세 이상의 조부모는 보험료의 일정액을 경감받을 수 있다. 하지만 일정한 소득이 있는 조손가족은 보험료를 납부해야 하는 부담이 있고 치료비의 일정 부분을 본인이 부담해야 한다.

이 밖에 취약계층 아동을 위한 아이돌보미지원사업, 드림스타트, 방과후돌봄서비스, 디딤씨앗통장지원사업 등도 조손가족 아동을 지원한다.

2) 조손가족 지원 프로그램 및 서비스

조손가족을 지원하는 프로그램 및 서비스는 건강가정지원센터, 지역사회복지관, 민간단체 등을 중심으로 시행되고 있다. 2005년에 제정된「건강가정기본법」에 따라 전국 지방자치단체에서 설립한 건강가정지원센터에서는 다양한 가족지원 프로그램의 일환으로 조손가족 역량강화 프로그램을 실시하고 있다. 건강가정지원센터에서 시행하는 조손가족 통합지원 서비스의 구체적 내용은 다음을 포함한다(건강가정지원센터, http://www.familynet.or.kr).

- 학습 · 정서 지원: 배움지도사를 가정으로 파견하여 손자녀의 학습동기와 목표 점검, 기초학습과 자기주도 학습 등 학습 지원 및 멘토 · 멘티 서비스를 통한 정서 지원
- 생활가사 지원: 조부모의 건강 문제로 일상생활이 어려운 가구를 대상으로 키움보듬이를 가정으로 파견하여 조부모의 외출 및 병원진료 등의 활동보조, 손자녀의 긴급 일시돌봄 제공
- 교육 프로그램 및 자조모임 운영: 아동의 자존감 향상, 사회성 향상 및 조부

모의 손자녀 양육부담을 경감하기 위한 교육 프로그램 및 자조모임 운영

- 문화 프로그램 지원: 공연관람, 가족캠프 등의 문화 체험을 통해 문화적 소외감과 조부모 양육 스트레스를 경감하고 가족 간 유대감 강화 지원
- 주거환경개선 지원: 도배 및 장판 교체 등을 위한 비용 지원
- 유관기관 연계: 심리상담기관, 의료기관, 보건소, 장학재단 등의 유관기관과 연계

지역사회복지관에서 실시하는 조손가족 프로그램으로는 가족기능강화, 조부모 역량강화, 지역주민 서포터스, 일대일 사례관리, 아동의 긍정적 가족역할상 정립 프로그램 등을 포함한다. 이 가운데 지역주민 서포터스는 지역주민 조직을 통해 조손가족 조부모의 양육 스트레스를 완화하고, 아동의 정서적 · 학습적 · 경제적 지원을 제공하며, 조손가족 지원에 대한 지역사회 연대감과 장기적인 지원망을 구축하려는 프로그램이다. 일대일 사례관리는 의료적 · 경제적 생활 전반에 걸친 사례관리를 실시하고 조부모를 위한 집단 프로그램을 통해 의사소통과 양육 태도, 아동 미술치료 방법을 사용한다.

4. 조손가족에 대한 대책

우리 사회에서 조손가족은 지속적으로 증가할 것으로 예측된다. 조손가족의 증가는 이혼율과 재혼율의 증가, 맞벌이 부부의 증가, 노동시장의 유연성으로 안정적인 직장 유지의 어려움 증가, 의료서비스의 발달로 평균 수명의 증가 등의 요인들과 연관되기 때문이다. 따라서 조손가족을 일탈적인 가족유형으로 보기보다는 사회구조적으로 등장하게 되는 새로운 가족유형으로 받아들일 필요가 있으며, 조손가족의 성원들이 보다 나은 생활을 영위하기 위해 적극적인 복지정책을 수립할 필요가 있다. 조손가족을 위한 대안들을 다음과 같이 제시해 본다.

1) 정책적 대안

국민기초생활보장제도, 한부모가족지원제도 등 현재 조손가족을 지원하는 정책과 제도는 조손가족의 특성과 욕구를 충분히 반영하지 못하고 있다. 조손가족은 가족구조상 경제적 자활능력이 없을 뿐 아니라 세대차이가 심한 조부모와 손자녀로 가족이 형성되기에 일반 저소득 가족이나 한부모 가족과는 다른 상황에 처해있다. 따라서 조손가족의 특수성을 반영한 독자적인 법령을 설치하여 현실적인 보호 차원의 지원이 가능하도록 해야 할 것이다. 조손가족을 위한 별도의 지원체계를 통해 조부모의 대리양육자로서의 법적 권한을 분명하게 명시하고, 건강가정지원센터, 지역사회복지관, 노인복지관, 민간단체 등에서 조손가족 지원 프로그램과 서비스를 보다 활발히 시행하기 위한 재정적 지원을 강화해야 한다. 또한 조손가족을 지원하기 위한 다양한 프로그램과 서비스를 개발하고, 체계적인 평가를 통해 효과성과 효율성이 확인된 프로그램과 서비스를 확대 보급하기 위한 방안의 모색이 이루어져야 한다. 조손가족을 지원하는 별도의 법과 제도를 구축하기 이전에는 기존 제도를 보완할 필요가 있다. 무엇보다 조손가족의 소득 안정에 대한 욕구를 충족시킬 수 있도록 생활비 지원, 손자녀 양육비와 교육비 지원 등을 현실화할 필요가 있다.

2) 실천적 대안

(1) 강점 기반 사례관리

조손가족을 위한 실천 대안으로서 강점 기반 사례관리(Whitley, White, Kelley, & Yorke, 1999)가 필요하다. 앞서 살펴보았듯이, 조손가족은 욕구가 매우 다양하다. 따라서 다양한 욕구를 충족시키기 위한 자원 연계와 조정이 중요하며 지속적인 관심과 보호가 필요하다.

강기정(2008)은 조손가족 사례관리 과정을 다음과 같이 단계별로 설명하였다. 첫 단계에서 사회복지사는 조손가족과 신뢰관계를 형성하는 것이 중요하다. 조손가족의 어려움을 전반적으로 이해하고 가족이 제시하는 문제와 욕구의 우선순위를 정한다. 가족의 문제와 욕구뿐 아니라 가족의 강점도 파악한다. 두 번째 단계는 서비스 계획 단계로, 사회복지사는 가족과 함께 목적과 목표를 수립하고 그것을 달성하기 위한 자원 활용과 그 과정에서 직면하게 될 어려움에 대한 대안을 모색해 본다. 세 번째 단계는 서비스 제공 및 자원연결 단계로, 사회복지사는 이전 단계에서 계획한 자원과 서비스를 조손가족에게 연결한다. 네 번째 단계는 점검 및 조정의 단계로, 사회복지사는 서비스가 효과적이고 효율적으로 제공되고 있는가를 파악한다. 가족과 서비스 제공자 간의 갈등 혹은 서비스 제공자 간의 갈등을 확인한다. 마지막 단계는 평가 및 재사정 단계로, 사회복지사는 서비스 중개, 조정, 협상, 옹호 등의 활동이 조손가족에게 유용하였는가를 점검한다.

(2) 조기 개입

조손가족이 형성되는 초기에 조부모와 손자녀 모두 새로운 가족구조와 환경 변화에 적응하도록 지원하는 조기 개입이 필요하다. 최소한의 준비도 없이 손자녀 양육을 떠안기도 하는 등 조손가족 형성 시기에는 많은 도움이 필요하지만, 필요한 지원이나 서비스에 대한 정확한 정보가 부족한 경우가 흔하다. 지역사회 내 공공 및 민간 사회복지기관은 사례발굴자가 되어 새로 형성된 조손가족을 신속하고 체계적으로 지원할 수 있어야 한다.

(3) 다양한 개입방안의 모색

조손가족을 직·간접적으로 지원하기 위해 조부모와 아동뿐 아니라 학교, 아동의 친부모, 친척, 이웃, 지역사회 등에 개입하는 다양한 방안을 모색해야 한다. 〈표 11-2〉는 조손가족 아동과 조부모, 학교에 개입하기 위한 다양한 방안의 예다.

표 11-2 조손가족에 대한 다양한 개입

개입 표적	직접 개입	간접 개입
아동	1. 조손가족 아동을 위한 지지집단 제공 2. 개인상담 및 집단 프로그램 제공 3. 학교생활 기술훈련과 개인 간의 문제해결 기술훈련 프로그램 제공 4. 인지적 · 신체적 · 사회적 성장을 위한 취학 전 혹은 방과후 특별 프로그램 실시	1. 학교 교사와 행정가에게 아동의 약물남용 등 위험 이슈에 대한 정보 제공 2. 정신적 · 물리적으로 아동에게 안전한 환경을 제공하기 위해 학교 행정가와 함께 작업
조부모	1. (조)부모교사회의, 조부모 훈련집단 실시 2. 조부모가 약물남용 훈련 세미나에 참여 3. 조부모 대상 부모교육 프로그램 제공 4. 조부모를 지원할 수 있는 노인을 위한 훈련 프로그램 제공 5. 가족 네트워크 활동 시작	1. 조부모가 학교의 일일교사나 자원봉사자로 참여할 것을 격려 2. 양육권 등 법률적 이슈에 대한 정보와 의뢰 제공 3. 재정상의 이슈에 대한 정보와 의뢰 제공 4. 법률자문가를 조부모 지원집단 모임에 초청 5. 약물남용, 양육, 영양섭취, 학습기술 등의 주제에 관한 정보 제공 6. 시 · 도, 국가 수준의 조부모 자원 연결
학교	1. 교직원에게 조손가족 이슈에 대한 교육 실시 2. 학교 사회복지사와 교사에게 조손가족 이해 훈련 실시 3. 조손가족 아동의 욕구를 해결하는 학교 상황에 대해 사정 4. 조부모가 유발한 아동의 교실 내 어려움을 가진 교사 상담 및 지지 5. 교사가 조부모를 학교활동에 참여하도록 학교정책 증진	1. 조손가족이 학교문화에 통합됨을 확인 2. 학교에서 조부모의 날 제정 3. 조부모 가족그림 등 학교에서 조부모를 환영하는 학교 전시물 조성 4. 아동학대 등의 구체적 정보가 포함된 팸플릿 제작

출처: 황혜원, 박현순, 유옥현, 김선범(2006), p. 235.

(4) 조부모 양육부담 경감

조부모의 손자녀 양육 및 교육에 대한 책임과 부담을 완화하기 위한 다양한 프로그램과 서비스의 개발이 필요하다. 구체적으로, 조부모 양육 스트레스에 개입하기 위한 프로그램, 손자녀 양육과정에서 나타나는 세대 차이를 극복하고 세대 간 이해를 도모할 수 있는 프로그램, 적절한 양육 기술과 태도를 습득하기 위한 조부모 부모교육 프로그램 등을 개발해야 한다. 조부모는 부모와는 달리 손자녀에게 지나치게 허용적이거나 일관적이지 못한 양육 태도를 보이는 경우가 있으므로 부모교육 프로그램을 통해 조부모가 적절한 양육기술을 습득하고 가족 내 규칙과 한계를 정할 수 있도록 지원해야 한다. 이 밖에 가사도우미 서비스, 조부모 여가 프로그램, 손자녀의 일시보호(respite care) 서비스 등의 제공이 필요하다.

(5) 조부모 심리상담 및 건강 지원

조손가족 조부모는 생애주기의 발달과업에서 벗어난 과업을 수행하고 있기 때문에 그에 대한 지지가 필요하며, 손자녀를 양육하면서 겪는 어려움에 대한 상담이 필요하다. 특히 조부모 자신의 우울, 손자녀의 행동 문제, 조부모와 손자녀의 관계 갈등 등의 문제를 가진 고위험 조부모 집단에 대한 예방적 차원의 개입 프로그램이 필요하다. 조부모와 손자녀 관계는 조손가족의 삶의 질에 매우 큰 영향을 미치므로 조부모와 손자녀의 정서적 유대를 강화하고 관계를 향상시키기 위한 접근이 필요하다.

또한 조부모의 건강을 지원하기 위해 지역사회복지관, 보건소, 정신건강증진센터 등을 중심으로 신체 및 정신 건강 증진을 위한 아웃리치 서비스와 적극적인 개입이 필요하다. 보건소의 공중보건의나 간호사가 관할 지역의 조손가족을 정기적으로 방문하여 그들의 건강을 점검하고 상담을 통해 그들이 더욱 적극적으로 의료서비스를 받을 수 있도록 지원하는 방안이 제안되기도 하였다(염동훈 외, 2007).

(6) 아동 역량강화

아동의 주관적 의미구조는 매우 중요하다. 이유도 모른 채 조부모와 살게 된 아동은 높은 공격성과 부적응 행동을 보일 수 있으므로 부모 혹은 조부모는 아동이 조부모와 함께 살아야 하는 이유를 아동이 이해할 수 있는 수준에서 명확하게 설명해 주어야 한다. 또한 일반적으로 부모와 연락이 두절된 아동이 부모와 만나거나 전화 통화를 하는 아동에 비해 공격행동과 행동 문제, 과잉행동이 더 높게 나타나기 때문에 조손가정 아동은 부모와 떨어져 조부모와 생활한다 해도 부모와의 만남과 전화 통화 등을 통해 관계를 유지하는 것이 바람직하다. 설사 아동이 부모와 헤어져 따로 살고 있다 하더라도 부모가 여전히 자신을 사랑하고 있다는 것을 알게 해주는 것이 중요하다. 즉, 아동의 적응을 지원하기 위해서는 부모와의 접촉 빈도를 늘리고, 부모가 관심을 가지고 사랑하고 있다는 확신을 심어 주고, 부모와의 관계 유지와 강화를 위한 개입을 해야 한다. 또한 조손가족 아동은 자신의 부모에 대해 그리움뿐 아니라 섭섭함과 원망, 분노의 감정을 가지고 있으나 이를 표현하기를 꺼리므로, 이런 부정적인 감정을 갖는 것이 정당한 반응이라는 사실을 인식하도록 돕고 자신의 감정을 솔직히 표출할 수 있는 기회를 제공해야 한다.

조손가족 아동의 역량강화를 위해 자기효능감, 자존감, 내적 통제, 계획성, 자기강화, 문제해결 능력, 탄력성 등을 증진하기 위한 개입이 필요하며, 학습관리, 시간관리, 학교생활에 대한 지원이 필요하다. 아동이 교사의 지지를 받을수록 심리적으로 안정을 느끼고 행동 문제를 적게 보이므로 학교와 교사의 적극적인 지지를 받기 위한 방안이 모색될 필요가 있다.

(7) 사회적 지지 및 연결망 구축

아동의 친부모와의 교류는 아동의 심리적 안정감에 기여할 뿐 아니라 조부모의 생활만족도에도 영향을 미친다. 즉, 조부모가 손자녀의 문제를 상의할 수 있으며 경제적 · 정서적 도움을 받을 수 있다는 점에서 조부모의 부담을 경감한다(김미혜, 김혜선, 2004). 따라서 아동의 친부모와의 교류를 활성화하기 위한 방안을 적극 모색할 필요가 있다.

또한 조부모가 인식한 사회적 지지 정도가 높을수록 가족 적응성과 가족 응집성이 높은 것으로 나타나므로(이화영, 2006), 다양한 사회적 지원의 제공자와 지원 유형을 확보할 필요가 있다. 조손가족과 일반가족 간의 교류, 결연 프로그램 등을 통해 사회적 교류를 더욱 활발히 지원하며 경제적 지원, 휴식 서비스, 양육지원을 위한 자원을 적극 연계하고 조정·관리해야 할 것이다.

|중|점|토|론|

1. 조손가족은 사회적 보호와 지원이 필요한 가족임에도 우리 사회에서 충분한 관심을 받지 못하고 있다. 조손가족이 사회적 관심을 충분히 받지 못하는 이유에 대해 논의해 보시오.
2. 조손가족을 위한 별도의 지원체계, 즉 법령, 제도, 정책, 프로그램과 서비스 등을 구축하기 위한 방안에 대해 논의해 보시오.
3. 자신이 조손가족을 방문하는 자원봉사자라고 가정했을 때 어떤 방식으로 어떻게 봉사활동을 전개할 것인지에 대한 계획을 세워 보시오.
4. 자신이 조손가족의 사례관리자라고 가정했을 때 실천과정에서 현실적으로 겪게 되는 어려움과 이를 극복하기 위한 방안을 제시해 보시오.

참고문헌

강기정(2008). 조손가족의 가족기능강화를 위한 사례관리 시범사업 평가 및 정책방향. 한국가족복지학, 13(3), 111-128.

김미영, 윤혜미(2015). 저소득 조손가족 조모와 손자녀의 가족관계경험에 대한 질적 연구: 역할을 중심으로. 한국아동복지학, 50, 145-177.

김미혜, 김혜선(2004). 저소득층 조손가족 조부모의 생활만족도에 영향을 미치는 요인 연구. 한국노년학, 24(3), 153-170.

김혜선(2004). 조손가족 조부모의 양육태도와 양육스트레스가 손자녀 적응에 미치는 영향 연구. 한국아동복지학, 18, 85-117.

김혜선(2005). 농촌과 도시지역 손자녀를 전담양육하는 저소득층 조부모의 정서적 고통에 관한 연구. 노인복지연구, 28, 341-378.

송유미, 이선자(2011). 조손가족 조부모의 양육스트레스와 우울 간 사회적 지지와 대처행동의 조절효과. 31, 795-811.

여성가족부(2010). 조손가족실태조사.

염동훈, 김혜영, 안치민(2007). 조손가족 실태조사 및 지원방안 연구. 서울: 여성가족부.

이경은, 주소희(2005). 이혼후 자녀양육에 있어서 부모보호와 조부모 보호아동간의 심리행동적응요인 비교. 한국아동복지학, 20, 35-66.

이화영(2006). 조손가족의 가족기능에 영향을 미치는 요인. 노인복지연구, 32, 327-355.

이화영(2007). 조손가정 조부모의 사회복지서비스 욕구 사정도구의 개발. 노인복지연구, 38, 359-382.

주소희, 이경은, 권지성(2009). 조손가족과 가족복지실천: 조손가정 아동의 생활경험을 중심으로. 한국가족사회복지학회 학술대회 자료집, pp. 61-93

최해경(2002). 저소득층 조손가정 여성노인의 우울감과 관련 요인 연구. 한국노년학, 22(3), 207-222.

최해경(2006). 조손가족에 대한 사회적 지지실태와 조부모의 신체적 건강과 정신건강에 미치는 영향. 한국인구학, 29(2), 115-142.

최혜지(2006). 저소득층 조손가족의 조부모-손자·녀 관계 결정모형에 관한 연구. 한국노년학, 26(3), 641-655.

통계청(1995, 2000, 2005, 2010, 2015). 인구 및 주택 총 조사.

황혜원, 박현순, 유옥현, 김선범(2006). 손자녀를 양육하는 조부모가족에 대한 사회사업적 개입방안: 임파워먼트 접근을 중심으로. 임상사회사업연구, 3(1), 225-243.

조인스닷컴(2009. 1. 15.). 조손가정 6만 가구 육박… 10년 새 65% 증가.

중앙일보(2009. 12. 31.). 할머니와 단둘이 사는 고교생 영상이.

Ehrle, G. M., & Day, H. D. (1994). Adjustment and family functioning of grandmothers rearing their grandchildren. *Contemporary Family Therapy, 16*(1), 67-82.

Fuller-Thomson, E., & Minkler, M. (2000). The mental and physical health of grandmothers who are raising their grandchildren. *Journal of Mental Health and Aging, 6*(4), 311-323.

Jendrek, M. (1994). Grandparents who parent their grandchildren: Circumstances and decision. *The Gerontologist, 34*, 206-216.

Kelley, S. J. (1993). Caregiver stress in grandparents raising grandchildren. *Journal of Nursing Scholarship, 25*, 331-337.

Kornhaber, A., & Woodward, K. (1981). *Grandparents/grandchildren*. Garden City, NY: Anchor Press.

Langosch, D. S. (2005). Grandparents raising grandchildren due to parental loss:

Their bereavement process and capacity for adaptation and empathy. Doctoral dissertation. School of Social Work, New York University.

Marx, J., & Solomon, J. C. (1993). Health and school adjustment of children raised by grandparents. *Sociological Focus, 26*, 81-86.

Minkler, M. (1999). Intergenerational households headed by grandparents: Contexts, realities, and implications. *Journal of Aging Studies, 13*, 199-218.

Minkler, M., & Fuller-Thomson, E. (1999). The health of grandparents raising grandchildren: Results of a national study. *American Journal of Public Health, 89*, 1384-1389.

Minkler, M., Roe, K. M., & Price, M. (1992). The physical and emotional health of grandmothers raising grandchildren in the crack cocaine epidemic. *The Gerontologist, 32*(6), 752-761.

Pruchno, R. (1999). Raising grandchildren: The experiences of black and white grandmothers. *The Gerontologist, 39*, 209-221.

Sands, R. G., & Goldberg-Glen, R. S. (2000). Factors associated with stress among grandparents raising their grandchildren. *Family Relations, 49* (1), 97-105.

Solomon, J. C., & Marx, J. (1995). To grandmother┌s house we go: Health and school adjustment of children raised solely by grandparents. *The Gerontologist, 35*(3), 386-394.

Whitley, D. M., Kelley, S. J., & Sipe, T. A. (2001). Grandmothers raising grandchildren: Are they at increased risk of health problems? *Health & Social Work, 26*(2), 105-114.

Whitley, D. M., White, K. R., Kelley, S. J., & Yorke, B. (1999). Strength-based case management: The application to grandparents raising grandchildren. *Families in Society, 80*, 110-119.

건강가정지원센터. http://www.familynet.or.kr/user/business/various_support_04.php (2009. 12. 30. 검색).

법제처. http://oneclick.law.go.kr

제12장 알코올 중독자 가족

알코올 중독자 가족에 대한 연구는 대개 남편(또는 아버지)이 알코올 중독 문제를 가지는 것으로 인해 부인과 자녀가 경험하는 문제를 다룬다. 이 장에서도 남편의 알코올 중독 문제로 인한 부인의 어려움과 자녀가 변해 가는 과정을 다루고, 이와 관련된 기존의 서비스를 살펴본 후 앞으로 나아가야 할 방향을 제시 한다.

1. 알코올 중독자 가족에 대한 이해

알코올 중독자 가족(alcoholic family)이란 가족 중 한 사람 이상이 알코올 중독자인 경우를 말한다. 대개 아버지나 어머니 중 한 사람이 알코올 중독자인데, 대부분의 문헌이 남편이나 아버지가 알코올 중독자인 경우만을 다루는 경향이 있다.

여성이 알코올 중독자인 경우에는 남편들은 대개 포기하여 한부모가족이 되거나 아예 여성 알코올 중독자와 소식을 끊기도 한다. 그에 비해 남편이 알코올 중독자인 경우 부인은 결혼생활을 유지하고 남편의 알코올 중독 문제를 고쳐 보려고 온갖 노력을 다한다. 여성은 성장과정에서 남을 배려하는 쪽으로 사회화되어서 남편이 알코올 중독자이더라도 가능하면 가정을 지키려는 경향을 보인다. 똑같은 알코올 중독 문제를 가지고 있더라도 당사자가 부인인가 혹은 남편인가에 따라 가정의 유지 가능성이 달라지며, 가족 간의 역동성, 상호작용 또한 매우 다르게 전개된다. 더구나 여성이 알코올 중독자인 가정은 겉으로 잘 드러나지 않아 그 실태를 파악하는 데 한계가 있다. 따라서 이 장에서는 남편이나 아버지가 알코올 중독자인 가족에 국한시켜 다루고자 한다.

2. 알코올 중독자 가족의 어려움

1) 알코올 중독자 부인

모든 '알코올 중독자와의 결혼생활(alcoholic marriage)'에 대해 일반화시키는 것은 무리가 있지만 알코올 중독자의 부인은 알코올 중독자인 남편을 통제하려고 한다. 알코올 중독자 부인은 현실에 직면하여 남편에게서 정서적으로 철회하고, 술을 마시지 못하도록 술병을 숨기는 등의 행동을 하게 된다. 남편의 술 문제를 다른 사람에게 숨기기 위해서 사회적으로 고립되기도 하고, 정상적인 생활을 유지하기 위해 가장의 책임을 맡기도 한다.

남편은 술 문제로 인해 부모로서, 남편으로서의 역할을 제대로 수행하지 못한다. 남편은 특히 술에 만취되었을 때에는 신체적, 정서적으로 중요한 역할을 수행하지 못하는데, 때로는 자신의 역할을 회피하기 위해서 술을 마시기도 한다. 그에 대한 반응으로 부인은 술을 마시지 말라고 위협하거나, 때로는 술을 마시도록 부추기기도 한다. 남편의 술 문제를 숨기려고 애를 쓰고, 또 함께 술을 마시다 결국 부인도 알코올 중독자가 되는 경우도 있다.

재정적 어려움 또한 알코올 중독자 가족이 겪는 일반적인 현상이다. 알코올 중독자는 술을 사는 데에 많은 돈을 사용하여 가계에 타격을 줌으로써 일반적인 생활수준이 낮아진다. 그리고 알코올 중독자는 가족에게 폭력을 행사하거나 가정의 가구나 물건들을 부수어서 가족에게 신체적인 손상을 입히기도 한다. 이로 인해 부인은 알코올 중독자 남편에게 집을 나가겠다고 위협하기도 하고 실제로 가출을 하는 경우도 생긴다(Orford et al., 1976). 술이 남편의 생활에서 빠질 수 없는 중요한 일부가 되어 감에 따라, 부인은 심각한 수준의 정서적 박탈감을 경험한다. 남편은 술에 압도되어 있고, 가족생활이나 행사에서의 역할에서 점점 더 제외된다. 부인은 자녀에 대한 책임감과 경제적인 어려움, 알코올 중독에 대한 일반인의 부정적인 시각 등으로 힘들어하나 그러한 상황에서도 결혼생활을 유지하려고 한다(Howe, 1989).

알코올 중독자 부인에 대한 관점은 크게 두 가지로 구분된다.

(1) 인성 관점

인성 관점에 따르면 알코올 중독자 부인은 가족이 역기능적이 되는 데에 기여한다. 인성 관점의 대표적인 주창자인 Whalen(1953)은 텍사스 주 달라스의 가족서비스기관(Family Service Agency)에서 이루어진 인터뷰를 근거로 하여 알코올 중독자 부인을 네 가지 인성 유형으로 분석하였다. 그 당시 알코올 중독자 남편은 치료에 응하지 않아서 알코올 중독자 부인에 대해서만 언급하였다. Whalen(1953)은 알코올 중독자 부인이 알코올 중독자 남편과 마찬가지로 제대로 통합되지 못한 인성을 가지고 있다고 보았다. 그리하여 알코올 중독자 부인도 흔히 알코올 중독자 가족에서 나타나는 파괴적인 분위기 형성에 알코올 중독자 남편과 마찬가지의 영향을 끼친다고 보았다. 나아가 알코올 중독자 부인의 인성은 기본적으로 부정적이고 파괴적이어서 결혼생활의 파트너로서 알코올 중독자를 선호한다고 보았다.

Whalen(1953)의 알코올 중독자 배우자 유형은 다음과 같다.

- 고통받는 자(sufferer): 알코올 중독자 부인은 고통받고 싶어 하는 욕구가 있기 때문에 알코올 중독자 남편을 선택한다. 알코올 중독자 부인은 남편이 책임감이 없고, 그들을 학대하고, 능력이 없어도 실망하지 않는다. 이들은 온순하고, 남에게 잘 미안해하는 착한 가정주부다. 이들은 과거에 학대받으면서 성장하였으며, 자존감이 낮다. 이런 유형의 여성은 반드시 알코올 중독자와 결혼하지 않더라도 지배적이고 수용적이지 않은 차가운 남자를 남편감으로 찾는다. 알코올 중독자 가족에서 이들의 역할은 알코올 중독자 남편의 행위를 강화시키고 스스로는 참는 존재로 두는 것이다.
- 통제자(controller): 이 유형의 여성은 자신을 필요로 하는, 예를 들면 알코올 중독자나 신체장애인, 사회 경제적으로 교육수준이 낮은 남성을 남편감으로 찾는다. 이들의 인성구조는 불신과 원망으로 가득 차 있다. 이들은 결혼 상대로 자기보다 약하여 자신들이 지배하고 조정할 수 있는 사람을 원한다. 이들이 상담자와 만나는 이유는 남편의 술을 끊도록 하기 위한 동맹자를 얻기 위함이다. 이들은 가족에게 아무런 관심도 없고 남편에 대해 적대적이고 비판적이다. 게다가 남편을 멀리하고, 남편을 비난하며, 남편의 문제 감정을 강화시킨다. 이들은 남편의 음주에 대해 불평을 하지만 정작 남편이 능력 있고 동등한 파트너가 되기를 원하지는 않는다.
- 동요하는 자(waverer): 이 유형의 여성은 자신을 필요로 하는 사람에게 마음이 끌리지만 '통제자' 유형하고는 다르다. 통제자는 남편을 통제하기 위해 자신보다 약한 사람을 선택하지만, '동요하는 자'는 자신이 버려지지는 않을까 하는 두려움으로 그러한 부류의 남성을 선택한다. '동요하는 자'는 사랑받고 싶어 하는 욕구가 크며 불안정한 것을 견디기 힘들어한다. 이들은 의

존적인 관계의 사람에게서만 편안함을 느낀다. 자녀에게도 헌신적으로 보이나 사실은 자녀를 나약하게 만들어 자신의 도움을 필요로 하게 만든다. 이들은 정도 이상으로 상대방을 보호하고 부드럽게 대한다. 결국에는 남편의 행위에 진저리를 내고 잠시 동안 남편과도 떨어져 있게 된다. 그러나 이들은 남편이 지키지도 못하는 약속을 하며 돌아올 것을 설득하면 그에 응한다. 이들은 자신들이 잘못하고 있다는 것을 알지만, 남편의 부드러운 말을 거부하지 못한다.

- 처벌하는 자(punisher): 이들은 성공적인 전문직 여성이며, 가정생활에는 관심이 없다. '통제자'와는 달리 남편에게 자신을 정서적으로나 경제적으로 돌보아 줄 것을 요구하지 않고 대신 남편을 돌본다. 이들은 남편에게 거의 모든 것을 제공하고 그 과정에서 남편을 정서적으로 거세한다. 반면에 남편이 술을 마시거나 '나쁜'(소란스럽고 성가시게 하는) 행동을 할 때에는 남편을 심하게 처벌한다.

Whalen(1953)은 이상에서 제시한 네 가지 인성 유형 외에 다른 유형도 있을 것이라고 보았고, 이러한 네 가지 인성 유형은 알코올 중독자와의 결혼생활에서만 나타나는 특성은 아니라고 주장하였다.

McDonald(1956)에 따르면, 알코올 중독자 부인은 남편의 술 문제가 경감될 때에도 정신의학적인 증상을 보인다. 실제로 많은 사례에서 알코올 중독자 부인은 정작 남편이 술을 끊었을 때, 이전보다 더 심각한 정신질환 현상을 보였다. 그는 그러한 현상을 '보상상실(decompensation) 가설'에 기초해 설명하였는데, 즉 알코올 중독자와 알코올 중독자 부인이 부정적인 공생관계를 가지고 있기 때문에, 알코올 중독자가 술을 더 이상 마시지 않을 경우 부인은 자신의 내적인 욕구가 채워지지 않아 정신의학적인 증상을 보인다는 것이다. 이렇게 알코올 중독자가 술을 마시고 있는 동안에 가려져 있던 부인의 뿌리 깊은 만성적인 정서적 문제가 남편의 증세 약화로 노출됨으로써 결국 부인은 정신의학적인 증세를 보이게 되는 것이다.

(2) 스트레스 관점

인성 관점은 알코올 중독자 부인을 정서적으로 혼란스러운 존재로 보고 있는데, 알코올 중독자 부인이 정서적으로 혼란스럽지 않다고 주장하는 학자도 많다. 이러한 관점의 대표적인 학자가 Jackson이다. Jackson(1954)은 알코올 중독자 부인의 인성을 사회적 스트레스 가설(social stress hypothesis)로 설명하였다. 그는 다른 이들과 구분되는 알코올 중독자 부인의 특성은 알코올 중독자와 생활하는 데서 오는 스트레스에 대한 반응이라고 주장하였다. 즉, 알코올 중독자 부인은 남편이 알코올 중독자가 되기 전에는 그 같은 이탈적인 행동을 보이지 않았다는 것이다. 또한 부인은 의도적으로 알코올 중독자 남편감을 선택한 것도 아니고, 남편 또한 결혼하기 전에 알코올 중독자였다는 증거도 없다는 것이다. 그리고 알코올 중독자가 술을 마시지 않게 되면, 부인의 이탈적인 행동도 줄어든다고 보았다.

Jackson(1954)은 알코올 중독자 가족이 변해 가는 특징을 단계별로 묘사하였다. 알코올 중독의 초기 단계에서 부인은 남편이 술을 마시지 못하도록 여러 방법을 시도한다. 그러나 그러한 노력이 좌절되어 자존감이 손상된다. 그리하여 부인은 알코올 중독자 남편에게 기대를 걸지 않고 남편에게 조금씩 덜 의존하면서 가정 내의 책임을 떠맡는다. 알코올 중독자 남편은 가족을 계속 괴롭히지만 더 이상 큰 고통은 주지 않는 까다로운 아이의 위치에 있게 된다. 부인은 가정에 대한 책임을 더 느끼고, 자존감이 높아지며, 병적인 현상이 감소된다. 이와 같이 알코올 중독자 부인은 남편에게서 분리(detachment)되고, 종종 이혼으로 결혼생활이 끝나기도 한다.

스트레스 관점은 많은 경험적 연구에 의해 지지되고 있다. Corder, Hendricks와 Corder(1964)는 알코올 중독자 부인과 남편이 알코올 중독자가 아닌 부인을 대상으로 MMPI를 검사한 결과, 알코올 중독자 부인이 정신의학적인 증상을 더 많이 보이긴 했지만, 정상 이하의 범주에는 속하지 않았기 때문에 병적(sick)이라고는 볼 수 없다고 주장하였다. Paolina, McCrady, Diamond와 Longabough(1976)는 알코올 중독자 부인과 남편이 알코올 중독자가 아닌 부인을 대상으로 심리선별검사 (Psychological Screening Inventory: PSI)를 한 결과 방

어력(defensiveness) 부분을 제외하고는 아무런 유의미한 차이를 발견하지 못했다고 보고하였다. Hill(1949)은 알코올 중독자가 회복하여 가족이 다시 합해지는 시기에 부인이 혼란스러워하는 경향이 있는데, 그 같은 현상을 부인이 과거에 혼란스러운 인성을 가졌다는 의미로 해석할 수 없다고 주장하였다. 예컨대, 남편이 알코올 중독자가 아니더라도 결혼생활이 어려워 별거를 한 후에 남편과 다시 합칠 때에는 어떤 부인이라도 어느 정도의 적응 문제를 가지게 된다는 것이다.

(3) 알코올 중독자 부인과 공동의존

공동의존(codependency)은 가족을 '준알코올 중독자(para-alcoholic)'와 '공동 알코올 중독자(co-alcoholic)'로 지칭하면서 사용하게 된 은유적 표현이다. 공동의존개념은 인성 관점에 뿌리를 두고 있으며(Harper & Capdevila, 1990), 사회복지실천 현장에서 알코올 중독자 부인을 대상으로 하는 교육에서 많이 사용되고 있다.

Howe(1995)는 공동의존 상태에 있는 사람은 실패한 관계 경험을 가지고 있는 사람, 예를 들면 알코올 중독자, 우울증 환자, 약물남용자 등과 같이 입장이 매우 딱하고 문제가 있는 사람에게 마음이 끌려 가까운 관계를 맺는 사람이라고 설명하고 있다. 공동의존 인성을 가진 사람은 아동기와 성인기에 다른 이들의 사랑과 인정을 받기 위해 다른 사람의 장단에 맞추어 춤추듯 타인의 욕구에 충실하며 모든 열의를 다한다. 알코올 중독자 배우자의 유형으로 Whalen(1953)이 언급한 '고통을 받는 자(sufferer)'는 '다른 사람을 너무 많이 사랑하는 사람'을 말한다. 이를테면 사회복지사나 간호사와 같이 남을 돌보는 전문직을 선택하는 사람들도 공동의존 경향이 있다.

공동의존 관계는 충동적인 수발과 밀접하게 연관이 있다. 공동의존 상태에 있는 사람은 관계에서는 다른 사람과 매우 밀착되어 있으나 항상 수발자 역할만을 도맡는다. 이들은 무언가를 주는 역할만 하고 받는 입장에 서지 않는다. 어린 시절에 특히 부모와의 애착관계(attachment relationship)에서 양가감정을 경험한 사람은 그러한 결핍된 부분을 보충하기 위해 다른 사람에게 필요한 존재가 되려고 애쓴다.

Cermak(1990)는 공동의존 상태에 있는 사람들은 ① 항상 다른 사람을 기쁘게 하려고 하고, ② 다른 사람의 욕구를 충족시키는 데 책임을 느끼고, ③ 낮은 자존감을 가지고 있고, ④ 충동적이고, ⑤ 방어적이어서 문제를 부인(denial)하는 경향이 있다고 보았다. Cermak(1990)는 공동의존자를 "정체감이 덜 발달되어 있고, 배우자나 가족, 외모, 일이나 규칙 등의 외적인 자원에 의존적인 애착을 가짐으로써 허위 정체감(false identity)을 가지는 사람"으로 정의하였다. 공동의존자는 마치 어머니의 품안에서 떨어져 나간 어린아이와 같아서 외형적인 것, 사람, 물건, 책임감, 안전 등에 집착한다. 공동의존관계는 불안하고, 양가감정을 가지며, 불확실했던 아동기의 불행했던 경험을 다시 한 번 재현하는 '고립되고 엉켜 있는(enmeshment) 주기'라고 볼 수 있다. 공동의존자는 아동기에 부모로부터 심리적, 신체적으로 적절한 지지를 받지 못한 사람들이다. 따라서 공동의존자의 자아는 약하고 오로지 다른 이들의 욕구에 따라 반응하고 만들어진다(Kasl, 1989).

페미니즘 관점에서 보는 사람들은 공동의존이 알코올 중독자 부인에게 낙인을 부가하였다고 비판한다(Harper & Capdevila, 1990). 페미니즘 관점은 공동의존 현상이 병리적이기보다는 '과도하게 책임감이 있는' 것이라고 보고 공동의존 개념을 재구성하였다. 또한 공동의존 개념의 취약성을 설명하는 인성 관점이 과학적이지 못하다고 지적한다. 즉, Whalen(1953)의 알코올 중독자 부인 유형은 표본의 크기가 9명으로 매우 제한적이어서 단순한 임상적 기술(impressionistic description)에 불과하다는 것이다(Schaffer & Tyler, 1979).

이와 같이 알코올 중독자 부인에 대한 관점 간의 논쟁이 뜨겁다. 이 외에도 알코올 중독자 부인의 병리적인 정도는 개별적으로 검토될 문제라는 의견도 있다. Gorski

(1984)는 인성 관점에서 나온 공동의존(co-dependency) 개념을 알코올 중독자 가족 모두에게 일반화시키는 것은 무리라고 보고, 역기능적으로 반응하는 부인에게만 공동의존 개념을 사용해야 한다고 주장하였다. 중요한 것은 어떠한 관점을 지지하든 간에 이들에게는 도움이 필요하다(Lawson, Peterson, & Lawson,

1983).

2) 알코올 중독자 자녀

알코올 중독자의 자녀(Children of Alcoholics: COA)는 전문가들이 알코올 중독자나 그들의 부인과 일하는 것을 선호하는 이유로 흔히 알코올 중독 치료기관에서 등한시되어 왔다. 아동을 대상으로 하는 기관에서조차도 가정에서의 술 문제를 인식하지 못하는 경우가 많다.

Cork(1969)는 115명의 알코올 중독자 자녀를 대상으로 인터뷰한 결과, 알코올 중독자 자녀는 가족의 문제에 너무 깊게 관여함으로써 문제를 해결해 나가는 능력이나 나이에 적합한 책임감을 자연스럽게 개발할 수 없었다. 또한 어린 나이와 어울리지 않는 성인이 해야 하는 과업을 수행하고 있었으며, 그에 대해 불편한 감정을 표현하지 않았다. 알코올 중독자 자녀를 대상으로 한 연구결과를 구체적으로 살펴보면 다음과 같다.

- 알코올 중독자 자녀는 부끄럽고 예측할 수 없는 부모의 행동 때문에 친구의 집에 놀러 가지도 않고 친구를 집에 데리고 오지도 않는다. 또래와의 정상적인 친구관계를 맺는 데 어려움을 가진다.
- 알코올 중독자 자녀는 모든 이들에 대해 분노를 가지고 있다.
- 알코올 중독자 자녀는 수업이 끝나고 집에 돌아갔을 때 어떤 일이 일어날 것인가에 대한 강박관념에 사로잡혀 있다.
- 알코올 중독자 자녀는 부모와 잘 지내는 친구를 부러워한다.
- 형제가 없는 알코올 중독자 자녀는 매우 외로워한다.
- 알코올 중독자 자녀는 양쪽 부모 모두가 술을 마실 경우 버려졌다는 느낌을 갖는다.
- 알코올 중독자 자녀는 그들 자신이 부모처럼 행동해야 한다고 생각한다. 특히 어머니가 술을 마실 때 그러하다.
- 부모가 별거 중일 경우 알코올 중독자 자녀는 양쪽 부모 모두가 외로워하지

는 않을까 하여 걱정한다.

- 청소년기에 있는 알코올 중독자 자녀는 자신의 삶을 통제하거나 책임감을 가질 수 있는 경험을 하지 못한다. 그리하여 부모와 분리되지 못하고 자신의 욕구에 따라 개별화시키지 못한다. 아무런 연관도 없는 사람들과의 관계 정리에서도 어려움을 겪는다.
- 알코올 중독자 자녀는 알코올 중독자인 아버지의 행위보다는 알코올 중독자가 아닌 어머니가 아버지에게 적대적이고 분노하는 것에 대해 비난한다.
- 알코올 중독자 자녀는 부모가 여러 번 별거하고 합치는 것을 보고 그러한 일이 일관성 없이 이루어진다는 사실을 알게 된다.
- 부모가 술을 끊었을 때에도 알코올 중독자 자녀는 여전히 문제를 지닌다.

이 외에도 알코올 중독자 자녀는 알코올 중독자 아버지와의 관계가 일관성이 없고 예측 불가능하기 때문에 정서적인 박탈감을 느낀다. 알코올 중독자 아버지는 자녀에게 적절한 의사소통이나 애정, 올바른 부모역할을 하지 못하여 정서적 방임을 하게 된다. 알코올 중독자 자녀는 알코올 중독자 아버지가 책임감이 결여되고 부모로서 적절하지 못한 것에 대해 부끄러워한다. 부모를 사랑하고자 하는 욕구가 있지만, 자신을 혼란스럽게 하는 부모에 대해 애정, 열망, 존중, 두려움, 분노, 미움, 죄의식, 외로움 등의 복잡한 양가감정을 가진다.

알코올 중독자가 아닌 다른 부모는 배우자로서 겪는 어려움 때문에 자녀의 욕구에 반응적이지 못하다. 알코올 중독자 가족은 더 이상의 고통을 겪지 않기 위해 스스로를 사회적으로 고립시킨다. 가장이 알코올 중독자라는 데에 대한 수치심으로 가족 스스로가 벽을 쌓아 자녀는 친구관계나 사회관계를 갖는 데 제한을 받게 된다. 모든 알코올 중독자 가족에게서 이와 같은 상황이 일어나지는 않지만, 그러한 문제를 겪는 자녀는 치명적인 손상을 입게 된다.

알코올 중독자 아버지는 부모로서의 의무를 다하지 못하여 자녀의 성역할관이 왜곡되거나 부재하게 된다. 그리하여 자녀가 부모역할을 하기도 한다. 부모의 일관성 없는 자녀훈육은 자녀가 가족 바깥의 세상에서 일어나는 사건의 원인과 결과의 관계를 제대로 인식하는 것을 어렵게 한다. 가족규칙이 명확하지 않

고 흔히 가변적이다.

그럼에도 알코올 중독자 자녀는 부모에 대해 강한 사랑을 느끼나 부모가 술을 마시거나 자녀를 방임할 때에는 부모에 대해 분노를 느낀다. 이러한 분노는 부모에게 직접적으로 향하지는 않고 자녀 자신의 내부로 향하게 된다. 그들에게 진정한 의미의 가정은 없어지게 된다. 한부모가정의 경우 부모가 병원에 입원하거나 자녀에게 가정환경을 제공할 능력이 없을 때에는 그러한 불안은 현실이 된다. 자녀는 시설 같은 곳에 맡겨지게 되고 자신들의 부모를 부끄러워하게 된다. 부모에 대한 분노와 원망은 반항적인 행위로 나타난다. 자녀의 이러한 반항적인 행위는 부모 또한 거리감을 느끼게 만든다(Hecht, 1973).

부모의 성별에 따라 자녀에게 미치는 영향은 다르다. 어머니가 알코올 중독자인 경우에는 아버지가 알코올 중독자인 경우보다 자녀들이 경험하는 문제의 정도는 더 심각하다. 아버지와 어머니 모두가 알코올 중독자인 경우, 자녀는 부모에게서 아무런 자원도 제공받지 않은 상태에서 성장하게 된다.

일반적으로 알코올 중독자 자녀는 부모가 알코올 중독자가 아닌 자녀에 비해 우울증이나 불안, 비행, 신체질환, 약물남용 등의 문제를 보였고, 학습이나 직장생활에 적응하는 데에도 어려움을 가지는 것으로 나타났다. 특히 주목할 점은 알코올 중독자 자녀의 문제는 연령별로 다르게 나타난다는 것이다.

나이가 어릴 때에는 학교에서 문제를 일으키고, 비행을 하고, 싸움을 자주 일으키고, 동성이나 이성친구와의 관계를 형성하는 데 어려움을 보인다. 대신 술이나 약물남용, 우울증, 자살시도, 억압된 감정이나 자기신뢰가 결여되어 있는 등의 문제는 거의 보이지 않는다.

그러나 아동이 사회경제적으로 낮은 계층에 속해 있거나, 신체적 학대를 목격 또는 경험하거나, 6세가 되기 이전에 부모의 술 문제가 시작되거나, 외동 또는 맏이이거나, 지지적이지 못한 가정환경에서 성장할 때는 문제가 생길 가능성이 더 커진다.

초등학교와 중등학교에 다니는 알코올 중독자 자녀는 비교집단에 비해 행동과 학습 면에서 많이 힘들어한다. 알코올 중독자 부모와 자녀의 자기보고(self-report)에서도 우울증이나 불안, 비행, 행동상의 부적응, 신체적인 문제, 술과 다른 약물남용 등이 언급되었다. 특히 행동 문제는 초등학교 학생층에서 가장 많이 거론되었고(Ballard & Cumming, 1990), 청소년층에서는 불안하고 우울하다고 답하였다(Roosa, Bearks, Sandler, & Pillow, 1990).

양쪽 부모 모두가 알코올 중독자일 경우 자녀는 정신장애나 과잉행동장애, 학습에서의 어려움과 심리 사회적인 문제를 가질 가능성이 매우 높다(Coles & Platzman, 1992).

알코올 중독자 성인자녀가 과거를 회상하면서 보고한 내용을 보면, 그들은 청소년기에 정서중심 대처(emotional-focused coping)를 사용하여, 이것이 초기 성인기에서의 우울증이나 낮은 자존감에 영향을 주는 것으로 나타났다. 특히 자신을 비난하는 대처는 우울해지는 경향과 연관이 있다(Clair & Genest, 1987).

3) 알코올 중독자 성인자녀

알코올 중독자 성인자녀(Adult Children of Alcoholics: ACOA)가 과거를 회상해 보면, 아동기에는 신체증상적인 문제(symptomatology), 친구 문제, 자신의 가정과 친구의 가정환경이 너무 다른 데에서 오는 갈등을 경험하였다고 보고하였다. 알코올 중독자 성인자녀는 성인기에는 낮은 자존감, 불만족, 부정적인 자기인식, 불안, 우울증 등의 적응 문제를 경험하였다고 언급하였는데, 이러한 문제는 부모의 알코올 중독 그 자체보다는 부모의 불화(parental disharmony) 때문이라고 지적하였다(Velleman, 1992).

부부갈등(marital conflict)은 아동기와 청소년기 자녀의 반사회적인 비행 행위를 예측하는 가족환경변수(예, 이혼, 빈곤, 부모의 정신건강 문제) 중에 가장 설명력이 강한 하위변수로 나타났다. Cork(1969)의 연구에서도 알코올 중독자 자녀는 가족에 대한 주요 관심으로, 음주 그 자체가 아닌 부모의 싸움과 자신들에 대한 관심의 결여를 지적하였다고 보고하였다. 음주와 관련해서는 조사 대상자의 2/3 정도가 성인이 되면 절대로 술을 마시지 않겠다고 응답하였고, 1/3 정도는 적당하게 술을 마시겠다고 답하였으며, 나머지 소수는 이미 술을 마시고 있는 것으로 나타났다. 그러나 이전의 연구결과에서 보면 절대로 술을 마시지 않겠

다고 답한 알코올 중독자 자녀의 50~60%가 성인이 되어서 알코올 중독자가 되는 것으로 나타났다.

Cork(1969)는 조부모 세대로 거슬러 올라가서 조사한 결과, 알코올 중독자 부모의 아버지, 즉 친할아버지의 2/3 정도와 친할머니의 10% 정도가 알코올 중독자였던 것으로 나타났다. 그리고 알코올 중독자가 아닌 어머니의 아버지, 즉 외할아버지의 50% 정도 그리고 외할머니의 7% 정도가 알코올 중독자였던 것으로 나타났다. 이를 볼 때 알코올 중독자 자녀가 인지적으로는 그들의 부모처럼 술을 마시지 않겠다고 다짐하지만 그럼에도 알코올 중독자가 될 가능성은 매우 높다고 볼 수 있다. 알코올 중독이 유전적으로 세대 간으로 이어질 수 있지만, 그 외의 대인관계나 대인관계 문제의 특성에도 영향을 미칠 수 있다.

이상에서 살펴본 알코올 중독자 가족에서 자녀가 보여 주는 문제는 다음과 같이 정리될 수 있다(Lawson, Peterson, & Lawson, 1983).

- 신체적 방임과 학대: 심각한 질병, 사고
- 과잉행동(acting out behavior): 경찰과 법원과 관련이 됨, 공격성, 알코올과 약물남용
- 알코올 중독과 혼란스러운 가족생활에 대한 정서적 반응: 자살시도, 우울증, 억압된 정서, 자기신뢰의 결여, 현실성(life-direction)의 결여, 버림받는 것(abandonment)에 대한 불안, 미래에 대한 불안, 사회적 대인관계에서의 어려움, 가족성원 간의 관계 문제, 동료 문제, 적응 문제, 기존의 규범과는 다르다는 느낌, 당혹스러움, 과도한 책임감, 사랑을 받지 못하고 신뢰할 수 없다는 느낌

3. 알코올 중독자 가족에 대한 서비스 현황과 대책

우리나라에서는 정신보건법이 1995년 12월에 국회 심의를 통과하여 1997년부터 시행되었다. 알코올 중독자는 알코올 문제를 스스로 인식하여 자발적으로

입원을 하는 경우도 있지만, 대부분이 본인이 원하지는 않으나 가족이 더 이상 견디기 힘들어하여 강제입원을 하게 되는 경향이 있다.

1997년부터 효력이 생긴 알코올 중독자 가족과 관련된 법률 제8939호 정신보건법(2008. 3. 21. 일부 개정)에 따르면, 입원의 종류는 '자의입원' '보호의무자에 의한 입원' '시장 군수 구청장에 의한 입원' '응급입원' 등이 있다. 퇴원을 할 경우에는 예전처럼 가족의 동의에만 의존하는 것은 아니고 '기초정신보건심의위원회'가 있어서 퇴원 및 계속입원 여부를 심사하게 된다. 이전처럼 병원에서 길게는 몇 십 년 동안 격리되지는 않게 된다. 개정된 정신보건법에서는 환자의 인권을 많이 보강하였다. 그러나 그와 동시에 환자를 돌보아야 하는 가족의 부담은 상당히 늘어났다. 따라서 알코올 중독의 문제를 한 개인이나 가족의 문제가 아닌 지역사회와 국가가 함께 풀어 나가야 할 문제로 인식하고 그에 대한 국가적 차원에서 재정지원을 뒷받침해야만 할 것이다. 즉, 정신보건법 본래의 취지를 뒷받침할 수 있는 다양한 서비스가 지역사회 수준에서 마련되어야 진정한 의미의 정책 개입이 이루어질 것이다.

우리나라에서 알코올 중독자 부인과 자녀를 대상으로 하고 있는 서비스는 주로 부인으로 이루어지는 가족친목(Al-Anon)과 알코올 중독자의 10대 자녀로 구성되는 알라틴(Alateen)의 자조집단, 그리고 지역사회복지관에서 이루어지고 있는 알코올 중독자 부인 교육집단이 전부다. 그나마 배우자를 위한 가족친목이나 알코올 교육집단은 이루어지고 있으나 알라틴의 활동은 미미한 것으로 지적되고 있다.

1) 알코올 중독자 가족을 위한 프로그램

'생명의 전화' 종합사회복지관에서는 알코올 중독자 가족을 대상으로 하여 일주일에 2시간씩 8주의 알코올 교육프로그램(〈표 12-1〉 참조)과 1개월에 1회의 지지모임을 가진 바 있다. 알코올 중독자 가족이 낮에 직장에 다니는 경우가 많아서 토요일 오후 시간에 모임을 가졌다.

표 12-1 알코올 중독자 가족을 위한 프로그램

회차	주제	목표	내용
1	알코올 중독에 대한 이해	알코올 중독에 대한 바른 이해를 돕는다.	알코올 중독을 정의해 본다. 재발에 대한 바른 이해를 돕는다.
2	과도한 책임감에 대한 이해	공동의존 개념을 분석하고 가족의 노력을 존중해 준다.	기존의 인성 관점에서 벗어나 페미니즘 관점에서 제시하는 '과도한 책임감'으로 재개념화하여 가족의 노력과 책임감을 인정해 준다.
3	조성행위 감소시키기	조성행위를 확인하고 대안을 모색한다.	비효과적인 '조성행위'를 확인해 보고 그러한 행위를 멈추고 다른 효과적인 방법에 대해 생각해 본다.
4	부모역할에 대한 고찰	부모역할을 점검하고 효과적인 부모역할을 생각해 본다.	자신의 성장과정을 돌아보면서 효과적인 부모역할에 대해 생각해 본다.
5	자기주장훈련	자기주장훈련을 통해 자존감을 향상시킨다.	자기주장 정도를 파악해 보고 역할연습을 통해 자기주장 훈련을 실시하고 가정에서 실시할 수 있도록 과제를 제시한다.
6	정신병원에 입원시키는 것에 대한 인식	정신병원에 대한 인식을 변화시키고 치료의 필요성을 인식하도록 돕는다.	가족이 알코올 중독자를 정신병원에 입원시키는 것에 대한 인식을 높여 준다. 이를 위해 정신병원에 알코올 중독자를 입·퇴원시키는 것과 관련된 기술훈련을 실시한다.
7	지역사회자원 연결	지역사회 자원 관련하여 개별화된 욕구를 사정하고 충족시키는 기회를 가진다.	종결에 앞서 다루어지지 않은 욕구가 있는지 확인한다. 필요한 경우에는 알코올 중독자의 입원계획과 퇴원계획을 세워 주고, 가족이 개별적으로 필요로 하는 자원을 사회복지사가 연결해 준다.
8	사후검사와 지지 집단계획	프로그램의 효과를 유지할 수 있도록 지지집단을 형성할 것을 격려한다.	가족 성원의 알코올 중독 문제는 장기적일 수 있다. 단기간 모임을 통해 집단경험의 효과를 유지하기는 쉽지 않으므로 지지집단을 형성하여 계속적인 모임을 진행할 수 있는 여건을 마련해 준다. 협의를 통해 1개월에 1회로 결정한다.

출처: 김혜련, 최윤정(2004), p. 56.

2) 가족친목

알코올 중독자 가족이 가장 쉽게 이용할 수 있는 서비스는 가족친목으로, 이는 전문가가 관여하지 않는 자조집단(self-help)이다. 가족친목은 1940년대 후반에 단주친목 성원의 배우자와 친척이 모여 알코올 중독자와 함께 살아가면서 공유하는 공통적인 문제를 토론하기 위하여 모인 것이 그 시효가 되었다.

가족친목은 단주친목(Alcoholics Anonymous: A. A.)과 동맹관계를 맺으면서 A. A.의 12단계를 따르고 있다. 가족친목은 알코올에 대해 무력하다는 알코올 중독의 질병모델 교리를 따르기는 하지만, 알코올과 연관된 행동을 변화시킬 수 있는 힘이 있다는 것이 핵심이다. 그러한 힘은 자신들이 선택한 위대한 영적인 힘(higher spiritual power)에 의해 일어난다고 본다. 알코올 중독자가 자신의 음주행위에 대해 책임이 있긴 하지만, 부인 또한 알코올 중독자의 음주에 대해 불안과 분노로 반응함으로써 본의 아니게 알코올 중독을 촉진시킨다고 본다. 질병모델은 알코올 중독자 부인이 갖고 있는 적대감이나 죄의식을 제거하는 데 도움이 된다.

가족친목에서는 음주의 변화는 알코올 중독자가 책임을 져야 할 부분이라는 사실을 알코올 중독자 부인이 수용해야 한다고 본다. 혼란스러운 알코올 중독자와의 결혼생활에서도 알코올 중독자 부인은 생활의 다른 부분에서 행복할 수 있는 잠재력을 가지고 있기 때문에 자신이 흥미를 가지고 만족할 수 있는 독립적인 영역을 개발할 것을 강조한다. 알코올 중독자의 음주 문제와 분리시키면서 자신이 성취할 수 있는 자신만의 영역을 가질 것을 권한다. 부인의 그 같은 행동 변화는 알코올 중독자 남편이 술을 끊겠다고 결심을 할 때 아주 도움이 된다.

가족친목은 매우 다양한 특성을 가진 성원으로 이루어지긴 하지만, 그들 모두 알코올 중독자를 남편(혹은 아들, 부모)으로 둔 사람들로서 가족친목의 교리를 바탕으로 하여 경험담을 나누고 대응전략을 구사한다. 가족친목의 기본적인 요소는 집단 성원 간의 사회적 지지의 제공이다. 이는 집단의 상호작용 맥락에서와 집단모임 밖의 사회적 접촉이나 전화를 통하여 일어난다. 가족친목은 남편의 알코올 중독으로 인해 사회적으로 고립된 여성의 친구역할을 해 준다(Collins, 1990).

가족친목에 관한 연구는 아직 많지 않지만 나름대로 가족친목의 효과성이 입증되고 있다. 즉, 가족친목에 오랫동안 참석한 사람일수록 남편이 술 마시는 것

에 대해 잔소리하고, 술을 마시지 말라고 달래고, 알코올 중독자 남편을 보호하기 위해 남편의 술 실수를 숨기는 등의 부정적인 대처행위가 감소하는 것으로 나타났다(Gorman & Rooney, 1979). 따라서 알코올 중독자 부인은 남편의 음주와 관계없이 자신들의 행위를 수정할 수 있는 것으로 보인다. 가족친목은 크게 두 부분으로 이루어진다. 전반부에는 한 시간 정도의 정례화된 모임을 진행하고, 그다음에는 비공식적인 모임 후 세션(postmeeting session)을 갖는다. 여기에서는 주로 현재 가정에서 일어나는 일이나 위기에 관해 의견을 나누는 식으로 진행한다. 실제 가족친목에 참가하여 얻어지는 사회적 · 정서적 · 교육적인 영향이 다루어진다(Ablon, 1974).

3) 가족치료

미국의 대표적인 알코올 중독 치료기관인 재향군인 원호국(Veteran Administration: VA)의 경우, 알코올 중독 가족에 대한 직접적 서비스로 부부치료(conjoint couple therapy)를 가장 많이 제공하였고, 외래프로그램으로는 부부집단프로그램을, 입원프로그램으로는 배우자를 대상으로 하는 배우자교육집단을 시행하는 것으로 나타났다. 가족치료는 그다지 많이 이루어지지는 않았다. 가장 흔히 이루어지는 것은 가족친목과 알라틴 등의 자조집단에 의뢰하는 서비스다. 특히 자녀에 대한 서비스는 알라틴에 의뢰하는 것 외에는 전무했다(Salinas, O'Farrell, Jones, & Cutter, 1991).

가족치료는 알코올 중독 치료에서 비교적 많이 알려진 접근이다. 가족 성원 중 한 사람이 알코올 중독에 걸렸을 경우, 다른 나머지 가족 성원에게도 강력한 영향을 미친다는 의미에서 알코올 중독을 가족병(family disease)으로 본다. 특히 알코올 중독자 자녀는 부모의 알코올 중독에 의해 치명적인 영향을 받는다. 알코올 중독자가 다른 가족 성원에게 파괴적인 영향을 미치는데도 가족은 자신들도 모르는 상태에서 알코올 중독자의 음주 문제에 온 전력을 쏟는다.

가족치료의 이론적 근거인 가족체계이론(family system theory)은 가족이 자신들의 항상성과 균형을 유지하는 방식에 관심을 갖는다. 알코올 중독자가 회복기를 넘어가서 술을 마시지 않을 때는 가족병에 걸려 있는 알코올 중독자 가족의 항상성을 거슬리는 대단한 변화이기 때문에 가족 성원은 그러한 변화에 저항한다. 가족체계이론가는 가족 성원 중 누가 힘(power)이 있고, 누가 어떤 역할을 수행하고, 그리고 어떻게 그 역할이 다른 가족 성원과 그들의 역할에 영향을 미치는지에 관심을 가진다. 알코올 중독자 가족에서 나타나는 특징으로, 알코올 중독자 자녀는 알코올 중독자 부모를 돌보는 부모 같은 자녀(parentified child) 혹은 영웅의 역할을 수행한다.

알코올 중독자 아버지가 회복된다 하더라도 역기능적인 가족체계는 변화되지 않은 채로 종전의 대응역할을 그대로 수행한다. Cork(1969)는 10~16세까지의 자녀 11명을 대상으로 조사한 결과 알코올 중독자 아버지가 단주를 하고 있는 가정과 알코올 중독자 아버지가 계속 술을 마시고 있는 가정의 상황이 전혀 다르지 않다는 것을 발견하였다. 자녀는 아버지가 술을 끊었을 때 가족생활이 특별히 나아진 게 없다고 보고하였다. 한 자녀가 아버지가 술을 끊었을 때의 상황을 다음과 같이 묘사하고 있다.

> 아버지는 지금 술을 마시시 않으신다. 아버지는 다정해지셨고 얘기도 많이 히신다. 아버지는 이따금 아버지답게 행동하시려고 하고 규칙을 만드시기도 한다. 그러나 아버지는 당신이 말씀한 것을 지키시지는 못한다. 내 생각에는 아버지는 우리가 아버지를 사랑하지 않을까 봐 두려워하시는 것 같다. 어머니와 아버지는 이전처럼 자주 싸우시지는 않지만 행복해 보이시지는 않는다. 어머니는 아버지에게 이전에 술을 마셨을 때를 한시도 잊지 않도록 당부하신다. 어머니는 모든 일을 관장하신다. 아버지는 우리처럼 어린아이 같다.

부모는 여전히 문제 있는 결혼 하위체계를 지속하고 있고, 세대 간의 경계는 혼란스럽거나 경직되어 있다. 가족치료의 목표는 단지 알코올 중독자 부모가 단주를 하거나 음주를 줄이는 데 그치지 않고 전체 가족체계의 기능 향상에 관심을 두기 때문에 회복 중인 알코올 중독자 가족에게는 반드시 필요한 접근이다(Levin, 1990).

대부분의 가족치료자는 가족을 하나의 사회체계(social system)로 보는 데에는 동의하지만, 치료자 개인이 선호하는 이론적 가정과 치료기술에 따라 조금씩 다르게 접근한다(Goldenberg & Goldenberg, 1980). 가족치료자가 가장 많이 활용하는 패러다임에는 정신역동적(psychodynamic) 가족치료, 의사소통(communications) 가족치료, 구조적(structural) 가족치료, 행동주의(behavioral) 가족치료 등이 있다(Kaufman, 1992).

4) 단독가족치료

우리나라 알코올 중독자 가족의 상황은 서구와는 매우 달라서 알코올 중독자가 치료를 받지 않는 경우가 많다. 알코올 중독자의 부인 또한 알코올 중독에 대한 인식이 있다 하더라도 집안에서의 남편의 권위 때문에 감히 치료를 받으러 가야 한다고 말하지 못한다. 그러는 가운데 자녀에 대한 정서적 방임, 학대 등이 일어나면서 대부분 부모역할 문제를 지닌 채 가정이 유지된다.

이러한 상황에서 부인만이라도 남편의 알코올 중독을 인식하여 남편의 술 문제에 긍정적으로 대처할 수 있는 방안을 강구해야 한다. 그런 의미에서 단독가족치료(unilateral family therapy)가 한 대안이 될 수 있다.

단독가족치료는 협력적인 가족 성원을 통해 치료에 동의하지 않는 알코올 중독자의 행위를 변화시키고자 하는 개입방법이다. 즉, 협력적인 가족 성원, 주로 배우자가 남편의 재활에 긍정적인 영향을 미칠 수 있는 대리인(agent)이 될 수 있다. 알코올 중독자 남편이 치료를 거절하는 이유는 자신이 알코올 중독 문제가 있다는 사실을 인식하지 못하거나 변화에 대한 동기가 없어서일 수 있다.

단독가족치료는 세 가지 주요 개입 초점으로 이루어져 있다. 첫 번째는 술을 마시지 않는 협력적인 부인의 대처(coping)행위를 변화시키는 개인 초점(individual focus)이다. 부인은 알코올 중독자 남편과 같이 살면서 스트레스와 분노를 느끼고, 자기주장이 결여되고, 우울증을 경험하고, 남편의 음주 문제에 과도하게 관여하여 상처를 받고, 자기 자신의 욕구를 등한시한다. 이러한 문제 양상이 개입의 초점이 된다.

두 번째는 부부와 가족의 기능을 강조하는 상호작용초점(interactional focus)이다. 여기에서는 부부와 가족 간의 의사소통방식, 의사결정과정, 갈등해소방식, 자녀-부모 관계, 부부간의 정서적 강화 등을 다룬다. 마지막 세 번째는 제삼자초점(third party focus) 방식으로, 이는 치료에 들어가지 않는 알코올 중독자 남편이 치료를 받거나 단주를 하는 등 알코올 중독자의 음주행위 자체에 관심을 둔다. 여기에서는 알코올 중독자 부인의 대처행위(spouse coping)를 변화시키는 개인 초점에 관해 소개하고자 한다.

단독가족치료가 모든 알코올 중독자 부인에게 해당되는 것은 아니며, 부인이 갖추어야 하는 조건을 살펴보면 다음과 같다.

- 남편이 술 문제가 있다는 것을 인식한다.
- 남편의 술 문제를 경감시키려는 욕구가 있다.
- 본인은 술 문제가 없다.

이 외에 부부 양쪽에서 갖추어야 하는 조건은 다음과 같다.

- 폭력을 행사하지 않는다.
- 술 이외에 다른 약물로 인한 문제가 없다.
- 심각한 정신장애 병력이 없다.
- 이혼이나 별거 등에 대한 당장의 계획이 없다.

부인은 보통 알코올 중독자 남편의 술 문제에 도움이 되고자 하지만 긍정적인 매개자로서의 역할에는 준비가 되어 있지 못하다. 따라서 부인은 남편이 재활하는 데에 필요한 긍정적인 역할을 습득해야 한다. 그러한 역할을 유도(spouse role induction)하기 위한 네 가지 양식은 다음과 같다.

(1) 알코올 교육

알코올 교육(alcohol education)은 알코올과 그 효과에 대한 잘못된 개념과 정보를 정확하게 이해할 수 있도록 돕는다. 알코올 중독과 관련하여 현재 이루어지고 있는 치료의 성격과 전제 가정을 알려 주고, 알코올 중독자의 행위를 설명하고, 이에 알코올이 미치는 영향을 설명한다. 알코올로 인해 생길 수 있는 생물심리사회적(biopsychosocial) 문제를 다룬다.

(2) 부부관계 강화

부부관계에서 불화가 있을 경우, 부인은 변화를 위한 매개자로서의 역할을 수행할 수 없다. 따라서 부부관계 강화(enhancement of the marital relationship) 프로그램에서는 조화로운 부부관계를 촉진시키고, 부인이 알코올 중독자 남편에게 긍정적인 영향을 미칠 수 있도록 하는 데에 주력한다.

(3) 조성행위의 제거

부인은 본의 아니게 알코올 중독자 남편이 술을 마시도록 하는 데 기여할 수 있다. 따라서 그러한 조성행위(enabling behaviors)를 제거(disenabling)하는 프로그램을 시행할 수 있다.

(4) 오래된 영향 체계의 중성화

남편이 술을 마시지 못하도록 했던 부인의 이전 행동인 오래된 영향체계(old influence system), 예를 들면 술을 마신다고 잔소리하고, 술을 마시지 말라고 애원하고, 술을 마시면 이혼하겠다고 협박하는 등의 비효과적인 대처행위를 그만두도록 하는 내용을 담고 있다.

단독가족치료의 주 효과가 부인이 남편의 재활에 긍정적인 역할을 하고 알코올 중독자 남편이 치료를 받도록 자극하는 데 있지만, 부인의 안녕을 향상시키는 것도 중요한 목표 중 하나다. 분리(disengaging)가 그러한 예다. 분리는 부인이 알코올 중독자 남편에게서 독립할 수 있도록 하고, 남편의 술 문제에 정서적으로 깊이 관여하는 것을 감소시킬 수 있게 한다. 이 외에도 부인이 흔히 보이는 스트레스, 분노, 자기주장 결여, 우울증, 불안 등의 정서적인 문제와 반응 등을 다룸으로써 부인이 남편의 술 문제에 효과적으로 대처하는 것을 돕는다. 이상의 어려움이 제거되면, 부인은 남편의 술 문제에 긍정적인 변화를 가져다줄 수 있을 뿐만이 아니라 자신의 개인적인 기능도 향상시킬 수 있다.

알코올 중독자 남편이 치료에 들어간다고 해서 부인의 역할이 끝나는 것은 아니다. 알코올 중독은 재발률이 높은 것이 특징이다. 알코올 중독자 남편의 재발을 방지하는 데 부인의 역할이 중요하게 작용한다. 부인의 지지(spouse support)와 부인이 중개한 재발예방훈련(spouse-mediated relapse prevention training)이 구체적인 예다. 부인의 지지는 남편이 치료를 끝내고 새롭게 습득한 행동을 지속할 수 있도록 부인이 용이하게 하는 것을 말한다. 부인이 중개한 재발예방훈련은 ① 술에 대한 높은 위험상황(high-risk situation)을 확인하고, ② 술에 대한 유혹을 저지하는 훈련을 하고, ③ 술과 멀리하는 행동을 격려하고, ④ 재발에 관해 이해하고, ⑤ 재발의 특성과 재발을 어떻게 방지할 것인가에 관해 교육하고, ⑥ 생활방식의 균형을 회복하는 등의 내용을 다룬다(Thomas, Santa, Bronson, & Oyserman, 1987).

5) 부부치료

알코올 중독자 남편이 술을 끊었을 경우에는, 그 다음 단계로 부부관계가 다루어져야 한다. 행동주의 부부치료에 따르면 문제가 있는 부부는 정도 이상의 부정적인 상호작용을 하고 부정적인 혹은 강제적인 교환을 통하여 서로의 행위를 통제하는 것을 학습한다고 가정한다. 그리하여 부부치료의 첫 번째 목표는 부부가 건강한 의사소통 기술을 학습할 수 있도록 긍정적인 교환을 증가시키는 것이다.

그동안 남편의 술 문제로 부부가 무언가를 함께할 수 있는 기회를 갖지 못하였다고 가정하고 긍정적인 교환을 증가시키기 위해 부부에게 일주일에 한 번씩 함께 외출하고 외식하는 활동을 격려한다. 긍정적인 교환을 증가시키는 두 번째 기술은 부부간의 상호작용 촉진이다. Stuart(1980)는 그러한 기술을 '서로 배려하는 날(Caring Days)'로 명명했다. 부부 각자가 하루를 상대편을 생각하고 기쁘게 할 수 있는 작고 긍정적인 일을 하도록 하였다. 또한 '상대편을 기분 좋게 하는(catch your spouse doing something nice)' 방법을 권하는데, 이 방법은 상대편에게 그들이 좋아하는 상대방의 한 가지 행동을 적으라고 한 다음에 그에 관해 얘기해 주는 것이다. 이러한 기술은 상대방의 부정적인 행위보다는 긍정적인 행위에 관심을 가지도록 격려하는 전략이다(McCrady, 1992).

의사소통기술과 문제해결기술도 다양하다. 치료자는 개입에 앞서 부부 각자의 의사소통기술과 문제점을 신중하게 사정한다. 부부는 설혹 상대방의 의견에 동의하지 않는다 하더라도 상대방의 입장을 이해하고 정확하게 듣는 방법을 학습해야 한다. 또한 상대방을 공격하기보다는 자신의 감정을 표현하고, 문제해결을 용이하게 하는 방식으로 문제를 확인하고, 변화를 위한 구체적인 질문을 하고, 의견을 모으고, 좋은 해결방안을 선택하고 수행하는 것을 배워야 한다.

행동주의 치료자는 이 같은 목표를 달성하기 위해 행동주의 부부치료 기술을 사용한다. 부부에게 구조화된 방식으로 의사소통기술을 가르치고, 집에서나 치료모임에서 역할극을 통하여 개별적으로 기술을 가르친다. 부부는 문제라고 생각되는 것에 대해 구체적인 의사소통기술에 대한 피드백을 받고 이전과는 다른 의사소통기술을 학습한다.

6) 알코올 중독자 자녀에 대한 개입

알코올 중독자 가정의 자녀에 관한 연구에는 알코올 중독자 가정에서 성장하는 것으로 인해 부정적인 영향을 받는 것에 초점을 두는 결핍 관점과 기능이 악화될 수 있는 환경에서 성장함에도 성공적인 적응을 하는 적응유연성(resilence)에 초점을 맞추는 강점 관점 등이 있다.

(1) 결핍 관점

가족병 관점에 따르면, 알코올 중독은 가족병(family disease)이다. 알코올 중독은 가족체계에서의 모든 성원을 황폐화시키는 방식으로 영향을 미친다. 가족체계는 균형감각을 유지하고자 항상 노력하며, 가족은 자연스럽게 돌아가도록 함께 작용한다. 가족체계의 어느 한 부분에서의 변화는 체계의 다른 부분에 변화를 필요로 한다. 가족 성원 중 한 사람의 행위는 다른 가족 성원에게 영향을 미친다. 알코올 중독을 가족병으로 인식하면서 알코올 중독자 가족의 자녀를 체계를 통하여 원조할 수 있다고 본다(Robinson & Rhoden, 1998).

Wegscheider(1981)는 알코올 중독자 가족의 자녀가 다음과 같은 역기능적인 역할을 수행하고 있다고 보고하였다.

① 가족영웅

알코올 중독자 가족에서는 주로 맏이가 가족영웅(family hero) 역할을 수행한다. 이 범주에 속하게 되는 자녀는 가족의 일에 대하여 과도하게 책임감을 느껴서 가족을 구원할 수 있다고 믿는다. 이들은 겉으로는 자존과 자기신뢰 등을 보여 준다. 이들은 학교나 가정에서 긍정적인 행동을 한다. 그러나 이들은 외롭고, 그들이 보여 주는 완벽함이나 충동적인 행위는 학업에서의 성취를 방해한다. 이들은 학교에서 비현실적인 성취를 설정하기도 한다. 이들은 현실적인 성취기대를 설정하고, 실패에 대처하고, 일과 놀이의 균형을 맞추는 것이 필요하다.

② 희생양

희생양(scape goat) 역할은 영웅의 역할과는 대조적인 차이를 보인다. 이들은 가족의 문제를 위해 부당하게 비난을 받는다. 이들은 가족의 문제에 책임을 지고, 가출이나 약물 사용, 난잡한 생활, 비행 등과 같은 자기 파괴적인 행동을 한다. 희생양은 자신이 가지고 있는 상처와 거부된 감정 등을 감추기 위해 분노와 적대감을 보인다. 다른 사람을 신뢰하지 못하기 때문에 희생양의 대인관계는 피상적이다.

희생양은 무뚝뚝하고 문제아로 인식된다. 희생양은 교사에게 도전하기도 하고 권위에 저항한다. 이들은 학업에서 어려움을 겪고 중도 탈락될 수 있다. 희생양은 규칙을 가지고 생활하면서 격려를 받아야 하고 자신들의 분노를 이해받을 수 있어야 한다. 희생양의 부정적인 에너지는 건설적인 행위로 바뀌어야 한다. 희생양은 처벌에 대해 반응하지 않는 경향이 있다.

③ 사라진 아이

일반적으로 중간 자녀가 사라진(missing 혹은 lost) 아이가 된다. 이들은 가족 내에서 일어나고 있는 일에 대하여 자신에게 설명해 주는 사람이 없어서, 가족에게 어떤 일이 일어나고 있는지에 대해 혼란스러워한다. 이들은 외롭게 성장하고, 고립되고, 수치심을 느끼고, 겁에 질려 있다. 이들은 이러한 스트레스에 대하여 철회하는 것으로 대처한다. 사라진 아이는 다른 이들에게 어떻게 다가가고 도움을 요청하는지에 대하여 알지 못한다.

학교에서조차 사라진 아이는 주목을 받지 못한다. 이들은 주변적이고, 친구들과의 관계도 활발하지 못하다. 이들은 학교에서 자신의 자리를 찾을 필요가 있다. 특히 친구와 성인과의 관계를 잘 형성해야 한다.

④ 마스코트

가족에서 주로 막내가 마스코트(mascot)가 된다. 이들은 과도하게 보호되고, 왜곡된 현실감각을 가지면서 성장한다. 마스코트 역할을 하는 아동은 가정 내의 긴장을 인식하고 있기는 하지만 긴장의 원천을 인식하도록 양육되지 않았으며, 어릿광대와 같은 행동으로 긴장을 깨뜨리는 역할을 한다. 이러한 행동은 가정이나 학교에서 나타난다.

학교에서 마스코트는 흔히 학급의 어릿광대이기도 하다. 이들은 교사와 친구의 관심을 받고 싶어 한다. 이들의 행동은 파괴적이고 학업을 방해하기도 한다. 마스코트는 다른 사람의 문제에 자신이 책임이 없음을 인식해야 한다. 그리하여 이들은 다른 사람의 관심을 얻는 긍정적인 방식을 가지고 있어야 하며, 불안을 다스릴 수 있어야 한다. 마스코트는 바보스럽게 행동을 하기보다는 자신이 느끼는 감정을 솔직히 표현하는 것을 배워야 한다.

알코올 중독자 가족의 자녀는 느끼지 말아야 하고 화를 내지 말아야 하고, 책임을 많이 져야 한다는 왜곡된 신념을 가지게 된다. 알코올 중독자 가족의 자녀는 사회적 상황에 적절하게 반응하는 것에 대한 확신이 없다. 요약하면 알코올 중독자 가족의 자녀는 자신들과 다른 사람에 대하여 왜곡된 신념을 학습한다.

많은 알코올 중독자 가족의 자녀는 중독자 부모와 함께 살아가는 것으로 인한 스트레스에 대처하는 기술이 결여되어 있어서, 정서적 행동적인 어려움을 경험한다. 결핍 관점에 따르면 알코올 중독자 가족의 자녀는 가정, 학교, 직장, 사회에서 역기능적인 역할을 수행하고 있다.

알코올 중독자 가족에서 알코올 중독자와 부인에 대해서는 관심이 높지만 자녀에 대해서는 방임하는 경향이 있다. 알코올 중독에서 가장 잘못된 믿음은 알코올 중독자가 술을 그만 마시게 되면, 가정에서의 모든 문제는 잘 해결될 것이라는 생각이다. 아버지가 술을 끊게 되면, 어머니와 아버지는 다시 잘 지내게 될 것이고, 따라서 자녀는 저절로 잘 적응할 것이라는 생각이다. 자녀의 학교 성적은 향상될 것이고, 자녀는 학교에서 교사와 친구들과 잘 지내고, 모든 가족 성원이 그 이후로 행복하게 잘 살게 될 것이라는 생각은 위험하다.

지금껏 알코올 중독자 가족은 단지 생존하기 위해 살아왔다. 위에서 말하는 영웅, 희생양, 사라진 아이, 마스코트 등은 알코올 중독자 가족에서 자녀가 살아남기 위해 습득한 생존역할(survival role)이다. 알코올 중독자 가족에서 알코올이 가정에서 제거되었다고 하더라도 가족이 저절로 건강하게 대안을 찾거나 상황을 인식하기는 어려우므로, 가족이 역기능적인 알코올 중독자 가족체계에서 살아남기 위하여 생존역할을 배운 것처럼 가족도 알코올 중독자 가족이 아닌 건강한 기능적인 보통 가족이 기능하는 새로운 방식을 학습해야 한다.

생존역할은 질병에 맞서 임시적인 안식을 제공할 수는 있다. 그러나 생존역할은 성인기에 와서는 기능을 하지 못한다. 영웅인 성인은 직장에서 자신을 잃고, 다른 이들과의 친밀한 관계를 가지는 것을 힘들어할 수 있다.

희생양은 모든 종류의 문제를 일으키면서 사회적 부랑자가 될 수 있으며, 다른 사람이 피하게 된다. 사라진 아이는 사회적 은둔자가 되고, 사람들과 사회적 상황으로부터 철회될 수 있다. 마스코트는 실없는 사람이 될 수 있다.

알코올 중독자 가정의 자녀는 이상의 생존역할 중에서 두서너 가지의 다중역할을 수행하는 인성을 가지게 된다. 알코올 중독자 가정의 자녀는 오랫동안 이 같은 생존역할을 수행하다 보면, 그 역할을 버리기 힘들어진다. 성인으로서 이들은 원래의 생존역할이 더 이상 기능을 하지 않는다는 혼란과 고통에 직면하

게 된다. 그리하여 알코올 중독자 가족의 자녀는 그 같은 딜레마를 알코올과 약물, 일, 성, 여타 강박적인 형태의 행위를 통하여 대처하고자 하는 경향을 보인다(Robinson & Rhoden, 1998).

(2) 강점 관점

최근 사회복지실천 분야 전반에서 강점 관점이 대두되면서 모든 사람은 각자의 내부에 긍정적인 힘을 가지고 있음이 강조되고 있다. 이와 때를 같이하여 알코올 중독자 자녀에 대한 새로운 시각이 제기되고 있다. 과거에는 알코올 중독자 자녀에 대한 부정적인 측면이 부각되어, 알코올 중독자 자녀의 부적응에만 초점을 맞춘 경향이 있었던 반면 요즈음의 알코올 중독자 자녀에 관한 연구는 부적응을 보이지 않으면서 나름대로 잘 적응해 나가는 알코올 중독자 자녀에 대해 관심을 집중하고 있다. 그러면서 알코올 중독자 가정이라는 유사한 역기능적인 환경에서 적응의 차이를 보이는 알코올 중독자 자녀에 대해 그리고 그러한 현상이 나타나는 이유는 무엇인지에 대해 관심을 가지게 되었다.

이러한 연구로 Palmer(1991)는 성인이 된 알코올 중독자 자녀가 모두 병리적인 문제와 부적응적인 행동을 보이는 것은 아니고, 개인이 가진 적응유연성의 차이에 따라 다른 적응 수준을 보인다고 주장하였다. Harter(1990)는 일반가정의 자녀와 알코올 중독자 자녀의 적응유연성을 비교한 결과 알코올 중독자 자녀가 오히려 더 높은 적응유연성을 가지고 있음을 보고하였다. Palmer(1997)는 알코올 중독자 성인자녀를 대상으로 하여 적응유연성에서 개인별 차이가 있는지에 관해 연구하였고, 이를 통해 개인차가 있음을 입증하였다. 이는 지금까지의 질병모델의 관점에서 바라보던 시각과는 달리 알코올 중독자 가족에서 성장한 성인자녀가 전반적인 생활 기능에서 상당히 높은 적응유연성을 가지고 있음을 보고한 연구다.

적응유연성은 고위험 상황에서 성공적으로 기능하는 것을 의미한다. 적응유연성은 단순히 생존하는 것과는 구분된다. 생존자는 위에서도 살펴본 것처럼 분노를 가지고 있거나 희생자로 간주된다(Wolin & Wolin, 1995). 적응유연성은 부정적인 생활조건이나 외상, 스트레스, 그리고 다른 형태의 위험에 대한 성공적인 적응을 의미한다. 어떤 요인이 이들로 하여금 위험한 상황에 처해 있음에도 기능을 원활하게 하도록 했는지를 이해하게 되면, 그러한 지식을 새로운 실천전략에 활용할 수 있다.

개념적으로 적응유연성은 개인의 특성(individual attributes)과 환경적 맥락(environmental contingencies)의 상호교류 산물이다. 적응적인 반응은 문제해결 능력과 기술, 의사소통, 대처뿐만 아니라 적응유연성의 핵심 요인으로 간주되는 능력과 연관이 있다. 게다가 낙관적인 태도나 헌신적인 신념, 기질적인 특성은 적응유연성에 영향을 미친다. 개인적인 특성의 실재나 잠재력은 상황에서 고려되어야 한다. 개인의 특성은 가족이나 가족 외적인 자원과 상호 작용하고 의존한다. 적응유연성은 상황 의존적이라고 볼 수 있다.

개인은 적응유연성을 갖기 위해서는 위험 상황에 노출되어야 하며, 그런 다음에는 위험 상황에 성공적으로 반응할 수 있어야 한다. 적응유연성은 고위험 상황이더라도 성공적인 적응을 할 수 있음을 의미한다. 위험 상황에 처하지 않은 사람은 적응유연성에 대하여 언급할 수 없다.

적응유연성은 사실상 개인적인 반응이지만, 개인적인 속성(trait)은 아니다. 적응유연성은 개인과 환경 요인에 의해 조건 지어진다. 적응유연성은 생태학적으로 이해해야 한다. 특정 환경에서 적응유연성을 산출하는 개인적인 속성이 다른 환경조건에서는 적응유연성을 산출하지 않을 수도 있다(Fraser, Richman, & Galinsky, 1999).

(3) 알코올 중독자 자녀에 대한 개입

지금까지는 알코올 중독자 자녀가 심리적, 정서적으로 많은 어려움을 겪고 있으며, 그들이 자신들의 문제에 대처할 능력이 부족하여 부적응적인 사고나 행동이 일어난다고 보아 이것을 치료해 주어야 한다는 치료중심 접근을 시도하였다. 하지만 강점 관점은 개인이 가지고 있는 적응유연성에 따라 같은 어려움을 겪더라도 극복이 가능하고 더 적응적인 기능을 수행할 수 있다고 본다. 즉, 개인이 가진 적응유연성을 파악하여 그것을 강화시켜 주면 문제 발생을 예방할 수 있다는 예방중심 접근이다.

Pandina와 Johnson(1990)은 알코올 중독자 자녀에 대한 연구를 지역사회 표본을 대상으로 실시하여 알코올 중독자 자녀가 일반 부모의 자녀보다 이른 나이에 심각한 알코올 문제를 발전시킨다는 가정의 근거가 매우 약하다는 사실을 발견했다. 그리고 임상표본을 대상으로 한 연구를 지역사회의 알코올 중독자 자녀에게 일반화하는 것은 매우 위험하다고 지적하였다. Burk와 Sher(1990)는 임상연구에 의한 부정적인 결과가 알코올 중독자 자녀의 전반에 대한 낙인을 줄 수 있다고 언급하였다(장수미, 2001에서 재인용). Neff(1994) 또한 알코올 중독자 자녀에 대한 기존의 연구가 임상표본(clinical population)에 의해 이루어짐으로써 지나치게 병리적인 부분에 초점이 맞추어질 수도 있으므로 지역사회 표본(community sample)에 의한 연구가 필요함을 제시했다.

El-Guebaly와 Offord(1977)는 적응유연성을 가지고 있는 아동의 특성을 여섯 가지로 설명하였다. 예를 들면, ① 내적 통제 소재(internal locus of control)를 가지고 있고, ② 가족 외부의 사람들과 의미 있는 관계를 맺으며, ③ 가족 내에서 책임 있는 역할과 가족 구성원과의 균형 있는 상호작용을 위해 적절한 역할과 규칙을 구조화시키고, ④ 자아존중감이 높아서 학교에서나 그 밖의 생활에서 사회기술이 개발되어 있고, ⑤ 중간 수준보다 높은 수입을 가지고 있으며, ⑥ 여자아이라고 제시하였다.

Holaday와 Terrell(1994)은 적응유연성을 가지고 있는 아동은 자기 확신이 높고 대인관계기술이 좋고 다른 사람과 협동적이고 스트레스를 견디고 통제할 수 있는 능력이 높다고 보았고, Herman-Stahl과 Peterson(1996)은 적응유연성을 가지고 있는 아동은 낙천적인 성향, 활동적인 대처, 부모와 동료와의 관계가 좋다고 보았다.

Robinson과 Rhoden(1998)은 적응유연성을 가진 아동의 공통적인 특징을 제시했는데 그들은 사회적 기술이 좋고, 여유가 있으며, 다른 사람을 편안하게 해 주는 능력이 있다고 하였다. 또한 동료나 성인과 잘 지내고 긍정적인 자존감을 가지고 있고 그들 주변의 사건에 영향을 주는 개인적인 힘을 가지고 있다고 하였다. 무력한 느낌을 가지고 있는 취약한 아동과는 달리, 적응유연성을 가진 아동은 자기 통제력을 가지고 있을 뿐만 아니라 그들 자신보다 다른 사람을 도와 주는 데 열심이고, 그들 주변을 둘러싸고 있는 것에 대해 객관적인 이해를 하고 있으며, 학교 내에서도 높은 성적을 유지할 수 있었다. 이들의 지식과 창조적인 기술은 그들 가정에서의 불행에 의해서 손상되지 않았고, 부적절한 부모와 혼란스러운 가정에서 자란 이들 대부분의 아동이 능력 있는 성인으로 성장함으로써 고통이나 심리적인 손상이 없음을 제시하였다.

Dumont와 Provost(1999)는 적응유연성을 가진 청소년은 내적으로는 자아존중감과 대처능력이 높고, 외부적 요인으로는 사회적 지지가 높고 사회활동을 활발하게 하는 것으로 나타났다. 이러한 연구를 종합해 볼 때, 적응유연성을 가진 아동의 특성을 크게 개인적인 특성과 환경적인 특성으로 나누어서 생각해 볼 수 있다.

개인적인 특성으로는 지능, 자아존중감, 내적 통제감, 책임감, 자율성, 자기신뢰, 자기이해가 높고 대처능력, 대인관계가 좋으며, 환경적인 특성으로는 건강한 또래집단이 존재하고 학업환경이 좋고 사회적 지지가 높고 사회적 활동을 활발하게 하는 특성이 나타났다.

|중|점|토|론|

1. 알코올 중독자 가족 내에서 일어날 수 있는 상황을 가정하여 토론해 보시오.
2. 알코올 중독자 자녀가 가질 수 있는 정서적인 어려움에 대해 토론해 보시오.
3. 알코올 중독자 가족은 남편(아버지)의 술 문제 해결을 위하여 어떤 방법을 강구해야 하는지 토론해 보시오.
4. 알코올 중독자 자녀에게서 볼 수 있는 강점에 대해 논의해 보시오.

참고문헌

김혜련(1995). 알코올 중독자 재발예방을 위한 사회사업적 개입에 관한 연구: 사회기술 훈련의 효과성을 중심으로. 서울대학교 대학원 박사학위논문.

김혜련, 최윤정(2004). 알코올 중독자 가족을 위한 집단 프로그램 효과성 연구. 사회복지연구, 23, 43-75.

양옥경, 김연수(2004). 탄력적 부모되기 프로그램 개발 연구. 가족복지학, 14, 225-261.

장수미(2001). 알코올중독자 가족의 적응유연성 증진을 위한 개입모형 개발. 정신보건과 사회사업, 11, 53-77.

Ablon, J. (1974). Al-Anon family groups: impetus for learning and change through the presentation of alternatives. *American Journal of Psychotherapy, 28*, 30-45.

Ballard, M., & Cummings. E. M. (1990). Response to adults' angry behavior in children of alcoholic and nonalcoholic parents. *Journal of Genetic Psychology, 151*(2), 195-209.

Booze-Allen, & Hamilton, Inc. (1974). *An assessmnet of the needs of and resources for children of alcoholic parents*. Papered for National Institute on Alcohol Abuse and Alcoholism.

Burk, J. P., & Sher, K. M. (1990). Labeling the children of an alcoholic: Negative stereotyping by mental health professional and peers. *Journal of Studies on Alcohol, 51*(2), 151-163.

Capdevila, C. (1990). Codependency: A critique. *Journal of Psychoactive Drugs, 22*, 285-292.

Cermak, T. (1990). *Evaluating and treating adults*. Mineapolis, MN: Johnson Institute Books.

Chafetz, M., Blane, H., & Hill, M. (1977). Children of alcoholics: observations in a child guidance clinic. *Quarterly Journal of Studies on Alcohol, 32*, 687-698.

Clair, D., & Genest, M. (1987). Variables associated with the adjustment of off-spring of alcoholic fathers. *Journal of Studies on Alcohol, 48* (4), 345-355.

Coles, C. D., & Platzman, K. A. (1992). Fetal alcohol effects in preschool children: Research, Prevention, and Interrention. In office of Substance Abuse Prevention (Ed.). *Identifying the needs of drug-affected children: Public policy issues* (OASP

Prevention Monograph No. 11, DHHS publication No. ADM 92-1814, 59-86). Washington, DC: U. S. Department of Health and Human Servies.

Collins, R. L. (1990). Family treatment of alcohol abuse: Behavioral and systems perspective. In R. L. Collins, K. E. Leonard & J. S. Searles (Eds.). *Alcohol and the family* (pp. 296-297). New York: The Guilford press.

Corder, B. F., Hendricks, A., & Corder, R. F. (1964). An MMPI study of a group of wives of alcoholics. *Quarterly Journal of Studies on Alcohol, 25*, 551-554.

Cork, M. (1969). *The Forgotten children*. Toronto: Alcoholism and Drug Addiction Research Foundation.

Curran, P. J., & Chassin, L. (1995). A Longitudinal study of parenting as a protective factor for children of alcoholics. *Journal of Studies on Alcohol, 57*, 305-313.

Dumont, M., & Provost, M. A. (1999). Resilience in adolescents: protective role of social support, coping strategies, self-esteem, and social activities on experience of stress and depression. *Journal of Youth and adolescence, 28*(3), 343-363.

El-Guebaly, N., & Offord, D. R. (1997) The offspring of alcoholics: A critical review. *American Journal of Psychiatry, 134*(4), 357-365.

Fraser, M. W., Richman, J. M., & Galinsky, M. J. (1999). Risk, protection, and resilence: Toward a conceptual framework for social work practice. *Social Work Research, 23*(3), 131-143.

Goldenberg, I., & Goldenberg, H. (1980). *Famliy therapy: An overview*. Monterey, CA: Brooks/Cole.

Goodwin, D. W., Schulsinger, F., Hermansen, L., Guze, S. B. & Winokur, G. (1973). Alcohol problems in adoptee raised apaprt from biological parents. *Archives of General Psychiatry, 28*, 238-243.

Gorman, J. M., & Rooney, J. F. (1979). The influence of Al-Anon on the coping behavior of wives of alcoholics. *Journal of Studies on Alcohol, 40*, 1030-1038.

Harper, J., & Capdevila, C. (1990). Codependency: a critique. *Journal of Psychoactive Drugs, 22*(3), 285-92.

Harter, M. W. (1990). *Resilient children of alcoholics*. Doctoral dissertation, Georgia State University-College of Arts and Sciences.

Hecht, M. (1973). Children of alcoholics. *American Journal of Nursing, 10*, 1764-1767.

Henderson, D. C. (1983). Family therapy in the treatment of alcoholism. *Social Work in Health Care, 8*(4), 79-94.

Herman-Stahl, M., & Petersen, A. C. (1996). The protective role of coping and social resources for depressive symptoms among young adolescents. *Journal of Youth Adolescence, 25*, 733-753.

Herman-Stahl, M., & Petersen, A. C. (1996). The protective role of coping and social resources for depressive symptoms among young adolescents. *Journal of Youth Adolescence, 25*, 733-753.

Hill, R. (1949). *Families under stress: Adjustment to the crisis of war separation and reunion*. New York: Harper & Brothers.

Hinderman, M. (1975). Children of alcoholic parents. A*lcohol Health and Research World, 76*, 2-6.

Holaday, M., & Terrell, D. (1994), Resiliency characteristics and rorschach variables in children and adolescents with severe burns. *Journal of Burn Care & Research, 15*(5), 455-460.

Howe, B. (1989). *Alcohol educatiom: A handbook for health and welfare professions*. London: Tavistock/Routledge.

Howe, D. (1995). *Attachment theory for social work practice*. Basingstoke: Macmillan Press.

Jackson, J. K. (1954). The adjustment of the family to the crisis of alcoholism. *Quarterly Journal of studies on Alcohol, 15*, 562-586

Kasl, C. D. (1989). *Women, sex and addiction*. New York: Mandarin.

Kaufman, E. (1992). The application of the basic principles of family therapy to the treatment of drug and alcohol abusers. In E. Kaufman & E. Kaufman (Eds.). *Family therapy of drug and alcohol abuse* (2nd ed., pp. 287-314). Boston: Allyn & Bacon.

Lawson, G., Peterson, J. S., & Lawson, A. L. (1983). *Alcoholism and The Family: A guide to treatment and prevention*. Rockville, MD: Aspen Systems Corporation.

Levin, J. D. (1990). *Alcoholism: A biopsychosocial approach*. New York: Hemisphere Publishing Corporation.

McCrady, B. S. (1992). Behavioral treatment of the alcoholic marriage. In E. Kaufman & P. Kaufman (Eds.). *Family therapy of drug and alcohol abuse* (pp. 19-210). Boston: Allyn & Bacon.

McDonald, D. (1956). Mental disorders in wives of alcoholics. *Quarterly Journal of Studies on Alcohol, 17*(2), 282-287.

Nastasi, B. K., & Dezolt, D. (1994). *School interventions for children of alcoholics*. New York: Guilford Press.

Neff, J. A. (1994). Adult children of alcoholic or mentally Ill parents: Alcohol consumption and psychological distress in a tri-ethnic community sample. *Addicitive Behaviors, 19*, 185-197.

Orford, J., Oppenheimer, E., Egert, S., Hensman, C., Hensman, C., & Guthrie, S. (1976). The cohesiveness of alcoholism, complicated marriages and its influence of treatment outcome. *British Journal of Psychiatry, 128*, 318-339.

Palmer, N. (1997). Resilience in Adult Children of Alcoholics: A Nonpathological Approach to Social Work Practice. *Health & Social Work, 22*(3), 201-209.

Palmer, N. (1991) Exploring resiliency in adult children of alcoholics. Doctoral dissertation, University of Kansas.

Pandina, R. J., & Johnson, V.,(1990). Serious alcohol and drug problems among adolescents with a FH(+) alcoholism. *Journal of Studies on Alcohol, 51*, 278-282.

Paolina, T. J., McCrady, B., Diamond, S., & Longabough, R. (1976). Psychological disturbances in the spouses of alcoholics. *Journal of Studies on Alcohol, 37*(11), 1600-1608.

Pattison, E., & Kaufman, E. (1979). Family therapy in the treatment of alcoholism. In M. R. Lansky (Ed.). *Family therapy and major psychotherapy*. New York: Grune & Strraon.

Robinson, B. E., & Rhoden, J. L. (1998). *Working with children of alcoholics: The practitioner's handbook* (2nd ed.). Newbury Park, CA: Sage Publications.

Roosa, M. W., Bearks, J., Sandler, I. N., & Pillow, D. R. (1990). The role of risk and protective factors in predicting symptomatology in adolescent self-identified children of alcoholic parents. *Americen Journel of Commumity psycholopy, 18* (5), 725-741

Salinas, R. C., O'Farrell, T. J., Jones, W. C., & Cutter, H. G. (1991). Services for families of alcoholics: A national survey of Veterans Affairs treatment programs. *Journal of Studies on Alcohol, 52*(6), 541-546.

Schaffer, J. B., & Tyler, J. D. (1979). Degree of Soberity in male aloholics and coping styles used by their wives. *British Journel of psychistry, 135*, 431-437.

Smith, C., & Carlson, B. E. (1997). Stress, coping, and resilience in children and youth.

Social Service Review, 71(2), 231–256.

Solboda, S. (1974). The children of alcoholics: A neglected problem. *Hospital and Community Psychiatry, 25*(9), 605–606.

Stuart, R. (1980). *Helping couples change: A social learning approach to marital therapy*. New York: Guilford press.

Thomas, E. J., Santa, C., Bronson, D., & Oyserman, D. (1987). Unilateral family therapy with spouses of alcoholics. *Journal of Social Service Research, 10*, 145–163.

Velleman, R. (1992). International effects–A review of environmentally oriented studies concorming the relationship between parental alcohol problems and family disharmony in the geresis of alcohol and other problems II: The intergenerational effects of family disharmony. *International Journal of the Addiction, 27*(4), 367–389.

Webb, W. (1993). Cognitive behavior therapy with children of alcoholics, *The School Counselor, 40*(3), 170-177.

Wegscheider, S. (1981). *Another chance: Hope and health for the alcoholic family*. Palo Alto, CA: Science and Behavior Books.

Whalen, T. (1953). Wives of alcoholics. *Quarterly Journal of Studies on Alcohol, 14*(4), 632–641.

Wolin, S., & Wolin, S. (1995). Resilience among youth growing up in substance–abusing families. *Pediatric Clinics of North America, 42*(2), 415–429.

제13장 다문화 가족

2000년대에 들어서 한국사회는 본격적으로 다민족 · 다인종사회로 이행하게 되었다. 2015년 12월 현재 우리나라에 체류하는 외국인의 비율은 주민등록인구(51,529,338) 대비 약 3.7%에 이른다(법무부 외국인정책위원회, 2016:9). 외국태생 인구비율에 의한 다문화사회 규정은 최저 3% 이상부터 5% 이상(법무부 외국인정책본부)으로 연구자마다 달리 규정하고 있는데 이는 동 비율에 의한 구분이 이전의 누적된 다문화 현황을 반영하지 못하기 때문이다.

이주민 인구의 증가와 함께 다문화구성원도 다양해지고 있으나 「다문화가족지원법」에서는 결혼이민자 가족으로 제한하고 있어 대상자 확대에 대한 관심이 높아지고 있는 상황이다.

이 장에서는 결혼이민자 가족을 중심으로 다문화가족의 인구현황과 실태 및 욕구의 변화를 파악하고 이에 대한 정책현황 및 앞으로의 방향 및 과제에 대해 파악하고자 한다.

1. 다문화가족에 대한 이해

2000년대에 들어서 한국사회는 본격적으로 다민족 · 다인종사회로 이행하게 되었다. 2015년 12월 현재 우리나라에 체류하는 외국인의 비율은 주민등록인구(51,529,338명) 대비 약 3.7%에 이른다(법무부 외국인정책위원회, 2016: 9). 외국태생 인구 비율에 의한 다문화사회 규정은 최저 3% 이상부터 5% 이상으로 연구자마다 달리 규정하고 있는데 이는 동 비율에 의한 구분이 이전의 누적된 다문화 현황을 반영하지 못하기 때문이다. 다른 나라의 경우 외국태생 인구 비율은 미국 14.8%, 캐나다 19.9%, 호주 24.6%, 독일 8.8%, 영국 4.5%, 덴마크 5.2%, 홍콩 7.8%다(법무부, 2006).

한국의 인구학적 현황을 살펴보면 한국은 외국인주민 비율이 3%를 넘었으므로 이미 한국사회는 다문화사회라 할 수 있다. 즉 결혼이민자, 외국인노동자, 다문화가족 자녀, 북한이탈주민(새터민), 외국국적 동포 등이 증가함에 따라 민족 · 인종 · 문화적 다양성이 공존하며 사회적 욕구가 급변하고 있는 것이다.

구체적으로 살펴보면 국내 총 인구의 증가율은 점차 감소하여 2019년부터는 전체 인구가 감소할 것으로 예상되나 이주민 인구는 지속적으로 증가하여, 2020년에는 전체 인구의 5%에 달하는 250만 명, 2050년에는 9.2%에 달하는 409만 명으로 증가할 것으로 전망된다(법무부, 2006). 그러나 이주민 인구의 증가는 이주민 집거 지역의 증가로 이어져서 이주민 인구가 1만 명 이상인 지방자치단체가 2009년에는 22개였으나, 2010년에는 32개로 급증하였다.

현재 국내 체류 외국인주민의 수[1)]는 약 160만 명으로 전년도보다 약 0.9% 증가하였다(법무부 출입국외국인정책본부, 2014). 다문화가족은 75만 명 내외로 결혼이민자 및 인지 · 귀화자[2)]가 28만 명, 배우자가 28만 명, 자녀가 19만 명이며

1) 2013년 3월 총 체류자는 1,470,873명이다. 2014년 총 체류자는 1,609,670명이며 이중 등록체류자는 1,425,524명이고, 미등록 체류자는 184,146명이다(법무부 출입국외국인정책본부, 2014).

2) 「다문화가족지원법」 개정(2011.4.4. 개정, 2011.10.5. 시행)으로 인해 2012년부터는 혼인귀화

(안전행정부, 2013), 2020년도에는 100만 명이 될 것으로 예상된다. 현재 한국에서 다문화는 결혼이민(mixed marriage)과 관련된 한정적인 의미로 사용되고 있으며, 특히「다문화가족지원법」은 출생 · 인지 · 귀화로 인한 한국인과 결혼이민자로 이루어진 가족만을 지원 대상의 범주에 넣어 외국 국적의 이주노동자 가족은 포함되지 않고 있다.

한국의 다문화 지원정책은 법무부의「재한외국인처우기본법」에 근거한 외국인정책과「다문화가족지원법」에 근거한 다문화가족정책으로 나뉜다. 외국인정책은 합법적인 체류자격을 가진 외국인을 대상으로 하며, 다문화가족정책은 결혼이민자, 귀화자와 대한민국 국적 취득자로 이루어진 가족을 대상으로 한다. 또한 정부의 각 부처들은 이외에도 다양한 법률을 근거로 다문화 관련 정책을 펼치고 있는데 그 내용은 다음의 〈표 13-1〉과 같다.

표 13-1 정부의 다문화정책 대상과 관련 법률

구분	「재한외국인 처우기본법」	「외국인근로자의 고용 등에 관한 법률」	「다문화가족 지원법」	「북한이탈주민의 보호 및 정착지원에 관한 법률」	「재외동포 출입국과 법적 지위에 관한 법률」	「난민법」
대상	재한 외국인	이주노동자	결혼이민자 및 귀화자 (가족)	북한이탈주민	재외동포	난민
주무기관	법무부	고용노동부	여성가족부	통일부	법무부, 고용노동부	법무부

출처: 사회복지공동모금회 나눔연구소 연구센터(2014: 24).

이주민 인구의 증가와 함께 다문화 구성원도 다양해지고 있으나「다문화가족지원법」에서는 결혼이민자 가족으로 제한하고 있어 대상자 확대에 대한 이슈가 높아지고 있는 상황이다. 이 장에서는 결혼이민자 가족을 중심으로 다문화가족의 인구 현황과 실태 및 욕구의 변화를 파악하고, 다문화가족에 대한 정책

자 외에 기타 사유 국적취득자(인지 · 귀화)도 다문화가족에 포함한다.

현황 및 앞으로의 과제에 대해 파악하고자 한다.

2. 다문화 인구 현황

1) 결혼이민자 현황

2015년 전체 혼인건수는 30만 3천 건으로 전년보다 0.9% 감소한 데 비해 다문화 혼인은 22, 462건으로 전년 (24, 387건)보다 7.9% 감소하여 감소폭이 컸다. 따라서 전체 혼인에서 다문화 혼인이 차지하는 비중은 7.4%로 전년보다 0.6%p 감소했으며, 2008년 이후 지속적인 감소세를 보이고 있다.

표 13-2 외국인과의 혼인추이와 전체 혼인 중 다문화 비중, 2013~2015 (단위: 건, %)

		전체			다문화 혼인			한국인(출생기준) 간 혼인		
		2013	2014	2015	2013	2014	2015	2013	2014	2015
혼인 건수		322,807	305,507	302,828	26,948	24,387	22,462	295,859	281,120	280,366
(비중)		(100.0)	(100.0)	(100.0)	(8.3)	(8.0)	(7.4)	(91.7)	(92.0)	(92.6)
전년 대비	증감	-4,266	-17,300	-2,679	-2,276	-2,561	-1,925	-1,990	-14,739	-754
	증감률	-1.3	-5.4	-0.9	-7.8	-9.5	-7.9	-0.7	-5.0	-0.3

출처: 통계청(2015), 20-15, 다문화인구동태 통계, 4쪽.

표 13-3 결혼이민자 연도별 증가 추이 (단위: 명)

연도	2009년	2010년	2011년	2012년	2013년	'13년5월	'14년5월
인원	125,087	141,654	144,681	148,498	150,865	149,495	152,375
전년대비 증감률	2.1%	12.2%	2.1%	1.6%	1.6%		1.9%

출처: 법무부 출입국 · 외국인정책본부(2014)

전체 결혼이민자(152,375명) 중 여성결혼이민자는 129,945명으로 전체의

85.3%를 차지하고, 남성은 22,430명으로 14.1%를 차지하고 있다. 따라서 여성결혼이민자가 남성결혼이민자보다 훨씬 높은 비율로 나타나고 있는데, 이는 우리 사회에서 결혼이민자라고 하면 일반적으로 여성결혼이민자를 떠올리는 원인이 되기도 한다. 전체 결혼이민자의 국적은 중국이 40.5%로 가장 높은 비율을 차지하고, 다음으로 베트남(26.8%), 일본(8.2%), 필리핀(7.1%) 순으로 나타난다.

표 13-4 결혼이민자 국적별 · 성별 현황 (단위: 명)

국적 구분	계	중국	한국계	베트남	일본	필리핀	타이	캄보디아	몽골	기타
전체	152,375	61,704	25,573	40,857	12,424	10,763	2,655	4,784	2,370	16,818
여자	129,945	49,624	18,042	40,326	11,214	10,459	2,589	4,769	2,293	8,671
남자	22,430	12,080	7,531	531	1,210	304	66	15	77	8,147

출처: 법무부 출입국 · 외국인정책본부(2014).

한편, 국제결혼이 초기를 거쳐 결혼이민자의 거주가 중장기화되고 있다. 2009년에는 한국 거주 기간이 2~5년 미만이 35.7%로 가장 많았고, 그다음으로 5~10년 미만이 25.4%였으나 2012년에는 5~10년 미만이 36.4%, 10년 이상이

표 13-5 결혼이민자 귀화자의 국내 체류기간 분포

	2009년 (결혼이민자)	2012년		
		2009년 대상 (결혼이민자)	2012년 신규 (그 외 귀화자)	전체
1년 미만	9.6%	1.5%	0.0%	1.3%
1~2년 미만	17.7%	5.4%	0.3%	4.6%
2~5년 미만	35.7%	24.2%	7.5%	21.6%
5~10년 미만	25.4%	35.6%	40.9%	36.4%
10년 이상	15.6%	33.3%	51.2%	36.1%
전체	100%	100%	100%	100%

출처: 여성가족부, 전국다문화가족실태조사(2012).

36.1%로 늘어나 5년 이상이 72%를 상회하고 있다.

중장기 결혼이민자가 늘어나면서 이들의 욕구도 변화하고 있는 것으로 나타났다. 거주기간이 2년 미만에서 10~20년 미만으로 길어지면서 지속적인 경제적 어려움(44.9%)과 자녀양육(25.3%), 힘든 점 없음(18.7%), 가족갈등(10.8%)이 증가하였다. 반면 언어문제, 외로움이나 문화차이, 음식, 편견이나 차별, 교육기관 이용은 감소한 것으로 나타났다.

표 13-6 국내 거주기간별 결혼이민자 · 귀화자 등의 한국생활 어려움

	힘든점 없음	외로움	가족 갈등	자녀 양육	교육 기관 이용	경제적 어려움	언어 문제	문화 차이	음식	편견 차별	기후 차이
2년 미만	6.9	45.8	6.7	10.2	9.6	14.2	71.6	33.5	27.4	8.8	0.5
2~5년 미만	10.5	34.6	10.2	19.0	8.8	25.5	57.3	31.4	16.5	5.5	1.3
5~10년 미만	15.7	32.3	10.1	23.5	7.9	38.5	34.5	25.4	8.7	3.2	1.7
10~20년 미만	18.7	28.2	10.8	25.3	7.0	44.9	20.1	23.6	6.4	1.7	1.7

출처: 여성가족부, 전국다문화가족실태조사(2012).

국제결혼이 전체 결혼에서 차지하는 비중이 높은 것과 동시에 이혼 또한 전체 이혼 대비 비중이 점점 증가하고 있다. 즉, 결혼이주여성의 이혼은 2000년 전체 이혼의 1.3%에서 2011년 10.1%로 전체 이혼 건수 대비 다문화부부의 이

표 13-7 다문화 이혼 건수 및 전체 이혼 중 다문화 비중, 2013~2015 (단위: 건, %)

		전체			다문화 이혼			한국인(출생기준) 간 이혼		
		2013	2014	2015	2013	2014	2015	2013	2014	2015
이혼 건수		115,292	115,510	109,153	13,482	12,902	11,287	101,810	102,608	97,866
(비중)		(100.0)	(100.0)	(100.0)	(11.7)	(11.2)	(10.3)	(88.3)	(88.8)	(89.7)
전년 대비	증감	976	218	-6,357	-219	-580	-1,615	1,195	798	-4,742
	증감률	0.9	0.2	-5.5	-1.6	-4.3	-12.5	1.2	0.8	-4.6

출처: 통계청(2015), 20-15, 다문화인구동태 통계, 13쪽.

표 13-8 다문화 이혼 유형별 규모 및 비중, 2013~2015 (단위: 건, %)

	2013	비중	2014	비중	2015	비중	증감률
다문화	13,482	100.0	12,902	100.0	11,287	100.0	-12.5
한국남자+외국여자	7,338	54.4	6,740	52.2	5,505	48.8	-18.3
외국남자+한국여자	2,500	18.5	2,316	18.0	2,004	17.8	-13.5
기타*	3,644	27.0	3,846	29.8	3,778	33.5	-1.8

* 남자 또는 여자 어느 한쪽이 귀화자 또는 남녀 모두 귀화자인 경우임.
출처: 통계청(2015), 20-15, 다문화인구동태 통계, 14쪽.

혼 건수가 차지하는 비중은 대략 10% 정도를 차지하고 있다. 2015년 다문화 이혼은 11,287건으로 전체 이혼에서 다문화 이혼이 차지하는 비중은 10.3% 정도다(여성가족부, 2012).

이혼의 유형을 살펴보면 2015년 현재 '한국남자와 외국여자'가 차지하는 이혼비중이 48.8%로 가장 많았고 남자 또는 여자 어느 한쪽이 귀화자이거나 남녀 모두 귀화자인 경우는 33.5%를 차지하였다. 이처럼 이혼이나 배우자의 실종, 사망으로 인해 혼인이 해소 될 경우, 국적이나 영주권을 취득하지 못한 결혼이주여성은 체류자격이 불안정해지는 문제가 발생한다. 2012년 다문화가족 실태조사 결과에 의하면 다문화가족의 이혼사유는 성격차이(48.1%), 경제적 무능력(20.7%), 외도(5.1%), 학대와 폭력(4.9%)의 순으로 나타나고 있다. 뿐만 아니라 심각한 정신장애 및 기타, 음주 및 도박 배우자 가족과의 갈등 등도 이혼사유로 나타났다(여성가족부, 2012). 또한 다문화가족을 대상으로 한 인터뷰, 이혼 관련 법률지원 자료 및 이혼 상담통계 등의 분석 결과에서는 주요 이혼사유로 결혼과정 상의 문제, 외국인 혐오성 · 여성인권 침해성 폭력, 체류자격을 둘러싼 갈등, 사회적 · 경제적 갈등, 의사소통의 어려움과 생활양식의 차이 등이 제시되고 있다(김이선 외, 2010).

2) 다문화가정 자녀 현황 및 문제

1997년「국적법」개정 이후 속인주의 원칙에 따라 한국인과 외국인으로 이뤄진 국제결혼가정에서 태어난 자녀는 한국 국적을 가지게 되었으며, 그 자녀는 교육을 포함하여 모든 면에서 내국인과 동일한 권리를 가지게 되었다. 다문화가정 자녀는 다음의 〈표 13-9〉와 같이 그 배경에 따라 국제결혼가정, 외국인가정으로, 국제결혼가정 자녀는 출생지에 따라 국내 출생 자녀, 중도입국 자녀로 구분된다.

표 13-9 다문화가정 자녀 분류

국제결혼가정자녀	국내 출생 자녀	• 한국인과 결혼한 외국인 배우자(이하 '결혼이민자') 사이에서 출생한 자녀 •「국적법」제2조 제1항에 따라 국내 출생과 동시에 한국 국민이 되므로 헌법 제31조에 따른 교육권을 보장받음.
	중도입국 자녀	• 결혼이민자가 한국인과 재혼한 이후에 본국에서 데려온 자녀, 국제결혼가정 자녀 중 외국인 부모의 본국에서 성장하다가 청소년기에 입국한 자녀 등 • 국내 입국 시에는 외국 국적이나 특별귀화를 통해 한국 국적으로 전환 가능 • 대부분이 중국인 · 조선족(약 90% 이상) • 비교적 연령대가 높은 10대 중 · 후반(중 · 고등학생)에 입국하는 경우가 많음.
외국인가정 자녀		• 외국인 사이에서 출생한 자녀 • 헌법 제6조 제2항 및 유엔 아동권리협약에 따라 한국 아동과 동일하게 교육권을 가짐. • 미등록 외국인 자녀의 경우에도「초중등교육법 시행령」제19조 · 제75조에 따라 거주 사실 확인만으로 초 · 중등학교 입학 가능

출처: 경기교육청북부청사(2014).

2014년 법무부 통계에 의하면, 이주노동자 자녀는 5,044명으로 나타났다. 그러나 체류 · 자격 문제 등으로 인해 미취학 상태인 학교 밖 취학연령대 아동에 대한 파악은 어려워 안타까운 실정이다. 지역별 비율로는 서울이 가장 높고, 그

다음으로 경기, 인천, 부산 등의 순서로 나타나는데 이는 동거하는 부모의 직장 산업체가 도시에 더 많기 때문으로 보인다. 부모의 국적별 비율로는 중국이 가장 많고, 그다음으로 조선족, 몽골, 일본 등의 순서로 나타나고 있다.

다문화가정 자녀는 191,328명으로 나타나 전년도에 비해 22,745명(13.5%) 증가하였는데, 이는 2007년 44,250명에서 급증하여 2013년에는 무려 약 4.3배 증가한 것이다(안전행정부, 2013).

다문화학생을 한국 출생과 중도입국 자녀, 외국인 자녀로 분류하여 2013년도 학교급별로 살펴보면 〈표 13-10〉과 같다. 2013년도에는 총 55,780명이었으며, 한국 출생은 45,814명, 중도입국 자녀는 4,922명, 외국인 자녀는 5,044명으로 나타났다.

표 13-10 다문화학생 현황

구분	2012년				2013년			
	초	중	고	계	초	중	고	계
한국 출생	29,303	8,196	2,541	40,040	32,831	9,174	3,809	45,814
중도입국	2,676	986	626	4,288	3,065	1,144	713	4,922
외국인자녀	1,813	465	348	2,626	3,534	976	534	5,044
계	33,792	9,647	3,515	46,954	39,430	11,294	5,056	55,780
(비율)	(74.1%)	(19.7%)	(6.2%)		(70.7%)	(20.3%)	(9.0%)	

출처: 교육부(2013).

3. 다문화가족의 문제 및 변화하는 욕구

1) 결혼이민자의 장기체류로 인한 욕구의 변화

결혼이민자의 국내 거주가 장기화됨에 따라 이들의 욕구도 다양하게 변화하고 있다. 입국 초기에는 의사소통(한국어), 한국문화 · 한국사회 적응, 임신과 출산, 자녀양육, 상담 등의 어려움이 컸다. 그러나 자녀들이 성장하고 초 · 중등학교에 진학함에 따라 자녀들의 학업성적, 학교적응, 자녀교육 등으로 욕구가 변화되고 있는 추세다. 또한 어느 정도 한국생활에 적응을 한 결혼이민자들은 취업, 경제적 자립 등에 대한 욕구가 가장 높게 나타난다. 따라서 결혼이민자의 적성과 수준, 흥미, 본국에서의 취업 경험 등을 고려하여 단순직, 전문직 등 수준별 일자리를 창출할 수 있는 취업교육 및 기술훈련 방안이 요구되고 있다.

또한 결혼이민자가 지역사회에 안정적으로 정착함에 따라 결혼이민자의 역량강화, 자아실현, 리더십 발휘, 사회참여 등의 욕구가 증가하고 있다. 이에 인적자원 양성 차원에서 다문화 전문가(선주민, 이주민 당사자) 양성과 지속적인 보수교육을 통한 전문성 확보가 요구되며, 나아가 이주여성 리더 발굴 및 사회참여 확대가 필요하다(사회복지공동모금회 나눔연구소 연구센터, 2014; 51).

한편, 한국에 근로자로 왔다가 한국여성과 결혼하는 남성결혼이민자는 결혼이민자 전체의 10.8%를 차지하고 있으나 여성결혼이민자에 비해 상대적으로 지원이 매우 부족한 실정이다(여성가족부, 2012). 복지사각지대에 있는 남성결혼이민자들이 한국여성과 함께 행복한 가정을 꾸리며 잘 정착할 수 있도록 이들의 실태와 욕구를 조사하여 이를 기반으로 지원방안을 모색함이 필요하다.

2) 결혼이민자 가족관계 향상 및 가족 해체 예방

그동안 다문화가족 지원정책은 결혼이민자에 초점을 둔 경향이 있었다. 그러나 다문화가정의 안정된 삶을 위하여 최근 그 대상이 결혼이민자의 배우자, 시부모 등 그 가족에 대한 총체적인 개입이 요구되고 있다. 국내에서 정서적 지지체계가 거의 없는 결혼이민자들은 부부갈등이 심화되거나 고부관계 악화, 경제적 빈곤, 잦은 가정(성)폭력 등이 복합적으로 누적될 경우 가족해체의 위기를 경험한다. 최근 다문화가정의 이혼이 증가하고 있으며, 결혼이민자에 대한 인권침해와 가족 해체를 예방하기 위하여 가족관계 향상 프로그램이 시급하다. 다문화기관에서는 내국인 또는 이중언어가 가능한 당사자 전문상담원을 양성하여 지속적인 다문화가족치료를 제공하여야 한다. 뿐만 아니라 위기상담이나 폭

력피해자의 경우, 이주여성긴급전화 1577-1366로 연계하여 다국어 통역과 함께 경찰, 의료, 상담, 법률 등 원스톱 서비스를 지원받아 초기부터 대응하여 가족 해체 예방 시스템을 강화해야 한다.

3) 재혼가족과 이혼 후의 결혼이민자 지원

국제결혼의 형태도 초혼에서 점차 재혼이 증가하여 2005년에는 재혼이 28.2%에서 2010년에는 44.7%로 16.5%가 증가하였다(김유경 외, 2012). 재혼한 후에 결혼이민자는 본국의 자녀를 데려오는 경우가 많은데, 이 경우 자녀는 학교 및 한국사회 부적응 등 다양한 어려움에 직면하게 된다.

한편, 결혼이민자가 이혼으로 한부모가족이 되었을 경우, 대부분 이전 배우자나 가족으로부터 위자료나 양육비 등의 경제적 지원을 받지 못해 생계비 유지와 주거 공간 마련, 자녀 양육 및 교육 등 총체적인 어려움을 경험하게 된다. 무엇보다 구직을 통한 생계비 마련이 가장 시급한 문제이므로 자립할 수 있는 취업과 지속적인 사례관리가 요구된다.

4) 다문화가족 자녀의 문제

다문화가족 자녀들의 초·중등학교 취학률이 점차 증가하고 있으나 다문화자녀들은 여전히 다문화가족에 대한 고정관념과 편견, 차별, 낙인화 등으로 인한 어려움을 경험하기도 한다. 이에 다문화코디네이터 활성화, 일대일 멘토링 확대, 학습지원 등이 요구되고 있다. 무엇보다 일반학생을 중심으로 인권교육 등을 실시함으로써 다양한 차별과 학교폭력을 예방할 필요가 있다. 이를 통해 다문화가족 자녀가 자신의 정체성을 확립하고 학업에 집중할 수 있는 학교분위기를 조성하는 것이 시급하다.

특히 중도입국 자녀들은 한국에서 출생한 결혼이주민의 자녀들과는 또 다른 특성을 보인다. 이들은 체류신분이 불안정하고 한국어가 미숙하여 학교에 입학하기까지 평균 1년에서 2년 반 이상의 교육 공백기간이 발생하고 있다. 따라서 연령대에 맞는 일반학교에 입학하기에 어려울 뿐만 아니라 특히 서류 및 절차상의 이유로 공교육 진입이 어렵다. 또한 중도입국 자녀들은 공교육에 진입한 후에도 기초학력 부진과 학교 부적응으로 학업중단의 위기에 처하고 있다. 최근 조사결과에 따르면 중도입국 자녀의 재학률은 47%에 불과한 것으로 나타났으며, 상급학교로 갈수록 진학률이 낮아지는 경향이 보고되었다(전경숙 외, 2012). 특히 중도입국 자녀들은 한국에서 아버지와 형제 등 새로운 가족관계의 변화에 힘들어하곤 하는데, 이는 불안정한 일상과 미래의 불확실성에 대한 염려 등으로 이어져 아동청소년기의 중요한 발달과업인 정체성 확립에 혼란을 야기하기도 한다. 또한 중도입국 청소년들은 대부분 가정의 경제적인 이유에서 일자리 소개나 직업기술훈련 등 취업지원 서비스에 대한 욕구가 높으므로 학교에서 진로상담이나 진로교육뿐만 아니라 직업안내와 직업기술훈련 기회의 제공 및 연계가 요구되고 있다(신은주 외, 2013).

4. 다문화가족 정책

1) 다문화가족 정책의 법적 근거

다문화가족 정책은 「다문화가족지원법」에 근거를 두고 있다.

> 제1조(목적) 이 법은 다문화가족 구성원이 안정적인 가족생활을 영위할 수 있도록 함으로써 이들의 삶의 질 향상과 사회통합에 이바지함을 목적으로 한다.

다문화가족 정책은 「다문화가족지원법」에 의거해 다문화가족이 안정적으로 정착 · 생활할 수 있도록 지원하는 정책이다. 「다문화가족지원법」에 의거해 다문화가족 정책의 대상은 대한민국 국민과 혼인한(또는 혼인했던) 결혼이민자 또는 귀화자 가족이다. 동법 제3조 2항에 따라 정부는 5년마다 다문화가족지원계획을 수립하고, 기본방향, 분야별 발전시책, 제도개선, 재원확보 및 배분에 관

한 사항을 마련하여 시행하고 있다. 정부는 다문화가족 관련 정책을 총괄·조정하기 위하여 2009년 12월 '다문화가족정책위원회'를 구성하였다. 2010년 5월 제2차 다문화가족정책위원회에서 '제1차 다문화가족정책 기본계획(2010~2012)이 논의되었고, 그 내용은 다문화가족에 대한 지원을 강화하고 결혼 및 입국과정을 엄격히 관리하는 것이다.

2) 추진경과

'제1차 다문화가족정책 기본계획(2010~2012)'이 마무리되고, 현재 '제2차 다문화가족정책 기본계획(2013~2015)가 시행되고 있다. 다문화가족 정책은 그동안 다문화가족을 위한 법과 제도적 기반구축, 다문화가족지원센터의 확대 설치 등을 통해 정착 및 사회적응과 자녀양육, 국제결혼의 제도적 개선과 국제적 공조체제를 마련하는 데 주력해 왔다. 또한 2010년 「다문화가족지원법」의 개정으로 지원 대상이 결혼이민자·귀화자와 대한민국 국적자로 이루어진 가족으로 수혜범위가 확대되었다.

'제2차 다문화가족정책 기본계획'에서는 결혼이민자의 취업지원과 자녀세대의 학교생활 적응 등을 통한 다문화가족 구성원의 역량강화사업과 다문화가족의 사회통합에 대한 기본 관점을 정립하고, 법·제도적·실질적 사각지대를 해소하는 데 초점을 맞출 필요가 있었다.[3)]

'제2차 다문화가족정책 기본계획'은 6개 영역 86개 세부과제로 구성되어 있으며, 2017년까지 향후 5년간 총 13개 중앙행정기관, 법원 및 지방자치단체가 6대 영역 86개 세부과제를 추진하고 있다(사회복지공동모금회 나눔연구소 연구센터, 2014: 68-74).

3) 여성가족부(2012). 제2차 다문화가족정책 기본계획(2013~2017). 서울: 여성가족부 다문화가족정책과, 11-13.

구분	제1차 기본계획	제2차 기본계획
추진 기간	2010~2012년 (3년간)	2013~2017년 (5년간)
과제 구성	5대 영역 61개 세부과제	6대 영역 86개 세부과제
추진 기관	11개 중앙행정기관 및 지방자치단체 (교육부, 법무부, 안행부, 문화부, 농식품부, 복지부, 고용부, 경찰청, 공정위, 여성가족부 및 국무총리실)	13개 중앙행정기관, 법원 및 지방자치단체 (교육부, 법무부, 안행부, 문화부, 농식품부, 국방부, 복지부, 고용부, 외교부, 경찰청, 방통위, 법원, 여성가족부 및 국무총리실)

[그림 13-2] 제1 · 2차 다문화가족정책 기본계획 비교

출처: 여성가족부(2012: 27).

비전	활기찬 다문화가족, 함께하는 사회	
복표	• 사회발전 동력으로서의 다문화가족 역량 강화 • 다양성이 존중되는 다문화사회 구현	
정책 과제 (86)	다양한 문화가 있는 다문화가족 구현 (7)	1-1. 상대방 문화 · 제도에 대한 이해 제고 1-2. 쌍방향 문화교류 확대 및 사회적 지지 환경 조성
	다문화가족 자녀의 성장과 발달 지원(15)	2-1. 다문화가족 자녀의 건강한 발달 지원 2-2. 한국어능력 향상 2-3. 학교생활 초기적응 지원 2-4. 기초학력 향상 및 진학지도 강화 2-5. 공교육 등에 대한 접근성 제고
	안정적인 가족생활 기반 구축(16)	3-1. 입국 전 결혼의 진정성 확보 3-2. 한국생활 초기 적응 지원 3-3. 소외계층 지원 강화 3-4. 피해자 보호

	결혼이민자 사회경제적 진출 확대(16)	4-1. 결혼이민자 일자리 확대 4-2. 직업교육훈련 지원 4-3. 결혼이민자 역량 개발 4-4. 사회참여 확대 4-1. 결혼이민자 일자리 확대 4-2. 직업교육훈련 지원 4-3. 결혼이민자 역량 개발 4-4. 사회참여 확대
	다문화가족에 대한 사회적 수용성 제고 (21)	5-1. 인종 · 문화 차별에 대한 법 · 제도적 대응 5-2. 다양한 인종 · 문화를 인정하는 사회문화 조성 5-3. 대상별 다문화 이해 교육 실시 5-4. 학교에서의 다문화 이해 제고 5-5. 다문화가족의 입영에 따른 병영 환경 조성
	정책추진체계 정비 (11)	6-1. 다문화가족 지원 대상 확대 및 효과성 제고 6-2. 다문화가족정책 총괄 추진력 강화 6-3. 국가 간 협력체계 구축

[그림 13-3] 제2차 다문화가족 기본계획

출처: 여성가족부(2012: 10).

5. 다문화가족 지원대책의 방향 및 과제[4)]

1) '가족단위' 사업 및 가족관계 증진 프로그램으로의 전환

그동안의 다문화 정책과 사업은 주로 결혼이주여성 당사자 문제에만 치우친 경향이 있었다. 현재 다문화가족 중 가족 간 상호 이해의 부족으로 인한 갈등과 불화가 심각한 현실이고 이것은 가정폭력이나 알코올 문제, 우울 등과 같은 정신건강의 문제를 야기할 뿐만 아니라 극단적으로는 이혼문제로 나타나고 있다.

4) 이하의 내용은 필자가 책임연구위원으로 참여한 보고서 '사회적 임팩트 향상을 위한 배분분야별 연구(다문화)' (사회복지공동모금회 나눔연구소 연구센터, 2014)의 내용을 요약정리한 것임을 밝힙니다.

따라서 앞으로는 당사자 본인 중심의 서비스 대상에서 배우자와 가족, 자녀까지 확대하여 가족단위 중심으로의 변화가 필요하다고 할 수 있다.

다문화가족의 경우 결혼준비기간 혹은 결혼 전 교제기간이 매우 짧으며, 부부간 연령차와 문화적 차이로 인한 삶의 방식을 극복하기 어렵다. 그러므로 가족캠프나 가족단위 개입 프로그램, 가족 차원의 상담 서비스 등과 같이 가족을 프로그램의 단위로 설정하거나 혹은 부부관계, 부모-자녀 관계 등과 같은 관계 중심적 실천을 통해 가족관계가 개선되도록 하는 정책과 사업을 확대할 필요가 있다(사회복지공동모금회 나눔연구소 연구센터, 2014: 163-164).

2) 대상 확대의 필요성

(1) 중도입국 자녀

다문화가정이 급증하면서 그 가정의 자녀들도 증가하고 있으며, 본국에 있던 자녀들까지 한국 가정으로 합류하면서 복합가정도 증가하고 있다. 이런 가운데 부모가 외국인이어서 한국 국적을 취득하지 못한 경우도 있어 중도입국 청소년이라 칭할 수 있는 대상은 매우 다양한 편이다.

이런 다양성과 함께 이들에 대한 돌봄과 교육이 수월하지 않아 사실 방치되고 있는 실정이며 학교에 입학하는 경우 학교생활에서의 적응문제가 쉽지 않아 중도 탈락하는 학생 수가 매우 많은 실정이다. 그리고 이러한 중도입국 청소년의 부적응문제는 다시 가정과 지역사회의 문제로 회귀되므로 이에 대한 사회적 대안의 마련이 시급하다고 할 수 있다(사회복지공동모금회 나눔연구소 연구센터, 2014; 160).

(2) 중국동포, 이주노동자

초창기의 다문화사업 중 대다수가 한국어 교육이었을 때 중국교포들은 한국어를 잘한다고 생각하여 그들을 고려하지 않았지만 사실 중국교포가 차지하는 비율이 매우 높고 이혼율도 높아 이들에 대한 관심이 매우 필요하다고 할 수 있다(사회복지공동모금회 나눔연구소 연구센터, 2014: 161).

3) 선주민과 이주민간 교류 활성화

사회적 인식개선을 바탕으로 선주민과의 통합과 교류를 증진시키기 위해 일종의 매개 프로그램(bridge program)의 개발이 필요하다고 제언하였다. 지금까지의 다문화사업이 대부분 다문화가족 혹은 외국인이민자 당사자만을 대상으로 한 것인데, 이런 사업들은 다문화가족 간의 관계형성에는 도움이 되지만 선주민과의 교류는 거의 없어 중장기 거주자들도 실생활에 필요한 정보나 자원 접근성을 확보하지 못하며 항상 이방인이라는 인식에서 벗어나지 못하는 한계가 있다는 것이다. 자조집단을 형성하여도 그들만의 자조모임이라는 점에서 소속감이나 유대감 형성의 장점은 있지만, 선주민과의 교류나 소통에 대한 욕구를 충족하기에는 어려움이 있으므로 다양한 매개 프로그램을 개발하여 선주민과의 교류와 소통을 통해 자연스럽게 사회통합이 이루어지도록 해야 할 필요가 있다고 할 수 있다(사회복지공동모금회 나눔연구소 연구센터, 2014: 165).

4) 정신건강 문제

다문화사업에서 이주민들의 정신건강과 심리·정서적 문제에 많은 관심을 기울여야 할 필요성이 커지고 있다. 이주민이 한국에 들어오면서 크게 새로운 사회문화적 환경에 적응해야 하는 문제뿐만 아니라 기존의 관계와 생활방식 등 많은 익숙한 것들에 대한 상실의 문제도 함께 경험하는데, 우리는 그간 적응에만 초점을 둠으로써 적응 이면의 심리·정서적 부담을 간과해 온 경향이 있다. 그러나 상실의 문제가 결국 차별과 배제, 소외의 문제와 부딪히고 또 대인관계에서 갈등을 경험하게 될 때는 더욱 증폭되어 우울과 긴장 등 좋지 않은 정신건강 문제를 초래한다는 점에서 심리·정서적 문제와 특히 북한이탈주민의 경우 정신건강에 더욱 관심을 가질 필요가 있다(사회복지공동모금회 나눔연구소 연구센터, 2014: 166).

|중|점|토|론|

1. 다문화가족센터의 현황 및 기능에 대해 알아보시오.
2. 지방자치단체의 이주민 관련 지원조례 및 서비스 현황에 대해 살펴보시오.
3. 종합사회복지관 및 다문화가족센터의 선주민과 이주민 간의 교류 프로그램에 대해 살펴보시오.
4. 다문화가족 중 이혼 및 사별한 결혼이주여성에 대한 사회보장제도에 대해 살펴보시오.

참고문헌

경기교육청북부청사(2014). 다문화교육기본계획.

교육부(2013). 다문화학생 통계.

김남국, 김경근, 김범수, 김혜순, 문경희, 이진영, 이철우, 이혜경, 한승미(2012). 한국의 다문화 사회통합 정책: 종합평가와 대안. 사회통합위원회.

김승권, 김유경, 조애저, 김혜련, 설동훈, 정기선, 심인선(2010). 2009년 전국 다문화가족실태조사 연구. (보건복지부 · 법무부 · 여성가족부 공편). 서울: 한국보건사회연구원.

김유경, 최현미, 김가희, 성수미(2012). 다문화가족의 변화와 사회적 대응방안 연구. 서울: 한국보건사회연구원.

김이선, 마경희, 선보영, 최호림, 이소영(2010). 다문화가족의 해체문제와 정책과제. 서울: 여성가족부.

김이선, 정해숙, 김영옥, 마경희, 김효선, 이순미(2012). 다문화가족지원사업군 심층평가. 기획재정부.

김이선, 정혜숙, 이정덕(2010). 다민족 다문화사회로의 이행을 위한 정책패러다임 구축(IV): 생산적 다문화사회 구현을 위한 정책의 질적 도약 기반 구축. 한국여성정책연구원 연구보고서.

김이선, 주유선, 방미화(2012). 다문화가족 지원정책의 사각지대 대응방안 연구. 서울: 한국여

성정책연구원.

김이선, 이아름, 이은아(2013). 여성결혼이민자의 사회통합진전 양상과 정책수요 분화에 따른 연구. 한국여성정책연구원.

김혜순(2014). 결혼이민여성의 이혼과 '다문화정책': 관료적 확장에 따른 가족정책과 여성정책의 몰이민적 · 몰성적 결합. 한국사회학, 제48집, 제1호, 299-344.

법무부(2006). 외국인정책 관련 환경변화 미래예측보고서.

법무부 외국인정책위원회(2012). 제2차 외국인정책 기본계획.

법무부 외국인정책위원회(2016). 중앙행정기관 외국인정책 시행계획.

법무부 외국인정책위원회(2016). 중앙행정기관 외국인정책 시행계획. 2016. 9.

법무부 출입국 · 외국정책본부(2012). 출입국 · 외국인통계연보.

법무부 출입국 · 외국정책본부(2013). 출입국 · 외국인통계연보.

법무부 출입국 · 외국정책본부(2014). 출입국 · 외국인통계연보.

사회복지공동모금회 나눔연구소 연구센터(2014). 사회적 임팩트 향상을 위한 배분분야별 연구(다문화).

신은주, 유진이(2013). 가족형태의 변화에 따른 이주아동의 인권상황 실태조사. 서울: 국가인권위원회.

안전행정부(2013). 다문화가족관련 연도별 통계 현황(2013-2007).

여성가족부(2010). 제2차 다문화가족지원 기본계획.

여성가족부(2012). 2012년 전국다문화가족 실태조사. 서울: 여성가족부.

여성가족부(2012). 제2차 다문화 가족기본계획(2013~2017). 서울: 여성가족부 다문화 가족정책과, 11~13.

원숙연(2008). 다문화주의시대 소수자 정책의 차별적 포섭과 배제: 외국인 대상 정책을 중심으로 한 탐색적 접근. 한국행정학보, 제42권, 제3호, 29-49.

유은주(2013). 다문화정책의 프레임 전환을 위한 연구: 정착기 결혼이주여성의 이주경험에 근거하여. 가족과문화, 제25집, 150-179.

양현아(2013). 가족 안으로 들어온 한국의 '다문화주의(Multiculturalism)' 실험. 저스티스, 통권, 134-2호, 298-335.

전기택 외(2013). 2013년 전국 다문화가족실태조사 연구. 서울: 여성가족부.

전경숙, 이의정(2012). 다문화가정 중도입국 자녀 초기적응 지원방안 연구. 경기도: 경기도가족여성연구원.

정병호, 오경석, 신은주, 위은진, 정진헌, 이병하, 이경숙(2012). 이주인권가이드라인구축을 위한 실태조사. 서울: 국가인권위원회.

정의철(2013). 다문화미디어교육 활성화 방안연구: 사례연구와 제언을 중심으로. 다문화

사회연구, 6권, 2호, 5-37.

주성훈(2010). 다문화가족지원사업 문제점과 개선과제. 국회예산정책처.

통계청(2013). 외국인과 혼인 추이통계.

통계청(2015). 다문화인구동태 통계.

한국교육개발원(2013). 교육통계연보. 교육부 자체조사, 국립국제교육원, 한국은행 경제통계시스템.

황정미(2010). 다문화시민 없는 다문화교육: 한국의 다문화교육 아젠다에 관한 고찰. 담론, 201, 13(20), 93-123.

제14장 1인 가구

'2015 인구주택총조사' 에 따르면 2014년 현재 한국의 1인 가구는 전체 가구(1911만 1000가구) 27.2%인 520만 3000가구였다. 이번 센서스에서는 1인 가구가 2인 가구(26.1%)보다도 많아져 가장 주된 가구 형태가 되었다. 우리나라 전체 가구의 절반 이상이 1~2인 가구인 것이다. 그동안 사회복지계에서는 1인 가구에 대한 관심이 노인 1인 가구, 즉 독거노인에 초점이 맞추어져 왔다(김연옥, 2016). 1인 가구는 세계적 추세다. 하지만 우리나라의 1인 가구는 북유럽의 1인 가구와는 다른 특성을 가지고 있다. 이 글에서는 1인 가구를 정의하고, 1인 가구의 인구사회학적 · 환경적 특성을 살펴보고, 네 가지 유형으로 구분되는 서울시 1인 가구의 특성을 소개하고자 한다. 또한 성별, 연령별로 볼 때에 1인 가구 증가추세가 가장 눈에 띄는 중년 남성 1인 가구의 정신건강에 대하여 알아보고자 한다.

1. 1인 가구의 정의

1인 가구(one person household)라 함은 가구 내 구성원이 1인 단독으로 구성된 경우를 의미한다. 인구센서스나 가계조사 등 각종 사회통계의 조사단위인 가구는 "1인 또는 2인 이상이 모여 취사, 취침 등 생계를 같이 하는 생활단위"로 정의하고 있다(통계청, 2012b). 가구에는 함께 살고 있는 사람만이 포함된다. 주민등록상의 '세대'와는 다르며, 혈연관계가 없는 사람도 포함될 수 있다.

2010 인구주택총조사에서는 가구원 수를 조사할 때에 군인, 전투 경찰, 의무경찰 등으로 입대한 가족, 학업 때문에 따로 살고 있는 가족, 직장 때문에 따로 살고 있는 가족, 보육원, 노인요양시설, 부녀 보호시설 등 사회복지시설에 들어가 있는 가족 등은 가구원 수에 포함시키지 않았다. 통계청의 인구주택총조사에서 정의하고 있는 1인 가구에는 배우자가 있어도 동거하지 않고 사는 기러기 가족이나 주말부부 등도 포함되고 있다. 배우자가 없는 1인 가구만을 분석하기 위해서는 배우자가 있는 주말부부나 기러기 가족을 제외시킬 필요가 있다(이희연, 노승철, 최은영, 2011).

1인 가구는 증가 추세에 있다. 1인 가구 비율은 1980년에 전체 가구 대비 4.8%, 1990년에 9.0%, 2005년에 20.0%, 2010년에 23.9%, 2015년에 26.5%, 2025년에는 31.3%로 예측되고 있다. 통계청 조사에 의하면 2010년 평균 가구원 수는 2.69명이며, 가장 주된 가구 유형은 2인 가구다. 1980년 전국 평균 가구원 수는 4.62명이었으며, 1990년에는 3.77명, 2000년에는 3.12명으로 보고되었다. 주요 국가의 1인 가구 비율을 보면 2010년 현재 미국은 26.7%, 영국은 29.0%, 일본은 31.2%이며 2011년 노르웨이는 39.7%로 나타났다. 우리나라 1인 가구 비율은 다른 비교 국가에 비하여 낮은 수준이다(통계청, 2010b; 통계청, 2012b).

2. 1인 가구의 일반적 특성

1) 성 및 연령대별 1인 가구

2010년 1인 가구는 20대, 30대, 70대 이상 연령대에서 각각 75만 가구 이상인 것으로 나타났다. 연령대별 비율은 20세 미만은 1.2%, 20~29세는 18.4%, 30~39세는 19.1%, 40~49세는 15.2%, 50~59세는 14.3%, 60~69세는 12.7%, 70세 이상은 19.1%로 나타났다. 20~40대 1인 가구는 남성 비율이 높으며, 50대 이상에서는 여성 비율이 점차 높아져 70세 이상 1인 가구의 82.2%는 여성으로 나타났다. 2010년 성별 및 연령별 1인 가구 분포는 [그림 14-1]과 같다.

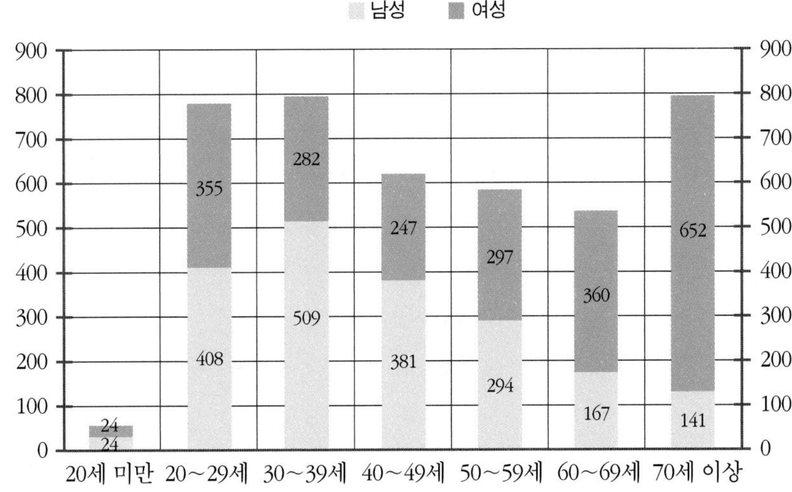

[그림 14-1] 성 및 연령별 1인 가구 분포: 2010

출처: 통계청(2010a). 『인구주택총조사』

2) 연령대와 결혼지위별 1인 가구

1인 가구의 44.5%는 미혼이며, 29.2%는 사별, 13.4%는 이혼으로 나타났다.

연령대별로 살펴보면 30대 이하의 미혼 비율은 80% 이상이며, 60대 이상부터는 사별의 비율이 급속히 높아져서 80대 이상 사별의 비율은 94.8%로 나타났다. 40대와 50대 1인 가구의 결혼지위는 전 연령대에 걸쳐 1인 가구 중 '이혼'과 '유배우' 비율이 가장 높은 것으로 나타났다. '이혼' 비율은 40대가 29.3%, 50대가 35.1%로 나타났다. '유배우' 비율은 40대가 24.0%이며 50대는 27.4%로 나타났다. 1인 가구의 연령대별 결혼지위는 [그림 14-2]와 같다 .

여기에서 '미혼'이란 한 번도 결혼한 경험이 없는 사람을 말한다. '유배우'는 혼인하여 현재 배우자가 있는 경우로 혼인신고는 하지 않았으나 사실상 부부생활을 하는 경우(동거)도 포함된다. '사별'은 혼인은 하였으나 배우자가 사망하여 현재 혼자 살고 있는 경우를 말한다. '이혼'은 혼인 후 배우자와 헤어져서 현재 혼자 살고 있는 경우를 말하며 재결합이 예상되지 않는 별거도 포함된다(통계청, 2015).

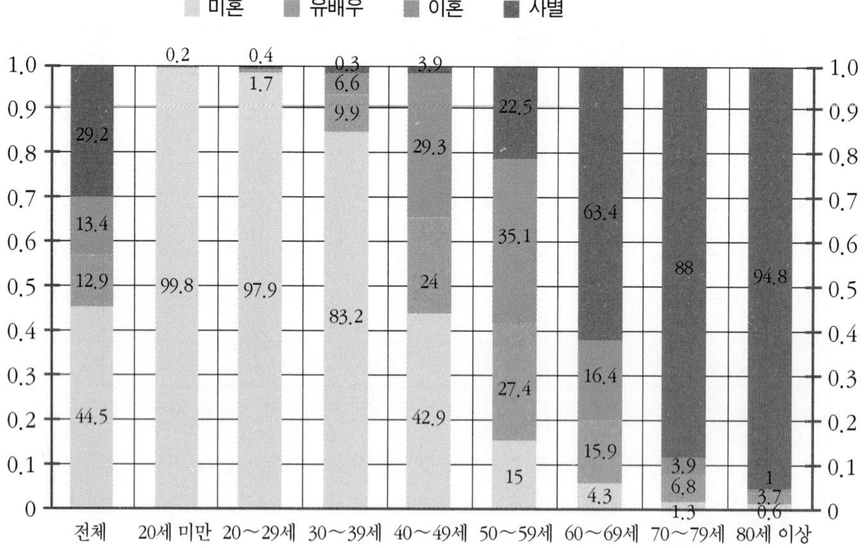

[그림 14-2] 1인 가구의 연령대별 혼인 상태(2010년 기준)

출처: 통계청(2010a).『인구주택총조사』

3) 교육정도별 1인 가구

2010년 현재 1인 가구의 교육정도를 연령별로 살펴보면, 35세 이하의 경우 15~21세는 80.4%, 22~24세는 84.9%, 25~34세는 47.0%가 대학(전문대) 이상의 교육을 받은 것으로 나타났다. 35~64세 범주의 경우 35~44세는 47.0%, 45~54세는 43.4%, 55~64세는 26.4%가 고등학교 교육을 받은 것으로 나타났다. 65~74세 범주의 경우 42.3%가 초등학교를 나온 것으로 나타났다. 75세 이상 범주의 경우 75~84세는 50.7%, 85세 이상에서는 66.5%가 학교를 다니지 않은 것으로 나타났다(통계청, 2012a).

4) 지역별 1인 가구

도시 지역에서는 미혼 1인 가구의 비율이 높게 나타나고, 농촌에서는 65세 이상 노인 1인 가구의 비율이 높은 것으로 나타났다. 1인 가구 비율 1위는 부산 중구로 39.6%, 2위는 경남 의령군으로 39.5%, 3위는 서울 관악구로 38.8%, 4위는 전남 신안군으로 37.7%, 5위는 경남 합천군으로 37.0%로 나타났다. 1인 가구를 미혼 1인 가구와 65세 이상 노인 1인 가구 비율로 나누어 보았을 때, 미혼 1인 가구 비율 1위는 서울 관악구가 78.0%, 2위는 서울 강남구가 71.9%, 3위는 서울 동작구가 69.5%, 4위는 서울 마포구가 68.8%, 5위는 서울 광진구가 68.3%로 나타났다.

65세 이상 노인 1인 가구 비율은 1위가 전남 보성군으로 71.8%, 2위가 전남 곡성군으로 71.5%, 3위는 전북 임실군으로 71.5%, 4위는 전북 순창군으로 71.3%, 5위는 전남 담양군으로 71.0%를 보였다. 1인 가구 중 미혼 1인 가구의 비율이 높은 상위 5곳은 모두 서울에 있으며, 65세 이상 노인 1인 가구 비율이 높은 상위 5곳은 3곳이 전남이며, 2곳이 전북이며 모두 군 지역으로 나타났다(〈표 14-1〉 참조).

표 14-1 1인 가구 비율 상위 5곳 (단위: %)

	1인 가구 비율	1인 가구 중	
		미혼 비율	65세 이상 비율
1위	부산 중구 (39.6)	서울 관악구 (78.0)	전남 보성군 (71.8)
2위	경남 의령군 (39.5)	서울 강남구 (71.9)	전남 곡성군 (71.5)
3위	서울 관악구 (38.8)	서울 동작구 (69.5)	전북 임실군 (71.5)
4위	전남 신안군 (37.7)	서울 마포구 (68.8)	전북 순창군 (71.3)
5위	경남 합천군 (37.0)	서울 광진구 (68.3)	전남 담양군 (71.0)

출처: 통계청(2010a). 『인구주택총조사』

5) 거처별 1인 가구

2010년 1인 가구의 거처는 보증금 있는 월세가 34.4%로 가장 많고, 자기 집은 31.9%, 전세는 21.8% 순으로 나타났다. 연령대별 거처형태를 보면 54세 이하의 경우 보증금 있는 월세가 15~21세는 61.3%, 22~24세는 61.6%, 25~34세는 49.3%, 35~44세는 42.2%, 45~54세는 36.3%로 나타났다. 55세 이상에서 자기 집이 있는 경우가 55~64세는 45.5%, 65~74세는 61.8%, 75~84세는 65.6%, 84세 이상은 64.1%인 것으로 나타났다. 보증금 있는 월세에 거주하는 1인 가구는 2000년 45만 3천 가구에서 2010년 97만 3천 가구로 214.6% 증가하였다.

3. 1인 가구의 건강

1) 만성질환율

1인 가구는 다인 가구에 비하여 건강상태가 좋지 않은 것으로 보고되었다. 1인 가구를 청년층(20~39세), 중년층(40~64세), 노년층(65세 이상)으로 구분하여 볼 때에, 중년층 1인 가구는 만성질환을 가지고 있는 경우가 64.8%인데,

(단위: %)

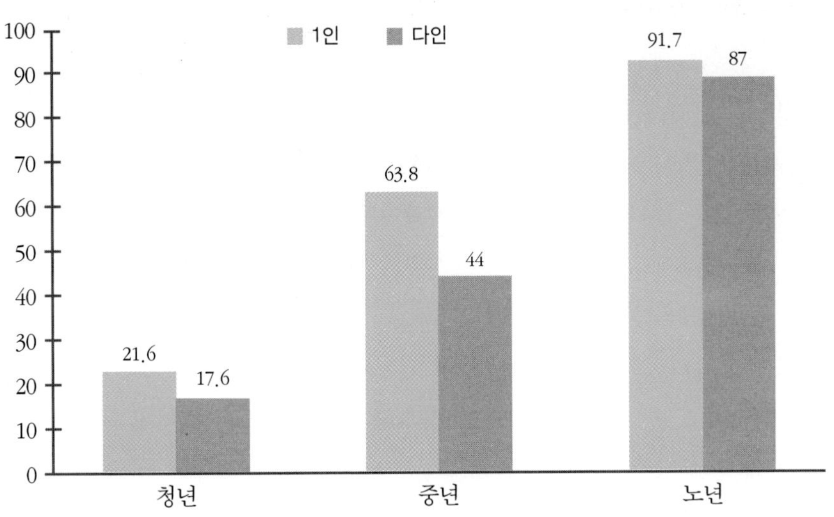

[그림 14-3] **세대별 가구 구성별 만성질환율**(단위: %)

출처: 이민홍, 전용호, 김영선, 강은나(2015). 1인 가구 증가에 따른 신사회적 위험 대응전략 보건복지부. 동의대학교, 동의대학교 산학협력단, 1인 가구 증가에 따른 신사회적 위험 대응전략, 140쪽.

중년층 다인 가구는 44%를 보여 중년층 1인 가구가 중년층 다인 가구에 비하여 만성질환을 가지고 있는 경우가 20.8% 더 높은 것으로 나타났다. 이때에 만성질환율이란 당뇨, 고혈압, 관절염 등 만성질환을 앓고 있는 응답자 비율을 의미한다. 청년층이나 중년층, 노년층 모두 1인 가구가 다인 가구에 비하여 만성질환을 가지고 있는 비율이 더 높았다. 특히 중년층에서 만성질환율의 차이가 더 두드러져 있는 것으로 나타났다([그림 14-3]).

2) 사회적 지지

1인 가구는 2인 이상 가구에 비하여 친지나 이웃 등으로부터 사회적 지지(social support)를 받을 가능성이 낮은 것으로 나타났다. 즉, 1인 가구는 2인 이상 가구에 비하여 일상적, 재정적, 심리적 세 가지 차원의 사회적 지지를 받지 못하는 것으로 나타났다. 여기에서 사회적 지지란 필요한 재화와 서비스를 시장이나 공적인 기구를 통하지 않고 친지나 이웃 등의 비공식적 기구를 통하여 획득하는 것을 말한다.

(1) 일상적 지지

1인 가구는 몸이 아파 집안일을 부탁하는 일상적 지지를 받는 비율이 62.1%인데, 2인 이상 가구는 77.5%로 2인 이상 가구가 15.4% 더 일상적 지지를 받는 것으로 나타났다.

(2) 재정적 지지

1인 가구는 돈을 빌릴 일이 생길 경우에 도움을 받는 재정적 지지 비율은 40.1%인데, 2인 이상 가구는 49.5%로 2인 이상 가구가 재정적 지지를 9.4% 더 많이 받는 것으로 나타났다.

(3) 심리적 지지

1인 가구는 낙심하고 우울해서 이야기 상대가 필요한 경우 심리적 지지를 받

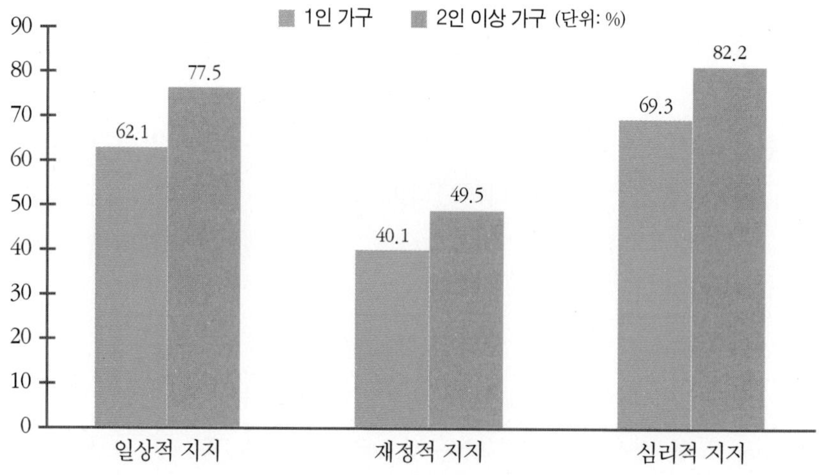

[그림 14-4] 1인 가구와 2인 이상 가구의 사회적 지지*

출처: 통계청(2011),『사회조사』.

* 일상적 지지는 19세 이상, 재정적 지지 및 심리적 지지는 13세 이상 응답자의 비율임.

는 경우가 69.3%인 반면에 2인 이상 가구는 심리적 지지를 82.2%를 받아서 2인 이상 가구가 1인 가구에 비하여 심리적 지지를 12.9% 더 많이 받는 것으로 나타났다([그림 14-4]).

(4) 연령별로 본 1인 가구와 2인 이상 가구의 사회적 지지

연령이 높아질수록 2인 이상 가구에 비하여 1인 가구의 사회적 지지 획득 가능성이 낮아지는 것으로 나타났다. 특히 30대 이하에 비하여 40대 이상에서 1인 가구와 2인 이상 가구의 사회적 지지 격차가 두드러지는 것으로 나타났다(〈표 14-2〉).

표 14-2 연령과 가구 규모별 사회적 지지 (단위: %, %p)

	일상적 지지			재정적 지지			심리적 지지		
	1인 가구	2인 이상 가구	차이	1인 가구	2인 이상 가구	차이	1인 가구	2인 이상 가구	차이
20대 이하	75.4	83.0	7.6	83.2	87.2	4.0	62.2	58.7	-3.5
30대	69.3	78.5	9.2	83.2	86.9	3.7	60.5	57.4	-3.1
40대	56.5	75.4	18.9	68.0	82.1	14.1	41.0	48.1	7.1
50대	51.1	76.2	25.1	63.3	78.6	15.3	31.5	41.9	10.4
60대 이상	59.6	75.0	15.4	60.8	72.2	11.4	26.2	34.6	8.4

출처: 통계청(2011). 『사회조사』

(5) 성별로 본 1인 가구와 2인 이상 가구의 사회적 지지

1인 가구의 재정적 지지 가능성은 남성이 45.4%, 여성이 36.4%로 여성이 9.0% 낮아 여성 1인 가구의 재정적 지지 가능성이 남성 1인 가구에 비하여 현저하게 낮은 것으로 나타났다. 2인 이상 가구에서는 남성이 49.8%, 여성이 49.2%로 성별 차이를 그리 보이지 않았다([그림 14-5]).

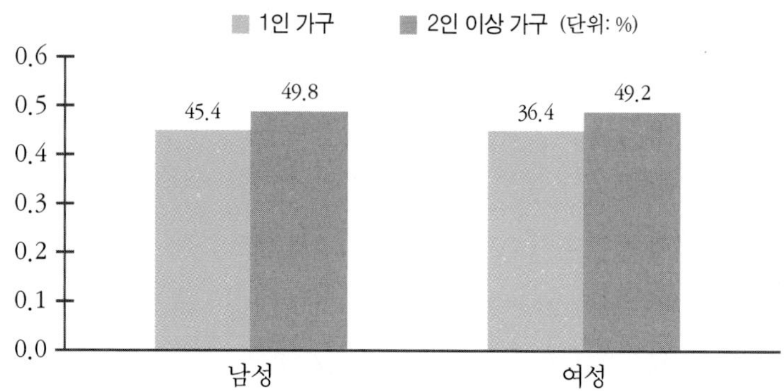

[그림 14-5] **성 및 가구규모별 재정적 지지**

출처: 통계청(2011). 『사회조사』

4. 1인 가구의 예

1) 서울시 1인 가구[1)]

2015년 현재 서울 1인 가구 비율은 24.4%다. 부모와 2명의 자녀로 이루어진 2세대 4인 가족은 23.5%다. 서울에서 1인 가구와 2인 가구의 합이 전체 가구의 47%에 이르고 있다. 부부와 두 명의 자녀로 이루어진 가구는 이제는 더 이상 전형적이지 않다. 가구원 수 또한 2012년 기준 서울의 평균 가구원 수는 2.69명이다. 서울의 1인 가구는 동질적인 집단이 아니라 각기 다른 특성을 가진 네 가지 유형으로 구분할 수 있다.

(1) 산업예비군 1인 가구

산업예비군 유형은 아직 직업을 갖지 못한 20대 ~30대 취업준비생이거나 비정규직 1인 가구다. 사무직종에 종사하는 1인 가구도 이 유형에 속할 수 있는데, 이들 같은 경우는 사무직종과 블루칼라 직종의 경계에 있는 유형이다. 이 유

1) 변미리(2015)의 내용을 요약하였음.

형은 양질의 일자리가 필요하다. 이들이 일상생활에서 가장 힘들다고 생각하는 것이 '밥 먹는 문제'라는 보고도 있다. 이들은 아침을 거르는 경우가 많으며, 저녁도 '한 끼 때우는' 것이 되었다. 최근의 '사회적 가족(소셜팸)'이나 '함께 밥 먹기(소셜다이닝)' 등의 현상은 젊은 1인 가구들이 자신들의 문제를 극복하기 위한 새로운 시도라고 볼 수 있다.

(2) 불안한 독신자 1인 가구

30대 후반부터 50대까지 가족의 해체, 실직, 기러기 가족 등이 복합된 유형이다. 서울은 40~50대 연령층의 이혼율이 전 연령층의 이혼율보다 2배 정도 더 높다. 기러기 가족의 증가와 중장년 실업문제 등으로 1인 가구가 된 유형이다. 경제적으로뿐만 아니라 사회적으로도 취약한 이 그룹은 '사회적 돌봄' 서비스가 필요하다. 이 그룹은 사회와의 연결이 약하여 사회적 통합이 잘 되지 않으며, 공동체성이 취약하며, 극단적으로는 사회적으로 고립될 수 있다.

(3) 65세 이상 실버세대 1인 가구

2013년 서울의 고령인구는 10%를 넘어섰다. 2019년에는 14.3%, 2026년에는 고령인구 비율이 20% 이상이 되는 초고령사회로 진입하게 된다. 이들 실버세대 1인 가구는 크게 두 부류로 나누어진다. 절대 빈곤 상태에 놓여 있는 독거노인과 어느 정도의 경제력을 가지고 사회적으로 활동하는 적극적인 실버집단이 있다. 적극적인 실버집단을 위한 주거나 여가 등의 시장은 이제 막 성장하고 있으며, 앞으로도 좀 더 다양한 영역으로 확장될 것으로 예상된다.

(4) 전문직종에 종사하는 골드족 1인 가구

자발적으로 선택한 1인 가구 유형이다. 자신을 위해 투자하고 자신의 이상을 풍부하게 만들기 위한 사회적 관계를 만들어 가고 있다. 이들의 과반수는 관리·전문직종에 종사하며, 대졸 이상의 학력과 월 평균소득이 350만 원 이상 소득자 비율이 높다. 개인주의 가치관이 확산되면서 결혼이 필수가 아닌 선택이라는 인식이 강하다. 시장에서는 이들을 겨냥한 문화, 건강 관련 영역들이 눈에 띄게 증가하고 있다. 이들은 역세권에 거주하는 경향이 있다.

이처럼 서울의 경우 서로 다른 유형의 1인 가구가 있다. 이들이 가지고 있는 문제 또한 다르다. 골드족의 경우 스스로 선택한 1인 가구 삶이 도시에 활력을 가져다주고 싱글문화를 창출할 수 있는 긍정적 요소를 가지고 있다. 하지만 이들은 주거선택에서는 어려움이 있는 것으로 나타났다. 지금까지 주택정책이 4인 가구 중심으로 이루어져 왔기 때문이다. 앞으로는 가구 규모에 따른 주거정책의 전환이 필요하다.

한편, 골드족이 아닌 나머지 세 집단이 가지고 있는 공통적인 어려움은 '빈곤'과 '사회적 고립'이다. 이 세 집단은 스스로가 원해서 1인 가구가 된 경우가 아니다. 이들은 원하지 않았지만 독신이 된 집단이다. 비자발적인 1인 가구로서의 청년, 중년, 노인 등은 경제적인 자립 수준이 매우 낮다. 무엇보다 양질의 일자리를 제공하는 정책 방안이 과제다.

불안한 독신자 1인 가구 등 경제적으로나 사회적으로 취약한 1인 가구 집단은 '사회적 돌봄' 서비스가 필요하다. 40대 중년 1인 가구는 부부가 함께 사는 가구와 비교하여 볼 때에 뇌졸중 발생률이 3배 이상 높다는 연구결과도 있다. 이런 의미에서 비자발적인 1인 가구에 대한 사회적 지지를 제공하는 민간 그리고 공공의 역할이 요구된다. 지지적인 사회망을 복원하고 개발함과 동시에 지역사회 차원에서의 건강검진을 포함하여 심리상담 등의 1인 가구를 위한 사회적 서비스가 필요하다. 실버세대 1인 가구 중에 빈곤한 독거노인을 위한 대책뿐만이 아니라 일정 정도의 경제력은 있지만 사회적으로 고립된 실버세대에 대한 사회적 지지도 필요하다.

2) 중년 남성 1인 가구의 정신건강[2)]

1인 가구에 대한 관심은 결혼지위에서는 미혼, 성별에서는 여성, 연령대에서는 노인들을 대상으로 이루어졌다(차경욱, 2005). 남성 1인 가구는 상대적으로 관심을 받지 못하였다. 2010년 현재 1인 가구에서 남성이 차지하는 비율은 43.1%로 2005년 41.5%, 2000년 41.1%로 증가하고 있다. 반면 여성 1인 가구는 2000년 58.9%, 2005년 58.5%, 2010년 56.9%로 감소하고 있다.

주목할 점은 40~50대 중년 남성 1인 가구 증가 추세가 성별, 연령별로 보았을 때에 가장 크게 눈에 띄는 변화라고 보고되고 있다(SERI 경제 포커스, 2013). 독거노인 집단은 국가에서 정책적으로 보호하고 있는 대상이다. 문제는 기러기 가족, 특히 이혼이나 경제적 이유 등으로 가족이 해체된 중년 남성 독신자 집단이다. 이들이 고령은 아니지만 '사회적 돌봄' 서비스가 필요하다고 전문가들이 우려하고 있다(변미리, 2015). 이들의 정신건강 상태를 살펴보는 것이 필요하다. 아래에 제시하는 내용의 표본은 2013년도에 조사된 국민건강 영양조사 원시자료에서 나왔다.[3)]

(1) 1인 가구와 다인 가구의 정신건강

표 14-3 가구 유형별 정신건강 [단위: M, %(빈도)]

	1인 가구	다인 가구	t/x^2
수면시간[4)] (n=1698)	M=6.29(446)	M=6.71(1252)	6.287***
스트레스[5)] (n=1700)	26.0(116)	24.1(290)	.598
우울증상[6)] (n=1700)	17.2(95)	12.6(175)	5.206*

2) 김혜련, 엄덕희, 김한나(2016)의 일부다.

3) 국민건강영양조사 홈페이지(http://knhances.cdc.go.kr)를 통하여 수집하였다.

4) 하루 수면시간

5) 평소 일상생활 중에 스트레스를 '대단히 많이' 또는 '많이' 느끼는 비율

자살사고[7] (n=1778)	9.8(49)	5.1(75)	12.161**
자살계획[8] (n=1778)	3.7(18)	2.0(27)	4.427
자살시도[9] (n=1778)	1.4(8)	.7(8)	2.390
알코올 남용[10] (n=1337)	7.0(17)	4.1(35)	3.825
알코올 의존[11] (n=1337)	4.4(14)	5.1(43)	.226

*p<.05, **p<.01, ***p<.001

1인 가구와 다인 가구의 정신건강을 비교한 결과, 1인 가구는 하루 평균 수면시간이 6.29시간이라고 보고하였다. 다인 가구의 경우에는 하루 평균 수면시간이 6.71시간이라고 응답하였다. 우울증상과 관련하여, 1인 가구는 최근 1년 동안 연속적으로 2주 이상 일상생활에 지장을 줄 정도로 절망감을 느낀 경우가 17.2%라고 보고하여 12.6%라고 보고한 다인 가구와 약 2배 정도의 차이를 보였다. 자살사고의 경우, 1인 가구는 다인 가구와 비교하여 자살을 생각한 경우가 p값이 0.01 유의수준에서 통계적으로 유의미한 차이를 보여서 자살예방 차원에서 1인 가구를 위험군으로 생각해 볼 필요가 있다. 이같이 수면시간, 우울증상, 자살사고 등에서는 1인 가구가 다인 가구에 비하여 통계적으로 유의미한 차이를 보이는 것으로 나타났다. 그 외 스트레스, 자살계획, 자살시도, 알코올 남용,

6) 최근 1년 동안 연속적으로 2주 이상 일상생활에 지장이 있을 정도로 절망감 등을 느끼는지를 '예'로 응답한 비율
7) '최근 1년 동안 진지하게 자살을 생각한 적이 있습니까?'라는 질문에 '예'로 응답한 비율
8) '최근 1년 동안 자살하기 위해 구체적인 계획을 세운 적이 있습니까?'라는 질문에 '예'로 응답한 비율
9) '최근 1년 동안 실제로 자살시도를 해 본 적이 있습니까?'라는 질문에 '예'로 응답한 비율
10) 평생음주자 중 AUDIT 10문항에서 총점 16점 이상 19점 이하에 해당하는 비율
11) 평생음주자 중 AUDIT 10문항에서 총점 20점 이상에 해당하는 비율

알코올 의존에서는 1인 가구와 다인 가구가 차이를 보이지 않았다.

(2) 성별에 따른 1인 가구의 정신건강

표 14-4 성별 1인 가구의 정신건강 [단위: M, %(빈도)]

	1인 가구		t/x^2
	남성	여성	
수면시간 (n=446)	M=6.44(135)	M=6.17(311)	6.174***
스트레스 (n=447)	24.2(31)	27.4(85)	577
우울증상 (n=447)	12.5(24)	20.7(71)	5.068
자살사고 (n=446)	9.7(15)	10.0(34)	1.846
자살계획 (n=476)	4.4(6)	3.3(12)	3.136
자살시도 (n=476)	.4(1)	2.1(7)	-
알코올 남용 (n=325)	12.6(15)	1.0(2)	-
알코올 의존 (n=367)	6.2(8)	2.5(6)	2.651

*p<.05 ***p<.001
-: 해당 없음.

수면시간에서 여성 1인 가구들은 하루 평균 수면시간이 6.17시간으로 남성 1인 가구 평균 수면시간 6.44보다 덜 자는 것으로 나타났다. 이는 통계적으로도 유의미한 차이를 보였다.

수치가 작은 한계는 있지만, 남성 1인 가구 중의 .4%인 1명과 여성 1인 가구 중의 2.1%인 7명이 자살시도를 하였다는 것은 주목할 필요가 있다. 알코올 남용의 경우도 남성 1인 가구 중의 12.6%인 15명이 자신이 알코올 남용인지를 의

심하고, 여성 1인 가구 중의 1.0%인 2명이 알코올 남용 가능성을 인식하고 있어서, 남성 1인 가구가 여성 1인 가구보다 알코올 남용에 더 취약하다고 유추할 수 있다.

(3) 중년 1인 가구의 성별에 따른 정신건강

표 14-5 성별 중년 1인 가구의 정신건강 [단위: M, %(빈도)]

	중년 1인 가구		t/x^2
	남성	여성	
수면시간 (n=101)	M=6.36(39)	M=6.05(62)	6.047***
스트레스 (n=101)	25.8(9)	25.9(17)	.084
우울증상 (n=101)	15.2(5)	26.2(15)	1.875
자살사고 (n=105)	19.9(6)	10.3(7)	4.695
자살계획 (n=105)	7.6(2)	.8(1)	-
자살시도 (n=105)	0(0)	0(0)	-
알코올 남용 (n=90)	22.1(8)	3.8(2)	-
알코올 의존 (n=90)	11.7(5)	2.1(1)	-

*p<0.05, **p<0.001
-: 해당 없음.

중년 1인 가구가 정신건강에서 성별 간 차이가 있는지를 알아보았다. 정신건강 중에서 수면시간만이 통계적으로 유의미한 차이를 보였다. 응답을 하지 않

은 자살시도를 제외하고, 자살계획, 알코올 남용, 알코올 의존의 경우들을 각각 살펴보면, 중년 남성 1인 가구의 7.6%인 2명과 중년 여성 1인 가구의 .8%인 1명이 자살을 계획하였다고 보고하였다. 눈에 띄는 성별 차이로는 중년 남성 1인 가구의 22.1%인 8명이 자신이 알코올 남용 가능성이 있다고 인식하고, 11.7%인 5명이 자신이 알코올 의존일 가능성이 있다고 보고하였다. 반면에 중년 여성 1인 가구의 3.8%인 2명이 알코올 남용 가능성과 2.1%인 1명이 알코올 의존 가능성을 보고하였다. 중년 남성 1인 가구의 경우 알코올 문제 가능성을 염두에 둘 필요가 있다.

(4) 중년 남성 1인 가구의 집단 내 비교

표 14-5 중년 남성 1인 가구의 정신건강 [단위: M, %(빈도)]

	중년 남성 1인 가구(n=39)		
	40~44(n=8)	45~54(n=14)	55~64(n=17)
수면시간 (n=39)	M=7.00(8)	M=5.86(14)	M=6.57(17)
스트레스 (n=39)	16.0(1)	21.6(2)	36.3(6)
우울증상 (n=39)	0(0)	6.8(1)	33.7(4)
자살사고 (n=39)	0(0)	28.8(3)	21.1(3)
자살계획 (n=39)	0(0)	17.8(2)	0(0)
자살시도 (n=39)	0(0)	0(0)	0(0)
알코올 남용 (n=37)	0(0)	28.0(4)	28.8(4)
알코올 의존 (n=37)	4.8(1)	22.9(3)	3.1(1)

중년 남성 1인 가구를 세 집단으로 나누어 정신건강 상태를 살펴보았다. 40~44세 집단은 하루 평균 수면시간이 7.00시간이며, 55~64세 집단은 하루 평균 수면시간이 6.57시간, 45~54세 집단이 5.86시간으로 세 집단 중에서는 45~54세 집단의 하루 평균 수면시간이 가장 짧은 것으로 나타났다. 40~44세 집단은 8명 중 1명이 평소 일상생활 중에 스트레스를 '대단히 많이' 또는 '많이' 느낀다고 보고하였다. 자신을 알코올 의존으로 의심하는 경우는 1명이 있었다. 45~54세 집단에서는 14명 중에 2명이 평소 일상생활 중에 스트레스를 '대단히 많이' 또는 '많이' 느낀다고 보고하였으며, 1명은 지난 1년 동안에 2주 이상 일상생활에 지장을 받을 정도의 절망감을 느꼈다고 보고하였으며, 3명은 자살사고를 하였으며, 2명은 자살계획을 세웠다고 하였다. 알코올 문제와 관련하여 자신이 알코올 남용일 가능성이 있다고 보고한 경우가 4명, 더 심각한 알코올 의존을 의심한 경우도 3명이 있었다.

55~64세 집단에서는 17명 중의 36.3%인 6명이 평소 일상생활 중에 스트레스를 '대단히 많이' 또는 '많이' 느낀다고 보고하여, 16.0%인 1명만을 보고한 40~44세 집단과 21.6%인 2명을 보고한 45~54세 집단과 차이를 보였다. 우울증상도 4명이 호소하였으며, 자살사고는 3명, 알코올 남용은 4명, 알코올 의존은 1명이 의심을 한 것으로 나타났다. 대략 보아서는 40~44세 집단보다는 45~54세 집단과 55~64세 집단의 중년 남성 1인 가구가 정신건강 측면에서 도움을 받아야 하는 집단이 아닐까 생각된다.

|중|점|토|론|

1. 1인 가구를 정의해 보시오.
2. 1인 가구는 어떤 특성을 가지고 있는지 토론해 보시오.
3. 1인 가구 중 가상 도움이 필요한 집단에 대하여 토론해 보시오.

참고문헌

김연옥(2016). 1인 가구 시대의 도래: 특성과 생활실태, 한국가족복지학, 52, 139-166.

김혜련, 엄덕희, 김한나(2016). 중년 1인 가구의 특성: 성별차이, 여성과 가족의 함수관계. 2016년도 여성연구소 학술대회. 경상대학교, 43-57.

동의대학교 산학협력단(2015). 1인 가구 증가에 따른 신사회적 위험 대응전략.

변미리(2015). 서울의 4중4색 1인가구, 대세로 자리잡다. 서울경제, March, 132, 6-11. 서울: 서울연구원.

이민홍, 전용호, 김영선, 강은나(2015). 1인 가구 증가에 따른 신사회적 위험 대응전략. 보건복지부, 동의대학교

이희연, 노승철, 최은영(2011). 1인 가구의 인구·경제·사회학적 특성에 따른 성장패턴과 공간분포, 대한지리학회지, 46, 4, 480-500.

차경욱(2005). 남성 일인가구의 경제구조 분석 -연령 및 혼인상태에 따른 비교-. 한국가정관리학회지, 24, 1, 253-269.

통계청(2010). 인구주택총조사 전수집계결과[가구·주택부문].

통계청(2010). 인구주택총조사.

통계청(2011). 사회조사.

통계청(2012a). 인구주택총조사에서 나타난 1인 가구 현황 및 특성.

통계청(2012b). 2010~2035 장래가구추계, 2012. 4.

통계청(2015). 2015년 사회조사지침서.

통계청(2015). 인구주택총조사.

SERI 경제 포커스(2013). 인구와 가계 통계로 본 1인 가구의 특징과 시사점. 서울: 삼성경제연구소.

찾아보기

[인 명]

ㄱ

ㅅ

ㅇ

ㅈ

A

J

K

L

M

N

P

R

S

T

W

Y

Z

[내 용]

ㄱ

ㄴ

ㅅ

ㅍ

ㅎ

저자 소개

조흥식(Cho, Heungseek)

서울대학교 대학원 문학 석사
서울대학교 대학원 문학 박사
전 한국사회복지학회 회장
현 서울대학교 사회복지학과 교수

〈대표 저서 및 역서〉

우리 복지국가의 역사적 변화와 전망(공저, 서울대학교출판문화원, 2015)
교정복지론(공저, 학지사, 2014)
인간생활과 사회복지(학지사, 2008)
질적연구방법론(공역, 학지사, 2015)

김인숙(Kim, Insook)

서울대학교 대학원 문학 석사
서울대학교 대학원 문학 박사
전 한국사회복지학회 편집위원장
현 가톨릭대학교 사회복지학과 교수

〈대표 저서 및 역서〉

사회복지연구에서 질적방법과 분석(집문당, 2016)
근거이론 분석의 기초(공역, 학지사, 2014)
제도적 문화기술지(공역, 나남, 2014)

김혜란(Kim, Hyelan)

미국 일리노이 대학교 사회복지학 석사
미국 시카고 대학교 사회복지학 박사
현 서울대학교 사회복지학과 교수

〈대표 저서〉

사회복지개론(공저, 나남, 2015)
사회복지실천론(공저, 나남, 2013)
사회복지실천기술론(공저, 나남, 2006)

김혜련(Kim, Haeryun)
미국 세인트루이스 워싱턴 대학교 사회사업학 석사(MSW)
서울대학교 대학원 사회복지학 박사
전 한국가족사회복지학회 회장
현 서울여자대학교 사회복지학과 교수

〈대표 저서〉
여성복지학(공저, 학지사, 2011)

신은주(Shin, Eunju)
서울대학교 대학원 문학 석사
서울대학교 대학원 문학 박사
전 한국가족사회복지학회 회장
　한국다문화가족학회 회장
현 평택대학교 사회복지학과 교수

〈대표 저서〉
영화로 읽는 젠더와 가족(공저, 학지사, 2015)
사회복지개론(공저, 양서원, 2014)
가족복지론(공저, 청목, 2013)

가족복지학(5판)

Family Welfare (5th ed.)

1997년 1월 25일 1판 1쇄 발행
2001년 3월 10일 1판 6쇄 발행
2002년 3월 10일 2판 1쇄 발행
2005년 9월 20일 2판 8쇄 발행
2006년 2월 25일 3판 1쇄 발행
2009년 8월 20일 3판 8쇄 발행
2010년 3월 18일 4판 1쇄 발행
2017년 2월 15일 4판 11쇄 발행
2017년 3월 10일 5판 1쇄 발행

지은이 • 조홍식 · 김인숙 · 김혜란 · 김혜련 · 신은주
펴낸이 • 김진환
펴낸곳 • (주) 학지사
04031 서울특별시 마포구 양화로 15길 20 마인드월드빌딩
대표전화 • 02)330-5114 팩스 • 02)324-2345
등록번호 • 제313-2006-000265호

홈페이지 • http://www.hakjisa.co.kr
페이스북 • https://www.facebook.com/hakjisabook

ISBN 978-89-997-1180-0 93330

정가 20,000원

이 도서의 국립중앙도서관 출판시도서목록(CIP)은 서지정보유통지원시스템 홈페이지(http://seoji.nl.go.kr)와 국가자료공동목록시스템(http://www.nl.go.kr/kolisnet)에서 이용하실 수 있습니다.
(CIP 제어번호: CIP2017003695)